KB068635

공동체

COMMUNITY

유토피아에서
마을만들기까지

이종수 저

박영사

이 저서는 연세대학교 학술연구비 지원에 의해 이루어진 것임.

공동체 회복은 우리를 참된 발전으로 이끌어 줄 수 있는 평화로운 길이다. 진보와 보수, 혹은 좌우라는 이념보다 더 본질적이면서도 평화로운 발전을 우리에게 기약해 줄 수 있다. 20세기 초 영국에서 환경오염과 불평등 그리고 사회갈등으로 사람들이 고통받고 있을 때, 전원도시 운동을 제창했던 하워드(E. Howard)가 자신의 책 부제를 〈진정한 개혁으로 가는 평화로운 길〉(A Peaceful Path to Real Reform)로 썼던 게 우연이 아니다. 공동체 회복의 진정한 가치를 주목했던 선각자의 표현이었던 셈이다.

공동체의 회복을 추구하는 길은 실상 어떤 진보보다도 진보적이다. 진보적이되 위험하지 않은 진보, 그리고 변함이 없는 진보다. 좌파적 이념을 교조로 하는 정치적 진보는 자칫 인간을 수단화하거나, 하나의 이익집단으로 전락하여 스스로 분열과 부패의 주역이 되곤 한다. 이에 비해, 공동체를 지향하는 시도는 어떤 이념을 도그마하거나 인간을 수단화하지 않고, 오히려 타인과 '함께' 살아가는 가치를 중요한 덕목으로 삼는다. 의사로 헌신하며 공동체 운동을 주도했던 스캇펙(S. Peck)은 공동체를 통해서 인간은 구원될 수 있다고 갈파한 바 있다.

그러나, 공동체의 회복으로 가는 길이 평탄하지는 않다. 그 길에는 굴곡이 많고, 어떤 의미에서는 실패가 보장되어 있다. 적어도 단기적으로는 그렇다. 그 길이 매우 중요하긴 하지만, 험난한 여정으로 가는 길이기 때문에 실패를 경험하지 않을 수 없다. 어떤 완성을 전제할 수 있는 것도 아니다. 그래서, 단기적으로는 공동체로 가는 걸음이 실패로 규정될 가능성이 농후하다. 오직 먼 시선을 가진 사람만이 장기적으로 그 실패의 위대성을 깨닫고 공감할 수 있게 된다.

오랜 세월동안 한국사람들은 바람직한 공동체를 유지하며 살아왔다고 자부하여 왔다. 그러나, 한국사회는 이제 다양한 지표에서 그런 자긍을 뒷받침할 만한 근거들을 상실해가고 있다. 구성원 사이의 갈등지수, 자살률, 이혼율, 이

i

웃에 대한 배려, 공공성, 정부 신뢰 등 모든 면에서 그렇다. 사회의 구성원들이 서로 공존하며, 함께 살아가기 위해서는 이제 '좋은 사회'에 대한 성찰과 합의를 새롭게 시도하지 않으면 안 된다.

이 책은 상당 부분 기존 행정학의 언어를 탈피하여 집필되었다. 유토피아로 시작하여, '지방행정'을 '공동체행정'으로 부르고, 마을만들기에 관심을 할애하였으니 말이다. 이러한 관심과 언어의 변화가 저자에게는 아주 자연스러운 과정이었다. 애초 자치(自治)의 문제에 관심을 가지고 학문의 길에 들어섰으나, 한국에서 지방자치가 좀처럼 꽃 피우지 못하는 현실을 보며, 그 원인을 지역공동체의 와해에서 찾게 되었다. 행정이나 관료제에 파묻혀 제도와 정책만으로 그 해법을 찾는 것은 무모한 일이었다. 공동체의 해체와 회복 그리고 거기에 깃들어 사는 사람들의 삶터를 보다 직접적으로 다루지 않으면, 행정이나 정책 그리고 제도라는 요소만 가지고는 근본적 한계를 보일 수밖에 없는 것이었다.

지금도 행정학이나 정치학의 대부분은 국가주의 아니면 시장주의에 의해 일방적 영향을 받고 있다. 공동체를 중시하는 시각은 두 시각 사이에서 아주 미미한 공간을 차지하고 있을 뿐이다. 양 진영에 공동체의 문제를 역설하고, 그 중요성을 설득하는 일은 지난한 일이다. 그나마, 최근 학계와 정부의 일각에서 공동체 문제에 관심을 갖기 시작하는 것이 다행스러운 일이다.

세계적으로도 그렇다. 세계화 현상이 급격하게 확산되는 환경 속에서, 공동체는 하나의 선택의 문제일 뿐이다. 공동체에 관심을 기울이지 않아도, 개인은 잘 살아갈 수 있다. 오히려 공동체에 무관심한 채 경쟁과 시장(市場)에 몰두하는 사람일수록 개인적 삶은 더 풍요해질 가능성이 농후하다. 그것이 이웃이나 공동체의 다양한 노력에 무임승차한 결과일지언정 말이다.

그럼에도, 우리들이 궁극적인 이상으로 지향하는 삶은 아름다운 공동체다. 평화와 풍요, 혹은 행복 그 어느 것도 조화로운 공동체를 전제로 하지 않으면 달성되기 어려운 이상들이다. 인간의 궁극적 가치와 이상에 관련된 개념 자체들이 모두 공동체의 성숙과 관련되어 있다. 이것을 위해서 세계화도 필요하고, 시장도 필요하며, 국가도 필요한 존재다. 이렇게 보면, 경제도 공동체 안에 있어야 하고, 국가도 공동체 안에 있어야 하는 것들이다.

행정학과에서 연구하고 가르치며 공동체에 대해 품었던 생각들을 책으로 엮어내는 일은 나에게 작은 도전이다. 다른 언어로 표현하고, 다른 문법으로 소통해야 하는 부분이 많기 때문이다. 다른 박자로 북을 두드리는 사람들의 소리를 행정학적인 시각으로 담아내는 과정이 결국 되고 말았다. 이 내용의 일부는 이미 학술적 연구로 발표했던 논문을 수정한 것이고, 일부는 평소 강의실에서 설명하는 부분을 활자화 한 내용이다. 이미 학술지에 게재되었던 부분을 여기에 명기하면 다음과 같다.

제 3 장: 이종수. (2010). 공동체주의의 이론적 전개와 자유주의와의 논쟁 고찰. 지방정부연구, 4(3): 5~22.

제12장: 이종수. (2015). 주거공동체에 대한 애착과 신뢰의 영향요인 분석: 친밀권역의 회복을 위한 시각. 한국주거학회논문집, 26(1): 53~60.

제14장: 홍완수·이종수·박대섭. (2012). 로컬푸드 운동과 외식산업의 협력적 발전방안. 호텔경영학연구, 21(6): 329~343.

제15장: 이종수·유지연. (2014). 살기좋은 지역 평가를 위한 지표와 방법 고찰. 한국지방자치학회보, 26(2): 297~316.

책으로 정리하는 과정에서 여러 사람들의 도움을 받았다. 편집에는 박영사 배우리 선생, 그리고 교정에는 연세대학교 대학원 행정학과의 안민우, 정주형, 최인태, 이보현, 권용훈 원생의 도움이 컸다. 모두에게 고마운 마음을 전하는 바이다. 그리고는, 책을 내며 느끼는 작은 보람과 감사를 나의 가족에게 표하고 싶다. 늘 감싸주는 사랑의 힘으로, 나는 아직도 꿈을 꾸며 살아가고 있다.

2015년 5월
저 자

제4장 새로운 공동체의 원리로서 공공성

제5장 분권화와 민주주의, 사회자본, 그리고 성장의 관계

 제2편 공동체 속에서의 풀뿌리자치와 행정

제6장 공유사회를 위한 담론과 사례

제3편 지역발전을 위한 전략과 자원

제11장 지역발전의 패러다임 변화

01

유토피아에서 마을만들기까지

제 1 편

유토피아와 공동체

유토피아가 없는 세계지도는 볼 가치도 없다. 인류가 정박해야 할 그 나라를 빼놓은 것이기 때문이다. 인류가 거기에 도착하면, 더 나은 나라를 찾고 바라보며 출항을 하게 된다. 유토피아의 실현이 진보인 것이다.

― 오스카 와일드(1891)

제1장
머리말

공동체 안에서, 그리고 공동체를 통해서 세상은 구원될 수 있다.

Peck(1987: 17)

I. 왜 공동체인가

1. 인간의 공동체적 자아

인간은 공동체적 자아(communal self)를 가지고 태어난다. 공동체에 대한 열망을 인간은 본능적으로, 이성적으로 그리고 선험적 규범으로서 지니고 태어난다는 뜻이다. 스스로 완전하지 않은 존재로서, 인간은 생존과 기쁨 그리고 완성에 이르는 통로로 공동체를 중시하는 것이다.

사전적으로 자아는 생각, 감정, 행동을 통합하여 외부세계에 반응하는 '나' 자신이다.[1] 이성적 사고와 도덕적 가치 그리고 본능적 욕구가 통합되어 기억, 평가, 계획 등의 방식으로 외부적 환경에 반응을 하는 주체가 된다. 오랫동안 정신분석에서는 자아를 세 부분으로 나누어 왔다. 자신(ego), 원초자아(id), 그리고 초자아(super-ego)[2]가 그것이다. 자신은 이성적인 동시에 통제가 가능한 부분이고, 원초자아는 본능적이며 생리적 그리고 무의식적 영역으로 구성된다. 초자아는 도덕과 양심의 차원으로 죄책감을 느끼며 일정한 가치지향을 보유하게 해준다. 이

---

1 http://ko.wikipedia.org/wiki
2 도덕적으로 살고자 하는 인간의 지향성을 칸트는 본래적 자아로 불렀다.

세 가지 차원이 통합되어 자아를 구성한다고 프로이트 이후의 정신분석학은 보아왔다.

인간을 본능[3]과 이성, 도덕의 결합체로 보고, 이 결합에 의해 일정한 항상성을 지니는 감정과 사고, 행동이 나타나는 것으로 본 시각은 타당하다. 이 감정과 사고, 행동의 주체로 외부에 반응하는 주체를 곧 자아라 한다. 자아는 일생 동안 동일하게 고정되어 있는 것은 아니며, 변화할 수 있다. 외부환경에 반응하고 내면세계를 통합하여 어느 정도 항상성은 지니지만, 영속적인 것은 아니다(Markus and Connor, 2013). 어떤 지배적 시대환경이 당대의 수많은 개인들에게 집단적으로 일정한 특성을 보유하게 할 수도 있다. 흔히, '근대적 자아'로 근대 이후의 인간을 설명하는 사례는 그러한 좋은 실증을 보여준다.

그런데, 인간은 본능과 이성 그리고 도덕의 차원에서 강력한 공동체에 대한 열망을 보유하고 있다. 본능의 차원에서 인간은 강력한 결합욕구를 지닌 채 태어난다. 남녀, 친구, 가족, 마을, 국가 등 다양한 어울림 속에서 결합을 통해 생존을 도모하고 기쁨을 향유한다. 개별적 단독자로서 얻는 욕구의 충족보다도 결합을 통한 어울림으로 얻는 본능의 충족이 인간에게는 더 다양하고 크다. 이성 및 논리의 차원 역시 마찬가지다. 타인과의 상호관계를 통해 인간은 유익을 얻고, 생존과 성장을 도모할 수 있기 때문이다. 도덕의 차원에서도 인간은 타인과의 관계를 전제로 존재의 가치와 규범을 완성시킬 수 있다.

일리아스는 인간의 상호의존 관계를 필요의 차원을 넘는 결합욕구(Valenz)로 해석한다(안지호, 2013: 174). 인간의 욕구 혹은 욕망은 자신이 아닌 대부분 타인을 통해 형성되고, 실현된다.[4] 타인에 의해 수동적으로 실현되는 것이 아니라, 불가피하게 그리고 적극적으로 타인과의 결합을 통해 욕구를 실현한다. 라깡(Jacues Lacan)의 지적처럼, 인간은 근원적으로 타인의 욕망을 욕망하는 존재이기도 하다. 생물학자 마굴리스(Lynn margulis)는 독립성이란 존재의 세계를 설명하는 개념이 아니라고 단언한다(Wheatley and Rogers, 2000: 32). 인간을 독립된 존재로 보는 시각은 우리가 만들어낸 정치적 개념에 불과하다는 것이다. 독립성보다 더 큰 욕망은 결

---

[3] 여기에는 무의식이 포함되며, 큰 부분을 차지한다.

[4] 예컨대, 인간의 결합욕구는 타인을 통해 실현되는 것이다. 역으로, 타인을 통해 나의 결합욕구가 파괴되기도 한다. 예를 들어, 사랑하는 사람이 죽는 것은 어떤 타인이 하나 죽은 것을 넘어 나의 결합욕구가 파괴되는 것을 의미한다는 것이다.

합이고, 더 강력한 현실[5]은 상호관계라는 것이다.[6]

구체적으로 공동체적 자아(communal self)는 어떤 특성을 보이는 것일까? 공동
체적 자아는 자유롭고 주체적이면서도, 타자에 대한 배려와 책임의식을 내면화
한 특징을 보인다. 자신에 대한 자각과 사랑을 전제로, 타인의 존엄성과 가치를
공감하는 사람이다. 소극적 차원에서는 타인의 감정에 공감하는 능력이 높고, 적
극적 차원에서는 타인의 고통에 참여하려는 사고를 하며, 동시에 전체를 아우르
는 평화를 지향하는 특성을 보인다. 반대로, 공동체적 자아에 이르지 못한 사람은
타인의 가치와 감정 그리고 현실에 공감하지 못하는 경우다. 예컨대, '성공을 향
한 욕구로만 가득 차 있고, 인생의 근본적인 문제를 진지하게 성찰할 줄 모르는'
부자들이나(Thoreau, 2004: 27), 니체의 지적대로 악과 억압의 구조에 매몰된 인간말
종(Der letze Mensche)의 지배자들, 그리고 무지와 노동으로 자신과 타인을 바라볼
생각조차 하기 힘든 경우, 또는 '늘 불만을 품고, 쓸데없이 자신의 불운이나 세상
의 각박함을 한탄할 뿐 전혀 사태를 개선하려 들지 않는 사람'(Thoreau, 2004: 31)이
공동체적 자아에 이르지 못한 경우이다.

자본주의 사회가 점점 공유의 공간을 상실하고, 원자화된 개인과 기술의 발
달로 나아가게 될수록 공동체적 자아의 중요성은 주목을 받게 된다. 공동체적 자
아는 얕은 차원에서는 타인과 공감할 줄 아는 사람을 뜻하지만, 깊은 차원에서는
타인의 가치를 인정하며 이웃에 대한 책임의식을 보유한 인간형을 의미한다.

그러나, 최근까지도 인간을 공동체적 자아의 존재로 설명한 이론은 많지 않
았다. 공동체주의 이론이 인간을 '연고적 자아'로 규정하였지만, 이것은 자유주의
와의 논쟁 속에서 자아의 형성단계에 놓여있는 인과적 혹은 수동적 성격을 주목
한 내용이었다. '연고'의 대상을 공동체라고 분명히 규정하지도 않았다. 오히려,
기존에 공동체의 필요성을 역설한 대부분의 시각은 효용론의 관점에 서 있었다.
규범으로서 공동체를 향한 당위가 지나치게 도덕률의 성격을 띠기 때문에, 공동
체를 간과하는 논리들에 맞서기 위해 최대의 미덕을 발휘하는 지점이 효용론이었

---

5 아프리카 속담에 '나 홀로 있을 때는 수많은 놀라운 것들을 본다. 그러나 그 가운데 어느 것도 진
　실이 아니다'는 말이 있다. 인간의 현실은 오히려 관계 속에서 규명되지 않으면, 정확한 이해에
　도달할 수 없는 것들이 대부분이다.
6 Markus and Conner(2013)는 인간의 본성을 '독립적 자아'와 '상호의존적 자아'로 구분하여, 문화에
　따라 양측면이 상이한 강도로 나타나는 사례들을 제시한다. 이들에 따르면 남자보다는 여자가, 백
　인보다는 동양인과 흑인이 더 상호의존적 자아를 지니고 있다.

던 셈이다. '효용'이 중요하기는 하지만, 결국 그 개념 자체가 공동체를 위협하는 진영의 금과옥조와 같은 영역이기 때문에, 효용론으로 공동체의 의미와 필요성을 방어하는 데에는 한계가 있다. 공리주의자(Utilitarian)들이 처음의 시작은 최대다수의 최대행복이라는 공리로 시작하지만, 결국 사회적 효율성에 기여하는 시장 만능주의의 논리로 편입되는 현실을 고려하면, 효용론의 한계를 직시하지 않을 수 없다.[7] 그래도, 효용론이 일각에서 외롭게 공동체의 엄중성을 지적해 온 공로를 인정하지 않을 수 없다.

2. 효용론적 관점

공동체는 개인과 사회의 차원에서 강력하고도 긍정적인 효용을 발휘한다. 개인의 차원에서 공동체는 동네효과(community effect)를 보유한다. 동네 같은 공동체가 공고해지면, 높은 행복감과 정서적 치유, 회복을 경험하는 것이다(이종수, 2015). 공동체의 탄력성과 회복력은 점점 높은 관심의 대상이 되고 있다.

공동목초지의 비극, 죄수의 딜레마, 치킨게임은 공통적으로 이기적 개인들의 경쟁과 배신이 초래할 파국 가능성을 경고하고 협력의 중요성을 일깨워왔다. 1968년 가렛 하딘(Garrett Hardin)은 사이언스(Science)지에 '공유재의 비극'이라는 논문을 발표하였다(Hardin, 1968: 1244). 하딘의 글은 사이언스에 실린 논문 가운데 가장 많은 피인용 지수를 기록하는 글 중의 하나로 관심을 모았다. 여러 사람들이 희소자원을 공동으로 이용할 때, 개인들의 사소한 이기심 때문에 공유재가 고갈되어 모두에게 재앙이 될 가능성에 관한 내용이었다. 그의 '공유재의 비극'이라는 표현은 집단적 의사결정을 할 때, 개인들의 효용 극대화 성향에 의해 집단이 치명적 영향을 받을 가능성을 의미하게 되었다.

하딘이 설정한 공동목장에서 개인은 소를 한 마리 더 풀어놓아 다소의 이득을 얻을 수 있다. 개인에게는 얼마간의 추가 수입이 돌아가는 선택이 된다. 각 개인은 가능한 한 추가로 가축을 풀어놓을 동기를 느끼지 않을 수 없다. 그러나, 공

---

7 공동체의 형성이 갖는 경제적 효용성 이전에, 인간에게 공동체의 형성이 갖는 의미를 규명하는 일은 매우 중요하다. 자유지상주의자(Libertarian)들은 개인이 권리와 자유의 완전한 주체로서 타인의 권리를 침해하지 않는 범위에서 무엇이든 자유로울 수 있어야 한다고 주장한다. 이들의 주장이 결국 '사자의 자유'나 '호랑이의 자유'를 낳는다는 주장만으로는 부족하다.

동목장은 추가적인 소가 증가함에 따라 곧 수용능력의 한계를 보인다. 풀이 재생될 여력도 없어 공동목장은 황폐화 되고, 결국에는 누구도 소를 키울 수 없는 파국을 맞게 되는 셈이다(Hardin, 1968: 1245).

　죄수의 딜레마 역시 마찬가지다. 모든 참여자가 완전한 정보를 가지고 있는 비협동 게임으로(Ostrom, 2010: 26) 서로 신뢰가 없는 참여자들은 상대적 이득을 추구하여 '배반'이라는 전략을 택하게 된다. 다른 사람을 신뢰하지 못함으로써, 혹은 협력하지 않음으로써, 각자는 이기적인 입장에서 최선의 선택을 하지만 전체적으로 그리고 결과적으로는 모두 최악의 재앙을 맞게 되는 것이다.

　치킨게임 역시 유사하다. 어떤 대립하는 두 입장이 있을 때, 한 쪽이 경쟁을 포기하면 상대방에 비해 손해를 보게 되지만, 양쪽 모두 포기하지 않으면 결국 최악의 결과를 맞게되는 경쟁상황을 지칭한다. 파국적 상황이 예측되는 가운데에서도, 경쟁자들은 서로 자신의 목적을 위해 양보를 하지 않는 상황이다. 위험 앞에서 당장의 혼자만의 이익을 넘어서는 공존을 바라보지 않으면, 모두가 공멸할 수 있는 가능성과 위험을 시사해 준다.

　이기적 경쟁의 위험성을 넘어, 협력의 효율성을 직접적으로 실증한 연구들이 있다. 미시간 대학의 로버트 엑셀로드(Robert Axelrod)[8] 교수는 컴퓨터 프로그램 대회를 열어, 다양한 전략이 존재하는 사회적 생태계에서 어떤 전략이 우월하고 생존하는지를 실험하였다. 두 차례에 걸친 토너먼트 대회에서 우승한 프로그램은 단순하면서도 상호 협력적 내용을 프로그램화 한 〈팃포탯〉(Tit-For-Tat)이었다.[9] 상대를 먼저 배신하지 않고, 협력으로 시작한 다음 상대의 전략에 따라 전략을 택하는 프로그램이었는데, 심리학자나 경제학자, 컴퓨터 과학자, 수학자들이 만든 전략 프로그램 중에서 가장 우월하였다. 프로그램의 핵심은 간단했다. 협력에는 협력으로 보상을 하고, 이기적 전략에는 그러한 전략을 구사하는 기간 동안 동일한 전략으로 징계하는 것이었다. 협력의 이점을 서로 인식하게 되면, 상호 협력은 안정화 된다. 불신에 기반을 둔 수많은 전략이 난무하는 생태계에서 협력에 기반을 둔 전략이 가장 효과적이라는 사실이 입증된 셈이었다. 첫 대회에서는 14개

---

　8 2014년 미국의 오바마 대통령은 엑셀로드 교수에게 국가과학상을 수여했다.

　9 이 게임 프로그램은 토론토 대학의 Anatol Rapoport(1911~2007) 교수가 출품한 것이었다. 그는 러시아에서 태어난 유태계 미국인으로, 1970년 토론토 대학으로 옮겼다.

프로그램이 참가하였고, 두 번째 대회에서는 6개국 62개 프로그램이 참가한 대회에서 우승하였다. 팃포탯은 각 개별 게임에서 상대 프로그램보다 높은 점수를 얻지 않았으면서도 총점에서 가장 높은 점수를 기록하였다. 이 실험은 과학, 심리학, 사회학, 정치학계 전반에 지대한 영향을 끼쳤다.

> 팃포탯은 참가 프로그램들과 시합을 하면서 단 한 번도 상대방보다 높은 점수를 얻은 적이 없다! 어떻게 그럴 수가 있었겠는가. 먼저 상대방이 배반을 하였고, 팃포탯은 상대보다 더 많이 배반하지 않았기 때문이다. 그래서 팃포탯의 점수는 각 게임에서 상대방과 같거나 상대방보다 적을 수밖에 없었다. 그러나, 팃포탯이 우승을 했는데, 그것은 상대방을 물리쳐서가 아니라 함께 좋은 점수를 얻을 수 있는 행동을 상대방으로부터 이끌어냈기 때문이다. 팃포탯 전략은 처음부터 끝까지 함께 높은 점수를 얻도록 상대를 유도함으로써 다른 어떤 전략보다 높은 총점을 기록할 수 있었던 것이다(Axelrod, 2006).

팃포탯은 협력의 시작일 뿐이다. 팃포탯의 내용과 같은 초기 신뢰가 나타나면, 집단적으로 안정적인 관계가 형성되고, 협력이 확산되는 메아리 효과(echo effect)가 환산되게 된다. 불신과 배신의 상태에서 조건부 협력을 전제로 하는 팃포탯 전략은 보다 너그러운 〈팃포탯〉으로 진화하고, 결과적으로는 상시적인 협력이 가능해진다.

2009년 노벨 경제학상을 수상한 오스트롬(Ostrom, 2010: 29)은 공동체가 국가나 시장보다 효율적일 수 있음을 설명한다. 오스트롬은 지역공동체를 통해 공유자원을 효율적으로 활용해 온 사례를 몇 가지 소개한다(Ostrom, 2010: 126). 마을의 다섯 가지 공유재산[10]을 500여 년 이상 관리해 온 스위스 퇴르벨 부락 사례, 도쿠가와 시대(1600~1867) 이래 농촌부락에서 공동으로 소유 및 관리되어 오며 생태계의 파괴를 한 번도 경험하지 않은 일본의 공유지 사례,[11] 550년 이상 농토의 물을 공동으로 관리 및 활용해 온 스페인 우에르타[12] 관개농장 사례, 1630년 이래 공용관개 시설을 유지해 온 필리핀의 일로코스 노르테(Ilocos Norte) 사례 등이 그것이다.[13]

---

10 다섯 가지 공유재산은 고산 지대 목초지, 산림, 미개간지, 관개체계, 사유지와 공유지를 연결해 주는 통행로와 도로 등이다.

11 도쿠가와 시대에는 1천 200만 헥타르 규모의 산림과 목초지가 수천 개의 농촌 부락에서 공동으로 소유 및 관리되었다. 오늘날에도 약 300만 헥타르가 여전히 이와 같은 상태에 있는 것으로 추산된다.

12 스페인어로 우에르타(huerta)는 부락 인근의 잘 정비된 관개농장 지대를 뜻한다.

　　노벨 경제학상을 수여하는 스웨덴 한림원의 이유는 '사회 조직의 연구에 있어서 경제학적 접근이 의미가 있는지 찾아냈다'는 것이었지만, 그 내용은 공동체적 협력의 효율성이었다. 관개시스템, 숲, 어장, 유전의 사용자 집단이 수백 년 동안 해당 자원과 생태계를 파괴하지 않고 경제적 활용을 해온 원인을 공동체적 협력체계에서 찾았다. 오랫 동안 공유자원을 자치적으로 성공적으로 관리 및 활용해 온 사례들 간에는 유사점이 있었다. 무엇보다, 모두 불확실하고 복잡한 환경을 배경으로 하고 있었다(Ostrom, 2010: 170). 농업에 필요한 물을 공동으로 사용하는 관개시스템의 경우에는 변덕스러운 강우가 불확실성의 주된 원천이었다. 이러한 불확실성 속에서도 공유 자원을 관리하고 활용하는 제도가 놀라울 만큼 오랜 기간 지속되어 왔다. 협력을 위한 제도의 지속성과 견고성이 유사한 것이었다.

　　사람들은 과거를 함께 했고, 미래도 함께 할 것으로 기대한다. 따라서 사람들은 공동체의 믿을 만한 구성원이라는 평판을 유지하는 일이 중요하다. 이들은 해를 거듭하며 함께 같은 땅에서 농사를 지으며 살아야 하고, 자식들과 손주들이 땅을 물려받으리라 기대한다. 다시 말하자면, 이들의 미래에 대한 할인율은 낮다. 어느 시점에 시설을 설치하기 위한 값비싼 투자를 하면 현 세대뿐 아니라 그 자손도 혜택을 누릴 수 있다(Ostrom, 2010: 171).

　　일회적, 혹은 단기적 관계에서 나타나는 거래와는 다른 장기적이고 안정적인 관계에서 나타나는 규범을 보유하고 있던 것이다. 이것은 단기적 혹은 일회적 거래에서 볼 수 있는 정교한 계약이나 복잡한 규칙들을 능가하는 힘을 보유하였다. 정직, 신뢰, 평판에 대한 고려 같은 요소들이 정교한 계약문서나 규정 그리고 벌칙보다 효과적이었다. 단순한 경쟁이나 규제보다 구조적 협력이 갈등을 예방하고 이익을 도모하는데 효과적으로 작동한 셈이다.

---

13 최근까지 일로코스 노르테 지역에 이어져온 관개체계는 686개에 달하는 것으로 알려져 있다.

3. 도덕적 규범

공동체는 하나의 도덕적 규범에 해당한다. 그리스 시대에 '아무 것도 하는 것이 없는 사람'이라는 뜻은 공동체에 기여하는 게 없는 사람이라는 의미였다. 더불어 살아가는 모둠살이, 또는 친밀성을 매개로 하는 공동체를 함께 가꾸고 만들어 나아가야 할 책임이 인간에게는 있다.

인간은 공동체를 배제하고는 설명할 수 없는 존재다. 그의 탄생과 성장은 부모를 빼놓고 설명할 수 없으며, 삶과 죽음은 타인과의 관계를 빼놓고 설명할 수 없다. 어떤 극단적 고립을 고집하는 사람도 존재하긴 하지만, 심지어 그 경우조차도 보이지 않는 타인과의 관계에서 깊은 영향을 주고받지 않을 수 없다. 오늘날 우리가 핵의 위협과 환경오염 같은 부정적 측면에서 보이지 않는 심각한 의존관계에 서로가 놓여있음을 목도하고 있지만, 선행과 도움의 측면에서도 인간은 보이지 않는 인연의 관계 속에서 살아간다. 그 관계의 폭은 인간 스스로 의식하는 수준을 넘어서까지 이어져 있다. 마치, 무의식의 지평이 의식의 크기를 넘어서는 이상으로 간접적 인연의 세계는 직접적 인과율의 범위를 초월한다. 간접적 도움과 인연, 심지어 대속(代贖)의 관계 속에서 인간은 서로 잇닿아 있는 존재다.

공동체는 사람과 사람 서로 간의 '사이'를 넘어 함께 공존할 수 있는 장이자 공간이다. 이 '사이'는 서로에 대한 이해와 예의, 교환, 배려, 헌신의 장이기도 하다. 이 공존의 장에 대한 예의와 규범적 의무가 모든 인간에게는 주어져 있다. 최소한의 필수 요건은 법체계로 정립되어 있지만, 일반적 예의와 의무는 규범적 기대로 존재한다. 현대와 같이, 공동체가 하나의 선택이 되어버린 상황에서 개인은 독자적 삶을 영위할 수는 있지만, 그것은 이웃의 도움에 무임승차 하는 것일 뿐이다. 마하트마 간디는 이웃 공동체에 대한 기여를 하는 것이 곧 세계를 사랑하는 길이라 말한다.

스캇 펙(Peck, 1988: 17)에 따르면, 세상의 구원은 공동체 속에 그리고 공동체를 통해서 가능할 뿐이다. 인간의 어떤 발전, 혹은 사회의 진보도 공동체의 상태를 빼놓고는 상상할 수 없다는 의미다. 인간의 사고와 행동이 공동체를 지향할 때, 의미 있는 가치를 추구하고 실제적 효과를 구현할 수 있다는 뜻이다. 어떤 인간의 개인적 삶도, 공동체 속에서 타인을 이해하고 용서하며 화해하는 수고와 고통

없이는 결코 풍요로운 삶을 살 수 없다고 펙은 지적한다.

사람에게 요구되는 규범적인 덕(德) 역시 공동체적 '관계'에 대한 윤리를 뜻하는 개념이다. 공동체의 열린 장에서 타인과의 교류를 통해 확장된 정신(enlarged mentality)을 승화시키고, 선(善)한 삶을 함께 구상하며 구현해야 한다는 뜻이다. 칼 야스퍼스(Karl Jaspers, 1883~1969)가 축의 시대(Axial age)로 명명한 기원전 900년부터 기원전 200년 사이 인류가 비약적으로 사유를 발전시켰는데, 그 비약적 사고의 발전이란 초월적 세계를 바라보는 눈과 공동체 속에서 타인을 사랑과 자비, 인(仁)으로 대하는 사유를 말한다.[14] 기독교의 사랑, 불교적 자비, 유교적 인의 윤리가 이 시기에 확립되었으며, 인류는 그 후 축의 시대에 나타났던 사유의 수준을 넘어선 적이 없었다(Armstrong, 2006).

오늘날 널리 사용하는 시민다움이라는 개념 역시 현대사회에서 공동체에 대한 개인의 규범을 강조하는 말이다. 현대사회에서 공동체는 국가-공동체-개인이라는 관계 속에서 국가와 개인의 중간에 존재한다. 국가의 폐해를 완충하고, 고립된 개인의 한계를 보완하며 타인과 타인을 연결시키는 공간이 곧 공동체다. 여기에 부합하는 사고와 행동능력이 곧 시민다움이라 할 수 있다. 타인 그리고 타인의 구성체로서 공동체의 발전과 운명, 이익을 생각하고 행동할 줄 알아야 한다는 도덕적 규범이다(이승훈, 2002: 12). 이 속에 타인을 위한 배려와 헌신 그리고 신뢰가 들어있음은 물론이다.[15]

도덕은 대체로 종교의 토대 위에 형성되는 게 보통이다. 건강한 종교 없이 건강한 도덕이 튼튼히 자리잡기 어렵다. 그런데, 종교가 해탈과 구원을 철저하게

14 고대 바빌론의 함무라비왕(BC1728~1686) 시대에 성문화 된 법은 왕을 정점으로 하는 질서유지 차원의 동태복수법(同態復讐法), 혹은 율법적 체계였다. 결국, 오늘날과 같은 공동체적 규범이 이상적 사유로 정립된 것은 '축의 시대'였다.
15 오늘날 시민다움을 강조하는 이론적 줄기는 네 가지로 나누어질 수 있다(Delanty, 1997: 288). 첫째, 권리모델로 이는 자유주의자들이 강조하는 현상인데, 주로 국가에 대한 시민의 권리를 조명한다. 국가에 대하여 시민들이 누려야 하는 권리, 그리고 요구할 수 있는 정치적, 법적 내용을 주로 논급한다. 둘째, 이와 대조적인 생각이 보수주의 모델에 의해 제시된다. 보수주의는 시민권 개념을 국방, 질서, 납세, 교육 등에 있어서의 의무로 받아들인다. 공동체가 유지되기 위해 필요한 요소의 분담을 의미하는 것이다. 셋째, 권리모델과 유사한 측면에서 참여모델이 시민다움이 갖는 사회비판 기능을 강조한다. 권리모델은 보수주의 모델이 보여주는 의무나 복종, 수동성의 성격을 배제하고 적극적인 차원에서 시민다움의 기능을 조명하는 것이다(이승훈, 2002: 10). 넷째, 공동체주의 모델은 시민으로서의 덕성을 강조한다. 공동체의 구성원으로서 필요한 가치와 태도를 일컫는데, 이를 의무로서 논의하기보다는 공동체에 의해 형성되는 측면을 강조한다. 공동체에 의해 시민으로서의 자아가 형성되는 측면과 문화적 정체성의 차원을 중시하는 것이다.

개인주의에 입각해 제시하는듯 보이지만, 그 바탕에는 이상적 공동체의 삶이 자리잡고 있다. 공동체를 향한 이 윤리의 유무가 곧 세계종교와 원시종교, 그리고 정상적 종교와 사이비 종교를 구분하는 기준이 되기도 한다. 타인과 공동체를 존중하며 지향하지 않는 종교는 개인의 기복과 안위를 위한 집단 활동일 뿐, 그 이상의 의미를 가질 수 없다. 종교가 내세우는 선악의 기준 자체가 공동체를 배제하면 성립하기 어려운 개념이다. 기독교의 사랑이나 불교의 자비와 연기법(緣起法)은 그 바탕에 공동체에 대한 윤리를 전제로 하고 있다.

하나의 예로, 기독교의 창세기 18장이 제시하는 소돔과 고모라의 심판 장면을 보자. 아브라함이 물었다. '의인 쉰 명을 보시고서도, 그 성을 용서하지 않으시렵니까? 그처럼 의인을 악인과 함께 죽게 하시는 것은, 주께서 하실 일이 아닙니다.' 신이 대답했다. '소돔 성에서 내가 의인 쉰 명만 찾을 수 있으면, 그들을 보아서라도 그 성 전체를 용서하겠다.' 아브라함이 다시 아뢰었다. '제가 주께 감히 아룁니다. 의인이 쉰 명에서 다섯이 모자란다고 하면 어떻게 하시겠습니까?' 신이 대답했다. '내가 거기에서 마흔 다섯 명만 찾아도, 그 성을 멸하지 않겠다.' 결국, 아브라함의 간청으로 열 명의 의인까지 내려갔으나, 열 명의 의인이 없어 소돔과 고모라는 유황 불로 멸하였다. 옹기가마에서 나는 연기처럼 사라진 소돔과 고모라의 심판을 생각해 보면, 이 세상에 대한 심판의 단위는 공동체였던 셈이다.

Ⅱ. 한국사회 공동체의 위기

급속한 경제개발을 경험한 한국사회는 '성공의 위기'를 겪고 있다. 표면적인 물질 생활의 수준은 대폭 개선되었지만, 인간의 존엄성과 이웃에 대한 배려는 많이 상실하였다. 사회적 신뢰의 수준이 매우 낮고, 갈등의 수준은 매우 높다는 조사결과들이 연속적으로 제시되어 왔다. 한국보건사회연구원(정영호, 고숙자, 2015: 49) 조사에 의하면, 한국의 사회갈등 지수는 34개 OECD 가입국 중에서 매우 심각한 수준인 5위로 나타났다. 사람에 대한 불신과 분노의 수준이 높고, 타인에 대한 배려나 양보의 수준은 반대로 매우 낮다. 국민의 65.7%가 한국사회의 갈등 수준이 심각한 것으로 인식하고 있기도 하다.

사회 내의 신뢰가 낮아지고, 갈등이 증폭된다는 의미는 구성원 사이에 공존의 기쁨이 사라지고 있음을 뜻한다. 한국인들이 전체적으로 느끼는 행복감이 매우 낮다는 조사결과가 끊임없이 제시되고 있다. 2015년 UN이 발표한 〈2015 세계행복보고서〉에 따르면, 한국은 158개국 중 47위를 차지했다. 2014년 7월 영국의 가디언 신문이 보도한 바에 따르면, 한국인의 행복도는 전 세계 20개 국가 국민들 가운데 19위로 나타났다. 전체 조사대상 국가 국민들의 평균 행복도는 77%였는데, 한국인의 행복도는 64%였다. 2014년 World Value Survey에서도 한국 청소년들의 행복 수준이 매우 낮은 수준으로 조사되었고, 경제협력개발기구(OECD)가 발표하는 행복지수(Better Life Initiative)에서도 한국인은 34개 회원국 중 26위 내외를 차지하여 왔다. 구성원의 행복도가 매우 낮은 수준이다.

공동체의 해체는 개인의 존망을 허물어 버리기도 한다. 인구 10만 명당 자살자 수에 있어 한국은 29.1명으로 OECD 비교대상 국가들에 비해 월등히 높은 수준이다. 헝가리 22명, 에스토니아 16.6명 등 심각한 상태를 보이는 그룹에 비해서

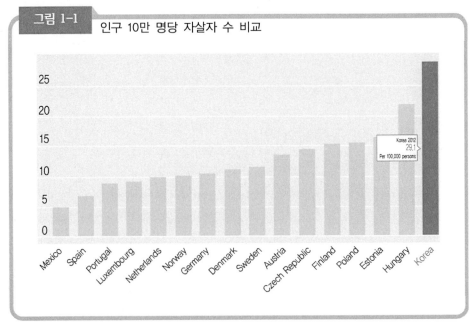

그림 1-1 인구 10만 명당 자살자 수 비교

출처: OECD(2015) *Health Data: Health Status.*

표 1-1	한국의 인구 연령별 10만 명당 자살자 수					
		2007	2008	2009	2010	2011	2012
전 체		24.8	26	31	31.2	31.7	28.1
성	남자	31.5	33.4	39.9	41.4	43.3	38.2
	여자	18.1	18.7	22.1	21	20.1	18
연령군	0~9세	0	0	0.1	0	0	0
	10~19세	9.4	9.4	13	10.2	10.7	9.7
	20~29세	41.6	44.5	49.6	47.6	47.8	38.8
	30~39세	44.9	49.1	62.7	59.1	61	54.8
	40~49세	52.4	56.8	65.7	68.2	68	61.9
	50~59세	62.6	66.4	82	80.8	82.5	70.7
	60~69세	95.9	94.7	104	106.3	100.9	85.6
	70세 이상	279.1	260	290.3	294.1	289.5	253.4

출처: 통계청, 〈사망원인통계〉, 각 년도.

도 매우 높은 수치이다. 자살자 이외에 자살을 시도하는 사람들의 수까지 고려하면, 1년에 약 30만 명 내외의 도시인구가 자살을 시도하고, 실제 세계적으로 가장 높은 비율의 인구가 자살로 생을 마감하는 사회로 되어 버렸다. 이것은 단순한 자살의 문제로 그치는 통계가 아니라, 한국사회의 비인격적이고 비인간적인 현재의 모둠살이 실태를 상징적으로 보여주는 자료라 하겠다.

자살과 같은 극단적 현상 이외에, 공동체의 변동 속도가 매우 빠르다. 예컨대, 1인가구의 비율이 놀랄 만한 속도로 증가하고 있다. 1인가구의 증가 자체를 부정적으로 해석할 수는 없다 하더라도, 공동체의 측면에서 이는 심각한 변화를 의미한다. 1980년 한국사회의 전체 가구대비 1인가구의 비율은 4.8%였고, 1990년 9%였다. 그러다, 2000년에 이르러 15.54%에 이르렀고, 2010년 23.89%에 이르렀다. 대단히 빠른 속도로 증가하여 온 셈이다. 이는 구성원 사이의 단절과 대체가족의 필요성 등 사회구조상 공동체적 어울림을 새롭게 형성해야 할 필요성을 보여주는 지표다.

한국은 매우 빠르게 경제개발을 해 오는 동안, 인간의 존엄성과 이웃에 대한 배려 그리고 행복한 삶에 대한 가치관을 상실하였다. 이를 치유하지 않으면, 경제성장의 과실이 선사하는 의미가 무색하게 될 상황이다. 개인 간 그리고 개인과

표 1-2	한국사회의 1인 가구 비율						
	1980	1985	1990	1995	2000	2005	2010
전체 가구수(A)	7,969,201	9,571,361	11,354,540	12,958,181	14,311,807	15,887,128	17,339,422
1인 가구수(B)	382,743	660,941	1,021,481	1,642,406	2,224,433	3,170,675	4,142,165
B/A	4.80%	6.91%	9.00%	12.67%	15.54%	19.96%	23.89%

제도 간의 신뢰, 사회 구성원 사이 연대의 끈, 그리고 애착과 소속감을 높이는 공동체의 회복을 통해 이를 치유해야 할 시점이다. 공동체가 갖는 회복력(resilience)은 놀라운 수준이다. '친밀권역'에서의 정서적 교류와 상호작용을 통해 개인의 심리와 정서, 사회적 위기와 성장에 괄목할 만한 성과를 보여준다. 한국사회는 이것을 회복해야 하는 단계에 놓여 있는 것이라 하겠다.

제 2 장
유토피아에 대한 꿈

유토피아가 없는 세계지도는 볼 가치도 없다. 인류가 정박해야 할 그 나라를 빼놓은 것이기 때문이다. 인류
가 거기에 도착하면, 더 나은 나라를 찾고 바라보며 출항을 하게 된다. 유토피아의 실현이 진보인 것이다.
오스카 와일드(1891)

I . 낙원에 대한 기억, 혹은 미래에 대한 희망

　　모든 유토피아에 대한 논의는 공동체에 대한 논의였다. 이상적 공동체에 대
한 희망의 원형질이 유토피아에 녹아있다. 완전한 섬, 아름다운 농촌, 풍요한 도
시를 구상하고 그 속에 있는 제도와 집, 정원, 도로, 이웃 간 관계를 묘사하여 보
여준다.

　　개인의 모든 일회적이고 파편적인 갈망을 우리가 유토피아로 간주할 수는
없다. 단순한 갈망을 넘어 보편적 정서에 부합하는 규범과 체계를 갖추고, 구체적
으로 작동할 수 있는 어떤 체계의 수준에 이를 때, 우리는 그것을 유토피아로 분
류한다. 물론, 거기에는 애초부터 희망과 절망이 존재하여 왔다. 어의적으로 그리
스어 Ou(no, 없는)와 topos(place, 장소)의 합성어로서, 유토피아는 현실에 대한 부정
과 이상향에 대한 희망을 뜻한다. 인간이 느끼는 현실의 한계와 그것을 초월하려
는 상상력이 교차하는 지점에 유토피아가 존재하는 것이다. 그렇기 때문에, 유토
피아는 불가능한 가능성(impossible possibility)[1]을 바라보는 눈에 의해 포착될 수 있
다. 플라톤의 〈국가〉에서 소크라테스는 이상향에 대한 설명을 이해하지 못하는

---

1 만하임(Mannheim, 1954: 192)은 'The impossible gives birth to the possible'이라고 갈파한다.

사람들에게 '바라는 사람의 눈에는 그 나라가 천국의 한 패러다임으로 존재한다. 그 나라가 실제 존재하는지, 혹은 앞으로 존재할 수 있는지는 전혀 중요하지 않다(Plato, 1993: 343)'고 말한다.

우리의 구체적 삶 속에서 유토피아는 과거의 낙원에 대한 기억이나 미래에 대한 희망으로 나타난다. 먼저, 대부분의 개인이나 민족은 저마다의 낙원이나 황금시대에 대한 기억을 간직하고 있다. 과거형의 낙원으로 황금시대, 요순시대, 아르카디아[2]가 있었다. 약 2,000년 전 로마시대의 시인이자 작가였던 오비디우스(Publius Ovidius Naso, BC 43. 3. 20~AD. 17)는 〈변신이야기(Metamorphoses)〉에서 이렇게 쓰고 있다.[3][4] 옛날의 시인이 더 옛날의 황금시대에 대해 쓴 글이다.

처음 시기는 황금의 시대였다. 이 때는 관리도 없었고, 법률도 없었다. 사람들은 저희들끼리 알아서 서로를 믿었고 서로에게 정의로웠다. 이 시대 사람들은 형벌도 알지 못했고, 무서운 눈총에 시달리지 않아도 좋았다. 나라가 청동판에 포고문을 게시하여[5] 백성을 을러메는 법도 없었고 … 사람들은 판관 없이도 마음 놓고 살 수 있었다(Ovidius, 1994: 18).

인간의 성정과 사람 사이의 관계만 완전한 게 아니었다. 그 시대, 황금의 시대는 풍요로웠다. 다시 오비디우스는 이렇게 묘사한다.

---

2 아르카디아는 그리스 펠로폰네소스 반도에 있는 한 지역의 이름인데, 대자연의 풍요로움이 가득한 유토피아로 묘사되어 왔다.

3 오비디우스가 이미 로마시대에 묘사한 지구에 대한 설명은 경탄할 만하다. 형상도 질서도 없던 카오스에서 어느 쪽에서 보아도 그 모양이 똑같은 거대한 공 모양이 만들어졌다. 땅은 다섯 권역으로 나뉘어졌는데, 가운데 지대는 너무 덥고 양쪽 끝의 지대는 눈으로 덮여 있었다. 이 두 지대 사이에 더위와 추위가 번갈아 들게 하여 적당한 기후가 만들어졌다(오비디우스, 1994: 17).

4 오비디우스는 인간의 역사를 황금시대, 은의 시대, 청동의 시대, 철의 시대로 나누고 있다. 황금의 시대는 세상의 지배권이 유피테르의 손에 넘어가자 이윽고 시대가 변하여 銀(은)의 시대로 된다. 이 시대는 황금의 시대보다는 못했지만, 곧 이어지는 청동의 시대보다는 좋았다. 예컨대 은의 시대에 이르러 날씨는 항상 봄이 아니라 겨울과 여름 그리고 가을과 봄으로 나누어지게 되었다. 청동시대에는 인간이 좀 더 거칠어졌다. 더러는 무기를 잡기는 했으나, 흉악한 단계까지는 이르지 않았다. 마지막으로 온 철기시대, 이 천박한 금속의 시대가 오자 인간들 사이에는 악행이 꼬리를 물고 자행되기 시작했다.

5 로마시대의 관례.

대지도 괭이로 파고 보습으로 갈지 않아도 스스로 알아서 인간에게 필요한 것들을 모
자라지 않게 대어주었다. 인간은 대지가 대어주는 양식으로 행복했고 양매, 산딸기, 산
수유, 관목에 열리는 나무딸기, 가지를 벌린 유피테르 나무에서 떨어지는 도토리로 만족
했다. 기후는 늘 봄이었다(Ovidius, 1994: 18).

황금의 시대는 성경에 등장하는 에덴동산과 흡사하다. 인간이 타락하기 이전
선한 상태에 있고, 땀을 흘리지 않아도 풍요를 누릴 수 있는 환경이 그러했다. '하
나님이 지으신 그 모든 것을 보시니 보시기에 심히 좋았더라.'[6]고 묘사된 곳에서
인간은 풍요를 선물 받았다. 바다의 물고기와 하늘의 새와 땅에 움직이는 모든
생물을 다스리며, 아담과 아내도 벌거벗었으나 부끄러워하지 아니하는 상태였다.
그것을 상실하기 전 에덴동산은 인간에게 하나의 완전한 낙원이었다.

과거의 완전한 모습과 달리 미래에 대한 희망으로 유토피아를 이야기하는 경
우도 있었다. 현실의 모순이 사라진 후 다가올 천년왕국,[7] 테크노피아, 계급 없는
사회, 미륵정토[8]를 상정하는 경우가 그러하다. 그것이 과거의 낙원에 대한 기억이
든 미래에 대한 희망으로서의 염원이든 개인이나 집단은 이상적 낙원을 지녀왔다.

기독교의 전통 내에서 잉태된 천년왕국 개념은(Mannheim, 1954: 190) 일찍이 형
성된 미래적 이상향이었다. 단순히 인간이 죽은 후 영혼이 가는 천국과 달리 예
수가 재림하여 사탄을 제압하고 성도들과 함께 다스리는 완전한 사회의 도래를
믿는 믿음이다. 사회적인 의미에서 볼 때, 그것은 공의와 선(善)이 다스리는 완전
한 사회였다.

테크노피아는 과학기술의 발전을 매개로 인간이 꿈꾸는 이상적 사회를 만들
어 갈 수 있다는 현대적 개념의 유토피아다. 과학기술이 발전하면 인간은 결핍과

---

6 창세기 1장 31절.
7 천년왕국 교리는 신약성서의 〈요한계시록〉 20장에 나타나 있다. 거기에 나타난 환상에 관한 설명
  에 따르면, 사탄은 1,000년 동안 깊은 심연 속에 결박당한 채 던져지고 순교자들은 부활하여 그리
  스도와 함께 1,000년 동안 다스릴 것이라고 예언되어 있다. 후(後)천년왕국주의자들은 그리스도
  교가 온 세계에 받아들여진 후 1,000년 동안 그리스도교도들이 세상을 정의로써 다스린 뒤, 그리
  스도가 재림하여 마지막 심판이 이루어지는 것으로 믿는다.
8 천년왕국이나 미륵정토를 완전한 유토피아 개념에 여기서 포함시키는 것은 아니다. 분명 이상향
  의 종류로써 열거하지만, 역사 밖의 초월적인 이상향은 유토피아의 범주를 벗어나는 것이기 때문
  이다. 그러나 천년왕국이나 미륵정토는 천국이나 극락보다 훨씬 사회적인 구성물로 해석되기도
  하여, 유토피아의 범주에서 일부 논하도록 한다.

불평등에서 해방되어 완전한 풍요와 편리를 누릴 것이라는 꿈이다. 풍요와 편리뿐 아니라 사회적 갈등과 곤경으로부터 해방시킬 수 있을 거라는 희망도 여기에는 있다.

맑시즘 진영이 기본적으로 전제하는 미래 공산사회 역시 미래에 설정된 유토피아였다. 원시 공산사회를 상실한 후 노예제, 봉건제, 그리고 현대 자본주의를 거쳐 인류는 필연적으로 미래 공산사회라는 완성에 이르게 될 것이라는 설명이었다. 맑시즘의 완성에 대한 언약이 현재는 파기된 상태지만, 미래에 대한 하나의 전망으로 수용되었던 것은 분명하다.

Ⅱ. 유토피아의 출현과 진화

유토피아에 대한 사고가 구체화 된 과정을 인류의 문화와 생활단계에서 찾는 시각이 있다. 인간의 역사발전 과정을 놓고 볼 때, 유토피아는 농경사회 단계부터 등장했다는 것이다(임철규, 2009: 25). 수렵이나 채취로 삶을 영위하던 단계에서 인간은 초자연적 힘에 대해 주술적 혹은 신화적 태도를 보였을 뿐, 그것을 총체적으로 변화시킬 꿈을 꾸기 어려웠다. 눈앞에 닥친 자연현상의 거대한 압도, 불가항력적인 삶의 전개 앞에서 인간은 거대한 이상향을 구체화하기 어려웠다. 인간 스스로 처해있는 상황의 모순을 읽어내는 눈이 부족하고, 그것을 극복하거나 초월하여 이상향을 이룰 가능성을 바라보기 어려웠던 셈이다.

농경시대에 이르러 인류는 미래지향적인 의식을 강하게 품고, 메시아 혹은 영웅적인 인물의 출현을 통한 이상향의 생각에 가까이 갔다. 다양한 형식의 이상향과 초월적 세계에 대한 사유가 농경사회에서 싹트고 확대되었다(Worsley, 1970: 236). 그리고는 칼 야스퍼스(Karl Jaspers, 1883~1969)가 축의 시대(Axial age)[9]로 명명한 기원전 900년부터 기원전 200년 사이 비약적인 사유의 폭발이 일어났다. 초월적 사유와 종교에서 유토피아와 현실의 도덕체계에 이르기까지 놀라운 사유의 발전이 있었다. 그 후 오늘에 이르기까지 인류는 축의 시대의 통찰을 넘어선 적이 없

---

9 이를 박영신 교수는 '굴대의 시대'로 번역한다.

다고 평가되기도 한다(Armstrong, 2006).

만하임(Mannheim, 1954: 190)은 유토피아적 사고의 발전과정을 네 단계로 나눈다. 첫째는, 재세례파(anabaptist)의 천년왕국설이다. 이른바 예수가 재림하여 천 년 동안 통치한다는 믿음이다. 둘째는, 자유주의 및 인도주의적 사고가 그것이다. 현실의 악을 바로 잡으려는 합리적 사고의 형태로, 이때의 유토피아는 하나의 아이디어이자 미래로 투사된 목표의 성격을 띠었다. 셋째는, 보수적 사고였다. 이 단계에서는 '실재'에 잠재하는 엄청난 에너지를 조화시키려는 노력이 주류를 이루었는데, 아나키즘으로 전환하려는 내적 자유를 통제하는 게 관건이었다. 넷째의 유토피아적 사유는 사회주의였다. 이들은 소외와 불평등으로부터 인간이 완전히 해방되는 것을 이상향으로 꿈꿨다.

만하임(Mannheim, 1954: 191)은 혼란을 피하기 위해 유토피아와 이데올로기를 구분한다. 기존질서에 대한 파괴와 기여, 그리고 실현가능성이 기준이다. 유토피아는 기존의 질서를 파괴하는 방향으로 작용하는데 반해, 이데올로기는 기존의 체계를 재생산 하는 쪽으로 작용한다. 실현 가능성 측면에서는, 절대적 유토피아는 실현가능성이 없는데 반해, 상대적 유토피아는 현재 실현하기 어려울 뿐 실현가능성은 있다고 본다.

역사적으로 초기의 유토피아는 자연에서 도시를 꿈꾼 것이었다. 초기 유토피아는 도시 자체였다(Mumford, 1973: 3). 농경이 대부분의 산업을 차지하던 시절 유토피아는 도시의 건물, 도로, 풍요하고 세련된 삶을 그리는 것이었다. 그곳은 인간의 삶을 위한 풍요와 편리, 어울림, 아름다움을 상징했다. 농경사회에서 도시의 풍요와 질서를 그리고, 또 현재의 도시가 안고 있는 문제를 해결하는 이상적인 도시를 그리는 작업이 유토피아 사상에 투영되었다. 그만큼 도시는 동경의 대상이었다. 실제로 그곳은 욕망에 대한 자극이 넘쳐나고, 기회가 상대적으로 많았으며, 자원이 모여드는 장소였다.[10] 문화적 혹은 정신적으로도 도시는 훨씬 자유로웠다. 독일 속담에 '도시의 공기는 당신을 자유롭게 한다(Stadtluft macht frei)'는 말이 11세기에서 12세기에 걸쳐 유행했다. 도덕규범이 농촌보다 느슨했고, 새로움과

---

10 일부 글에서 도시는 농촌에 비해 평균수명이 짧은 등 부정적으로 묘사되었다. 이점은 시저가 통치하던 로마, 동로마 제국의 비잔틴, 메디치 가문의 플로렌스, 루이 14세 시대의 파리, 찰스 디킨스가 그린 런던도 예외가 아니었다. Peter F. Drucker, "도시의 문명화," Goldsmieth, Marsharll et al., *The Community of the Future*, 이재규 역, 〈미래의 공동체〉, 23쪽.

욕망에 대해 관대했다. 이 시기에 농촌에는 압출요인이 많았다. 전통적인 공동체
나 농촌에는 강압적인 성격이 잔존하고 있었다(Hesselbein et al, 1998). 농촌 사람들
은 도시로 탈출하고 싶어 했던 것이다.

산업혁명 후 도시화가 농경과 자연환경을 압도하게 되자 유토피아는 서서히
자연으로 회귀하게 된다. 유토피아가 완전히 도시를 벗어난 것은 아니지만, 서서
히 자연 속에 존재하는 여유있는 삶의 모습을 동경했다. 도시에서 빈곤, 오염, 인
간성의 상실이 심각해질수록 자연을 바라보았다. 한동안 도시화가 느릿하게 진행
되다가 20세기 들어와 빠르게 진행되었다. 제1차 세계 대전 직전까지만 해도 전
세계 인구의 5% 미만이 도시에 거주했을 뿐이었다. 제2차 세계 대전 말까지 미국
인구의 4분의 1, 일본인구의 5분의 3이 농업에 종사하고 살았다(Drucker, 2000: 20).
그러던 인류의 50%가 2010년 기준으로 도시에 살게 되었다.[11] 싱가포르, 홍콩, 마
카오, 모나코 같은 도시국가들은 도시화율이 100%에 이르고, 중남미와 남태평양
의 섬 국가(과델루프, 나우르) 그리고 중동의 카타르와 바레인 역시 100%에 이른다.
대륙별로 보면 북미는 79%, 중남미 대륙 77%, 유럽 71%, 오세아니아 66%, 아시
아 43%, 아프리카는 38%에 이른다. 특별히 도시화율이 높은 국가들은 벨기에
(99%), 쿠웨이트(98%), 우루과이(94%), 아이슬란드(93%), 아르헨티나(91%), 베네수엘
라(88%), 일본(86%), 뉴질랜드(86%), 아프리카의 가봉(84%), 한국(90%)[12] 등이다.

도시화율이 높아질수록 유토피아는 어김없이 완전한 자연을 전제로 한다. 이
상향은 대부분 자연으로 회귀하거나, 혹은 고도의 기술발달을 활용하여 에코토피
아로 나아가는 모습이다. 에코토피아를 내세우지 않는 테크노피아의 경우도 자원
과 에너지 절약 그리고 환경오염을 극복하는 상태를 전제로 한다. 인간의 삶과
자연환경이 과학기술에 의해 무한히 개선될 수 있다고 믿는 믿음이 에코토피아
혹은 테크노피아로 투사된 것이 미래적 유토피아의 하나로 자리잡고 있는 셈이다.

블로흐(Bloch: 1993)의 경우는, 유토피아가 프랑스 혁명이 발발하기 전쯤 '장소
유토피아'에서 '시간 유토피아'로 옮겨갔다고 말한다. 어딘가에 존재하는 이상적

---

11 미국 인구조사국(Population Reference Bureau)이 발표한 2010 세계 인구 데이터(2010 World
   Population Data Sheet)에 의하면, 2010년 현재 세계 인구는 68억 9천 2백만 명이고 이중 50%가
   도시에 살고 있다.

12 한국의 도시화율은 2010년 기준 86%였다. 이 수준은 OECD 회원국 평균의 두 배에 달하는 수치
   로 일본이나 미국보다 높은 정도다. 2014년 현재는 90%를 약간 상회할 것으로 추정된다.

섬 같은 장소를 중심으로 구상되어 온 유토피아는 시민혁명을 전후하여 '바로 여기서' 이상사회를 만들고자 하는 사람들에게 더 이상 매력을 갖기 어려웠다. 또, 지구상에 미지의 대륙이 더 이상 남아있기 어렵다는 생각이 사람들 사이에 확산되었다. 그래서 유토피아는 마지막 시간을 세속화시켜 인간의 혁명적 변화를 그리는 방향으로 나타났다. 프랑스 파리의 미래로 시간여행을 떠난 메르시의 소설 〈2440년〉,[13] 빌란트의 〈황금거울〉[14]이 대표적 작품들이다.

유토피아의 출현을 공시적으로 보면, 어느 시대든 사회에서 억압받는 계층에 의해 구성된다고 만하임은 설명한다. 억압받는 사람들의 파괴와 변혁의지로 보는 것이다(Mannheim, 1954: 36). 그러나 유토피아를 억압받는 사람들의 전유물로 파악하기는 어렵다. 플라톤, 모어, 베이컨,[15] 오웬, 맑스가 시대적 어려움을 겪은 것은 사실이지만, 그들을 억압받는 계층으로 볼 수는 없다. 지배계층 내에서도 얼마든지 더 나은 사회를 위한 이상은 존재한다. 이런 의미에서 유토피아는 인간이 생래적으로 품은 꿈에 해당하기도 하며, 이상적인 공동체적 삶에 대한 열망으로 볼 수 있다. 어느 시대든 상상력과 감수성이 뛰어난 사람들이 현실의 절망 속에서 꿈꾼 이상적 공동체였던 셈이다.

유토피아를 사회발전의 단계에 따라 출현한 이상향으로 보든, 아니면 억압받는 사람들의 변혁의지로 보든 어떤 시대의 현실과 대비되는 꿈이라는 점은 공통적이다. 현실 너머의 소망을 바라본다는 점에서 유토피아는 '현실 초월적'이다. 종교적이거나 신비적인 초월성과 다른 차원에서, 현실을 극복하는 이상이라는 의미에서 유토피아는 초월적이다. 토마스 모어가 유토피아의 하루를 8시간 수면, 6시간 노동[16]으로 묘사하거나, 그곳의 화장실이 금으로 만들어져 있다고 묘사한

---

13 프랑스의 계몽주의 희곡작가 루이 세바스찬 메르시(Louis S. Mercier)의 1770년 소설이다. 등장인물이 파리의 문제들에 대해 철학자와 격론을 벌인 후, 잠에 빠져 미래의 파리로 시간여행을 하는 내용이다. 이 소설은 출간된 후 책은 스물다섯 번이나 개정되어 나올 만큼 인기를 끌었다.

14 독일의 시인이자 작가였던 빌란트(Christoph Martin Wieland)의 1772년 작품이다. 빌란트는 모차르트가 작곡한 〈마술피리〉의 원작을 쓴 인물이기도 하다.

15 베이컨(1561. 1. 22.~1626. 4. 9.)은 모어(1477. 2. 1.~1535. 7. 6.)보다 약 90년 뒤에 활동한 인물이다. 두 사람의 유토피아는 몇 가지 점에서 다른 구도 위에 그려졌다. 모어는 주로 인간사회의 미덕을 그리고 싶어 했고, 베이컨은 풍요에 관심이 많았다(김종갑, 2002: 93). 모어가 자연에 바탕을 두었다면, 베이컨은 인위적 합리성에 바탕을 두었다. 모어가 대법관이 되기 전에 유토피아를 그렸다면, 베이컨은 대법관직을 퇴직한 후 은둔하며 유토피아를 그렸다.

16 모어가 획일적인 6시간 노동을 설계했다고 비판하는 것은 타당하지 않다. 당시의 사회상을 살펴보는 것이 필요한데, 모어는 당시 노동에 부당하게 참여하지 않는 사람들의 노동을 강조한 셈이었

것이나, 베이컨이 배의 표류로 불시착한 섬에 대한 이야기 형식을 빌어 '이 섬은 더할 나위 없는 행복과 복지를 보유하고 있으며(Bacon, 2002: 47), 이들보다 더 순결한 백성이 있다는 말을 어느 책에서도 읽어보지 못했다(Bacon, 2002: 65)'고 하는 것은 그들이 처해있던 현실에 대한 초월이었다.

어의적으로 보자면, 그것은 '희망'과 '불가능'을 동시에 뜻한다. 1516년 토마스 모어[17]가 유토피아라는 말을 조어할 때, 새로운 땅의 의미를 갖는 동시에 아무데도 없는 곳이란 뜻으로 합성한 것이기도 하다. 그러나 상대적으로 유토피아는 희망에 더 가깝다. 더 나은 미래를 향해 나아가고자 하는 인간의 본능이 그 속에 들어있고, 절망 속에서 희망을 꿈꾼 유토피아인들의 구상이 거기에 들어있다. 1921년 노벨 문학상을 수상한 아나톨 프랑스(Anatole France)는 '다른 시대의 유토피아인들이 없었다면, 인간은 아직도 동굴 속의 비참하고 발가벗은 상태로 살고 있을 것'이라고 지적한 바 있다(박호성, 2009: 118).

Ⅲ. 문학과 사회주의 속의 유토피아

유토피아의 전형적인 모습은 문학과 사회주의의 그림 속에 그려져 있다. 언어를 통해, 그리고 사상을 통해 이상적 공동체를 그려낼 수 있었던 영역이다. 문학 이외의 예술에서는 비언어적 표현으로 유토피아가 희미하게 그려져 있을 뿐, 명확하게 묘사되어 있지 않다. 그리고 종교에서는 이상적 공동체에 대한 꿈을 대부분 품고 있지만, 초월적인 역사 밖의 세계에 초점이 연결되기 때문에 유토피아의 경계를 규정하기가 어렵다. 인간이 노력을 통해 역사 속에 이룰 수 있는 이상향을 유토피아로 규정하는 한, 역사 밖의 초월적 세계는 유토피아 개념의 중심에 놓을 수 없기 때문이다.

다. 당시 성직자, 부자, 귀족들은 노동에 참여하지 않았고 귀족과 지주들이 거느리고 있는 군대와 신체 건강한 거지들이 일을 안 하고 노는 셈이었다. 물론, 집에서는 주로 여자들이 일을 하였다.

17 모어(1477~1535)는 기독교적 인문주의자, 공산주의의 선구자라는 평을 받아왔다. 1535년 모어가 참수된 후 가톨릭교회는 1886년 모어를 복자로 선언했고, 1935년 성인의 반열에 올렸다. 헨리 8세를 영국 교회의 수장으로 인정하지 않고, 죽음을 택했기 때문이었다. 그러나 공산주의와의 연관성 측면에서 보자면, 모어와 공산주의 사이에 내용적 접점은 발견되지만, 시간적으로는 떨어져 있다.

1. 문학이 그린 유토피아

유토피아는 문학과 예술로부터 떼어놓을 수 없다. 특히 문학에서 작가들은 여행, 꿈, 불시착, 추방, 기억상실 등의 형태를 통해 현실과 거리를 두고 유토피아를 이야기 했다. 이렇게 함으로써 현실세계와 단절을 감행하고, 완전한 대안을 구상할 수 있었기 때문이었다. 단절을 통해 작가들은 자유, 평등, 풍요, 아름다움, 이타성 같은 가치에 당도할 수 있었다. 예컨대 현실에서 멀리 떨어진 곳을 여행한 가상의 여행자[18]를 내세워, 그로 하여금 봉건사회를 비판하는 동시에 행복한 세상을 말하게 한 것이다. 작가들에겐 이것이 안전한 방법이었다. 심지어, 영국의 토마스 모어의 유토피아는 라틴어로 집필되었고, 모어가 사망한 지 16년이 지난 1551년에서야 랄프 로빈슨에 의해 영역(英譯)되었다.

모어[19]의 유토피아는 고립된 섬을 여행하고 돌아온 라파엘 히드로다에우스가 화자였다. 유토피아는 하나의 섬인데, 가장 넓은 중앙부가 약 200마일(약 320km)이다. 이 섬에는 54개의 훌륭한 도시가 있다. 도시 간의 최단거리는 24마일(약 38km)이다. 각 동네는 30가구로 이루어져 있고, 각 가구에는 최대 40명이 생활할 수 있다. 사유재산제가 없기 때문에 집 자체는 추첨에 의해 할당되고 10년마다 바꾼다. 시골과 도시 사이에도 매년 거주자의 이동이 있어, 시골에서 2년을 보낸 사람은 도시로 가고, 다른 20명이 시골로 온다. 사람들은 거짓이나 호사스런 장식을 싫어하여, 금은 요강과 죄수의 수갑을 만드는 데 사용한다. 사람들에게는 재산이 균등하게 분배되고, 하루 6시간 노동을 하며,[20] 집은 삼층집으로 지어졌고, 유토피아 사람들은 집 앞의 정원 가꾸는 일을 좋아한다. 그리고 이들은 돈을 사용하지 않아 돈과 이윤을 추구하려는 열망에서 벗어나 있다.

모어의 묘사에서 나타나듯, 문학에서 유토피아는 현실[21]과 허구의 몽타주로

---

18 모어의 유토피아에서는 라파엘 히드로다에우스였다.

19 모어보다 앞선 제시된 유토피아는 플라톤의 〈국가〉였다. 블로흐(1993: 29)는 이상향을 〈국가〉의 형식으로 설계한 글들을 국가 소설로 부른다. 플라톤은 사회적 풍요보다는 이루어지지 않은 질서에 대하여 스파르타를 이상적 모델로 두고 〈폴리테이아〉 곧 〈국가〉를 저술했다. 그의 글은 다른 유토피아에 비해 권위적이고, 확신에 찬 어조를 보인다.

20 캄파넬라의 〈태양의 나라〉에서 유토피아인들은 하루 4시간 일을 한다.

21 예컨대 모어의 유토피아는 54개의 도시로 이루어져 있다고 묘사되었는데, 당시 영국의 도시가 54개였다. 또, 유토피아에 '햇볕에 얼굴이 타고 수염이 길며, 망토를 한 쪽 어깨에 아무렇게나 걸친 나이든 외국인'을 등장시키는데, 로저 아삼(1515~1568)에 의하면 당시 모어가 이런 모습으로 다

표현되었다.[22] 현실적 억압과 가능성을 벗어나고, 실제적 가능성에 제약받지 않으며, 인간의 상상력의 가능성과 한계를 결합하는 방식이었다. 유럽에서는 프랑스혁명에 이르기까지 대체로 토마스 모어의 방식을 충실히 따랐는데, 17세기에는 유토피아 소설이 하나의 장르로 유행하였다. 칼라브리아 지방의 도미니크 수도회 수도사였던 토마소 캄파넬라(Tom-maso Campanella, 1568~1639)는 〈태양의 나라〉를 썼다. 그는 본래 이탈리아어로 원본을 썼으나, 1620~1623년 사이 라틴어로 프랑크푸르트에서 출판되었다.[23] 그는 조국 나폴리 왕국이 에스파냐의 지배하에 들어가자 독립을 위해 반란을 도모한 죄로 수감되었는데, 이 작품 역시 이때 집필되었다.[24]

캄파넬라는 〈태양의 나라〉에서 세계 일주를 하다 섬에 도착하여 적도 아래의 대평원에서 이상향을 보고 온 제노바인을 등장시켜 대화체로 이야기를 서술한다. 자신은 수도사로 등장하여 질문하는 형식으로 공동체의 교육, 남녀의 결합, 식사, 노동, 제사 등에 대해 설명하는데, 사유재산이 없는 세상(Campanella, 2012: 34)을 이상으로 하였다. 식량을 비롯해 명예도 오락도 모두 공유하며, 무엇이든 개인 소유가 존재하지 않는 사회를 구상한 것이다. 캄파넬라의 말에 의하면, 인간이 이기주의를 버리게 되면 공공생활에 대한 사랑만 남게 된다(Campaneela, 2012: 34). 모든 소유 관념은 인간이 자기 집을 소유하고, 자신의 처와 자식을 가지는 데서 발생하고, 여기서 이기주의가 싹튼다. 자식을 부자나 권력자로 만들고, 재산을 물려줄 생각으로 권력을 탐하고, 권력을 쥐면 공직을 남용하여 부패를 저지르게 되는 것이다.

윌리엄 모리스(William Morris, 1834~1896)는 1890년 〈유토피아로부터의 소식〉[25]을 썼는데, 그는 당시 글래드스톤 치하의 자유주의와 의회정치의 한계에 절망한

녔다고 한다.

22 그래서, 유토피아를 구상한 사람들이 아무리 상상의 나래를 펴도 존재론적 한계를 벗어날 수 없었다. 예컨대 모어의 유토피아에도 시골의 마을에 각 집마다 두 명의 노예가 있다. 한명은 죄를 지어 노예가 된 사람이고, 다른 한 명은 외국에서 사온 노예였다.

23 캄파넬라가 나폴리 형무소에서 가장 고통을 심하게 느끼던 시기 이탈리아어로 쓴 작품이다.

24 그는 27년을 감옥에서 보낸 장기수였다. 〈태양의 나라〉 번역본에 역자 임명방이 덧붙인 '번역을 마치고' 부분(6쪽)을 참고할 것.

25 영어 제목은 〈News from Nowhere〉였다. 이 작품은 미국의 Edward Bellamy가 1888년 출간한 〈Looking Backward〉의 영향을 직접적으로 받았다. 또, 맑스의 프랑스어 판 자본론을 모리스가 1883년 읽은 경험이 크게 영향을 미쳤다.

상태에서 이상향을 꿈꾸었다(Morris, 1995). 중산층 가정에서 태어나 건축과 미술을 공부한 모리스는 사회주의에 관심을 갖고, 평생 유토피아를 꿈꾸며 살았다. 모어의 유토피아가 라틴어로 집필되었기 때문에 모리스의 작품은 영어로 쓰인 최고의 유토피아 문학으로 평가되곤 한다.[26]

철학자들도 문학 활동을 통해 유토피아를 그리는 일에 참여하였다. 베이컨의 경우가 여기에 해당한다. 그는 배의 표류로 어떤 섬에 불시착한 이야기 형식으로 유토피아를 표현하였다. 베이컨은 이야기의 많은 부분을 '솔로몬 학술원'이라 불리는 일종의 도서관에 대해 설명하고, 그 외에도 풍경, 종교, 결혼, 공원 등에 대해 묘사한다. 이 섬은 더할 나위 없는 행복과 복지를 보유하고 있었으며(Bacon, 2002: 47), 거기 사는 사람들보다 더 순결한 백성이 있다는 말을 어느 책에서도 읽어보지 못했다고(Bacon, 2002: 65) 묘사한다. 엘도라도의 전설을 소개한 〈캉디드〉(1759)를 쓴 볼테르(1694~1778)도 이와 유사한 경우다. 캉디드는 철학소설이었는데, 베스트팔렌 지역에서 부드러운 성품을 소유하고 사는 소년 '캉디드'를 등장시켜 그의 여행으로 이야기를 전개한다. 볼테르는 이 소설에서 종교적 불합리, 귀족들의 허장성세, 인간사의 부조리를 날카롭게 비판한다. 그래도 소설의 마지막 문장은 '그러나 지금 우리는 우리의 밭을 갈아야 합니다.'라고 마무리 하고 있다.

고전뿐만 아니라, 20세기 중반까지도 유토피아를 그린 문학은 여러 나라에서 나타났다. 러시아의 사회주의 과학소설이 대표적 예다. 19세기 말부터 20세기 중반에 이르기까지 사회주의에 부합하는 이상적 미래를 구상한 작품들이 나타났다. 고도의 과학기술 발전을 이용하기도 하고, SF 장르를 활용하면서 이상적인 사회주의의 미래형을 제시하는 것들이었다.

문학의 소재로써 억압과 불평등, 무지와 가난, 투쟁과 숙명이 격돌하는 상황은 매우 유용하다. 거기서 작가들은 인간의 성향과 공동체의 본질에 대하여 거침없는 비판을 시도하고, 대안을 구상하였다. 작가들의 사회적 경험이나 정치적 처지, 종교적 신념이 여기에 투영되고, 몽타주된 것은 물론이다. 유토피아에 관한 글들은 현실 사회의 악들을 완전히 제거하고 허구의 세계를 그린 것들이었으나, 그 구성은 존재론적으로 현실을 완전히 벗어나지 못했다. 그래서 현실과 허구의

---

26 모리스는 정당에 가입하지는 않았으나, 1884년 사회주의 연합을 창설하는 등 영국의 갈등과 분열에 개입하며 사회주의를 실현하고자 노력하였다.

몽타주 내지 재구성이었으나, 그 지향은 명백히 현실과 대비되는 풍경을 선사하였다. 현실과 대비되는 풍경은 대개 '자유', '평등한 공동체', '현명한 군주', '선한 사람'이었고, 이는 유토피아 문학의 빈번한 소재들이었다.

대체로 유토피아에는 사유재산제도가 없었다. 플라톤, 모어, 캄파넬라, 사회주의 사상 등에서 그러했다.[27] 수많은 사회 문제들이 사유재산제에서 유래되는 것을 유토피아 사상가들이 인식했기 때문이다.[28] 사유재산을 전적으로 폐지하지 않는 한, 결코 공평한 재산의 분배나 만족스러운 생활이 어렵다고 보았다(More, 2003). 예컨대 모어 스스로 사유재산제도를 폐지하면 이윤추구의 동기가 없어진다는 점을 우려하면서도, 유토피아에서 5년 이상 생활하고 돌아온 인물 라파엘을 통해 재산의 균등한 분배가 건강한 사회의 필수적인 조건임을 역설한다.

이와 대조적으로 많은 유토피아에서 남녀 간의 결혼은 인정되기도 하고 부정되기도 한다. 플라톤은 결혼을 부정하는 입장이고(Plato, 1993), 모어[29]는 인정하는 입장이다. 플라톤이 결혼 없이 자유로운 통혼을 하는 사회를 그린 것은 쾌락을 위한 것이 아니고, 사회적 의미 때문이었다. 남자나 여자나 공동생활을 하고, 공동교육, 그리고 자식들의 공유를 통해 가족 이기주의를 넘어 형제애를 확대해 보려는 구상의 일환이었다. 공동체 내의 모든 사람이 즐거움과 고통을 함께하며 같은 일을 가지고 좋아하고 슬퍼하는 통합을 위해, 남자와 여자는 결혼을 하지 않고 서로 공유할 필요가 있었다.[30]

문학 외에 다른 예술 장르들은 유토피아를 선명하게 보여주지 않는다. 미술

---

27 사유재산제도를 부정한다 할 때, 부정의 대상은 생산력과 생산수단이라 할 수 있다. 하찮은 모든 물건의 사유까지 부정하는 건 아니었다. 이러한 사실은 공산주의에서도 마찬가지다.

28 모어의 경우 당시 사회를 '부자들이 개인적 부정뿐 아니라 공공의 입법까지 동원해서 가난한 사람들의 비참한 수입을 깎아 내린다'고 묘사한다. 유토피아에 가서 5년 이상 생활한 라파엘의 이야기를 통해 사유재산을 전적으로 부정한다. '유토피아에는 사유재산이 없기 때문에 사람들이 사회에 대한 의무에 열성을 쏟고, 모든 것이 공동소유로 되어있어 결핍을 두려워할 필요가 없다'고 한다(More, 2003). 사유재산제뿐 아니라 금전 사용을 철폐한 나라를 모어는 유토피아로 꿈꾼다. '돈과 돈을 벌려는 열망을 제거해서, 많은 사회문제가 해결되고 범죄가 근절되었다'고 설명하고 있다.

29 모어의 유토피아에서 여자는 18세가 되어야 결혼할 수 있고, 남자는 4년을 더 기다려야 한다. 혼전 성교를 한 남자나 여자는 엄한 벌을 받는데, 시장이 이 처벌을 취소하지 않는 한 영원히 결혼할 자격을 잃는다. 결혼생활은 일부일처제이고, 죽음에 의해서만 헤어진다. 한 쪽이 악행을 저지르면, 의회의 허락에 의해 다른 사람과 결혼할 허가를 얻는다.

30 플라톤이 서술한 내용을 그대로 읽어볼 필요가 있다. '만나는 모든 사람들이 형제나 자매 혹은 아버지나 어머니 또는 아들이나 딸 그리고 자신과 관련된 자들의 아들 또는 어버이들로 간주된다', '좋습니다'(Plato, 1993).

이 구체적인 형상과 풍경을 선사하지만, 문학만큼 분명한 유토피아의 정체를 그리지는 못한다. 토마스 콜이 이상적 아카디아의 이미지를 그리고(1836), 고갱은 태평양의 타히티 섬에서 순수와 개성 넘치는 유토피아의 이미지를 그렸다.[31] 인간이 상실한 에덴을 그리거나, 예술의 유토피아를 추구하며 평화롭고 부족함 없는 풍요를 담았다.[32]

예술의 절대성을 추구한 말레비치(Kazimir Malevich, 1878~1935)는 예술 속의 이상향을 추구한 화가였다. 그는 이상적인 사회주의 위성도시들을 스스로 설계하기도 했고, 중력을 벗어난 공간과 물적 대상의 구속을 벗어난 경지에 이르고자 했다(윤난지, 2011: 157). 예술이 사물의 세계보다 절대적으로 우위에 있음을 주장하는 화가들은 사물이 없는 감성의 세계를 표현한다. 형태의 감축을 도모하여 사물을 소거하고,[33] [34] 이를 통해 궁극적으로 절대정신을 표현하려 한다.

문학의 유토피아나 예술의 절대성을 추구하는 그림이 공통적으로 닿아있는 부분은 현실을 부정하는 힘이다(김현, 1980). 오스카 와일드[35]가 '모든 예술은 부도덕하다'고 말할 때, 그것은 기존 질서에 대한 예술의 도전과 파괴를 매우 함축적으로 표현하는 말이다. 극작가이자 시인인 베르톨트 브레히트가 '좋은 옛것보다 낡은 새것이 더 진보적'(이택광, 2007: 199)이라 말한 것도 기존 질서의 해체를 찬미하는 예술의 이상에 대한 지칭이다.

유토피아 사상가들이 꿈꾸었던 이상 국가에서도 예술은 인간의 교육에 일차적으로 필요한 요소였다. 성장기의 어린이에게 필수적으로 가르쳐야 할 요소로

---

31 고갱(Eugène Henri Paul Gauguin, 1848. 6. 7.~1903. 5. 8.)은 파란만장한 성장시절을 거치며 인위적 유럽문화에 절망하게 된다.

32 가족이 어머니의 출생지 페루로 이주하러 가는 도중 아버지가 사망하였고, 고갱 스스로는 신학예비학교에 입학하는가 하면, 바다를 동경하여 선원으로 배를 타기도 했다. 파란만장한 과정 속에서도 고갱은 순수함에 대한 정열을 잃지 않았던 것으로 보인다. 그 안에는 문명의 거짓을 좋아하지 않는 성향도 포함되어 있었다. http://ko.wikipedia.org/wiki

33 말레비치의 이러한 시도 때문에, 그의 그림은 명암법과 원근법에 의존하지 않고 색채와 형태의 순수한 시각적 효과에 의해 감성적 느낌을 표현하고자 하였다. 말레비치에 있어 원근법의 소실점은 결과적으로, Clement Greenberg의 표현을 빌자면, 무한으로 수렴되어 나타난다.

34 이 점에서 말레비치의 절대주의는 물질적인 공간의 재현을 이상으로 여겼던 고전적 미술의 강령에서 벗어나고자 한 20세기 초 미술가들과 동질성을 갖는다.

35 오스카 와일드는 1854년 아일랜드에서 태어났다. 그는 예술 지상주의를 표방하는 유미주의의 대표적인 인사로 희곡과 동화를 썼다. 천재성과 예술 지상주의로 유명했지만, 동성애 혐의로 2년간 옥살이를 해야 했다. 그는 '예술이 삶을 모방하는 것이 아니라, 삶이 예술을 모방한다'는 유미주의의 입장을 대변하는 말로 유명하다.

예술이 지목되었다.[36] 특히, 음악이 그러했는데 여기에는 문학이 포함되었다. 플라톤은 이상국가의 교육을 위한 필수 과목으로 음악과 체육을 제시했는데, 음악에는 문학이 포함된 시대였다.

2. 사회주의 속의 유토피아

유토피아는 정치이념과 결합하기도 한다. 사회주의가 대표적이다. 이상적인 정치체제로 고대부터 사유재산제를 철폐하려는 사유가 발전되어 왔고, 그것의 실현을 도모하는 정치이념으로 사회주의가 발전하였다. 비록 사회주의와 공산주의가 1989년 이후 현실의 세계에서 파산을 선고받았지만[37] 유토피아의 역사로서 사회주의를 빼놓기는 어렵다. 많은 유토피아가 품었던 사회주의적 이상, 그리고 사회주의가 품었던 유토피아적 구도 때문이다.

사회주의는 19세기 초반 근대 자본주의의 발전에 의해 야기된 문제와 갈등을 극복하려는 대안으로 나타났다. 자본주의는 자유를 기반으로 하는 듯 보였다. 기본권 중에서 가장 먼저 확립된 자유는 '~로부터의 자유'에 성공을 거두었다. 그러나 산업혁명 후 가속화 된 자본주의는 사유재산과 자유시장 체제에서 야기되는 불평등과 노동자의 소외, 실업, 환경파괴, 물질주의에 무기력했다. 여기서 사회주의는 사유재산과 계급의 철폐를 이상으로 하는 평등하고 소외와 갈등이 없는 사회를 꿈꾸었다. 생산수단의 사회화를 통해 조화롭고 협동적인 사회를 만들고자 한 것이 사회주의였다.

초기 사회주의자들은 토마스 모어의 유토피아, 그리고 이와 비슷한 유토피아 사상을 수용하였다. 이 세계의 근원적인 악은 본질적으로 사유재산제도, 개인의 치부, 그리고 불평등에서 나온다는 판단이 대표적이다. 부가 불평등하게 생산되

---

36 문화적 교육이 이루어진 다음에 체육교육이 필수적으로 뒤따라야 함을 플라톤은 강조한다. 플라톤은 '건전한 신체에 건전한 마음이 깃든다'는 말보다는 '건전한 마음이 건전한 신체를 가능케 한다'는 말에 동의하는 편이었다(Plato, 1993: 103).

37 일견, 유토피아는 모든 주의, 모든 환상과 결합하였다. 자유주의자, 공동체주의자, 협동주의자, 아나키스트, 평화운동가, 풍요사회이론가, 사회주의자, 세계체제론자 등을 망라한다. 그래서 유토피아를 논하며, 논의의 범위를 사회주의와의 결합만으로 국한시키는 것은 지나치게 협소한 시각이다. 또 현실 속에서 맑시즘이 파산을 선고받은 이 시점에 부정적인 역사에 초점을 맞추는 오류를 범할 가능성도 있다.

고 분배되는 구조를 극복하는 것을 사회주의자들은 정치적 차원에서 모색하기 시
작했다.

　사회주의의 대표적인 사상가는 생시몽(Henri de Saint-Simon, 1760~1825), 푸리에
(Charles Fourier, 1772~1837) 그리고 오웬(Robert Owen, 1771~1858)이었다. 이들은 맑스
이후 전개되는 공산주의와 구별되며, 공산주의자들에 의해서는 유토피아적 사
회주의[38]로 불렸다.[39] 유토피아적 사회주의 혹은 초기 사회주의자들은 계급투쟁
의 형태나 정치혁명의 필요성을 믿지 않았다. 모든 사람들이 계몽되기만 하면
자발적으로 이상사회를 수용하고, 열어갈 수 있다고 믿었다. 기존의 질서 내에
서도 유사한 사상을 보유한 사람들이 힘을 합치면, 협동적 이상향을 열어갈 수
있을 것으로 생각했다.[40] 이들의 지향점은 인간의 본질을 발현시킬 수 있는 완
전한 사회이자, 모든 개인이 충분하고 자유로운 발전을 향유할 수 있는 유토피
아였다.

　초기 사회주의는 아직 계급투쟁, 역사의 운동 법칙, 폭력혁명의 당위성으로
무장하기 전이었다. 이들의 '순수하고' 이상적인 사유는 자본주의의 질곡에 빠진
사람들에게 하나의 유토피아로 받아들여졌다. 모든 유토피아 사상이 그렇듯, 특
히 어려움에 처해 있는 사람들에게 사회주의는 강한 호소력을 지녔다. 당대의 질
서와 불화하는 사람, 가난한 계층, 피억압자들에게 호소력을 지녔다. 현상에 만족
하는 사람보다는 이들이 이상과 당위의 세계를 강렬하게 소망하는 열망과 결합하
기 때문이다. 제임슨(Jameson, 1984: 302)은 '역사적으로 볼 때 억압받는 자의 시선이
존재론적으로 보다 근원적'이라 지적하는데, 사회주의는 이들에게 하나의 대안이
자 당위로 종종 받아들여져 왔다.

　유토피아적 사회주의가 공산주의로 변모한 것은 칼 맑스(1818~1883)와 엥겔스
(1820~1895)[41]의 등장에 의해서였다. 이들보다 조금 먼저 이들의 길을 예비한 인물

---

38 유토피아 사회주의라는 용어는 정작 유토피아 사회주의자들에 의해 사용되지 않았다. 이 단어는
　　맑스와 엥겔스가 사용하기 시작한 단어이기도 하다. 후기 사회주의자들은 이 용어를 초기 사회주
　　의를 경멸하는 뜻으로 사용하게 된다.

39 유토피아적 사회주의라는 단어는 맑스 이후의 공산주의자들에 의해 초기 사회주의를 비판하는 의
　　미로 사용되었는데, 역설적으로 이 용어가 공산주의 내에서는 유토피아의 개념에 부합하는 내용
　　을 지녔던 사상을 지칭하기에 공정하고 적합하게 사용될 수 있다.

40 http://en.wikipedia.org/wiki/Utopian_socialism

41 1892년 엥겔스는 〈사회주의: 유토피아 혹은 과학〉이라는 글을 발표함으로써 사회주의와 공산주의
　　의 구분을 명백히 했다.

로 그라쿠스 바뵈프[42](Gracchus Babeuf, 1760~1797)도 있었다. 유토피아 사상을 보유했던 그는 이상을 넘어 현실적 변혁의 강령에 도달하고, 유토피아를 이 세상에 구현하려 한 최초의 사람으로 평가받았다. 잉여가치의 신비와 부의 축적 메커니즘을 설명했던 그의 인식 때문에, 바뵈프는 〈자본론〉 1장을 쓴 것이나 마찬가지인 인물로 간주되었다(Dilas-Rocherieux, 2007: 66).

칼 맑스의 경우는 유대적 신앙체계, 독일의 관념론적 철학, 프랑스의 사회주의 정치학, 영국의 정치경제학이 결합되어 만들어진 인물이었다. 유대인으로서 그는 일찍이 선조들의 신앙을 버렸지만(임철규, 2009: 59), 무의식 속에 남아있는 완성에 대한 언약과 비전은 천년왕국의 도래와 메시아사상의 형태를 내포하였다. 미래에 도래할 자유의 왕국은 천년왕국의 신앙과 조응하고, 프롤레타리아의 역할은 해방자이자 앞으로 다가올 왕국의 건설자에 해당하였다. 독일의 본과 베를린에서 그가 관심을 가진 것은 헤겔의 철학과 인간의 소외, 관념론적 철학이었다. 이후 프랑스에서 경험한 사회주의 정치학, 그리고 영국의 경제학을 결합시켜 그가 제창한 이념을 순수하게 평가한다면, 휴머니즘의 본질적 가치를 구현하는 세계에 대한 추구였다. 맑스는 이상적인 공동체로, 각 개인이 생존하기 위해 노동하는 사회가 아니라 자신의 필요를 사회의 필요와 일치시키며, 창조적이고 생산적인 자기능력을 자유롭게 발휘하며 협조하는 인간적인 협동사회를 제시했다(임철규, 2009: 52). 그것은 탐욕적 이기주의와 금전적인 유대관계에서 탈피하여, 사랑이 자연스러운 최상의 선을 실현하는 공동체로 묘사되었다(Abrams, 1973: 314; 임철규, 2009: 48).

유토피아의 관점에서 보자면, 사회주의는 바뵈프와 맑스 그리고 엥겔스를 거치며 순수한 유토피아를 상실하고 과학적 사회주의 내지 혁명을 위한 강령으로 치달았다. 이들은 기존의 사회주의를 '순진한 엘리티즘' 내지는 쁘띠 부르주아 엘리트의 환상으로 비판하였다(Dilas-Rocherieux, 2007: 156). 노동자들이 겪어야 하는 고난의 길을 근본적으로 주목하지 않은 채, 계급투쟁의 힘과 과학적 법칙을 제대로 인식하지 못했다는 것이다.[43] 결국 계급투쟁의 동력과 프롤레타리아에 의한

---

42 측량사이자 봉건법 전문가였던 그는 공동체적 전통이 강한 피카르디 지방 출신이었다. 유토피아 사상을 현실에 구현하려던 죄로 그는 단두대에서 처형되었는데, 죄목이 '합법적인 권력을 폐지하고 수많은 사람들을 죽이며, 재산을 강탈하려 하며, 반정부 음모를 꾸몄다'는 것이었다.

43 이런 의미에서 맑시스트들이 공상적 사회주의에 붙인 '유토피아적'이라는 말은 대단히 비판적인 의미를 내포하는 개념이다.

혁명의 필연성을 강조하는 사람들에 의해 사회주의는 상상과 허구를 배제하고 '현실적·과학적 사회주의'시대로 나아갔다. 평등한 세계에 대한 전망이 정치적 체제변혁을 위한 운동으로 전환되면, 자연히 평등한 사회에 대한 사유는 사상으로 교체되고, 공동체는 정치체제로 확대되었으며, 이상주의적 조망은 과학적 분석으로 대체되고, 협동주의적 열망은 계급 간 투쟁으로 대체되었다.

그 결과 19세기 후반에는 맑시즘 진영 내에서 폭력을 배제한 사회주의는 비현실적 유토피아주의라는 낙인을 받아야 했고, 그것은 경멸의 언어로 통용되었다. 과거 꿈꾸는 사람들(dreamers)의 '순수한 감정'은 과학적 공산주의와 구별되어야 했던 것이다.

1989년 공산주의는 역도미노 현상을 맞았다. 이미 올더스 헉슬리의 〈멋진 신세계〉(1932), 하이에크의 〈노예의 길〉(1944), 포퍼의 〈열린사회와 그 적들〉(1945), 조지 오웰의 〈1984〉(1949)는 맑시즘적 기획의 종언을 예고해 왔다. 그 후 1989년에 이르러 실제 현실 속에서 연쇄적인 와해를 경험하게 된다. 2000년 3월에 이르러 프랑스 공산당은 제30차 대회에서 맑시즘의 결정론과 혁명적 폭력에 대한 포기를 선언하기도 하였다(Dilas-Rocherieux, 2007: 14). 이제 맑시즘은 '미래에 대한 기억'만을 유지한 채, 정치적 교리와 이론들을 포기하는 사태를 맞게 되었다.

공산주의 체제가 역도미노 현상에 직면한 것은 다양하게 해석될 수 있다. 인류의 역사를 투쟁의 역사로 파악한 점, 혁명적 변화로 피지배계층이 지배계층을 대체할 수 있다고 믿었던 가정, 공산주의를 지나치게 종교로부터 분리하려 했던[44] 시도, 인간에 대한 지나친 낙관,[45] 노멘클라투라의 등장과 부패, 미국의 전략, 거대한 유동성을 확보한 세계화의 힘 등으로 볼 수 있다. 어떤 시각으로 접근하든 그것은 자본주의의 한계를 극복하기 위한 대안을 모색하던 사람들에게는 커다란 충격이었다. 이 때문에 유토피아적 사유를 거부하는 시각도 확대된 것이 사실이다.

---

44 예컨대 프랑스아 모리아크는 '맑시즘은 신 없는 인간 속에서만 확립될 수 있으며, 신에 대한 투쟁이 러시아에서는 공식적인 지위를 갖는다'고 지적한 바 있다.

45 전통적 유토피아인들은 인간의 이기주의를 인간 본성의 한 상수로 보지 않고, 극복해야 할 하나의 과제로 보았다. 맑시즘은 인간의 이기주의를 악으로 보고 근절하려 하였지만, 결국 그것에서 나타나는 이기와 부패를 극복하지 못하였다.

그러나 모든 강렬한 열망을 유토피아로 간주할 수는 없다. 공산주의는 유토피아에 대한 사유를 치환시켜, 계급투쟁과 프롤레타리아 혁명을 지향하고 미래 공산사회를 역설하였다. 여기에 내재된 불합리성까지 유토피아 사상가들이 떠안거나 변론할 필요는 없다. 또는 하버마스(U. Habermas)처럼 '공산주의의 강령은 아직도 실현되지 않은 것으로 볼 수 있다'고 말할 수 있을지도 모른다(Bauman, 2010). 비록 혁명 전문가들의 부패와 독재로 현실의 공산주의 체제가 와해되었으나, 사회주의가 본질적으로 의도했던 인간의 소외와 해방, 불평등을 극복한 협동사회의 추구를 송두리째 거부할 필요는 없기 때문이다.

Ⅳ. 생활공동체와 종교공동체의 시도

1. 이상적 생활공동체의 실험

완전한 상상적 이상향도 아니고 완전한 정치구조의 변혁도 아닌, 실제 생활 속에서 공동체를 만들고자 시도했던 노력들이 있다. 국가적인 차원의 정치체제의 변혁을 도모하지 않으면서, 최선의 생활공동체를 추구했던 경우다. 생활 세계에 구체화 되었기 때문에 이들을 이상적 유토피아라 할 수는 없지만, 여기에 유토피아의 설계도가 일부 반영되어 있다.

1530년대 도미니카 사람인 바스코 데 키로가는 멕시코 중서부의 미초아칸 제1대 주교로서 파츠콰로 호 주변의 타라스칸 족 인디언들과 함께 토마스 모어의 〈유토피아〉 원리들을 실험하였다. 그는 거기에 조합식 민주공동체를 이루었으며, 그때 공유했던 손기술들은 오늘날까지도 전해지고, 키로가의 이름은 아직도 이 지방에서 존경받고 있다.[46]

초기 사회주의자로 전원도시 운동의 태두인 로버트 오웬의 뉴라나크, 푸리에와 그 제자들의 팔랑스테르, 카베의 이카리아, 푸르동의 상호부조의 사회, 피에르 르루의 생태학적 순환체 등은 근대 이후 유토피아를 생활공동체로 실현코자 했던

---

46 http://preview.britannica.co.kr/bol/topic.asp?article_id=b08m1841a

시도들이었다. 오웬의 경우를 보자. 그는 1771년 웨일즈의 작은 도시에서 철물 상
인의 아들로 태어났다. 15세가 되면서 링컨 주의 직물상에 도제로 들어갔고, 멘체
스터 직물 상회 사원을 거쳐 18세에 100파운드를 빌려 자신의 사업을 시작했다
(Dilas-Rocherieux, 2007: 121). 그는 종업원이 500명이나 되는 면방적 공장의 주인이
되었다. 오웬은 1799년 경부터 종업원들에게 온정주의적 정책을 펼치며, 뉴라나
크에 그의 장인이 세웠던 기업에서 일하며 사회주의 사상을 품게 되었다. 노동자
들을 빈곤과 범죄 그리고 비참한 생활에서 탈출시키고자 뉴라나크를 2,400명이
사는 공동체로 발전시켰다. 억압에 의하지 않고 모든 문제를 해결했다. 가구당 채
마밭이 하나씩 제공되고, 당시 하루 15시간 노동이 관행이던 사람들에게 10시간
노동을 유도하고, 열 살 아래의 어린이들을 위한 학교, 생필품을 일정한 가격으로
살 수 있는 협동조합 및 위생시설을 노동자들에게 공급했다. 노동자 가족은 인간
적인 환경 속에서 점차 변화되고, 구성원들은 질서와 선량함 그리고 미덕의 소유
자들이 되어갔다. 상벌은 없었고, 주어진 과업을 완수했다는 자부심과 긍지만이
중요했다. 노동자들에게는 복지가 주어졌고, 기업에게는 상당한 이익이 창출되었
다. 제레미 벤담 같은 철학자들, 정치와 산업계의 휴머니스트들이 칭송을 하였고,
매년 2,000명 정도의 방문객들이 찾아왔는데, 이 가운데는 러시아 황제도 있었다.
1812년부터 1817년까지 오웬의 실험은 성공적이었다. 1824년부터 1828년 사이
미국 뉴하모니에서 공동체 운동을 전개한 후에는 생산 및 소비 협동조합 운동에
몰두하였다.

　　20세기 이후의 생활 공동체 운동도 다양한데, 그 중의 하나가 스코틀랜드의
핀드혼(Findhorn Community) 공동체다. 1957년 캐디(Caddy) 부부와 도로시 맥클린
(Dorothy Macleen) 세 사람이 스코틀랜드 북동부 클루니 호텔에 일을 하러 왔다가,
채소를 가꾸며 자족적 삶을 시작하면서 공동체가 시작되었다.

　　핀드혼은 생태공동체로 널리 알려져 있다. 어떤 종교적 교리를 고집하지 않
으면서, 자연과 사람 속에 있는 영성을 체험하고, 소통과 자유로움 그리고 인간다
운 삶을 중시한다. 약 300여 명이 1985년 이후 에코 빌리지를 가꾸어 왔다. 1994
년부터 이 마을은 '지구함께(Earth Share)'라는 명칭의 공동체 지원농업을 꾸려간다
(이종수, 2011a: 13). 마을에는 50여 채의 생태 주택이 있다. 풍력발전기에서 750kw
의 전기를 생산하여 공동체 전기수요를 100% 충당한다. 태양열을 활용하고, 자원

재활용 시스템을 갖추고 있다. 공동체가 운영하는 은행과 지역화폐 역시 보유하고 있다. 핀드혼의 이러한 시스템은 UN으로부터 가장 모범적인 정주체계로 인정을 받기도 했다.

핀드혼 주변의 반경 50마일 이내 주민들을 서로 협력하여 '새로운 핀드혼 연합'을 구성한 바 있다. 1999년 결성된 이 연합은 360명의 개인 회원과 32개의 단체회원을 포함하고 있는데, 지원자를 대상으로 민주적 선출과정을 거쳐 대의제를 구성하여 운영하고 있다. 여기에는 해마다 많은 사람들이 순례를 하러 온다. 핀드혼이 운영하는 국제학습센터에는 매년 50개 국가에서 9,000명 이상의 방문객의 찾아온다.

미국 이타카(Ithaca)의 에코 빌리지도 이상적 생활공동체를 위한 시도로 간주되고 있다. 1991년 약 176에이커(21만 평)의 부지에 세 개의 마을을 만듦으로 시작되어, 현재 162명 가량의 주민이 거주하고 있다. 이들은 도시와 가까운 곳에서 친환경의 생태 속에서 생활하려 노력하고 있다. 주민의 60% 정도가 도시 내에 직업을 가지고 있다. 집은 모두 태양열을 이용하는 시스템이고, 절반가량은 모두 한쪽 벽을 이웃과 공유하도록 지어 열효율을 최대한 높였으며, 유리창은 3중이고, 남쪽 벽에는 넝쿨 식물을 심어 여름의 더위를 막고 겨울의 햇빛 흡수를 돕는다. 마을에 공동회관을 두고 주민들이 일주일에 3~4번 정도 음식을 함께 먹는다. 여기에 세탁실, 청소년 방, 사무실, 휴게실, 손님맞이 방 등을 두고 있다.

2. 종교공동체의 경우

종교 자체가 궁극적으로 제시하는 것은 천국과 극락처럼 완전히 초월적인 세계다. 이처럼 역사 밖에 초월적으로 존재하는 세계는 유토피아의 범주에서 제외되어야 한다는 주장이 강력하다(임철규, 2009: 19).[47][48] 개인의 초월적 속량과 구원은 인간에게 은총으로 오는 것일 뿐(Lohfink, 1996: 12), 그것이 인간의 노력과 의지

---

47 항상 유토피아는 현실과의 관계에서 쟁점에 부딪친다. 그 의미 자체가 인간의 현실적 '존재'와 일치하지 않는 상태로서 '현실 초월적'이라는 부분을 내포하고 있다. 이 현실 초월적이라는 부분을 인정하는 경우에도, 인간의 의지와 노력을 본질적으로 초월하는 차원까지 유토피아의 논의에 포함시킬 것인지가 다시 문제가 된다. 예컨대 천국과 극락의 경우가 그것이다.

48 임철규는 이러한 논의들을 '역사 밖에 존재하는 유토피아'로 부르며 초월적, 개인적, 영혼적 구원을 의미하는 논의는 유토피아에 포함시키지 않는다(임철규, 2009: 19).

너머에 존재한다면 우리의 논의 여지가 매우 협소해지기 때문이다.

그러나 실제 유토피아에 대한 논의에서 종교의 이상향에 관련된 부분을 완전히 배제하기는 어렵다. 인간이 가장 이상적인 것을 추구하고 완성을 지향하려 할 때, 그러한 시도는 지적 차원이나 정신적 차원을 넘어 초월적 차원을 지향하는 경우가 많다. 그리고 종교 내에서도 인간의 노력을 통하여 이상향을 기획하고 시도한 사례가 빈번하다. 또, 기독교의 메시아 사상이나 지상낙원의 도래 이야기처럼 종교의 이상향이 유토피아의 출현과 전개에 깊숙한 영향을 미치기도 했다.[49]

유토피아의 개념에서 종교적 초월의 세계를 배제한다 해도, 궁극적 사회를 구상하는 속에는 인간의 유한성을 넘어서는 어떤 추구가 나타나기 쉽다. 거꾸로 말해, 인간 생명의 유한성을 넘어서는 요소를 포함하는 것 자체를 유토피아의 요소에서 모두 제거할 필요는 없다. 종교와 관련된 부분을 인위적으로 완전히 배제하는 것은, '사회적'인 설계만으로 유토피아를 추구하고 '인간'을 배제하는 것과 유사하다. 그만큼 한계를 보일 수 있다는 뜻이다.[50]

종교 자체는 궁극적 구원의 세계를 제시하는 경우가 많지만, 초월적 신비의 구원에 대한 설명에 국한되어 있는 것은 아니다. 인간의 삶의 현장에 대하여 구체적으로 이상적인 공동체의 모습을 교리와 가르침 안에 담고 있는 경우가 많다. 예컨대 예수가 태어나기 이전부터 성경은 토지의 경우 '토지 신유(土地 神有)' 사상을 견지해 왔다. 창세기부터 신명기까지 구약 5경을 관통하는 이 사상을 견지하고, 레위기 25장 23절은 토지의 소유권이 신에게 있고, 인간은 거기에 거주하며 사용하는 존재임을 분명히 하고 있다. 따라서 토지의 소유권은 거래의 대상이 아니었다. 예수는 탄생 후 공생애를 통해 '네 이웃을 네 몸처럼 사랑하라'[51]는 가르침과 '사람이 친구를 위하여 자기 목숨을 버리면 이보다 더 큰 사랑이 없나니'[52]라는 궁극적 이상사회의 모습을 제시하였다.

---

49 Bloch(1993: 36)는 어거스틴의 〈신의 나라〉를 고대에 나타난 두 번째의 유명한 유토피아였다고 평가한다. 이 땅 위에 천국과 같은 새로운 사회를 이룩하겠다는 강렬한 이상을 담은 글로, 그 의지와 계획이 인간의 사고와 동떨어져 있음에도 불구하고 유토피아의 하나로 규정하였다(Bloch, 1993: 90).

50 또, 낙원이나 황금시대 역시 종교적 초월의 차원에 고립되어 있지 않고 인류의 실제적 삶으로 그 경계가 확장되어 있다.

51 마태복음 22장 39절; 레위기 19장 18절.

52 요한복음 15장 13절.

예수의 가르침을 따르는 제자들은 예수 공동체의 일원이 되었다. 그들은 기존의 사회질서를 부정하고 예수의 가르침을 믿는 가운데, 서로의 소유를 나누어 통용하는 공동체를 이루었다. 예수 스스로가 이끌었던 예수운동(Jesus–Bewegung)이 그러한 공동체의 모델이었으며,53 예수 이후에는 야고보를 중심으로 하는 예루살렘 공동체와 베드로를 중심으로 하는 갈릴리 공동체가 유랑 공동체를 대체하고, 또 예루살렘 공동체가 갈릴리 공동체를 흡수하면서 제도화 된 공동체로 발전하였다. 바울을 비롯한 선교사들은 선교지를 중심으로 새로운 신앙 공동체를 조직하였다. 바울의 경우는 자신의 직업적 배경을 바탕으로, 도시 환경 속에서 종교 공동체를 지향했던 것으로 보인다. 예수의 제자들이 보여주었던 행적을 기록한 사도행전 2장 44절은 기독교 신앙 내에서의 공동체 생활에 대해 함축적으로 설명하고 있다. "믿는 무리가 한 마음과 한 뜻이 되어 모든 물건을 서로 통용하고 제 재물을 조금이라도 제 것이라 하는 이가 하나도 없더라."54

16세기와 17세기에는 종교적 이상55을 품고 주류 종파에 대하여 저항과 비판 의식을 품고 각지에서 형성된 종교 공동체 운동이 다양하게 나타났다. 부르더호프(Bruderhof), 아미쉬(Amish), 브룩 팜(Brook Farm), 조아(Zoar), 오나이더(Oneida), 쉐이커(Shaker), 하모니회(Harmony Society) 등이 그것이다. 이들은 대부분 몇 세대 만에 해체되었으나 브루더호프와 아미쉬는 오늘날까지도 잘 이어지고 있다(송재룡, 2010: 82). 브루더호프 공동체는 영국에 두 곳, 미국에 여섯 곳, 호주에 한 곳 등 아홉 개의 작은 공동체에 모두 3천여 명의 구성원들을 유지하고 있다. 근본주의 재침례파 신앙에 기초하고 사회적으로 현세 친화적 입장에서 타 집단과 적극적 소통을 하고 있다.

---

53 이에 대하여는 김창락(1992) 예수운동과 원시 기독교 공동체, 공동체 신학의 모색, 전망사를 참조할 것.

54 이 시기 팔레스타인에는 권력이 소수의 새로운 실력자들에게 집중되어, 위기의식이 고조되었다(박호성, 2009: 243). 식민통치, 과중한 조세, 지진, 가뭄, 기근과 맞물려 이러한 환경은 기존의 귀족이나 주민들 가운데 일부를 광야에 떠돌게 하였다. 이 때 세상의 종말을 적극적으로 선포하는 쿰란(Qumran) 공동체가 출현하였다. 이들은 종말론을 바탕으로 공동노동, 공동식사, 공동소유, 결혼의 포기, 금욕생활을 실천하였다.

55 일부에서 천년왕국운동을 혁명의식이 결여된, 즉 민중의 저항의식이 근대적이거나 세속적 내지 혁명적으로 발전하기 전의 前 정치적 단계의 저항으로 규정하기도 한다(Thomas, 1972: 129; 임철규, 2009: 23).

아미쉬는 원래 스위스의 재세례파(Anabaptist)[56]교단에서 1693년 유래되었다. 창시자 제이콥 암만(Jakob Ammann)의 이름에서 아미쉬가 유래되었다(이종수, 2011b: 16). 특정 인종을 지칭하는 것이 아니라, 그들의 종교와 공동체적 신념을 공유한 구성원들을 지칭하는 말이다. 이들은 종교적 신념을 지키기 위해 미국으로 이주하기 시작했는데, 지금의 미국 아미쉬들은 대부분 18세기에 이주해 온 아미쉬의 후손들이다. 미국 전체에는 약 18만 명이 살고 있는데, 이 가운데 오하이오에 55,000명, 펜실베이니아에 51,000명 정도 살고 있다.

아미쉬 사람들은 종교적 신앙에 철저한 삶을 살며, 현대 문명을 일부 거부한다. 이들은 전기나 고무, 화학제품, 화장품, 농약, 비료 등을 사용하지 않는다. 자연을 사랑하고, 공동체의 권위를 지극히 존중하며, 평화로운 삶을 산다. 심지어 아미쉬 사람들은 국가에 의존하는 것을 싫어해 정부가 지급하는 연금조차 거부한다. 국가의 사회보장 혜택이나 보험을 거부하기 때문에 미국 국세청은 이와 관련된 세금을 내지 않아도 된다고 1961년 공표한 바 있다. 1965년 이러한 내용이 법으로 입법화 되었다.

아미쉬 공동체는 고등학교 이상의 학교교육을 금하며 살아간다. 법적 소송을 금하고, 군복무를 거부하는 삶을 산다. 이러한 규범들이 그들의 삶과 문화의 수준, 마을의 풍요와 아름다움, 상호 관계에 부정적 영향을 미치지 않는다. 고립적인 장소에서 '새 것'을 거부하고 전통적인 방식으로 종교적 삶을 살지만, 아미쉬 지역에는 연평균 4% 정도의 인구증가가 있다. 자녀를 많이 낳기도 하고, 외부 사회와의 이동이 자유로운 상태에서 구성원들의 자족감이 높기 때문이다. 자연을 사랑하고 공동체의 권위를 지극히 존중하며, 평화로운 삶[57]을 이들은 살아가고

---

56 이들은 선악을 구별할 수 없는 유아의 세례를 반대하고, 이성적 판단 하에 신앙을 고백할 수 있는 성인 세례를 주장해 '재세례파'라 불렸다.

57 평화롭게 사는 랭카스터의 아미쉬 마을에 2006년 10월 괴한이 침입하여 총기를 난사하는 사건이 발생한 적이 있다. 이 괴한은 6~13세 사이의 아이들 스물여섯 명이 재학 중인 학교에 침입하여, 총을 쏘아 다섯 명을 숨지게 했다. 괴한이 여자 어린아이들에게 총을 쏘려 할 때, 가장 나이가 많았던 13세 여학생이 '나에게 총을 쏘고, 동생들에게는 총을 쏘지 말아 달라'고 했다. 이 소녀가 총을 맞고 쓰러지자, 그 다음 어린이가 '나를 쏘세요'라고 했다. 결국 다섯 명의 어린이가 사망한 후, 괴한은 자살하고 말았다. 사건 후 주민들은 범인의 아내에게 그를 용서한다는 편지를 보냈고, 사건을 그들 방식으로 수습하고, 장례식을 치러주었다. 범인의 장례식 조문객 75명 가운데 절반 이상이 아미쉬 마을 주민들이었다. 이 사건을 대하는 아미쉬 사람들을 보면서, 대학의 종교학 교수들은 〈아미쉬 용서(Amish Grace)〉라는 책을 냈다(이종수, 2011b: 17).

있다.[58]

프랑스의 보르도 동쪽 85km 지역에 위치한 플럼 빌리지는 불교의 이상을 품은 공동체다. 승려이자 시인, 학자 그리고 평화운동가인 틱낫한(Thich Nhat hanh)이 세운 공동체다. 1926년 베트남에서 태어난 그는 16세 때 행자로 귀의한 후 베트남 전쟁을 계기로 전쟁에 신음하는 이웃들을 돌보기 시작했다. 병원을 세우고 청년학교를 여는 동안 1만여 명의 젊은이들이 모여들어 비폭력과 자비에 관한 원리를 배웠다. 스님은 1969년 프랑스로 거사 도량을 세웠다. 스님들에게는 수도원이고, 방문객들에게는 명상센터였다. 이곳에 '나'를 향하여 결국에는 모든 존재를 느끼고 교감하며 기쁨을 나누는 공동체가 형성되었다. 틱낫한 스님과 공동체 구성원들의 깨달음은 '우리는 도착하기 위해 걷는 것이 아니다. 우리는 이미 도착해 있다'는 말에 요약되어 있다(이종수, 2011c: 13).

V. 맺는말

생각건대 유토피아는 역시 현실을 벗어나 있어야 온전한 모습을 유지할 수 있다. 현실의 위에 존재하되 초월적 신비의 차원 아래에 존재할 때 유토피아는 가장 온전하다. 이런 의미에서라면 유토피아는 문학의 형태나 사회주의 안에 존재할 때 가장 온전한 이상향으로 유지될 수 있다. 초월적 이상을 품고 있는 종교의 차원이나 현실 속의 공동체에 속한 유토피아들은 다양한 소문과 논란에 휩싸일 수 있다. 종교의 차원에서는 유토피아가 최고의 이상향으로 주목을 받지 못하고, 현실 속의 공동체 차원에서는 미완성의 실태들 때문에 의심의 대상이 된다.

유토피아에 대한 비판과 거부반응 역시 늘 존재해 왔다. 가장 강력한 거부반응은 위대한 이상사회를 선전수단으로 악용했던 사이비 유토피아에 대한 실

---

58 초교파적 기독교 공동체로는 1940년대 형성된 테제(Taiz'e) 공동체가 있다. 로저 슈츠(Roger Schutz) 수사에 의해 시작되었는데, 그는 1915년 스위스에서 태어났다. 1940년 프랑스 테제의 부르고뉴 마을에서 난민들을 돕게된 것이 계기가 되어, 사람들이 모여들었다. 전쟁이 끝난 후 젊은이들이 청빈, 독신, 순종을 서약하고 수도원 생활을 하는 등 하나의 공동체로 발전하였다.

망과 혐오를 경험했던 사람들에 의해 표출되었다. 20세기[59] 들어와 서구에서 나타났던 전체주의와 공산주의는 위대한 이상사회를 표방하였지만 실제 만들어낸 현실이 유토피아에 대한 거부감을 갖게 하기에 충분하였다. 그 한 예가 칼 포퍼(Karl Raimund Popper)[60]였다. 그는 1971년 1월 5일 독일의 남부지방 바이에른에서 백만 명의 시청자가 지켜보는 가운데 네오 마르크스주의자였던 헤르베르트 마르쿠제(Herbert Marcuse)와 논쟁을 벌였다. 마르쿠제가 자본주의 사회의 모순과 철저한 변혁을 주장하자 포퍼는 '지상에 천국을 실현하려는 시도는 항상 지옥만을 만들고 말았다'고 받았다(Stark, 1971).

그러나 역사적으로 인간이 내걸었던 모든 강렬한 소망이나 의지를 유토피아로 분류하고, 유토피아인들이 그것에 대해 책임을 질 필요는 없다. 파시즘과 나치즘, 그리고 공산주의가 인간의 존엄성에 반하는 신념과 행위를 보였던 것도 마찬가지다. 비록 당시에 대중이 상당수 그러한 이념의 지배자에게 현혹되었지만, 정상적인 유토피아로 간주할 수 없는 요소들이 거기에는 다분했다. 결과적으로 파시즘과 나치즘은 인류에 재앙의 프로젝트였던 것으로 판명이 났고, 공산주의도 대부분은 파산선고를 맞았다. 외견상 강렬한 열망을 내걸고 있지만, 사이비 유토피아의 실체를 숨기고 있는 곳에서 공통적으로 발견되는 요소들을 우리는 발견할 수 있다. 그것은 인간의 존엄성에 대한 경시, 갈등과 투쟁의 찬양, 지배계층의 부패, 획일적 평등에 대한 맹신 등이 그것이다.

만하임은 인류가 최고의 인식단계에 이르러 유토피아를 버리면, 인간 자신이 사물로 전락하는 정태적인 사물성(statische Sachlichkeit)의 상태를 초래할 것이라고

---

59 20세기 초반 특히 러시아는 이상사회에 대한 인류의 구조적 실험이 자행되는 시점이었다. 구조적이라는 단어는 여기서 정치, 제도, 법, 체제, 정부를 총체적으로 변혁시켜 새로운 사회를 만들고자 했음을 의미한다. 정치체제를 바꾸고, 생산수단을 국유화 하며, 생활문화를 평등의 장으로 바꾸고자 노력했다. 심지어, 문화예술의 측면에서도 그러한 특징은 동일하게 나타났다. 1915~1932년 사이에 소련에서 탄생된 미술품 전시회가 1992년 프랑크푸르트에 소재한 쉬른 쿤스트할레 미술관, 뉴욕 구겐하임, 암스테르담 국립미술관에서 열렸는데 그 전시회 제목이 "The Great Utopia"로 명명되어야 했다(윤난지, 2011: 151).

60 포퍼는 13세가 되던 1915년에 공산주의자가 된 바 있었다. 그런 후 17세 생일을 맞기 조금 전인 1919년 반맑스주의자로 전향한다. 30세까지도 사회주의에 미련을 버리지 않았지만, 그로 하여금 반맑스주의자가 되게 한 결정적인 사건은 빈에서 겪었던 경험이었다. 사회주의를 신봉하는 청년들이 비무장 시위를 하고 있는데, 경찰이 총을 난사하여 몇 명의 청년이 사살되는 사건이 발생했다. 이 사건에서 그는 충격을 받고, 계급갈등의 격화를 옹호하는 맑시즘에 회의를 품기 시작하였다. 그리고는 맑시즘에 얼마나 취약한 신념에 근거하고 있는지를 발견하고(홍윤기, 1982: 22) 개량주의를 신봉하는 개인주의자가 되었다.

경고한 바 있다. 인간이 사회경제적 발전과 정치적 성취를 이루고 역사마저도 스스로 창조하는 단계에 이르는 상태를 최고 인식단계로 본다면(Mannheim, 1954: 236), 인간이 역사와 스스로를 물화시키고 이상사회의 꿈을 포기하는 상태가 다시 역사의 방향을 모색하고 올바로 전진하는 능력을 상실하게 할 것이라는 점을 지적한 셈이다.

> 길고도 힘든, 그러나 위대한 발전과정을 거쳐 인간이 최고의 인식수준에 이르러, 역사가 더 이상 미지의 운명이 아니라 인간 스스로의 창조물이 되고, 유토피아 또한 남아있지 않게 된다면, 인간은 역사를 만들고자 하는 의지를 잃을 것이고, 그것을 이해하는 능력마저 잃게 될 것이다(Mannheim, 1954: 263).

아마, 유토피아의 본질은 그것이 선사하는 영감과 희망의 메시지에 있을 듯하다. 그것이 진단하는 역사적 사실의 정확성에 상관없이, 인간에게 그것은 현실을 지탱하는 힘이자, 비판을 구하는 준거, 그리고 대안을 찾는 상상력의 원천이다. 막스 베버(Weber, 1946: 128)는 '인간이 만약 불가능을 향해 연거푸 손을 뻗지 않았다면, 가능한 것을 얻을 수 없었을 것'이라[61] 지적한다. 그것이 내일의 진실은 아닐지 몰라도, 오늘의 희망임을 부정하기 어렵다.

---

61 ⋯ man would not have attained the possible unless time and again he had reached out for the impossible.

제 3 장
공동체주의 이론의 부상

I. 들어가는 말

　지방자치는 '지방'과 '자치'의 합성어이다. 지방화와 자치화는 함께 굴러가야 할 두 가지의 바퀴인 셈이다. 지방화가 전제되지 않는 자치는 허구이며, 자치가 수반되지 않는 지방화는 독선으로 흐를 위험을 안고 있다. 대다수의 국가들이 분권과 자치를 함께 굴러가야 할 두 가지의 바퀴로 인식하고, 동시에 추진하려 하는 이유도 여기에 있다. 전 세계 약 95%의 국가가 행정적, 재정적, 정치적 업무를 하위정부로 이양하고 있는 가운데(World Bank, 2000: 107), 지역공동체의 자치를 함께 회복하려 노력하고 있다.

　한국에서도 최근 자치의 부진이유를 공동체의 와해에서 찾고, 공동체의 회복가능성을 모색하는 연구들이 증가하고 있다(곽현근 2008: 125). 그러나 지금까지 한국에서의 지방자치에 대한 연구가 '지방행정'의 관점에 천착하며 관료제 속에 갇혀있던 것을 생각해보면, 상대적으로 지역공동체에 대한 연구는 충분하지 않았다. 지방자치의 만개를 위해서는 중앙-지방정부 사이에서의 분권화뿐 아니라 지방정부-지역사회 사이에서의 분권화가 중요하고, 궁극적으로는 지역사회 내에서의 공동체 형성이 중요하다.

　공동체는 '국가'와 '개인' 사이에 존재하는 것으로, 국가주의(國家主義)의 폐해를 완화하는 동시에 개인주의(個人主義)의 한계를 보완할 수 있는 효과들을 제공한다. 일종의 '동네효과(community effect)'를 창출하는 셈이다. 공동체가 민주적 자치를 성숙시키고, 공공서비스의 효율성을 증대시키며, 주민들의 친밀성을 증가시켜 행복을 증가시키는 것으로 평가되고 있다.

공동체를 주목하는 이론으로 공동체주의가 1980년대 부상하였다. 1982년 이후 일단의 이론가들이 자유주의를 상대로 논쟁을 시작하며 공동체주의가 부상하였다. 개인과 경쟁, 그리고 시장(市場)을 핵심으로 하는 자유주의에 맞서 이들은 '좋은 사회'를 위한 구상, 자아의 형성에 대한 사회의 역할 그리고 공민의 덕을 강조하여 왔다. 자치를 핵심가치로 하는 지방자치의 연구분야에서 공동체주의가 활발히 논의되지 않는 것은 오히려 의아스런 일이다. 공동체주의는 지방자치학에 이론적 지평을 넓힐 수도 있으며, 1980년대 이후 풍미한 신자유주의 사조에 균형을 이루게 하여 줄 수 있을 것이다.

Nisbet의 지적대로 '모든 시대는 그 시대가 필요로 하는 재생의 학문을 가지고 있다.' 공동체주의는 현 한국사회에 필요한 재생의 학문으로 기여할 가능성이 크다.

Ⅱ. 공동체주의와 자유주의의 논쟁: 전개와 내용

1. 공동체주의의 등장

1840년대 밤비(Goodwyn Barmby)가 공동체주의라는 개념을 만든 이후, 20세기 들어와서는 1982년 샌델(Michael Sandel)이 자유주의에 대한 비판을 Liberalism and the Limits of Justice로 출판하면서 공동체주의가 부상하였다(Mulhall and Swift, 1994: 40). 1981년 MacIntyre가 After Virtue를 출간하였지만, 학자들의 관심이 공동체주의에 집중된 것은 1982년부터라고 할 수 있다.

샌델은 롤즈가 〈정의론〉을 통해 '원자화 된 개인'을 전제로 하며, 권리를 우선시 하는 것에서 문제를 발견한다.[1] 롤즈는 사회계약론적 자연상태를 가상적 조

---

1 롤즈는 〈정의론〉을 통해 사회계약론과 자유주의 시각을 결합한 분배 정의론을 전개하였다. 개인

건으로 재구성하여 합리적 개인들이 각자의 권리를 최적화 할 수 있는 '공정성으로서의 정의관'을 제시한 바 있다. 우선 개인의 자유와 권리에 대한 자유주의적 가정이 비현실적이라고 샌델은 포문을 열었다. 개인들이 평등한 자유와 권리를 바탕으로 합의와 계약을 거쳐 사회를 구성한다는 자유주의 입장이 비현실적이라는 것이다. 샌델은 자유주의가 상정하는 조건을 '원초적 상태'나 '무지의 장막'[2]으로 표현하고, 거기에 주어진 자아도 '형이상학적 자아'일 뿐이라고 지적한다. '원초적 상태'란 상대적 우열은 물론 정서적 애착, 종교적 본능, 무조건적 집착의 가능성도 배제하는 상태이고, 자연스럽게 나타날 수 있는 특정 집단이나 공동체에의 소속을 외면하는 개념이라는 것이다.

롤즈와 자유주의자들이 주장하는 개인의 권리에 대한 주장은 규범적 차원에서도 위험성을 내포한다고 지적된다. 개인이 보유하는 권리가 공공선(公共善)이나 목적에 우선한다는 시각은 비사회적(asocial) 개인주의의 성향을 잉태시킬 수 있다. 개인의 권리가 일반적인 선을 위하여 희생될 수 없으며,[3] '좋은 삶'에 대하여 어떤 특정한 견해를 전제할 수 없다는 자유주의 입장은[4] '좋음에 대한 옳음의 우선성 (the right is prior to the good)'으로 요약되는데,[5] 샌델은 이를 비판한다. 인간은 실제적 약점을 지닌 존재로, 목적에 의해 일부가 구성되는 존재라는 것이다. 공동체의 공공선과 목적을 배제한 채 설명하는 인간은 호모 사피엔스는 될 수 있을지언정 사람(human being)이 될 수는 없다는 것이다. 인간은 공동체를 구성하고, 공동체에 의해 형성되는 존재이기 때문이다. 나는 어떤 이야기의 일부인가를 이해하기 전에는 인간이 그 존재의 의미를 깨닫기 어려운 일이다. 이를 자각할 때, 각 개인들은 자신의 의미는 물론 독자적으로 성취할 수 없는 선에까지 접근할 수 있다는

들에게 공정한 기회가 주어지고, 최소 수혜자에게 이득이 될 수 있도록 차등이 있어야 한다는 정의의 원칙을 주장하였다.

2 무지의 장막이란 이상적인 공정한 논의조건을 전제하기 위한 사유의 실험장치다. 사회에 관한 일반 지식은 알려져 있지만, 자신이 누구로 어떤 세대에 태어날지, 혹은 자신의 구체적인 선호와 입장을 모르는 상태를 뜻한다. 여러 사람이 자유주의적 계약 혹은 분배정의의 원칙에 합의하려면 모두 자신의 능력과 지위, 재산과 소유, 지능 등 분배에 영향을 미칠 수 있는 조건들을 몰라야 한다(이근식, 2009: 92). 각자 상이한 입장과 이해관계를 가지고 계약에 참여하면, 자유주의적 합의나 공정한 분배의 정의에 도달하는 것은 불가능하다.

3 이러한 진술은 공리주의에 대한 반대 입장에 해당한다.

4 이러한 진술은 목적론적 견해에 대한 반대 입장에 해당한다.

5 롤즈는 '자아는 그것에 의해 인정되는 목적들보다 우선한다'(the self is prior to the ends which are affirmed by it)고 요약한다(Rawls, 1971: 560).

것이다.[6]

샌델과 함께 현대 공동체주의는 매킨타이어(Alasdair MacIntyre), 셀즈닉(Philip Selznick), 왈쩌(Michael Walzer), 에치오니(Amitai Etzioni), 갤스튼(William A. Galston), 테일러(Charles Taylor) 등에 의해 발전되었다. 이들은 구미 특히 미국의 개인주의적 자유주의에 의해 사회의 무질서가 조장되고 불평등이 심화되었다고 비판하며, 공동체의 덕을 강조하였다. 상황적 측면에서 보자면, 20세기 후반 신자유주의가 이념적으로 군림하는 데에 대한 거부감을 배경으로 공동체주의가 주목되었다고 볼 수 있다. 이후 공동체주의는 급진 공동체주의와 온건 공동체주의로 갈리기도 하고 (Mason, 1993: 227), Tocqueville이나 Robert Putnam의 이론과 연계되기도 하였다. 급진 공동체주의는 공동체의 가치에 대한 설명을 도덕적 측면에서 접근하는데 반해 온건 공동체주의는 타산적 측면에서 접근한다. 토크빌의 시민사회론이 상대적으로 규범적 입장을 취한다면, 푸트남의 사회자본론은 상대적으로 타산적 입장을 취하고 있다.

2. 공동체주의의 내용과 논점: 자유주의와의 논쟁

공동체주의에 대한 이해는 자유주의와의 논쟁을 살펴봄으로써 가장 쉽게 도달할 수 있다. 더구나 공동체주의가 일관되고 체계적인 이론체계를 제시하지 않고 있기 때문에, 자유주의와 비교를 함으로써 가장 쉽게 그 특징을 이해할 수 있다.

1) 나는 어떤 이야기의 일부인가? – 연고적 자아(encumbered self)

공동체주의는 인간을 온전한 존재, 혹은 선험적으로 주어지는 존재가 아니라 결함 있는 존재로 파악한다. 인간의 자아가 공동체에 의해 구성되는 '연고적(緣故的) 자아'를 상정하는 것이다. 관습, 역할, 목적, 정체성에 의해 자아가 형성되는 것이라고 보는 것인데, 단순화 시켜 표현하자면 자아는 그것의 목적들에 의해 구성되고 그 경계는 유동적이다. 인간은 사회적 상호관계, 관행과 현실, 전통에 의해 규정되고, 이로부터 자신의 정체성을 이룰 수 있다. MacIntyre(1997)는 '도덕에 핵심

---

6 자유주의는 동시에 개인들의 인위적 선호를 중시하고, 선험적으로 개별화된 자아 개념을 주장하지만 실제는 종종 자아를 상호주관성의 관점에서 해석한다.

적인 것은 관행에 근거한 덕인데, 덕은 자유주의자들 주장처럼 개인적 선호나 선택에 의해 결정되지 않는다. 그것은 우리가 속한 관행의 종류에 따라 결정된다'고 주장한다. 그가 인간의 삶을 서사적 탐색으로 이해한다든지, 스토리텔링의 성격으로 설명하는 것은 이러한 맥락에서이다.[7]

전통적으로 자유주의는 특정한 목적이나 상황으로부터 독립되어 있는 무연고적 자아(unencumbered self)를 설정하여 왔다. 자아는 목적들에 우선하는 것으로, 둘 사이의 경계는 고정되어 있다고 보았다. 사회의 원리를 합의하는 장으로서 정치를 종교와 도덕으로부터 분리하여 설명하려 노력한다(齋藤純一, 2000: 36).[8] 종교와 정치, 어떤 경우는 철학이야말로 개인의 선택여지가 가장 적은 분야인 동시에 인간 삶의 가치들을 정립해내는 분야이어서, 이것은 자유주의의 핵심적 관심과 충돌하는 분야이기 때문이다. 이렇게 자신이 속한 사회, 놓인 맥락과 상황에 앞선 존재를 무연고적(無緣故的) 자아라고 한다. 자발적 선호로 동기부여 되는 자아로부터 규범과 합의, 계약이 도출된다.[9] [10] 결국 자유주의는 인간의 자아를 어떤 목적보다 선행하는 존재로 파악하고, 인간의 선택이나 권리가 선보다 우선한다고 보았던 것이다(Sandel, 1984: 5).

공동체주의는 자아의 무연고성을 비판한다. 목적에 선행하는 자아는 아무런 성격도, 도덕적 깊이도, 자아에 대한 인식조차도 없을 뿐이라고 비판한다. 또한 '구성적 목적들'이 자아를 이루고, 자아조차도 결국은 '각인된 자아'가 실질적 지위를 차지하게 된다고 본다. 자유주의가 상정하는 상대적으로 완전한 자유는 결국 아무런 가치와 목적도 없는 공허함으로 귀결되며, 오직 권력에의 의지만이 남게 될 것이라고 공동체주의는 비판한다. 마지막으로 무연고적 자아를 둘러싼 '원

---

7 인간은 서사적 탐색으로서 삶을 살아간다는 뜻이다. '나는 무엇을 해야 하는가?'라는 물음에 대답하려면 그 전에 '나는 어떤 이야기의 일부인가'에 답할 수 있어야 한다고 주장한다(Sandel, 2010: 310).

8 근대의 자유주의는 '공공성'을 정의할 때, 종교나 신앙을 '사적인 것'으로 다룸으로써 공적인 쟁점에서 제거하려 하였다.

9 자유주의는 사회의 형성을 개인의 자발적인 선택 결과로 본다. 본질적으로 개인의 자발적 선택에 의해 계약이 형성되고 사회가 구성되는 것으로 보는 것이다. 그러나 공동체주의는 개인의 자발적 선택에 의한 것만이 아니라 가족처럼 비자발적인 유대가 강력하게 존재한다는 사실을 주목한다. 합리적 판단 이전의 본능적 호불호에 의해서도 강력한 유대가 형성되고, 공동체의 목적이나 공공선이 강력한 구성작용을 한다고 본다.

10 개인의 권리, 본성, 계약으로부터 도덕적 규범이 출발하는 것으로 보는 것이다.

초적 상태'는 비현실적이고, 인간은 무조건적 집착이나 애착 그리고 목적에 영향을 받는 존재라고 주장한다.

공동체주의에서 인간은 독립된 자아가 아니라, 상황 속에 놓여진 자아이다. 무엇을 해야 하는지를 발견하려면, '나는 어떤 이야기의 일부인가?'에 답할 수 있어야 하는 존재인 것이다.[11]

2) 공민의 덕성과 참여에 대한 초점

자유주의에 핵심적인 단어가 '권리'라 한다면, 공동체주의에 핵심적인 개념은 '덕성(德性)'이다. 권리는 개인의 단위에 부합하는 의미인데 반해, 덕성은 사람들 '사이'의 생활에서 희구되는 덕목이다. 공동체주의는 바로 덕성에 근거를 두는 공공선의 추구를 중시한다. 인간의 사회적 행위의 텔로스(telos: 목적, 본질)를 바탕으로 우리는 정의를 이야기하고, 바람직한 삶을 이야기 할 수 있다는 것이다(Sandel, 2010: 262). 공동체의 목적을 중시한다는 점에서 공동체주의는 목적론적 윤리관을 지닌 것으로 평가된다. 목적론적 가치관은 결국 공동체의 통합성을 유지하는 데 기여한다.[12]

전통적으로 자유주의는 개인의 자유와 권리에 초점을 맞추고 있지만, 공동체 안에서 개인의 자유와 권리 그리고 복지가 얼마나 가능할 것인지에 대해서는 눈을 감아 왔다(Kymlicka, 2002). 자유주의가 상정하는 고립된 개인, 합리적 이기주의는 비사회적 사회(asocial society)의 상태를 의미하는 것이고(Walzer, 1995: 54), 현실적으로 자유주의적 권리는 불평등과 사회적 파편화를 초래하기 일쑤이다.

자유주의자들은 또 자신들이 선호하는 정의와 원칙이 모든 사회가 따라야 하는 기준이라고 믿는 것처럼 보인다. 이에 대해 공동체주의는 정의와 원칙을 비역사적, 외재적 규범으로 규정하는 것에 반대한다. 정의는 보편적이거나 역사와 무관한 원칙들이 아니라, 사회의 공유된 이해를 기반으로 형성된 것이라고 본다.

---

11 공동체주의가 목적론적 윤리체계를 기반으로 한다면, 자유주의는 권리 근거적 윤리체계를 기반으로 한다.

12 이에 비해 자유주의는 의무론적 윤리체계를 지녔다고 평가된다. 자유주의 전통에서 의무는 두 가지다. 하나는 인간이기에 생기는 자연적 의무다. 이는 수단이나 조건을 내세우지 않는 무조건적이고 도덕적 명령이라는 의미에서 정언적 의무라고도 불린다. 바로 칸트 윤리관의 요체라고도 할 수 있는 내용이다. 둘째는, 합의에서 생기는 자발적 의무다. 각 개인이 권리를 바탕으로 합의한 내용에 대한 계약적 의무를 말한다(Sandel, 2010: 313).

'권리의 정치'가 횡행하고, '공공선의 정치'가 부재하는 상태를 공동체주의는 우려한다. 자애나 연대감, 덕성이 없이 정의에 기초한 '원리'만 가지고 바람직한 사회를 이룰 수는 없기 때문이다. 좋은 사회에 대한 합의, 공동체적 유대, 이웃 시민들에 대한 의무, 돌봄을 공동체주의는 중시한다. 이보다 개별적 권리가 우선할 수는 없다는 것이다. 공공선보다 개인의 권리가 우선한다면, 호모 사피엔스는 존재할 수 있을지언정, 인간(human being)은 존재하기 어렵게 된다. 고립된 자아들의 병렬적 존립으로 사회를 환원하는 것은 실제의 삶을 제대로 반영하는 것도 아니고, 소망스러운 일도 못된다.

상대적 관점에서 보면, 자유주의가 개인이 공동체를 구성하는 단계에 초점을 맞추는 데 반해, 공동체주의는 공동체의 성숙이 개인에 미치는 영향의 측면에 초점을 맞춘다. 자유주의가 국가와 권력으로부터(from) 인간이 해방되는 단계에 관심을 기울여 왔다면, 공동체주의는 좋은 사회를 향한(to) 요건을 갖추는 데 초점을 맞추는 편이다. 상대적으로 자유주의가 국가의 공권력이나 절대 권력의 압제에 대한 비판을 더 치열하게 수행하여 왔고, 이러한 억압으로부터 인간의 자유와 권리를 회수하는 데 역사적으로 기여하여 온 것이 사실이다.

3) 공공선의 개념적 범위에 대한 차이

공동체주의는 공공선을 '좋은 사회'로 나아가기 위한 실질적인 관념이라고 여긴다. 이것은 자유주의가 내포하는 공공선보다 개인들이 보유하고 있는 선호나 선관(善觀)만큼의 중요성을 갖는다. 적어도 우선순위에 있어 공유된 목적의 공적인 추구는 개인들이 자신들의 선을 추구하는 데 필요한 자원과 자유에 대한 요구보다 우선한다(Kymlicka, 2002).

자유주의는 종종 공공선에 무관심한 것으로 비판받는다. 공공선 자체를 공동체주의의 속성으로 분류하고, 자유주의는 공공선을 보유하지 않은 것으로 평가되기도 한다. 선관념(善觀觀念)이 공정성을 강조하는 정의의 원칙을 설정하는 데서 배제되는 한, 자유주의에 대한 이러한 평가는 불가피하다. 누구든 불편부당한 관점에 서서 절차를 확정하고 그 절차에 따라 구체적이고 실질적인 문제를 처리하게 되면 그 결과는 정당화될 수 있다고 자유주의는 본다. 물론 합의도출 과정에서 개인의 특수성이 배제되고, 정체성 집단들이 간과되어 결국 좋은 사회는 요원하게 된다는 비판에 자유주의가 노출되기도 한다(김선욱, 2008: 23).

그러나 개인들의 선호에 의해 사회적 선택기능이 작동함으로써 구성원들의 이익이 극대화되는 것을 자유주의가 상정하고 있는 한, 이것을 자유주의의 공동선으로 볼 수도 있다. 이 경우일지라도, 자유주의가 상정하는 공공선의 범위는 대단히 협소하다. 자유주의는 개인이나 집단, 공동체가 선호하는 가치, 즉 무엇이 좋은가에 대한 관념(善)이 공공선의 개념에서 배제되어야 한다고 주장한다. 자유주의에 있어 공공선을 강조하는 정의의 원칙이란 문화적 차이나 공동체의 선호, 사회의 우선순위를 넘어[13] 누구에게나 불편부당한 보편적 절차를 확정하고 그 절차에 따라 실질적 문제를 해결하는 것이라고 믿는 것이다.[14]

개인의 특수성이 배제되고[15] 구성원 사이에 합의가 어려워져, 결국은 자유주의가 말하는 옳은 사회가 불가능해질 수 있는 가능성에 공동체주의는 우려를 표시한다. 자유주의가 정의의 우선성에 입각하여 최소한의 공공선을 수용한다 할지라도, 공공선의 부재로 말미암아 파생되는 현실적 부작용은 막대할 수 있다. '옳은 사회'가 '좋은 사회'로 귀결되지 않을 가능성이 얼마든지 존재하는 것이다.

비판의 한 예는 인간소외의 문제다. 소외(Entfremdung)란 헤겔과 마르크스가 사용할 때는 자기 본연의 모습이나 관계를 상실한다는 의미로 사용되었지만(이근식, 2009: 131), 여기서는 이를 포함하여 이웃들과의 진정한 만남의 소멸 현상, 인간의 수단화, 물질적 차별 등을 포함하는 의미다. 자유주의가 직접적으로 인간소외를 의도하지 않았을지라도 자본주의와의 결합과 개인주의의 옹호과정에서 소외를 확대시켰다는 비판을 외면할 수가 없다. 경제적 이해관계와 경쟁, 개인을 옹호하는 자유주의에게 인간의 소외문제 확대와 방치의 책임을 돌리지 않을 수 없다는 것이다.

그러나 자유주의자들 역시 사회적 선을 완전히 외면하지는 않는다. 예컨대,

---

13 이런 점에서 자유주의는 특정한 도덕적, 종교적 입장이 정치로부터 배제되어야 한다고 주장한다. 한 개인의 자유는 자신이 선택하지 않은 도덕적, 시민적 속박들로부터 억압받지 않는 것이며, 좋은 삶이 어떤 삶인지에 대한 개념을 강요받지 않아야 한다(김선욱, 2008: 26). 반면, 공동체주의는 도덕적이고 종교적인 신념이 정치적 담론의 장에 포함되어야 한다고 본다. 이들 사이의 분리는 가능하지도, 바람직하지도 않다는 것이다.

14 자유주의는 어떤 정의관을 진리의 차원에서 제시하는 것이 아니라, 민주사회의 정치적 합의를 위한 토대로써 제시하려 한다(Sandel, 2008: 94).

15 자유주의에 있어 개인은 특정 목적이나 애착에 구속되지 않고, 자발적으로 초래한 의무를 떠맡는 존재이기도 하다.

롤즈는 최소수혜자에게 이익이 돌아가는 차등의 원칙을 정의의 주요 개념으로 제시한다. 이러한 그의 개념이 보편적 정의의 원리로 제시된 것이다. 이에 비해 공동체주의자들은 모든 사회를 관통하는 보편적 정의의 존재를 신뢰하지 않는다. 이보다는 개별 공동체의 가치관을 전제로 하는 사회적 특성과 개별성에 근거한 공공선을 지지한다(Tayor, 1985: 185).

4) 국가와 정책에 대한 시각

자유주의는 아나키즘[16](Godwin, 1793)과 최소국가론(Nozik, 2003) 이래로 국가에 대한 부정적 이미지를 내포하여 왔다. 그들에게 있어 국가는 인간의 무지와 부족이 탄생케 한 결과였으며, 억압이나 전제정치 그리고 전쟁 같은 무모한 재앙의 프로젝트를 양산해 왔다는 것이다.

현대 자유주의는 국가에 대한 부정적 시각을 희석시켜 보유하고 있지만, 국가에 대하여 보이는 최선의 호의가 중립성[17]을 열망하는 정도이다. 좋은 삶에 대한 관념의 본질적 우월성이나 열등성에 기반하여 국가행위를 정당화시키지 않는 국가, 이러한 다양한 개념들의 가치에 대한 사람들의 판단에 영향을 주려는 의도적 시도를 하지 않는 국가를 지지한다(Kymlicka, 2002). 자유주의의 '좋음에 대한 옳음의 우선성'[18] 주장이 국가의 중립성을 이념화 할 뿐 아니라,[19] 이것을 개인적 권리의 우월성에 연결시키는 것이다(Sandel, 2008: 79). 칸트적 자유주의 이래로 권리는 개인들이 쥐고 있는 최고의 패로 간주된다. 이 권리로 인해 개인들은 선호되는 어떤 가치를 시민들에게 부과하는 규범으로부터 보호받는다(Sandel, 2008).

이에 반해 공동체주의자들은 국가의 중립성 명분에 반대한다. 대신 그들은 공공선의 정치를 위해 국가가 역할을 수행하며, 궁극적 이상을 유지할 것을 기대

---

16 대표적 아나키스트는 William Godwin(1756~1836)이다.

17 중립성이라는 개념 대신 '완전주의적 이상'을 사용하는 학자도 있다.

18 자유주의는 합의될 수 있는 관념을 찾기보다는 자유롭고 평등한 조건에서 이상적으로 합의될 수 있는 절차적 조건에 관심을 기울인다. 어떤 선(善)한 목적보다는 절차적 정의를 모색하는 데 관심을 갖는다. 칸트의 의무론적 자유주의에 따르면, 인간이 선택하는 목적보다는 인간의 자아, 곧 능력이 중요하다. 목적에 대한 주체의 우선성, 혹은 목적에 대한 자아의 우선성을 계승한 롤즈를 샌델이 '좋음에 대한 옳음의 우선성'으로 규정한 것이다.

19 물론 자유주의자들은 어떤 권리가 근본적인 것인지, 중립성을 위해서는 어떤 장치가 제도적으로 필요한 것인지에 대해서는 일치를 보이지 않고 있다. 평등주의적 자유주의자들은 개인의 역량을 존중하는 복지제도를, 자유지상주의적 자유주의자들은 시장경제를 주장한다.

한다(Talyor, 1985).[20] 중립국가는 자기결정에 필요한 사회적 환경을 적절히 보호할 수 없다고 보기 때문이다. 공적 영역에 들어 갈 때 어떤 도덕적 신념을 내려놓으라고 자유주의자들은 요구하는데, 이것이 얼핏 관용과 상호존중을 보장하는 듯 보이지만, 현실은 정반대다(Sandel, 2010: 337). 가능하지도 않은 중립을 가장한 채 공적 문제에 특권과 비민주성, 시장(市場)의 논리를 용인하기 일쑤이다.

오히려 국가는 시민들에게 가치 있는 삶에 관해 가르칠 책임이 있다고 공동체주의는 본다. 고대 정치이론에서도 정치의 목적은 시민의 덕, 곧 도덕적 탁월성을 길러내는 것이었다. '진정으로 명실상부한 폴리스는 선(goodness)을 장려하는 목적에 집중해야 한다. 그렇지 않으면 정치적 결사체는 단순한 동맹관계일 뿐이고 … 법률은 단지 계약일 뿐이다. 폴리스의 성원들을 가치 있고, 정의롭게 만들어줄 생활의 규범이 되지 못하는 것'이라는 아리스토텔레스(Aristotle, 1946: 119)의 지적을 공동체주의는 지지한다.

상대적으로 자유주의는 개인을 신뢰하고, 공동체주의는 공적 기구를 상대적으로 신뢰하는 편이다. 바꾸어 말하면, 공동체주의는 개인을 충분히 신뢰하지 못하고[21] 자유주의는 공적 기관을 충분히 신뢰하지 못한다. 자유주의는 국가온정주의에 반대하며, 복지조차도 자기결정권을 침해한다고 본다. 이에 반해 공동체주의는 국가의 공공선을 위한 적극적 노력과 개입을 지지하는 편이다.

5) 역사적 발전과정에 대한 공동체주의의 문제제기

공동체주의자인 매킨타이어(1981: 192)는 권리라는 개념이 선험적으로 주어진 것이 아니라 역사적으로 형성된 것이라는 사실을 설명한다. 서양에 권리라는 개념으로 번역될 만한 표현이 중세말까지 존재하지 않다가, 18세기에 들어와서야 자연권 개념으로 만들어졌다는 것이다. 일정한 역사적 상황 속에서 만들어진 개념을 허물 경우, 자유주의가 주장하는 합리성이나 판단의 근거가 약화된다. 역사적 상황 속에서 만들어진 개념을 절대적 전제로 출발하는 자유주의의 바탕이 온

---

20 자유주의는 중립적 국가를 선호하고, 공동체주의는 공동체지향적 국가를 선호한다. 공동체지향적 국가란 '좋은 삶'에 대한 성찰을 바탕으로, 서로 돌봄의 역할을 수행하는 동시에 상호간의 무임승차 문제가 발생하지 않도록 조정하는 질서체계다.

21 이론적으로 국가를 변호하는 이론은 대체적으로 인간의 본성에 대한 부정적 시각을 내포하는 경우가 많다(Wolf, 1995: 128).

전하지 못하다는 비판이다.

동양에서는 근대적 의미의 '권리'라는 개념이 처음 사용된 것이 1864년 중국에서 Henry Wheaton의 저서 〈Elements of International Law〉를 선교사 윌리엄 마틴(William Martin)이 〈만국공법〉으로 번역할 당시로 소급된다. 이 번역에 사용된 권리 개념이 1865년 일본에서 복간되면서 일본으로 유입되었고, 한국에서는 1883년 한성순보가 11월 10일자에 '인민의 자주권리'라는 용어를 사용하였다(정용화, 1999: 65). 물론 단어가 존재하지 않았던 시대라고 해서 현상까지 존재하지 않았다고 보는 것은 무리이지만, 개념의 존재여부는 현상의 확산에 커다란 영향을 준다고 하지 않을 수 없다.

따라서 18세기 이후에나 완성된 개념을 원초적 상태나 자연적 상태부터 존재해 온 것으로 상정하는 자유주의의 설명은 상처를 입을 수밖에 없다. 권리라는 개념이 역사적으로 상황적 맥락에 의해 형성되었다는 설명은 자유주의의 무연고적 자아 개념을 약화시키고, 공동체주의가 주장하는 공공선의 역사성과 맥락성을 지지하는 영향을 주었다.

Ⅲ. 논쟁의 의미와 자치공동체에 대한 함의

1. 두 이론의 관계에 대한 재해석

스프라겐스(Spragens, 1995: 37)는 공동체주의와 자유주의 관계에 대해 뛰어난 통찰을 제시하고 있다.[22] 역사적 맥락에서 볼 때 자유주의는 특정한 억압과 압제에 대한 항거를 지지하는 논리로서 발전하여 왔으며, 인간의 존엄성을 위한 본질적 가치를 함유하는 것이었다. 사상과 표현, 종교, 경제활동에 대한 억압으로부터의 자유를 추구했다. 특히 국가에 의한 억압으로부터의 자유를 주장하는 규범적 입장으로부터 시작되었고, 국가가 권력과 공공성을 독점하는 것을 해체하고자 하

---

22 Thomas A. Spragens, Jr.(1995) "Communitarian Liberalism," Amitai Etzioni, ed., *New Communitarian Thinking: Persons, Virtues, Institutions and Communities*, Charlotteeville: University Press of Virginia, 37~51.

였다.

개인의 자유와 권리는 여기서 평등이나 번영, 사회안정을 위한 수단으로써도 가치 있는 것이었다. 복합적인 가치와 융합성을 내포하는 초기 자유주의는 20세기에 들어와 경쟁적인 이데올로기적 정파로 나누어지면서, 그 본래의 미덕과 문화로부터 유리되게 된다. 다른 이론적 구성요소들의 희생 하에 개인의 권리에 초점이 맞추어진 현대 자유주의는 선한 사회(the good society)에 대한 매력적인 설명을 제시하지 못하고 있다. 그 공간이 공동체주의가 등장하는 배경이었다. 공동체주의는 자유주의에 대한 전면적인 혁명이라기보다 자유주의가 상실한 규범적 통합성과 도덕적 소망성을 회복하려는 시도의 일종이라는 것이다(박종훈, 1998: 222).

자유주의가 전근대적 악으로부터의 탈출(from)과 국가의 억압으로부터의 해방에 관심을 기울였다면, 공동체주의는 여기서 어디로 지향해야 할 것인지(to)에 초점을 맞추는 것으로 보인다.[23] 어떤 의미에서 공동체주의는 자유주의를 전제로 하고 있으며, 발전 단계상 자유주의를 암묵적인 토대로 하고 있음을 발견할 수 있다. 자유주의가 자족적인 개인에 대한 원자주의를 내용으로 한다면, 공동체주의는 자유로워진 개인들의 좋은 삶을 위한 사회적 조건에 구상하는 데 관심을 갖는다. 개인의 자유와 권리, 선택을 위한 능력도 일정한 사회적 환경 속에서만 가능하다고 보는 것이다.

이렇게 본다면 자유주의와 공동체주의는 하나의 연속선상에 상반되는 극점에 존재하는 것이 아니라, 두 개의 서로 다른 방향에 존재하는 요소로 볼 수 있다. 하나의 연속선상 위에 두 이론이 대척점으로 존재하지 않고, 양자 사이에는 공통분모와 비례관계가 존재할 수 있다는 의미다. 예를 들어, 어떤 사회는 자유주의적 개인주의가 강하고, 다른 어떤 사회는 공동체성이 강하다는 논리만이 성립할 수 없다. 그보다는 자유주의가 성숙한 국가가 공동체주의 역시 높은 수준을 보일 가능성이 크다. 유럽의 성숙한 민주주의 국가가 동유럽이나 아프리카의 권위주의 국가보다 개인주의와 공동체성 모두에서 앞서 있을 가능성이 크다.

---

23 자유주의는 인간의 〈개체적 본능〉을, 공동체주의는 인간의 〈사회적 본능〉을 강조한다. 이 점에 있어서는 자유주의와 공동체주의는 인간의 본성에 대하여 상이한 시각을 내포하고 있다. 자유주의는 자유와 자율을 근원적 가치로 중시하고, 공동체주의는 인간이 본질적으로 자족적인 존재가 아니라는 사실을 주목한다. 그 결과 전자는 인간의 개체성을 중시하고, 후자는 상대적으로 사회적 관계성을 중시하게 되었다(황경식, 1999: 9).

이종수(2008: 5)는 공동체주의와 자유주의의 관계에 대하여 OECD 10개 국가를 대상으로 실증분석을 시도한 바 있다. 공동체주의가 중시하는 개념을 지표화하고, 자유주의가 강조하는 지표와 실증적으로 추세를 비교한 결과 정비례의 분석결과를 얻었다. 공동체주의가 강조하는 지표로는 사회적 투명성 수준, 1인당 연간 기부액수, 복지와 의료의 공적 부담비율, 1인당 공원의 면적을 선정하였다(이종수, 2008: 5). 자유주의에 부합하는 지표로는 개인의 자유를 지표로 설정하였다. 국제기구에 의해 평가된 각국의 인권과 언론자유 수준을 100점 만점으로 치환하였다. 양 축을 비교한 결과는 흥미롭다. 한 나라의 공동체성 수준은 명백하게 자유주의적 인권이나 자유의 수준과 정비례한다. 현대적 공동체성은 '개인의 발견'을 전제로 가능하다는 사실과 함께, 공동체성의 수준은 자유주의화 수준과 명백히 일치한다는 사실이 규명된 것이다.[24] 흔히 서구를 개인주의 내지는 자유주의 사회로 규정하고, 동양을 공동체적 사회로 규정하지만 기실 개인주의 내지 자유주의와 공동체적 성격은 대립적 관계에 존재하지 않고 다른 방향 축에 존재하면서 실제적 성숙 수준은 정비례 관계에 있다는 사실이 입증된 셈이다.

공동체주의와 자유주의 논쟁에서 공동체주의는 사회적 연대(連帶)의 중요성을 역설하고, 그것의 와해 위험성을 환기시키는 데 기여하였다. 현대 자유주의가 개인을 잇는 띠를 간과함으로써 불평등을 심화시키고 덕의 상실을 초래하고 있음을 경고하였다. 왈쩌(Walzer, 1986: 144)는 무한정한 권한이나 부의 집중은 필시 타인의 기회를 박탈하는 것으로 귀결된다고 경고한다. 이것은 결국 시장을 장악하고 공직의 불공정한 매수 같은 부패로 연결되기도 한다. 자유주의는 그래서 소수 지배의 가능성을 열게 될 것이라는 게 공동체주의의 비판이다. 소수의 자의적 지배에 의한 인간 존엄성의 파괴를 무수히 경험하여 왔는데, 좋은 삶을 구현하기 위해서는 사회적 조건을 주목해야 한다는 것이다. 공동체적 요건이 충족되지 않는 개인의 자유와 권리는 특권화되고 정의롭지 못하게 되기 때문에,[25] 공동체적 발전을 통해 인간 존엄성을 보호하고 인간의 가치를 향유토록 하자는 뜻이다. 좋은

---

24 개인의 인권과 존엄성, 프라이버시가 보호되고 숭앙되는 속에서 공동체성은 성숙될 수 있음을 시사한다. 역으로, 공동체적 여건이 성숙될 때 개인의 권리와 자유도 확장될 수 있음을 의미한다.

25 현대의 자유주의는 평등의 문제에 관심을 상대적으로 기울이고 있다. 예컨대, 롤즈의 '차등의 원리'와 노직의 '평등주의적 일반원리'가 그것이다. 불평등은 그로 인한 최하층의 편익이 불평등의 비용보다 클 때에만 정당화 될 수 있다(An inequality is justified only if its benefits to the worst-off is greater than the cost of inequality)(Nozick, 1974: 210).

삶을 위한 발전은 곧 공동체의 형성과 발전을 통해 가능하다고 보는 셈이다.

　사회를 인식하는 구도에 있어서 공동체주의는 자유주의가 선호하는 국가와 시장이라는 이분법을 넘어서는 전망과 지향(Wolfe, 1995: 128)을 보여 왔다. 양자를 넘어 공동체를 형성해야 하는 필요성을 조명하였다. 인간은 사회적 본성을 타고 났고, 공동체적 삶을 살아가도록 태어났음을 각인시켜 준다. 인간적이라는 의미와 사회적이라는 의미는 공동체주의자에게 동의어인 셈이다.

　그런데 공동체주의는 역설적으로 스스로 주장하는 공동체 내에서의 권력의 비균질성을 주목하지 못한다(齋藤純一, 2000). 공동체 내에서도 현실적으로 거대한 불평등이 존재하는데, 탈권력적[26] 개념을 중시하는 나머지 이에 대한 분석과 처방에는 약하다. 유사하게, 공동체 내에 자유와 다양성을 어떻게 수용할 것이냐는 딜레마도 안고 있다. 공공선과 덕을 중시하는 공동체주의는 공동체의 통합성을 중시하지 않을 수 없다. 그래서 많은 사람들은 공동체주의를 전통적 공동체의 획일주의와 권위주의에 연결시켜 비판을 가하기도 한다.

　본질적으로 공동체는 동화/배제의 메카니즘을 내포하고 일정한 정체성(identity)을 속성으로 한다. 이 정체성이 공동체 구성원들로 하여금 외부세계에 대하여 배타성을 보이고 배척하도록 유인할 수 있다고 비판하는 사람들도 있다. 그런데 공동체의 정체성이라는 것이 오직 하나의 집합적 정체성에 의해 정의되고 지배되는 것은 아니다. 종교집단, 테니스클럽, 동창회, 이익단체 등 하나의 정체성이 지배하고, 또 외부세계를 배척하는 집단도 있기는 하다.[27] 그러나 우리가 논의하는 공동체란 삶의 극단적 일부분이 아니라 삶의 전체성이 어우러지는 공동체를 지칭하는 것이다. 또, 태생적 조건 혹은 극단적 이념이나 이익으로 외부세계를 배척하거나 기본 가치관이 보편적 가치와 충돌하는 집단은 공동체로 분류할 수 없다. 적어도 인류의 보편적 가치관과 가치를 존중하고, 다원적 구성요소를 상호 존중하며, 외부세계에 대하여 호혜적 관계를 추구하는 집단을 우리는 공동체라 칭할 수 있을 것이다.

　자유주의가 공동체주의에 대하여 퍼붓는 가장 극단적 비판은 전체주의화 가

---

26 '공동체'가 정치를 대체하는 경향은 공동체주의가 오히려 전제정치가 들어설 수 있는 가능성을 열어줄 수 있다고 자유주의자들은 비판한다.

27 거대 종교집단, 아파트 주민회가 자폐적 이익보호에 몰입하는 양상을 목격한 사람들 가운데 이러한 공동체의 개념 자체에 거부감을 보이는 사례가 나타난다.

능성이다. 20세기 인류에게 가장 강력한 위협은 전체주의였으며, 그 이름이 시사하듯 전체주의는 권위의 한계를 경계 짓지 않고 시민생활의 거의 모든 측면을 지배하고자 했다(황경식, 1999: 11). 모든 것을 책임지는 정치공동체를 이룩한다는 명분 아래 개인의 자유와 권리를 파괴하고, 가정과 교회, 전통적 결사체까지도 와해시키는 무자비한 폭력을 행사하여 왔다. 공동체주의가 자칫 집합주의와 연루되고, 다시 국가주의와 닿게 되면 전체주의로 귀결될 수 있다는 것이었다. 국가주의와 연루되지 않는 경우라 하더라도, 전체주의적 통제질서를 공동체주의는 잉태시킬 수 있다고 우려된다.

그런데 공동체주의가 추구하는 공동체는 비국가적 공동체라는 사실이 자유주의의 비판에는 간과되어 있다. 자유주의 못지않게 공동체주의는 국가의 비민주적 권력행사를 경계한다. 공동체주의가 중시하는 공공권역(public sphere)은 국가의 공식성과 다른 개념이다. 그것은 공동체의 담론을 형성하는 시민사회와 오히려 유사한 개념이다.[28] 그래서 공동체주의자들은 공공성이 갖는 공권력과의 혼돈 가능성을 피하고자, 비판적 공공성이나 민주적 공공성 혹은 시민적 공공성이란 표현을 자주 사용한다.

자유주의 역시 20세기 들어와 부당한 비판의 표적이 되곤 했다. 경제적 자유주의가 신자유주의라는 이름으로 대세를 이루게 되었고, 이 때문에 공동체주의로부터 부당한 비판을 받아야 했다.[29] 자유주의는 그것이 태동될 때의 역사적 기여[30]와 단절된 채, 시장(市場)과 경쟁 그리고 개인주의를 변호하는 정치경제적 이념으로 비판받는 처지가 되고 말았다.[31] 자유주의가 20세기 자본주의와 결합하는 과정에서 변형된 것이다. 현대 자본주의는 봉건질서나 농경사회 혹은 역사적으로 존재했던 그 어떤 사회체제보다도 '개인'을 단위로 한다. 이 점에서 자본주의는

---

28 자유주의는 전통적인 국가─사회라는 이분법적 구도(Keane, 1988)에서 발아하여 장구한 이론적 진화를 통해 발전해 왔다. 이에 비해 공동체주의는 국가─시장─시민사회라는 삼각 구도(Cohen and Arato, 1992)를 넓은 각도에서 전제함으로써, 시민사회를 시장에 포함시키는 난점을 극복하고 시민사회의 중요성을 조명하고 있다.

29 공동체주의 역시 산업사회 이전의 전통적 공동체가 갖는 권위적 성격과 부정적 요소들을 연상하는 논자들로부터 부당한 비판을 받아왔다.

30 카스트나 계급, 신분이나 서열, 관습이나 전통, 타고난 지위로 운명이 정해진다는 정치론에 대하여 자유주의는 해독제 역할을 수행하였다(Sandel, 2010: 309).

31 이런 의미에서 Bruce Ackerman 같은 자유주의의 거장은 스스로 자유주의자로 분류되는 것을 사양하고 있다.

자유주의와 일치한다. 심지어는 대규모 조직도 개인의 자유와 행동, 권리를 기반으로 작동한다. 자본주의와 자유주의의 이러한 결합이 민주주의에 기여한 측면이 있기는 하지만(이근식, 2009: 129), 적어도 최근 자유주의가 강조하는 경제적 시장과 경쟁 그리고 개인주의는 역사적으로 자유주의가 기여한 바에 비하면 부박한 것이다.

상황적으로 보면 20세기 후반의 이러한 상태가 공동체주의의 대두 배경이 되었던 셈이다. 서구에서 시장(市場)의 무자비한 지배에 대한 반성과 개인 간 관계의 해체에 따른 삶의 질 저하를 배경으로 공동체주의가 나타났다. 샌델(Sandel, 2008: 10)에 따르면, 자유주의적 개인주의가 너무도 일반화되어 대부분의 공적 담론에서 지배력을 보유한 정통이론으로 군림하는 토양 위에 공동체주의가 태동되었다. 시장과 경쟁, 방임적 자유주의, 개인의 권리, 중립성의 존중을 전제로 국가의 역할이 대안으로 숭배되는 세파 속에서 공동체의 회복을 주창한 것이었다. 자유주의는 사회적 제도 차원에 있어서는 시장(市場)을 선호하는데, 시장에 존재하는 합리적 개인들은 공익을 보호할 인센티브를 갖지 않고 있다. 이러한 특성 때문에 개인 간에 존재하는 자유와 권리조차도 깨지기 쉬운 상태에 놓이게 된다. 이 속에서 공동체주의는 더 나은 공적 삶을 위한 대안의 메시지를 던지려 하였다.

마지막으로, 인식론적 차원에서 공동체주의는 도덕적 상대주의로 흐를 위험성이 있다. 특정 공동체가 규정하는 것은 무엇이든 정의가 될 수 있다는 상대론적 견해를 암시하는 느낌이 있기 때문이다(Sandel, 2010: 309). 이러한 가능성은 자칫 현상의 유지 논리에 봉사하는(Sutch, 2001: 172) 보수화에 기여할 가능성에 닿아있다. 정의를 보편적 원리의 문제가 아니라 문화적 해석에 관한 문제로 보는 것은 상대주의의 위험성을 안고 있는 것이다.

2. 자치공동체에 대한 함의

첫째, 우선 공동체주의는 공동체의 형성을 강조한다는 점에서 지방자치와 조우한다. 딜래니(C. F. Delaney)는 공동체주의자들을 전체사회의 통일적 이상을 지향하는 총체적 공동체주의와 진정한 공동체의 미덕을 구현할 수 있는 지역적 공동체주의로 구분한다(Delaney, 1994). 어떤 사회 내의 전체 구조에 대한 변혁이론들에

대한 관심이 줄어들고, 사회변화를 위한 총체적 전면전의 시도가 위축된 시기일
수록 지역적 공동체주의자들[32]의 입장은 주목을 받는다. 딜래니의 이러한 구분과
지역적 공동체주의에 대한 관심은 현대의 어떠한 거대담론도 사회문제의 해결에
궁극적 해답을 제시하는 대안이 될 수는 없다는 인식을 딛고 있다.[33]

둘째, 공동체주의와 자유주의의 논쟁에서 두 이론이 접점을 이루는 부분은
'자치공동체'라는 지점이다. 자유주의는 태생 단계부터 국가주의에 대한 거부감을
내포하여 왔고, 국가에 의한 공공성의 독점을 해체하며 개인의 자치권을 핵심 요
소로 주장하여 왔다. 개인이 보유하는 자기결정권 곧 '자치권'을 매우 중시하는
것이다. 공동체주의자들이 말하는 공동체 역시 어디까지나 비국가적 공동체다(齋
藤純一, 2000: 27). 상대적으로 자유주의는 개인의 자치권을 강조하고, 공동체주의는
시민사회적 자치를 옹호하는 것이 다른데, 양자는 자치공동체에서 공통분모를 갖
고 있다. '자치'에서 일치하면서, 개인과 공동체에 대한 강조점에 상대적인 차이
가 날 뿐이다. 공동체를 구성하는 단위에 대한 강조점이 상이하긴 하지만, 마치
주민자치와 단체자치 사상처럼 자치공동체를 지향하는 이론으로서 접점이 찾아
질 수 있다. 자유주의가 중시하는 '왜곡된 사회' 이전의 자아와 사회, 그리고 공동
체주의가 추구하는 '탈출' 이후의 좋은 사회가 자치공동체라는 지점에서 만날 수
있다.

공동체주의와 자유주의가 서로 상대방의 잠재적 위협으로 간주하는 요인을
최소화하는 방책으로써도 두 이론은 자치공동체에서 만난다. 자유주의는 공동체
주의와 국가주의의 결합을 우려하고, 공동체주의는 자유주의의 원자화 된 개인주
의를 우려하기 때문이다.[34] 다만, 자유주의는 분권의 단계에 초점을 맞추고, 공동
체주의는 공동체의 형성 단계에 강조점을 두는 점이 차이가 날 뿐이다(이종수,
2008: 4).

---

32 공동체주의의 일반적인 두 가지 구분, 곧 강경 공동체주의와 온건 공동체주의 가운데 이는 온건
　공동체주의에 해당한다고 볼 수 있다. 강경 공동체주의는 공동체의 구성원이 되는 것을 선한 생
　활과 동일시하며, 개별적 구성원의 정치적 권리를 거부한다. 온건 공동체주의는 이에 비해 공동체
　생활을 선한 삶으로 인도할 수 있는 통로로 보며, 개별적 구성원의 권리를 인정한다. Andrew
　Mason과 Allen E. Buchanan의 입장이 이를 대변한다.
33 http://en.wikipedia.org
34 공동체주의는 자유주의의 산물인 시장에 대해 우려하고, 공공성을 담보해 줄 수 있는 중간 형태
　의 공동체들이 파괴되는 것을 우려한다.

셋째, 자유주의와 공동체주의는 모두 국가권력의 적합한 범위와 한계를 성찰하는 데 근본적인 관심을 기울인다(Walzer, 1995: 66). 자유주의는 개인이 보유하는 권리의 우선성에 입각하여, 국가권력의 억제와 개인의 권리와 자율에 초점을 맞춘다. 이러한 점에서 자유주의는 역사적으로 분권 사상을 내포하여 왔다. 지방분권 사상이 John Stuart Mill(1861: 346), De Tocqueville(1956: 30), H. Laski(1989: 155) 등 자유주의 이론가들에 의해 발전되어 온 것은 이를 증명한다(이종수, 2002: 41). 공동체주의 역시 비국가적 시민사회를 일차적인 관심의 대상으로 천명한다. 매킨타이어는 '현대국가는 진정한 공동체가 되기 위해 필수적인 공통의 도덕적 신념을 견지하지 못하는 단위이고, 가족, 종족, 이웃 등과 같은 소규모 사회만이 진정한 공동체가 될 수 있다'고 지적하고 있다.

국가의 적합한 관여 수준에 대한 자유주의와 공동체주의의 성찰은 공적 영역(public sphere)에 대한 강조로 귀결된다. 공적 영역은 초정치적 혹은 전(前) 정치적 성격을 띠어, 권력이 지배하는 정치의 개입 없이 이성적 담론을 통해 사회적 합의가 도출되도록 해준다. 테일러는 공적 영역을 공론의 장으로 정의한다. 사회의 구성원들이 다양한 미디어를 통해 소통할 수 있는 공유공간으로 정의하는 것이다(Taylor, 1995: 185). 이 곳을 통해 구성원들은 공동의 관심사를 논의하고, 합의를 형성해 갈 수 있다. 공적 영역은 사회의 중간형태의 공동체들에 의해 강화될 수 있다. 자유주의는 개인들이 자발적 의사로 합의과정을 통해 결사체를 구성하는 과정을 중시하고, 공동체주의는 공공성[35]을 담보해 줄 수 있는 중간 형태의 공동체들이 파괴되는 것을 대단히 우려한다.

현실적으로 많은 경우에 있어 자유주의와 공동체주의는 하나의 결합물로 대안화되고 있다. 공동체의 도덕적 중요성을 인식하면서 동시에 인간의 자유를 존중하는 이념과 사회체제를 모색하는 것이다(Sandel, 2010: 309). '공동체적 자유주의', '상생적 자유주의', '느슨한 연대' 등은 양자가 결합되어야 할 필요성을 보여주는 사례들이다. 자치를 기반으로 공동체가 형성되어야 하며, 공동체적 여건의 성숙 없이는 자치 또한 불가능하다는 인식이 확산되고 있는 중이다.

---

35 공공성에 대해서는 Habermas(1992: 27)를 참조할 것.

Ⅳ. 맺음말

공동체주의를 한국사회에서 논하려 할 때, 예상하기 어려운 곳에서 심리적 저항에 부딪칠 수 있다. 자유주의를 제대로 꽃피워보지 못한 사회에서 자유주의에 대해 비판을 가하고 극복을 모색하는 것에 대한 거부감이다. 1945년까지 '자유'는 한국인에게 국가의 독립을 의미했고, 1970년대까지도 자유는 대부분 '반공'을 의미했다. 그 후 1980년대 혼란을 거쳐 1990년대 들어와 신자유주의의 물결을 맞았기 때문이다. 이러한 점에서 한국사회에서 공동체주의는 한편으로 열망의 대상이면서, 다른 한편에서는 거부의 대상이 될 수 있다.

1. 공동체주의와 자유주의에 대한 한국사회의 반응

전통적 소집단과 집합주의가 강한 한국에서는 근대화가 자유주의적 개인주의의 확산을 의미했다(Sandel, 2008: 10). 과거의 폐쇄성이나 권위주의로부터(from) 탈출하려는 욕구가 강한 만큼 '좋은 사회'를 향한(to) 논의는 위축될 수밖에 없고 현대적 의미의 공동체주의는 부당한 거부감에 직면하게 된다. '개인의 발견'을 향한 욕망이 강렬한 한국사회에서 공동체주의에 대한 부당한 거부감을 제거하고 균형 있는 논의를 전개하기 위해서는 집합주의와 전통적 공동체로부터 현대적 공동체주의를 식별할 필요가 있다.

우선 집합주의와 공동체주의를 식별할 필요가 있다. 한국사회에 강력하게 존속하는 집합주의 문화는 현대적 의미의 공동체성과는 거리가 있다. 집합주의는 역사 문화적 전통 속에서 배태된 소집단주의로 근대 이후 외세에 대한 저항으로서의 정치적 성향이 내재된 현상이라 할 수 있다. 연고적 요소로 강력히 결합된 집합주의는 개인의 자유를 억압하고, 자발성을 수용하는 공간이 작다. 집합의 단위를 넘어서는 타자에 대하여는 '사이'를 존중하는 공공성이 부족하고, 배타성을 강하게 띤다. 집합의 내에서는 개인의 권리와 프라이버시가 충분히 인정되지 않고, 집합의 밖에 대하여는 공공성이나 약자에 대한 배려가 미흡할 수 있다.

집합주의는 현대 공동체주의가 추구하는 민주적 덕성이나 공공선의 추구와 거리가 멀다. 집합주의 하에서는 고립적인(disembedded) 개인이 충분한 영역을 확보하기 어렵기 때문에 의무론적이고 절차적인 자유도 확보하기 어렵고, 목적론적 가치통합을 주장하는 공동체주의 요소도 만개하지 못한다. 집합주의는 결국 개인의 자유와 권리를 변론하는 자유주의의 토대를 견고하게 하지도 못하고[36] 민주적 공동체주의를 수용하고 착근시키는 데에도 근원적 걸림돌로 작용을 하게 된다.

유교문화에 바탕을 둔 한국의 전통적 공동체의 잔영은 집합주의와 상당 부분 연루되어 있다. 전통적 공동체의 비민주성과 폐쇄성에 대한 거부감이 민주적 공동체주의에 대한 거부감으로 귀결된다는 점을 상기하면, 두 가지의 식별은 중요하다. 현대 한국사회는 전통적 유교질서와 현대적 민주주의가 결합된 유교식 민주주의적 특징을 보여주고 있다. 유교 민주주의에 내포된 전통적 공동체는 몇 가지 점에서 현대적 공동체와 상이하다. 권위주의와 비자발성이 대표적 차이점이다. 권위주의는 수직적 사회윤리에 대한 순응을 강요할 수 있고, 비자발성은 규범의 과도한 지배와 직결되어 있다. 이러한 권위주의와 비자발적 폐쇄성은 인권과 자유 그리고 권리 같은 보편적 자유주의 덕목들을 소홀히 하여 현대적 공동체로 나아가기 위한 공공성의 형성을 저해할 수 있다.

2. 자치공동체의 회복 방향과 실천과제

자치공동체의 관점에서 한국사회에 대한 조명과 실천과제를 정리해보자. '지방' '자치'를 도모하기 위해서는 '분권(지방화)'과 '자치'가 모두 필요한 요소이지만(김석태, 2008: 177), 상대적으로 한국사회에서 자치가 발아하지 않고 있는 사실을 지적할 수 있다. 이는 분권화가 정부 내부의 분권화 곧, 중앙정부에서 지방정부로의 분권화에 치중해서 논의되는 것으로는 충분하지 않다는 사실을 의미한다(전상경, 2006: 325). 지방정부에서 지역사회로의 분권화, 다시 말해 자치공동체로의 분권화가 궁극적으로 지방자치의 구현에 있어 중요하다는 사실을 뜻한다. 지역사회 차

---

36 그것은 반공을 위해 양보될 수 있는 허약한 자유였고, 국가주의와도 언제든 결합될 수 자유주의에 불과했다고 비판할 수 있다. 해방 이후 한국에서 자유주의는 정치적으로는 반공, 독재를 의미했고 경제적으로는 정경유착과 노동유착을 의미했다. 이승환(1999) "한국에서 자유주의-공동체주의 논의는 적실한가?," 〈철학연구〉, 45(1), 68쪽.

원의 공동체를 복원하는 일이 결국은 한국에서 지방자치를 성숙시키는 가장 중요
한 과제라 할 수 있다. 이러한 원칙에 따라 공공성을 확대하고 공동체적 덕성을
함양하는 일이 매우 중요한 실천과제이다. 자치공동체의 구성원들이 개인의 울타
리에서 나와 공동의 공간에서 만날 수 있도록 학교, 공원, 도서관, 민회(民會), 보
건소, 공유재산(박경돈·박민정, 2010: 203) 등을 확충하고, 여기서 공공선이 형성될 수
있도록 기회를 제공하는 일이 중요하다.

자치공동체의 강화를 위해서는 강력한 국가주의를 억제하고 지역사회 내의
중간집단을 육성하는 것이 필요하다. 국가주의(장용석, 2010: 8)는 개인의 정체성이
국가에 의해 압도적인 영향을 받고, 개인의 권리와 자유가 국가의 권위에 비해
왜소한 현상을 지칭하는 상대적 개념이다. 이른바 민주화 이후에도 과도한 정치
권력의 개입, 국가의 규제, 정부주도의 산업정책과 관치금융, 국가에 대한 의존
의식은 강력히 남아있다.37 이에 비례하여 지역사회 내지 시민사회는 느린 성장
을 하고, 이에 비례하여 공공권역(public sphere)은 취약한 수준에 머물게 된다.

공동체주의가 비국가적 공동체에 주목하고, 국가주의에 동의하지 않는다는
사실은 위에서 지적한 바와 같다. 국가-공동체-개인의 관계에서 어느 극단의
일방적 지배가 초래하는 폐단을 공동체주의는 우려한다. 국가 역시 압도적 지위
를 점유하기 보다는 공동체와 개인의 역할을 강화하고 지원해주는 패러다임의 전
환이 필요한데, 이는 자치공동체의 강화를 통해 구현될 수 있다. 자치공동체를 강
화하는 하나의 방안은 중간집단(이민창, 2008: 151)을 강화하는 것이다. 일본 동경의
23개 구 가운데 하나인 세타가야 구는 시민들로 구성되는 주민협의회를 다양하
게 만들어 이러한 목표를 실현한 사례이다. 중간집단이란 주로 주민협의회를 의미
했다. 세타가야 구는 주민이 주체가 되는 마치즈쿠리38를 위해 주민들로 이루어진
협의체를 형성토록 전략적으로 지원하여 성공한 바 있다(곽현근, 2008: 142).39 영국

---

37 시장(市場)과 경쟁중심의 정부정책도 한국사회의 공동체성을 파괴시키는 데 일조하였다. 현대적
  공동체와는 상이하지만, 한국은 공동체중심의 사회문화적 토양을 다분히 보유하고 있는 상태였
  다. 이러한 토양과 충돌하는 정책을 일방적으로 수입하여 강요하여 온 면이 있다.
38 마을만들기, 동네만들기로 번역될 수 있다.
39 구청의 지원노력에 대부분의 주민들은 초기 '옛날 동네 조직을 다시 만들 필요가 없다'는 반응을
  보였다. 주민참여를 지원하던 구청 공무원은 "동네 사람들과 융화하기 전 약 1년 동안 우리는 '두
  더지 때리기' 게임의 두더지가 된 기분이었다"고 술회할 정도였다. 구청 직원들의 진지한 노력을
  확인하면서 주민들의 신뢰가 싹텄고, 주민들의 참여에 도화선이 마련되었다. 주민협의체가 만발
  하여 약 160개의 주민협의체가 만들어져 활동하고 있다. 현재 세타가야 구는 일본에서 주민참여

은 지방정부에 대하여 Audit Commission이 평가를 수행할 때, 지역사회에 공공성
을 확산시키기 위하여 얼마나 약속을 준수했는지 평가하고 있다. 자치공동체를
강화하는 이러한 노력들이 결국은 '좋은 사회'를 위해 어디로(to) 나아가야 할지를
모색하는 데 기여한 것으로 평가된다. 한국에 있어서도 다양한 중간집단, 주민협
의회, 마을만들기를 촉진하는 것이 가장 강력한 분권화의 수단이자 아름다운 자
치공동체를 만드는 매개가 될 수 있을 것이다.

와 제안으로 다양한 발전을 이룬 성공적 사례로 평가되고 있다(곽현근, 2008: 143).

제 4 장

새로운 공동체의 원리로서 공공성

Ⅰ. 서 론

1. 공공성의 의미

공공성(publicness, Offentlichkeit)은 공동체 내에서 구성원들이 공존할 수 있는 규범이자 가치이다. 선과 악이 충돌하고, 때로는 옳음과 옳음이 경합하는 공동체 속에서 구성원들은 공생과 화합의 준거로써 공공성을 필요로 한다. 개인의 '선(善)'이 공통분모를 찾아 소통하기 위한 공간이자 우선순위를 배분하기 위한 기본적 원리로 공공성이 요청되는 것이다. 그것이 때로는 사회적 자원을 지배하는 권력계층의 탐욕으로부터 구성원들을 보호하는 안전망으로 작용하기도 하고,[1] 때로는 사회적 자원을 보유하지 못한 계층의 무책임성으로부터 공동체를 보호하는 장치가 되기도 한다.

한국은 최근 공공성을 주목하는 단계에 이르렀다. 크게는 2008년 금융위기를 경험하면서, 작게는 한국사회 내에서 구성원들이 더불어 살아가는 규범과 제도가 위축되면서 공공성의 필요성을 체감하게 되었다(이종수, 2010: 3). 국가주의가

---

[1] 사회의 운영이 법률만능주의로는 충분하지 않다. 정의와 형평이 병행하지 않는 상태에서의 법치는 '애매하면 권력에 유리하도록(in dubio pro auctoritas)' 작동되기 쉽다.

풍미하던 개발연대나 시장을 금과옥조로 여기는 신자유주의 물결 속에서는 공공성이 주목을 끌지 못하였다. 사회 일각에서 심화되는 개인주의 역시 공공성의 공동화(空洞化)를 낳아 왔다.

우리가 공공(公共)이라는 개념을 분해할 경우, 가장 핵심적으로 나타나는 요소는 '함께'라는 뜻이다. 국가의 억압을 거쳐 시장(市場) 만능의 사조를 경험한 이후 사람들은 그 부작용을 목도하며, 공공성의 필요성을 제기하게 되었다. '함께'라는 의미가 국가에 의해 독점될 수 없으며(齋藤純一, 2000), 시장에 의해서 희석되어서도 안 된다는 깨달음이 확산된 것이다. 그것은 민주화 이후의 민주주의를 성숙시킬 수 있는 토대이기도 하고, 첨단 자본주의 사회를 존속케 하는 무형의 인프라이기도 하다. 이것이 전제되지 않으면, 지속적인 성장이나 삶의 질의 개선이 불가능한 것이다.

공공성의 의미에 대하여 일반적으로 생각하게 되는 뜻을 준이치(齋藤純一, 2000)가 정리한 내용은 설득력이 있다. 첫째, 국가에 관계된 공적인(official) 것이라는 의미다. 이 의미에서의 공공성은 국가가 법이나 정책과 같은 것을 통해 국민을 대상으로 벌이는 활동과 직결되어 있다. 예를 들면, 공공사업, 공공투자, 공적자금, 공교육 등의 말은 이 범주에 속한다. 둘째, 다중의 사람, 혹은 모든 사람들과 관계된 공통적인 것(common)의 의미를 내포한다. 다수의 사람들이 관련된 의사결정, 이익, 재산, 규범, 관심사 같은 것을 가리킨다. 셋째, 열려있다(open)는 의미로 쓰인다. 여기서 공공성은 누구의 접근도 거부하지 않는 공간이나 정보 같은 것을 지칭한다. 정보공개, 공원, 공립학교 같은 것이 이러한 성격을 강하게 갖는다.

이 글에서는 공공성을 원리, 과정, 영역의 차원에서 접근한다. 원리적 차원에서 공공성은 개방, 공유, 공익, 정의를 의미하고, 과정의 차원에서는 시민에 의해 주도되고 결정되는 절차를 뜻한다. 영역 차원에서는 한편으로 시민사회와 정부 그리고 시장을 아우르는데, 이 경우 범위가 너무 넓어지는 문제가 있다. 그래서 사이토 준이치(齋藤純一, 2000: 51)는 민주적 공공성을 공공성의 핵심으로 별도로 구분하여 논의한다. 그에게 민주적 혹은 시민적 공공성은 정치권력의 외부에 위치하여 그것을 바깥쪽에서 견제하는 심급이고, 그 주요 관심은 사적 자율, 즉 정치권력으로부터의 자유에 있다.

경제학은 오랫동안 공공성을 공공재의 개념으로 접근해 왔다. 경제학에서 공공성(publicness)을 연구대상으로 본격화시킨 사람은 사뮤엘슨(Samuelson, 1954)이었다. 그는 '공적 지출에 대한 순수이론'[2]이란 논문에서 처음으로 공공재를 정의하여, 공공재에 대한 연구를 촉발시켰다. 공공재는 비경합성(non-rivalry)과 비배제성(non-exclucability)을 보유하는데, 사뮤엘슨은 비경합성을 공공재의 보다 본질적인 성격으로 파악하였다(현진권, 2008: 66). 이것의 보호를 위해 경제학은 정부개입을 옹호하며, 공공성의 영역을 협소하게 만들어온 경향이 있다.

행정학은 좀처럼 공공부문(public sector)의 범주를 넘지 않으려는 성향을 보여 왔다. 정부와 공공기관 내에서의 투명성, 책임성, 민주성의 확보를 공공성의 확보로 동일시하려는 성향을 보여 왔다. 정부가 민주적 대표성과 투명성의 원리에 충실하면, 이러한 시각이 힘을 얻을 수 있지만, 그렇지 않은 상태에서는 한계가 명백하다. 사회학이나 정치학이 조명하는 영역으로서의 시민사회와 충돌하는 것이다. 여기서는 공공성의 개념을 넓게 원리와 과정 그리고 영역의 관점에서 파악하고, 공동체와의 관련성을 설명하기로 하겠다.

2. 공동체의 운영원리로서 공공성

아렌트와 하버마스는 공공성을 말 이외의 힘을 배제한 담론의 공간으로 이해하였다. 그들에게 공공성은 소통의 공간이자 공동체적 합의를 위한 규범이었다. Benn and Gaus(1983: 11)는 공공성의 의미를 가르는 기준으로 접근성과 주체를 제시한다. 접근성 차원에서 드러남과 감춤을 공공성과 사사로운 것의 기준으로 제시하는데, 원칙상 접근이 모든 사람에게 개방되어 있는 것을 공공성으로 간주한다. 주체의 차원에서는 개인보다는 집단과 전체에 속한 것을 공적인 것으로 본다.

그러나 공공성을 사적 영역과 대립되는 것으로 파악하고, 개인의 사사로움의 완전한 배제를 의미하는 것으로 해석할 필요는 없다. 예를 들어, 공공성의 강화가 가족 간의 친밀한 관계나 부부 사이의 정서적 관계마저도 합리화, 객관화, 공중화 하자는 의미는 아니다. 사적 영역과 감정을 보호하는 속에서 공공성을 지향하는

---

2 P. Samuelson(1954) "The Pure Theory of Public Expenditure," *Review of Economics and Statistics*, Vol. 36, pp. 387~389.

것이 인간에게는 필요하다.

몰론 사적인 애정이나 은혜가 가족관계 내에서 예를 실행하기 어렵게 하고, 사회관계에서 의를 구현하기 어렵게 하는 측면이 있는 것은 사실이다. 이는 남송(南宋: 1127~1279) 시대의 성리학자였던 주희(朱熹: 1130~1200)가 공(公)의 개념을 세우는 과정에서 품었던 문제의식이기도 하다(이선규, 2013).[3] 사적인 감정이 공공성을 파괴하지 않으면서, 공공성 역시 사적인 감정을 봉쇄하지 않고 양자가 양립하는 관계가 바람직하다. 왜냐하면, 사적인 감정과 욕구 및 정서는 공공성 이전의 인간 본성에 해당하고, 이것은 인간의 생존과 행복에 절대적으로 중요한 요소이기 때문이다. 나아가, 사적인 감정과 공공성이 반드시 대립하는 것은 아니다. 인간의 사적인 감정이 공공성과 대립하는 것만은 아니어서, 선(善)을 지향하는 자아를 타자와 사회에까지 확장하는 것이 가능하기 때문이다(Peck, 2007).

기본적으로 공공성은 공동체 속에 존재하는 구성원 간 '사이'를 넘어설 수 있는 윤리체계인데, 공공성과 공동체는 몇 가지 성향의 차이를 보인다. 공동체는 동화(同化)와 배제의 성향을 어느 정도 내포하는데, 공공성은 이와 다르다. 공공성은 가치의 복수성을 조건으로 공통의 세계에서 저마다의 방식을 보유하는 사람들 사이에서 생성되는 담론의 장이자 교류의 공간이다. 현대사회처럼 종교적 지배, 윤리적 강제, 전통적 규범의 지배가 사라진 상태에서 사회적 선(善)에 대한 합의의 최대치는 공공성이라 할 수 있다. 민주화가 진행되는 과정에서 절대적이고 객관적인 규범이 사라진 가운데, 개방적이고 계약적인 구성원 사이의 관계를 보호하는 최대공약수인 셈이다. 공공성과 공동체의 차이를 좀 더 살펴보자.

첫째, 공공성이 누구나 접근할 수 있는 공간을 의미하는 데 반해, 공동체는 일정한 동화와 배제의 기제를 보유하고 있다. 독일어 Offentlichkeit의 어원은 offen으로 '열려 있다'는 의미다. 이에 반해 공동체는 정체성(identity)을 일반적 요소로 요청한다(齋藤純一, 2000: 29).

둘째, 공공성은 사람들 간의 '사이'에서 생성되어, 그 '사이'가 상실되는 곳에서는 성립하지 않는 개념이다. 이에 반해 공동체는 동질성을 추구하여, 사람들이

---

3 '사람이 집에 살며 뼈와 살을 나눈 부모와 자식 사이에서는 대개 정이 예를 이기게 되고, 은혜가 의를 이기게 된다. 의지가 굳은 사람만이 사사로운 애정 때문에 바른 도리를 잃는 일을 막을 수 있다'고 주희는 말한다(이선규, 2013: 152 재인용).

내면에 품고 있는 동질감 내에 의해 그 통합이 완성된다.

셋째, 공공성은 공동체처럼 동질적, 배타적 성격을 내포하는 귀속(belonging)을 요구하지 않는다. 공공성은 공동체보다 가치의 복수성(plurality)과 다양성(diversity)을 중시하는데 비해, 공동체는 어떤 집단이나 결사체로의 소속을 핵심적 요소로 한다.[4]

넷째, 공공성은 공동체를 형성하기 위한 필요조건이기는 하지만, 충분조건은 아니다. 현대의 세계에서 살아가는 개인에게 공동체는 필수라기보다 하나의 선택적 요소인 것과 유사하다.[5] 공공성은 공동체를 위해 필요한 강력한 규범성을 띠는데 비해, 공동체는 선택의 여지가 크다.

위와 같은 차이에도 불구하고, 공공성은 공동체의 운영 규범임에 틀림 없다. 높은 수준의 공공성을 보유한 공동체는 성숙한 공동체라 이야기할 수 있다. 결국, 모든 공동체는 동일성의 가치와 공공성의 가치를 조화시키는 과제를 안게 된다. 이는 곧 통합과 다양성, 닫힘과 열림을 조화시키는 과제이기도 하다.

II. 공공성의 역사적 진화와 구성요소

1. 공공성의 역사적 진화

공공성의 개념은 고정된 의미가 아니다. 역사적으로는 정체(政體)에 따라 상이한 개념을 보유하는 것으로 다르게 규정되어 왔다. 봉건제와 절대주의 하에서 공공성이 지배세력의 영역 자체를 의미했다면, 근대 부르주아 계층의 대두과정에

---

4 개념적으로 공공성과 공동체를 대칭시켜 이렇게 설명할 수는 있지만, 공동체라고 해서 그것이 오직 하나의 선호나 이익, 취미, 동질감에 의해 이룩되는 것은 아니다. 공동체를 이루는 구성원들에게 형성되는 '사이' 역시 단 하나의 차원으로 구성되는 것이 아니다. 공동체의 개인들에게 체화되는 정체성은 하나의 차원이 아니라(齋藤純一, 2000: 116) 복수적 차원의 '사이' 공간과 복수적 차원의 정체성, 그리고 다원적 평등(complex equality)으로 형성된다(Walzer, 1992: 146).

5 가장 넓은 의미에서 인간이라는 종(種)을 단위로 생각해 본다면, 모든 인간은 지구라는 공간에 하나의 공동체를 이루어 생존하고 있다. 개인이 의식하지 않더라고, 인간의 공동운명체적 성격과 상호의존성을 부정할 수는 없다. 그러나 본 글은 개념적으로 국가 이하의 단위를 공동체 개념으로 설정하고 있으며, 개인이 의식적으로 참여하는 경우의 공동체를 전제로 하고 있다.

서는 중간세력의 소통과 활동공간을 의미했고, 20세기 이후 민주주의의 확산과정
에서는 대중의 권리와 생활을 위한 원리이자 영역으로 확대되었다.

어원상 'public'은 라틴어 pubes에서 시작되었는데, 이는 본래 타인에 대한
배려와 성숙을 의미했다. 곧, 나의 행동이 타인에게 미치는 영향을 이해할 수 있
는 능력이나, 자신의 입장에서 벗어나 전체를 볼 수 있는 능력을 의미했다(Mathew,
1984: 121). 동아시아에서 공(公)자의 어원은 상형설(象形說)에 의하면, 고대공동체에
서 제사를 지내는 평면도를 의미했다(정하영, 2005: 37). 장방형공간의 좌우 양면에
벽을 두른 형상으로, 옛날에는 신을 모시고 일족이 모이는 장소를 뜻하다, 후에는
거기에 모셔지는 사람 즉, 일족의 장에 해당하는 높은 사람을 의미하였다. 회의설
(會意說)에 의하면, 공(公)자의 상반부 八은 열려져 있는 것을 의미하고(自環者字謂之,
背 謂之公), 설문해자(說文解字)에 의하면, 공은 공평한 나눔이다(公, 平分也). 두 번째
의 공(共)자는 스무 사람이 모두 손을 바친다는 의미에서 '함께 하다'는 뜻을 내포
한다.

공공성의 근원을 하버마스(Habermas, 1992)는 폴리스에서 찾는다. 그리스 도시
국가에서 개인은 자신에게 고유한 가정(oikos) 영역과 자유민에게 공통 영역을 함
께 보유하고 있었다. 가정 곧 오이코스는 이코노미(economy)의 어원으로서, 생산
활동과 생명 재생산이 이루어지는 영역이었다. 여기서는 가부장적 권위를 갖는
남자와 불평등한 자격을 보유하는 여성, 노예가 존재하였다. 사적 영역으로서 가
정은 불평등한 곳이었기 때문에, 사적인 것(the private)은 박탈을 의미하는 라틴어
privatus에서 유래되었다. 이는 다른 사람의 시선으로부터 배제되는 것을 의미했
다(Arendt, 1996: 112). 타인의 시선이 허락되지 않든지, 배제되는 공간이 사적인 것
이다.

동서양 모두에 있어 전통적으로 공(公)은 군주를 의미했고, 공공성은 치자가
독점하였다. 군주와 영주, 귀족의 처소(處所), 제사 심지어는 그들의 인신(人身)을
공공성의 핵심적 범주로 삼았고(김상준, 2007: 6), 중세에도 군주-영주-귀족의 통
치활동은 물론 그들과 관련된 것을 의미했다. 봉건시대와 절대주의 체제를 거치
는 동안 공공성은 군주의 도전받지 않는 권력과 주권을 의미했다(백완기, 2007: 4).
이러한 전통은 공공(public)을 국가와 동일시하는 관념을 유포시켰고, 현대에 이
르러서도 공공성을 '영역'으로 보는 논자들은 국가와 동일시하는 경우가 있다

(Newmand, 2008: 29). 이들에게 공공성은 한편으로 시장, 다른 한편으로는 시민사회
와 구분되는 국가의 공식적 활동인 셈이다. 행정학이 이러한 시각을 내포하는 대
표적인 학문인데, 최근 시장과 시민사회를 아우르는 거버넌스에 대한 논의를 하
면서 그 경계가 완화되었고, 심지어는 국가의 활동이 공공성의 측면에서 비판당
하는 사례가 증가하고 있다(齋藤純一, 2000: 19).

한국과 일본, 중국에서는 20세기에 들어와서도 공공성이 관제용어로서(齋藤純
一, 2000: 24) 국가의 행정활동을 정당화하는 주문(呪文)이었다. 일본의 경우 1960년
대 시작하여 1990년대에 강력한 반작용이 일어났다. 정부의 '공공정책'이 자연환
경이나 생활환경을 파괴하는 것에 대한 항의가 주민운동으로 발전하면서, 국가활
동의 공공성에 대한 의구가 확산된 것이다. 정치인의 부패, 관료의 사익추구와 예
산남용, 안전위험에 대한 무방비, NGO와 시민단체의 증가현상이 결합하면서 정
부의 공공성에 대해 의심과 비판이 증가하였다. 이와 비례하여 시민사회는 공공
성을 보호하는 영역으로서 더욱 주목받게 되었다.[6]

서구에서는 17세기 말 새로운 세력으로 부르주아 계층이 대두하면서, 이들
이 주도하는 독자적 공론의 장이 공공성의 개념에 편입되었다. 이때를 기점으로
public은 private과 대비되는 영역으로 등장하게 된다. private이 특정한 사람의
가족과 친구로 이루어진 보호대상의 생활영역을 의미한 반면,[7] public은 '어느 누
구나 볼 수 있는 상태'를 의미하였다. 19세기 이후 현대사회에 들어와서는 시민사
회의 확대와 더불어 시민사회의 가치와 활동을 지칭하는 경우가 많다.

19세기 이후 다양한 시민의 통합된 이익과 자유와 평등의 가치를 포함하게
되었으니, 공공성의 뜻은 권력의 영역으로부터 공동체 구성원 사이의 윤리의 영
역으로 진화를 해온 것으로 볼 수 있다. 근대사회의 출발과 함께 군주-영주-귀
족의 영역이 약화되고, 국가와 시민사회 그리고 시장의 분화가 빠르게 진행되었
다. 여기서 공공성이 국가에 의해 독점될 수 없다는 사실을 강조하는 사람들은
단순히 공공성이라는 용어 대신 민주적 공공성, 비판적 공공성(Habermas, 1992), 시

---

6 이러한 변화는 '시민적 공공성', '자발적 공공성', '민주적 공공성'의 형성이라 이름 붙일 만하다.
  아시아 국가의 '시민적 공공성'이 공공성을 정의할 권리를 국가의 독점으로부터 탈환하여 독자
  적으로 생성되는 과정은 비교연구의 대상으로 중요한 주제이다.
7 서구사회에 있어서나 동양사회에 있어서 공적 영역과 사적 영역의 경계는 가족이었다. 가족과 사
  회라는 이분법은 동양이나 서양에서 마찬가지였던 셈이다. 다만, 서구에서는 근대를 지나는 동안
  공적-사적 영역의 축에서 가족이 상대적으로 해체되고, 개인이 부상하는 추이를 보였다.

민적 공공성(齋藤純一, 2000: 50)이라는 용어를 사용하였다.

당위적 측면에서 이들은 시민사회의 중요성을 강조하기도 한다. 드러커 (Drucker, 2000: 26)는 '오직 시민사회 부문의 기관, 즉 비정부기구와 비기업 그리고 비영리 단체들만이 우리들이 지금 필요로 하는 공동체를 창출할 수 있다. 교회에서 전문 직업인 단체까지, 무주택자를 돌보아주는 지역사회 단체에서 헬스클럽까지 말이다.'라고 강조한다. 그는 '방금 막을 내린 20세기는 정부와 기업이 폭발적으로 성장한 시대였다. 특히 선진국에서는 각별히 그랬다. 이제 21세기에 무엇보다 필요한 것은 새롭게 전개되는 지배적 사회 환경, 즉 도시에 공동체를 만들어줄 비영리 사회부문 조직들의 폭발적 성장'(Drucker, 2000: 26)이라고 지적한다.

한편, 현대 대중 자본주의 사회에서 공공성은 본래의 의미를 벗어나 왜곡되는 현상도 관찰된다고 비판된다. 국가와 시장에 의해 사람들의 생활세계가 잠식되어 재봉건화 되는 과정에서 공공성 역시 사적 스캔들의 유통장으로 되어버리는 측면을 보이고 있다. 국가의 공식적 권위를 공공성으로 간주하는 것은 환상이 아직도 잔존하는 가운데(齋藤純一, 2000: 46), 민주적 담론과 정치가 배제된 대중의 행위와 문화를 공공성으로 치부하는 경향이 나타난다(Habermas, 1992).

> 공공성이 사람들 사이에서 형성되는 것이 아니라, 사람들 앞에 펼쳐지는 것으로 왜곡되고 있다. 일찍이 제후나 성직자가 권력과 위광을 대중에게 과시하던 '시위적 공공성'의 양상을 다시 보이고 있다. 공공성은 '논의의 공간'으로부터 '스펙터클한 공간'으로 변질되고, 대신 가장 개인적인 것(예를 들면, 섹스 스캔들)이 공공성의 토픽이 되고 마는 역설이 나타나고 있다(齋藤純一, 2000: 46).

2. 아렌트와 하버마스의 공공권역

아렌트와 하버마스는 공공성의 핵심영역과 주도세력이 국가로부터 시민사회로 전환되는 과정을 동일하게 주목하고, 다시 현대에 이르러 '국가의 사회화'와 '사회의 국가화'가 진행되는 현상을 동일하게 지적하고 있다. 대체로 17세기 근대성의 출현기를 부르주아적 시민사회의 출현기로 본다는 점에서도 동일하다. 19세기 하층계급의 사회적 해방이 시작되어(Habermas, 1992), 20세기 현대적 의미의 시민사회가 경제영역과는 분리된 모습으로 명백해진 것으로 진단한다.

아렌트와 하버마스는 공공권역의 출현을 17세기로 거슬러 올라간다. 17세기에 출현하여, 18세기 본격화 된 근대사회의 성장과 궤를 같이 하는 것으로 그들은 공공권역을 파악한다. 아렌트는 17세기 등장한 사회영역을, 하버마스 역시 동일한 시대 출현한 공공권역[8]을 설명하는데, 이들의 설명은 공공성의 역사적 변화과정을 이해하는데 도움을 준다.

아렌트(Arendt, 1958)는 〈사적 영역〉이나 〈공적 영역〉과 구별되는 〈사회영역〉의 등장을 근대사회에서 나타났던 특징으로 설명한다. 사적 영역은 지극히 개인적인 공간으로 철저히 보호되고 가려져야 하는 공간이었다. 여기서는 생명유지나 종족번식 같은 삶의 필요성을 위한 활동이 주로 이루어졌다. 이에 반해 공공권역은 자신을 드러내고 현상화시킬 수 있으며, 자신의 불멸성을 위해 필요한 부분이었다.

아렌트는 인간의 삶을 활동적 삶과 정신적 삶으로 구분한다. 노동은 사적 영역이고, 행위는 공적 영역에 해당한다. 그런데, 중세 이후 근대 자본주의 체제가 구축되면서 고대의 공적 영역도 사적 영역도 아닌 사회영역이 모습을 드러냈다는 것이 아렌트의 주장이다. 예전의 사적 영역 가운데 경제활동이 확대 분리되어 사회영역을 형성하고, 주로 시장이라는 공간에서 그 활동이 나타난다. 고대에 가정생활로 이해되던 사적 영역은 프라이버시로 재정립되었다.

하버마스는 시장의 경제활동 자체를 사회영역으로 간주하지 않는 편이다. 그가 주목하는 것은 〈공공권역〉인데, 시민들이 상호이해를 지향하는 의사소통의 구조를 지칭한다. 초기의 공공권역은 근대사회로 진입하는 단계에서 부르주아 계층이 주도하였지만, 19세기 하층계급이 사회적으로 해방되면서 현대적 시민사회가 형성되고, 여기를 중심으로 공공권역이 자리를 잡았다. 시장에서의 경제활동을 사회영역으로 파악했던 아렌트와 달리, 하버마스는 사회영역 가운데 공공권역을 주목하는 것이다.

하버마스에 따르면, 민주적 이상은 국가, 시장, 이익집단에 의해 성취될 수 없다. 사적 개인이 공중으로 결집할 수 있는 공공권역이 민주주의 발전을 위해 대단히 중요하다. 국가나 시장은 오히려 개인들이 참여하는 토론의 장에서 도출된

---

8 국내에 번역된 하버마스의 public sphere는 공론장 혹은 공적 영역, 공공권역 등으로 번역되고 있다.

시민의지에 종속되어야 하는 요소들이다. 시민의지로써 화폐나 관료제를 조절할
수 있어야 한다는 것이다(Habermas, 1992). 이를 위해서는 정부와 시장의 지배 밖에
존재하는 자발적 결사체들의 공론장이 중요하고, 공론장의 다중성이 필요하다.[9][10]
　　하버마스는 공론을 통한 합리적 소통구조를 중시하기 때문에, 언어를 매개로
하는 다양한 형태의 자발적 결사체의 활동을 주목한다. 문인들의 담론공간, 카페,
시민단체, 신문, 라디오와 TV 등이 이러한 역할을 수행한다. 원래 문예적이고 예
술비평과 관련이 깊었던 공론장은 프랑스 혁명 이후 정치화를 더욱 강하게 경험
하게 되었다.[11] 시민사회의 이상을 생활세계에 구현하는 모색을 공론장의 정치화
로 시도하며, 공적 영역이 확대된 것이다.

Ⅲ. 공공성의 구성요소와 한국사회의 공공성

1. 공공성의 구성요소

　　공공성을 국가의 활동과 동일시하던 전통적 시각 이후로 현대사회에서는 공
공성을 시민사회와 동일시하는 입장이 존재한다. 다분히 영역의 관점에서 공공성
을 파악하려는 두 가지 입장인 것이다.
　　근대 이후 현대국가에 이르는 기간에 활성화된 시민사회를 주목하는 흐름은
전술한 바와 같다. 특히, 하버마스는 사적 영역 안에 형성된 〈문예 공공권역〉이
문화 예술뿐 아니라 정치 같은 사회문제까지 관심을 확장하면서 사회적 공공영역
으로 확장되었다고 본다.[12] 국가나 시장으로부터 자유로운 시민사회가 형성되어,

---

9 국가-사회라는 2분법적 구획은 마르크스 전통을 바탕으로 성립된 개념모형이었는데(Keane,
　1988), 이 구도는 시장을 시민사회에 포함시키는 난점을 보유한다. 국가-시장-시민사회라는 3
　각 구도는 이러한 난점을 극복하게 해준다(Cohen and Arato, 1992).
10 국가-시장-시민사회의 비중은 시대와 체제에 따라 다르게 나타난다. 공산주의는 국가영역의 과잉
　지배 경향을 보이고, 자본주의 진영 내 최소국가는 시장부분의 극대화를 보인다(정용덕, 2007: 2).
11 대중매체가 지배하는 현대에 이르러 공론장은 공적 토론보다는 홍보와 광고에 의해 지배받고, '재
　봉건화'되는 추이를 보이고 있다.
12 하버마스에 따르면 공공영역은 〈문예 공공권역〉(public sphere in the world of letters)과 〈정치
　공공권역〉(public sphere in the political realm)으로 구분된다.

공적인 책임과 덕성을 갖는 개인들이 존재하는 공간으로 확장되었던 셈이다(이준형, 2008: 117).[13]

그러나 공공성을 영역의 시각에서 규정하고 국가나 시민사회로 한정할 경우, 심각한 문제가 발생한다. 상대적으로 시장에 비해 국가의 영역이 심각하게 줄어들고 있으며, 그 성격이 민주적이지 못할 경우도 엄존한다. 예를 들어, 국가가 권위적 독재체제인 경우, 국가의 정책과 활동을 합법적이고 공식적인 것으로 간주할 수는 있으나, 공공성 그 자체로 간주할 수는 없다. 시민사회의 활동 역시 얼마든지 공공성을 갖추지 못한 경우도 존재한다.

따라서 공공성을 어떤 영역이라기보다는 하나의 과정으로 보는 시각이 있다. 다수의 구성원이 민주적 절차를 통해 결정한 내용이라면 그것이 어떤 한계를 지닌다 해도 공공성의 원천을 이룬다는 입장이다. 이러한 측면은 다수결의 원리를 지지하는 자유주의적 다원주의에 의해 강력히 지지되었다. 심지어, 민주적 의회가 이익거래의 장으로 변모되고 형식적 토론과 다수결을 앞세운 결정방식이 경직화되는 상황 속에서도 내용적 성찰과정을 강조하는 숙의적 민주주의(deliberative democracy)가 과정적 공공성의 핵심내용으로 제시되었다.

과정적 공공성은 개인이나 특정 집단을 넘어서는 다수의 의사와 참여가 사회적 권위와 구속력을 결정한다는 입장을 취한다. 의사결정의 내용상 올바름을 보장하는 실재적 가치와 계산이 어렵더라도(이준형, 2008: 110), 정당한 권한을 보유하는 다수의 참여과정과 절차는 공공성을 결정하는 최우선적 기준이 된다는 것이다. 이러한 입장에 따르면, 공공성을 지나치게 실제적 가치나 주체 혹은 영역에서 구하고자 하면 권위주의 독재로 흐를 위험이 존재한다(Dahl, 1982).

과정으로서의 공공성은 장구한 역사만큼[14] 현실적 설득력을 갖고 있는 것은 사실이지만, 논리적인 한계를 갖는다. 권위적 권력이 의사결정 과정을 지배하는 독재국가뿐 아니라 다원적 이익이 표출 및 조정되는 민주국가에서도 조직화된 이익이 사회적 의사결정을 독점하고 민주적 가치나 다양성을 억압한다는 지적이 사

---

13 현대사회로 넘어오면서 정치권력과 관료제, 그리고 자본주의와 직결된 시장에 의해 삶의 세계가 식민화되는 현상이 나타난다고 비판론자들은 지적한다. 이러한 삶의 식민화 추이 속에서 기존의 공공영역도 재봉건화의 경향을 보인다고 한다.

14 동로마 황제 유스티니아누스가 편찬하도록 한 로마법 대전의 칙법집에는 이미 '모든 사람에게 똑같이 영향을 주는 것은 모든 사람으로부터 동의를 받아야 한다'(Quod omnes similiter tangit ab omnibus comprobetur)라는 원칙이 천명되어 있다(이준형, 2008: 118).

라지지 않고있다. 이러한 사실 때문에 일부의 논자들은 다원적 민주주의에 대한
지지를 철회하고, 이탈하기도 한다.

셋째는, 공공성을 하나의 가치이자 원리로 해석하는 입장이 있다. 인간의 존
엄성,[15] 정의와 형평성, 공유, 애타(愛他) 같은 규범적 원리로 공공성을 규정하는
경우이다. 동양의 성리학에서는 천리지공(天理之公)으로 하늘의 이치를 따르는 것
이 공이고, 인욕지사(人欲之私)로 인간의 욕심을 따르는 것을 사로 보았다(최석만,
2000: 18). 가정과 사회라는 영역의 구분보다는 윤리의 지배를 받아야 하는 활동과
행위를 공으로 보는 것이다. 가치와 원리로 공공성을 이해하는 입장은 매우 추상
적인 가치를 주목하는 시각으로, 특정한 영역이나 구체적 절차에 구애받음이 없
이 유연성을 보유하게 된다. 다시 말해, 국가라고 하는 지배적이고 우월적인 영역
에 개념을 국한시키지 않고, 동시에 공식적 권위구조나 상황적인 절차에 뜻을 제
한하지 않는 장점을 지니고 있다.

결국 현대사회에 있어 공공성은 공동체 구성원의 공존을 위한 제 가치와 규
범, 그리고 사회적/물적 요소들을 규율하는 성격이라 할 수 있다. 이는 공공성을
주로 원리적 측면을 중심으로 이해하면서, 영역적 측면과 과정적 측면의 변화상
태를 반영하는 시각이다. 현대사회에서 공공성은 더 이상 특정한 영역에 국한하
기 어려울 만큼 영역적 차원에서 시민사회가 확장되었고, 국가의 존립기반과 지
향이 변모하였으며, 각 영역 간의 경계 또한 모호해졌다. 이를테면, 국가는 더 이
상 군주의 인신과 처소의 구현에 그칠 수 없으며 시민을 위한 지향과 활동으로부
터 정당성을 부여받는다. 또, 시장에서의 영리추구 행위 자체는 공적 영역에 해당
하지 않지만, 상거래 질서의 공정성과 투명성은 공공성에 해당한다.

우리는 공공성을 공동체 구성원의 행복과 조화를 위한 일체의 가치와 사회
적/물적 조건들의 성격으로 이해할 때 공공성에 대한 가장 온전한 개념을 포착할
수 있게 된다. 윤리적 근거로서는 인간의 존엄성과 정의, 공정, 공개성 요소 등
내포되어 있고, 영역과 과정적 요소로서 시민사회 구성원들의 행복과 조화, 참여

---

15 공공성이 개인주의와 대척점을 이루는 개념은 아니다. 공동체에 대한 논의는 인간 혹은 개인에
   대한 논의이며, 인간 혹은 개인에 대한 논의는 공동체에 대한 논의이기도 하다. 이렇게 볼 때, 서
   구를 개인주의 사회라 규정하고 동양을 공동체주의 사회로 일방적으로 대비시키는 것은 오류이
   다. '개인의 발견'이 이루어진 사회에서 공동체주의 역시 상대적으로 진전되어 있을 가능성이 농
   후하다. 한국사회에서 공동체에 대한 논의를 제창하는 것 역시 권력과 물신주의의 지배로부터 벗
   어나 인간과 개인을 주목해야 한다는 주장과 동일한 입장으로 이해할 수 있다.

로 이해될 수 있는 것이다.[16]

2. 한국사회의 공공성에 대한 비교론적 시각

한국사회는 그러면 실제 어느 정도의 공공성을 지니고 있을까? 본 고에서는 공공성의 수준을 개인중심의 자유주의 수준과 상대적으로 비교하여 평가하여 보기로 한다. 공공성을 의미하는 여러 지표 가운데 구득이 용이한 복지, 의료, 투명성의 수준을 분석대상으로 하여 분석해보기로 하자. 복지는 GDP 가운데 복지예산의 비중, 의료는 의료비 가운데 공공부담의 지원 비율, 투명성은 투명성에 대한 국제기구의 평가를 조작적 지표로 설정하였다. 개인적 자유의 수준은 인권과 언론자유를 지표로 하여 측정하였다. 국제기구에 의해 평가된 각국의 인권과 언론자유 수준을 100점 만점으로 치환하였다. 개인적 자유의 수준을 X, 공공성을 Y축에 표시하여 평가하여 보았을 때, 한국은 OECD 주요 국가 가운데 최하위권을 기록하는 것으로 나타났다.

[그림 4-1]이 보여주는 것처럼, 한국의 공공성 수준은 비교대상 국가 가운데 멕시코보다 상위를 기록했지만 기타 모든 국가들에 비해 부족한 수준으로 나타났다. 공공성이 가장 높게 나타난 국가는 스웨덴이었고, 그 다음을 영국과 독일이 잇고 있다.

그런데 흥미로운 사실은 공공성의 수준은 명백하게 개인의 보호 수준과 정비례하는 것으로 나타났다. [그림 4-1]은 분석대상 국가들의 공공성 수준이 개인의 보호 수준과 정비례 하는 사실을 간명하게 보여주고 있다. 공공성은 '개인의 발견'을 전제로 가능하다는 사실과 함께, 공공성의 수준은 자유주의화 수준과 명백히 일치한다는 사실이 규명된 것이다. 흔히 서구를 개인주의 내지는 자유주의 사회로 규정하고, 동양을 공동체적 사회로 규정하지만 기실 개인주의 내지 자유주의와 공동체적 공공성은 대립적 지점에 존재하지 않고 정비례의 관계에 존재한다는 사실이 입증된 셈이다.

---

16 다수가 아닌 소수를 보호하기 위한 정책이나 활동이 공공성의 범주에서 배척되는 것은 아니다. Rawls(1971)가 〈정의론〉에서 '차별의 원리'로 제시했던 것처럼, 소수의 약자를 보호하기 위한 행위 역시 윤리적 규범에 의하거나 혹은 '소수인 다수'라는 내용적 형식논리에 의해 공공성의 범주에 포함될 수 있다.

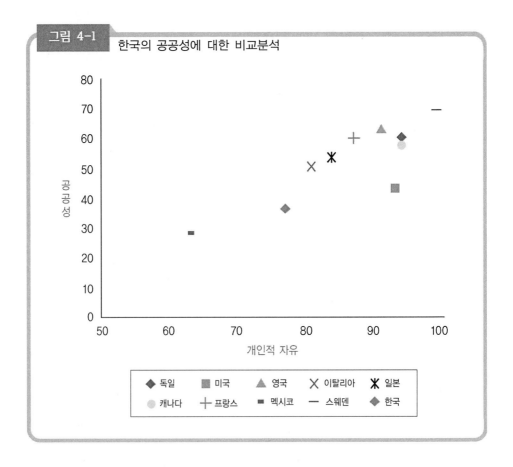

그림 4-1 한국의 공공성에 대한 비교분석

한국사회에서 공공성 결핍현상이 나타나고, 공공성에 대한 관심이 저조했던 배경은 어떻게 설명될 수 있을 것인가? 첫째, 과도한 국가주의가 공공성의 개념을 축소시키고(정용덕, 2007: 2), 공적 영역의 성장을 위축시켰다. 왕정으로부터 식민통치, 미군정, 개발독재 기간은 국가주의에 의해 지배된 기간이었다. 여기서 시민사회의 독자적 작동원리와 가치 그리고 지속적 발전에 대한 논의가 이루어지기 어려웠다. 최근에 이르러서도 공공성의 개념은 '공공부문'(public sector)과 혼돈되는 경우가 빈번한 것은 이러한 배경에서 연유되었다. 정부[17]와 공기업, 준정부 조직

---

17 본문에서 설명한 바와 같이, 'public'은 라틴어 pubes에서 유래되었고, government는 지휘 내지는 촉진(to steer)을 의미하는 그리스어 kyberman에서 유래되었다. 어원이나 의미에 있어 public을 government와 구분하고자 하는 Mathew(1984: 120)의 주장은 올바르다. 공공성을 상실한 정부는 단순한 지배집단의 결합체일 뿐이며, 공권력을 공공성과 동일시하는 것은 국가의 사회적 정당성

등을 지칭하는 공공부문을 공적 영역(public sphere)으로 혼돈하고, 공공성을 이러한 도식으로 이해하는 경우가 흔하다.

둘째, 실무적 차원의 효율성 추구와 학문적 차원의 과학성 추구가 공공성에 대한 논의를 고립시키는 결과를 초래하였다. 예컨대, 1980년대 이후 각국에서 풍미해 온 신자유주의와 신공공관리(NPM)는 효율성의 가치를 내세우며, 공공성의 이념이나 가치를 격하시켜 버렸다. 효율성에 비해 공민적 덕성과 구성원 간의 연대(連帶)가 주목받지 못하고, 과학성을 추종하는 이론적 시야에 공공성이 포착되지 못하였다. 이러한 현상은 일부 미국중심의 개인주의적 이론 편향성(Wolfe, 1997: 188)이 가져온 부작용으로 지적되기도 한다.[18]

셋째, 급격한 사회변동과 그 변화의 주도력 상실 때문에 공공성이 축적될 기회가 확보되지 못하였다. 식민통치와 미군정, 해방과 개발연대를 지나오는 기간 동안 한국사회에서 많은 경우 미래는 밖으로부터 오는 것이었다. 내부적인 논리와 규범에 따른 '소망스러움'의 탐색보다는 외부로부터의 수입이 규범, 문제의 발견, 해결책을 지배하는 기간이었다고 볼 수 있다. 이러한 변화 속에서 한국사회에 내재하던 공동체주의[19]적 토양조차 거부되고, 정체성의 정치보다는 이익의 정치

에 대한 무지에서 비롯되는 착각일 뿐이다.

18 공공성은 이상과 현실, 윤리와 실천 사이(손병석, 2006: 75)의 접점을 의미하는 개념으로 사용되는 경우가 많다. 마키아벨리의 현실주의적 정치이론과 현대의 실증주의적 사회이론은 형이상학적 규범과 현실 정치사회 현상의 분리를 주장하였고, 이와 비례하여 공공성에 대한 논의는 격리되었다. 트라시마쿠스처럼 정의를 '강자의 편익'(to tou kreittonos sumpheron)(Plato, 344c)으로 간주하든지, 마키아벨리처럼 윤리로부터 정치를 해방시킬 것을 주장하든지, 근대 이후 실증주의적 사회이론처럼 객관성의 존재론적 우월성을 숭배하는 경우 공공성에 대한 논의는 위축될 수밖에 없는 것이 현실이다. 공공성을 논의하는 경우에도 트라시마쿠스 관점에 따르면 공공성은 기껏 공식적 지배권력일 뿐이며, 실증주의적 사회이론에 있어서는 다수의 약자들이 추구하는 하나의 비공식부문에 불과할 뿐이기 때문이다.

19 한국사회에 내재한 공동체주의적 전통이 민주적 변용을 거치지 못할 때, 그것은 집합주의로 잔류하고 만다. 두 개념이 유사성을 보유하고 있지만, 집합주의는 민주적 토대나 인권 그리고 프라이버시의 보호 등을 결여하고도 성립할 수 있는 개념이다. 공동체주의가 중요한 미덕으로 간주하는 평등한 타인들에 대한 배려와 존중, 공민으로서의 덕성을 집합주의는 강조하지 않으며, 보통 계서적 권위에 의해 지배받는 것이 보통이다. 공동체주의는 본 고에서 설명하는 공공성의 가치와 덕성을 강조하는 사상인데, 자유주의와 대척점을 이루는 입장으로 평가되어 왔다. 공동체주의에 대해서는 Charles Tayor(1995) "Liberal Politics and the Public Sphere," Amitai Etzioni ed. *New Communitarian Thinking: Persons, Virtues, Institutions and Communities*, The University Press of Virginia, 183~217; Michael Walzer(1995) "Critique of Liberalism," Amitai Etzioni ed. *New Communitarian Thinking: Persons, Virtues, Institutions and Communities*, The University Press of Virginia, 52~70를 참조할 것.

를 지향하는 흐름이 형성되었다.

넷째, Mathew(1984: 120)의 지적대로, 공공성의 추상적 내용이 국내외적으로 그에 대한 심층적인 논의를 어렵게 하여 왔다. 정치사회적, 행정적 수사로는 사용하면서도 구체적인 관심과 구현에 대해서는 소홀히 하는 결과를 초래하였다. 이것은 세계적인 공통점이기도 하지만, 공공성에 대한 이해와 논의가 일천한 한국에서 심각한 현상으로 나타났다.

제 5 장
분권화와 민주주의, 사회자본, 그리고 성장의 관계

I. 분권화의 효과에 대한 논의

1. 민주주의, 사회자본과 성장

분권화는 과연 선(善)일까? 그것은 하나의 당위일까? 19세기에는 다원주의자들은 분권화를 자유로 가는 통로로 인식하였다. 벤담(J. Bentham, 1748~1832)과 밀(J. S. Mill, 1806~1873)은 분권화를 자유와 민주주의를 위해 필요하다고 보았다(Mill, 1861: 346). 분권화를 통해 구성된 지방정부가 시민의 권리를 보호해주고, 전제정치를 예방할 수 있게 해줄 것이라 주장했다(이종수, 2002: 41). 이들이 활동했던 19세기에 투표권이 확대되고 지방의 과두정치 폐해가 직선 자치정부에 의해 억제될 때, 분권화는 분명 전제정치의 출현을 억제하는 것으로 보였다. 노동계급의 정치적 활동 역시 분권화된 지방정부를 유용한 공간으로 활용하였다.

20세기에 들어와 이들의 주장은 토크빌(De Tocqueville, 1956: 30)과 팬터 브릭(Panter-Brick, 1953: 347)에 의해 계승되었다. 토크빌은 미국 민주주의의 본질을 지역적 분권화와 그 안에 존재하는 자발적 결사체의 활동에서 찾았다. 시민들의 다양한 자치활동과 참여를 통해 자유와 시민교육이 자연스럽게 확보되는 측면을 주목한 것이다. 팬터 브릭 역시 자유와 교육에 대한 분권화의 긍정적 효과를 지적하였다.

벤담이나 밀의 주장이 분권화를 다분히 선험적 당위론의 입장에서 주장한 것이었다면, 토크빌이나 팬터 브릭은 상대적으로 현상에 대한 관찰을 바탕으로 하였다.

그러나 분권화를 주장하는 논자들의 주장은 전체적으로 선험적 당위론의 성격을 보였다. Oates(1972)와 Buchanan and Brennan(1980)의 경우에도 마찬가지다. 재정과 공공선택론의 입장에서 분권화의 유용성을 주장했지만, 다분히 논리적 추론의 연장선상에서 분권화를 옹호하였다. Oates(1993)는 분권화의 정리를 제시하고, 분권적 의사결정이 이루어지면 지역별로 상이한 선호가 정책에 반영될 수 있기 때문에 사회적 후생이 증진된다고 주장하였다. Buchanan and Brennan 역시 분권화가 이루어지면, 지방정부가 경쟁이 나타나기 때문에 주민들의 조세부담이 줄고 서비스는 개선된다는 견해를 제시하였다.

비교적 최근 분권화와 관련하여 사회자본 이론이 조명을 받았다. 지역사회에 권능을 부여함으로 자발적 결사체의 형성과 시민참여를 촉진하고, 이를 사회자본으로 연결시킬 수 있다는 논리다. L. J. Hanifan이 1916년 시골 학교에 대한 지원을 통해 사회통합과 지역공동체에 대한 참여를 촉진할 수 있다는 논문에서 '사회자본'이라는 개념을 사용한 것이 효시로 간주된다.[1] 이어서 지방자치 분야에서 토크빌(Alexis de Tocqueville)의 기여가 있었다. 〈미국의 민주주의〉(Democracy in America)[2]라는 책에서 그는 미국사회에서 응집력과 상호연계가 생성되는 원천을 조명했다. 그는 지역사회의 다양한 결사체와 주민들의 참여를 주목했다. 사회자본 이론은 1990년대 후반 〈세계은행〉의 연구 프로그램과 푸트남(Robert Putnam)의 Bowling Alone이라는 저작으로 주목의 대상이 되었다. 분권화는 지역사회에 비영리집단(Feiock et al., 2008: 668)과 자발적 결사체를 증가시키고, 상호호혜적 협력을 증진시켜 공동의 이익을 증가시키는 동시에 갈등을 예방 및 해결(Berkhout, 2005)할 것으로 평가된다.

성장은 국가경쟁력과 경제적 효율성 시각에서 논의할 수 있다. 1990년대 이후 서구의 선진 산업국가들은 분권화를 효율성의 입장에서 접근하고 있다. 분권화를 민주화로 가는 통로로 인식하기보다는 국가체제의 유연성을 높이고 다품종 소량생산 시대에 부합하는 정부형태로 인식하여 왔다. 선진 산업국가들은 여기서

---

1 Wikipedia 참조.
2 이 책은 두 권으로 출판되었는데, 첫 번째는 1835년 그리고 두 번째는 1840년 출판되었다.

분권화가 단순히 지방정부로의 권한이양을 넘어 지역공동체를 활성화시키는 단계에까지 연결되어 있음을 보여주고 있다. 지역사회 내 민주주의와 공동체성을 제고시키려는 영국의 시도가 대표적이다.

2. 세계적 분권화 물결과 경제적 성과

1980년대 이후 세계 각국은 분권화에 관심을 기울여왔다. 실제 각국이 보인 분권화의 내용은 대체로 세 가지 유형으로 요약될 수 있다. 정치적 민주화를 위한 분권화, 경제적 효율성을 위한 분권화, 현대사회의 구조변화에 따른 적응을 위한 분권화(이종수, 2002: 71)가 그것이다. 첫째, 정치적 민주화를 위한 분권화는 1987년 6·29 선언으로 지방자치의 부활을 확인한 한국, 마로코스가 축출된 필리핀, 과거 소련의 위성국가에서 완전히 해방된 체코와 폴란드 그리고 헝가리 등이 대표적인 사례들이다. 이들은 다분히 정치적 민주화를 위한 제도적 메커니즘으로 지방자치를 주목하고, 분권화를 시도하였다. 이들에게 있어 지방정부는 단순한 서비스 전달단위가 아니라 주민의 참여와 주권행사를 위한 정치체(polity)였다. 겉으로 보기에 분권화를 위한 긴장이 중앙과 지방 사이에 존재하는 것처럼 보이지만, 실상 이들 국가에서 긴장의 본질은 국가를 뒤로 몇 발짝 물러나게 하는 데에 있다. 국가와 사회 사이에 서로의 경계와 역할을 재조정하는 데 긴장의 실체가 존재한다.

둘째는, 경제적 효율성을 제고하기 위한 분권화이다. 이는 서구의 민주 산업 국가에서 나타나는 현상이었다. 독일, 프랑스, 이태리가 대표적이다. 영국은 서구에서 유일하게 분권과 집권을 번복했지만, 분권화를 통한 경제적 효율성을 제고한다는 명제를 거스르지는 못했다. 프랑스는 1982년 3월 2일 미테랑 정권 하에서 강력한 분권화 정책이 입안되었다. 공공관리 정책의 현대화, 대의 민주제의 한계 보완을 동시에 추진하는 내용이었다. 이태리는 1990년대에 '준 연방제'를 모토로 하는 장기적 분권화 계획을 수립하였다(Lippi, 2011: 495).[3]

---

3 이태리에서 지방정부는 실제 법이 규정하는 것보다는 항상 중요한 영향력을 유지해왔는데, 보다 강력한 분권화에 대한 요구가 사회적으로 형성되었다. 그러나 이태리의 1990년대 결정은 (1) 기관 간 역할의 중첩으로 명확성의 부족, (2) 분권화에 따른 민주적 책임성의 모호성이라는 문제를 수반하였다(Lippi, 2011: 496).

경제적 효율성을 제고하기 위해 분권화를 추진하는 나라들에서는 지방정부가 공공서비스를 전달하기 위한 하위 조직단위로 간주되었다. 이는 정치적 민주화를 추진하는 나라들에서 하나의 정치체로 취급되었던 사실과 매우 대조되는 현상이었다. 이 경우 대부분은 현장을 중시하고 권한의 부여와 위임을 도모하게 된다. 그러나 지방정부가 무조건 중요한 존재로 인정받지는 못한다. 예컨대 영국에서 지방정부는 폐지, 축소, 우회의 대상으로 중앙정부에 의해 지목되곤 했다. 공공 서비스의 수혜 단위는 정부의 조직이 아니라 각 국민일 뿐이라는 보수당의 시각에 의하면, 분권화가 반드시 필수적인 당위 혹은 선(善)은 아니었던 셈이다.

셋째는, 현대사회의 구조적 변화에 대한 대응으로서 분권화를 추진한 사례들이다(이종수, 2002: 79). 정보화, 세계화, 유연화로 특징지어지는 현대사회는 커다란 구조변화를 경험하고 있다. 이 속에서 국가 역시 분권화, 현장화, 축소화, 유연화될 필요가 있다. 토플러의 말을 빌면, '기존의 중앙정부는 큰 일을 하기에는 너무 작고, 작은 일을 하기에는 너무 큰 존재'로 되어버렸다. 세계화 되는 상황에서 큰 일은 UN, IMF, World Bank, OECD 등 국제기구, 그리고 EU, NAFTA, APEC 같은 지역블럭들에 의해 처리되는 경우가 많다. 국제적 무역질서 협의, 안보, 환경오염에 대한 대응, 경제 위기 극복에서 국제기구와 지역블럭들은 결정적인 영향력을 행사하고 있다.

이와 함께 각국 내에서는 중앙정부들이 수평적으로는 민영화의 추이와 NGO에게 권한을 할양하고 있다. 아래로는 지방정부들이 보다 강력한 권력의 주체로 부상하는 속에서, 기존의 국가는 위로는 세계기구와 지역블럭, 수평적으로는 민영화와 시민단체, 아래로는 지방정부에 잠식당하는 현상이 가시화되었다. 토크빌의 지적은 이러한 상황을 정확하게 이해할 수 있게 해준다.

3. 분권화의 효과에 대한 실증 분석

비교적 최근, 분권화의 효과를 실증적으로 분석하려는 시도들이 이어지고 있다. 여기에는 Schneider(2003: 32)의 연구가 기폭제의 역할을 했다고 할 수 있다. 그는 분권화에 대한 기존 연구들이 분권화를 민주주의와 시장개혁에 관한 규범적 논의에 직결시킴으로써 분권화의 원인과 효과를 파악하기 어렵게 했다고 지적한

다. 이어서 그는 68개국에 대한 6가지의 지표를 활용하여 분권화의 세 가지 개념
적 차원을 분석하였다. 그가 설정한 분권화의 개념은 재정적 분권화, 행정적 분권
화, 정치적 분권화였다. 요인분석 결과 재정적 분권화에서는 지방정부의 지출비
중(계수 .971), 지방정부의 세입 비중(.930)으로 구성되고, 행정적 분권화는 지방정부
로의 재원이전 비율(.931), 지방세의 비율(.917)이 중요하다. 정치적 분권화에서는
지방선거(.930)가 중요한 지표로 검증되었다.

　슈나이더 외에도 재정적 분권화와 경제성장 간의 관계를 분석하여 Thiessen
(2003)과 Iimi(2004)는 유의미한 긍정적 상관관계를 도출하였다. 반대로 미국 내의
주 차원에서 분권화의 효과에 대해 Akai, N. and M. Sakata(2002)는 부정적 상관관
계를 얻었다. 한국에서는 최병호 등이(2012: 81) 균형발전에 대한 정치적, 사회적
요구가 높아지면서 공공자본의 배분 측면에서는 효율성의 손실이 나타난다는 사
실을 규명하였다. 분권화 이전에는 공공자본의 산출 탄력성이 민간자본의 50%
수준을 유지했고, 한계 생산성이 민간자본에 비해 매우 높았다. 그러나 분권화 조
치 이후 공공자본이 민간자본에 비해 과잉 공급되는 가운데 공간적 배분 효율성
이 떨어지고, 한계 생산성이 대폭 감소하여 민간자본에 비해 오히려 낮아졌다는
것이다.

　최영출 외(2008: 222)는 OECD 30개 국가에 있어 지방분권과 국가경쟁력 사이
의 관계를 분석하였다. 이 연구에서 지방분권과 국가경쟁력 사이에 직접적인 관
계는 없는 것으로 규명되었다. 중앙정부의 권한이양 자체가 국가경쟁력과 직접적
관계는 없으며, 이보다는 사람들 상호 간의 신뢰수준을 제고하는 사회자본의 형
성 노력이 긴요하다는 결론이 도출되었다. 지방분권 수준은 신뢰의 수준과 직접
적인 상관관계를 보유하고, 신뢰의 수준은 국가경쟁력에 긍정적 영향을 미치는
관계가 규명되었다.

　그런데 국가 내에서 분권화에 따른 경제성장의 차이를 분석하는 데에는 세
밀한 주의가 필요하다. 지방정부 사이에 분권화가 독립적으로 존재하는 수준을
분해하는 것이 곤란할 뿐 아니라, 경제성장의 효과는 분권화의 효과보다 입지효
과(location effect)가 압도를 하기 때문이다(이종수 외, 2008: 38). 예컨대 한국에서 경기
도는 서울에서 근접한 배후지라는 입지효과가 다른 모든 지방정책이나 제도의 차
이를 넘어 고용창출과 경제성장을 앞서게 하고 있다. 반면, 제주도와 전라남도는

| 표 5-1 | | 분권화 수준을 측정하기 위한 지표의 예시 | | | |

1단계		2단계		3단계	
분야	가중치	분석차원	가중치	측정지표	가중치
조직 인사 분야	0.400	국가와 지방간 인적자원 배분	0.291	전체공무원 대비 지방공무원 비율	0.601
				자치단체 4급 이상 공무원 중 국가공무원이 아닌 비율	0.399
		국가일선기관의 비중	0.363	전체 국가공무원 중 특별지방행정기관 공무원 이 아닌 비율	0.628
				전체 특별지방행정기관 공무원 중 지방 관련 9개 특별지방행정기관 공무원이 아닌 비율	0.372
		조직인사에 대한 국가의 관여	0.346	국가승인 등이 없이 설치되는 조직 비율	1.000
사무 배분 분야	0.387	국가와 지방간 사무배분	0.615	지방사무 비율	0.331
				자치사무 비율	0.126
				자치사무 전환된 위임사무 비율	0.266
				자치사무 전환된 공동사무 비율	0.278
		지방에 대한 국가의 관여	0.385	국가승인 등이 없이 규정되는 사무비율	1.000
재정 분야	0.213	국가와 지방간 재정 배분	0.451	GDP중 지방지출 비율	0.405
				정부지출 중 지방지출 비율	0.260
				조세총액 중 지방세 비율	0.126
				총 정부 세입 중 자치단체 세입 비율	0.209
		지방재정 운영의 재량성	0.549	전 지방세목 중 조례로 탄력세율을 적용할 수 있는 지방세목수 비율	0.358
				총 국고보조금 중 포괄보조금 비율	0.138
				중앙의 승인 없이 발행한 지방채 비율	0.177
				재정자주도	0.327

출처: 홍준현·하혜수·최영출(2006: 23).

산업구조상 농업과 어업이 주류를 이루기 때문에, 실업의 발생이라는 측면에서는 매우 낮은 현상을 보인다. 자가고용 비중이 많기 때문이다. 입지에 따른 효과와 산업적 특성 효과를 통제하기 어려운 상황에서 국가 내의 분권화 효과에 따른 경제성장을 분석하는 것은 매우 주의를 요한다.

　　홍준현 외(2006: 7)는 분권화의 측정에서 일차적으로 중요한 분권화의 측정지표를 정립하여 제시했다. 분권화의 수준을 수치화하여 측정하는 것은 대단히 어려운 일이며, 나라 간의 분권화 수준을 비교하는 것은 역사적 환경과 구조적 여건과 문화 등이 상이하여 표피적으로 분석하는 것이 어렵다. 그럼에도 불구하고 몇 가지 한계점을 감수하고 분권화의 수준을 측정하는 지표를 제시한 셈이다. 이들의 분석 결과, 한국의 지방분권 수준은 전체적으로 2002년 56.3%에서 2005년 9월 58.8%로 향상된 것으로 나타났다. 분야별로는 조직인사 분야가 77.2%로 가장 높은 분권화 수준을 보였고, 사무배분 분야는 49.1%, 재정 분야는 41.7%로 가장 낮다.

　　그러나 위의 분권화 지표를 국가 간 분권화 비교 혹은 측정에 사용하기는 어렵다. 국가마다 상황적 특성이 대단히 다르기 때문에, 지표가 규정하는 바에 따라 정확한 자료를 획득하는 것이 지난하기 때문이다. 지표의 구성에 대한 동의여부를 떠나, 지표의 내용에 따른 자료를 다양한 국가에서 획득하는 것이 어렵다.

Ⅱ. 분권화와 민주주의, 사회자본, 경제적 능률성의 상관관계

　　분권화의 영향 내지 효과를 측정하기 위해서는, 국가 간 비교분석을 하는 것이 효과적이다. 한 나라를 대상으로 오랜 기간에 걸친 통시적 자료를 사용하여 분석하는 것보다, 현 시점에서 다양한 국가의 현실 자료를 획득하여 분석하는 것이 용이하다. 본 글에서는 72개 국가의 분권화 자료를 활용하여, 그것이 민주주의, 경제적 성과 그리고 사회자본에 미치는 영향을 분석해보기로 한다.

　　우선 분권화 지표는 최대한 단순화하기로 한다. 분권화를 재정적 분권화, 행정적 분권화, 정치적 분권화로 구분한다. 재정적 분권화는 정부 재정상 지방에 배분된 비율로 보아, 정부 전체의 지출 중 지방의 지출이 차지하는 비중과 전체 국가세입 중 지방세입의 비중으로 한다. 행정적 분권화는 지방정부의 행정적 재량의 수준을 보는 것인데, 여기서는 Schneider(2003)의 방식대로 재정적 측면의 지표를 활용하기로 한다. 행정적 지표 자체를 획득하는 것이 어렵고 부정확하기 때문에, 지방정부의 세입과 이전수입이 차지하는 비중으로 한다. 정치적 분권화는 지방자치를 위한 선거의 실시여부로 설정하여 분석한다. 지방자치를 위한 선거의 실시여부는 더미 처리하였다. 다양하고 방대한 자료이기 때문에, 2010년 이전의 자료도 사용하였으나, 각국의 분권화와 민주주의 그리고 경제적 성과 등은 단기간에 변동되기 어려운 자료이기 때문에, 각국의 실정을 반영하는 자료로 채택하였다.[4]

표 5-2		분권화의 효과 분석에 사용된 지표의 개념과 자료 출처
분권화	Fiscal	1) Subnational expenditures as percentage of total expenditures 2) Subnational revenues as percentage of total revenues (Source: Decentralization Statistics, World Bank Website, IMF Government Finance Statistics)
	Admin	1) Taxation as a percentage of subnational grants and revenues 2) Transfers as a percentage of subnational grants and revenues (Source: Decentralization Statistics, World Bank Website, IMF Government Finance Statistics)
	Political	1) Municipal elections 2) State elections (Source: Database of Political Institutions, Country Constitutions, Library of Congress Country Facts, CIA World Factbook)
경제적 성과	Compet	The World Competitiveness Scoreboard presents the overall rankings for the 57 economies covered by the WCY. The economies are ranked from the most to the least competitive and the results from the previous year's scoreboard are shown in brackets. The Scores shown to the left are actually indices (0 to 100) generated for the unique purpose of constructing charts and graphics.
	GDPcurrent	Per capita GDP. current prices US $, current PPPs
	Quality	measuring perceptions of the quality of pubic services the quality of the civil service and the degree of its independence from political pressures, the quality of policy formulation and implementation, and the credibility of the government's commitment to such policies
	Ability	measuring perceptions of the ability of the government to formulate and implement sound policies and regulations that permit and promote private sector development

4 이 연구는 2010년 실시되어, 출판되지 않은 상태로 있어왔다. 현 시점에서 (1) 행정적 분권화의 지표를 완결성 있게 독립적으로 확보하지 못하고, (2) 시기적으로 몇 년 지체되어 출판된다는 한계를 보인다. 그럼에도, 72개 국가에 대한 방대하고 중요한 자료를 다양한 출처에서 확보하여 분석한다는 점에서, 시사점을 음미할 가치가 있다.

민주주의 (자유, 인권)	Cengovd	• Data are expressed in million of national currency, million USD, number of years and percentage. • The focus of this dataset is to provide comprehensive quantitative information on marketable and non−marketable central government debt instruments in all OECD member countries. The coverage of the data is limited to central government debt issuance and excludes therefore state and local government debt and social security funds.
	Cengov	Central government expenditure (as % of GDP)
	EducCompet	IMD 국가경쟁력 지수 교육부문 (IMD World Competitiveness yearbook)
	CPI	The Transparency International CPI measures the perceived levels of public−sector corruption in a given country and is a composite index, drawing on different expert and business surveys. The CPI scores 180 countries on a scale from zero (highly corrupt) to ten (highly clean).
	Right	• 자료출처설명: "The Cingranelli−Richards (CIRI) Human Rights Dataset contains standards−based quantitative information on government re−spect for 13 internationally recognized human rights for 195 countries, annually from 1981−2004. It is designed for use by scholars and stu−dents who seek to test theories about the causes and consequences of human rights violations, as well as policy makers and analysts who seek to estimate the human rights effects of a wide variety of institutional changes and public policies including democratization, economic aid, military aid, structural adjustment, and humanitarian intervention. This first version of the dataset was made possible because of a grant from the National Science Foundation's Political Science Division and addi−tional financial support from the World Bank." • 변수설명: This variable indicates citizen's freedom to travel within their own country and to leave and return to that country. A score of 0 in−dicates that domestic and foreign travel was restricted in a given year, while a score of 1 indicates that such travel was generally unrestricted. A score of "−77" indicates periods of interregnum, during which there is a complete collapse of central political authority.
	Speech	• This variable indicates the extent to which freedoms of speech and press are affected by government censorship, including ownership of media outlets. Censorship is any form of restriction that is placed on freedom of the press, speech or expression. Expression may be in the form of art or music. A score of 0 indicates that government censorship of the media was complete; a score of 1 indicates that there was some government censorship of the media; and a score of 2 indicates that there was no government censorship of the media in a given year.
	PolPar	• This variable indicates to what extent citizens enjoy freedom of political choice and the legal right and ability in practice to change the laws and officials that govern them through free and fair elections. This right is

		sometimes known as the right to selfdetermination. A score of 0 indicates that the right to self-determination through free and fair elections did not exist in law or practice during the year in question. A score of 1 indicates that while citizens had the legal right to self-determination, there were some limitations to the fulfillment of this right in practice. Therefore, in states receiving a 1, political participation was only moderately free and open. A score of 2 indicates that political participation was very free and open during the year in question and citizens had the right to self-determination through free and fair elections in both law and practice.
	HumDev	• The HDI combines normalized measures of life expectancy, literacy, educational attainment, and GDP per capita for countries worldwide. It is claimed as a standard means of measuring human development—a concept that, according to the United Nations Development Program (UNDP), refers to the process of widening the options of persons, giving them greater opportunities for education, health care, income, employment, etc. The basic use of HDI is to measure a country's development. • The HDI combines three basic dimensions: 　－ Life expectancy at birth, as an index of population health and longevity 　－ Knowledge and education, as measured by the adult literacy rate (with two-thirds weighting) and the combined primary, secondary, and tertiary gross enrollment ratio (with one-third weighting). 　－ Standard of living, as measured by the natural logarithm of gross domestic product per capita
	FHmean	Freedom House rating of democracy mean (Freedom House)
사회자본	LocalCom	Belong to local community group(World Values Survey)
기타	Gini	UNU-WIDER(World Institute for Development Economics Research of the United Nations University) World Income Inequality Database, Version 2. • The Gini coefficient is a measure of statistical dispersion developed by the Italian statistician Corrado Gini and published in his 1912 paper "Variability and Mutability" (Italian: Variabilità e mutabilità). It is commonly used as a measure of inequality of income or wealth. • The Gini coefficient can range from 0 to 1; it is sometimes multiplied by 100 to range between 0 and 100. A low Gini coefficient indicates a more equal distribution, with 0 corresponding to perfect equality, while higher Gini coefficients indicate more unequal distribution, with 1 corresponding to perfect inequality.

표 5-3	분권화와 능률성, 민주주의, 사회자본과의 상관관계			
		재정적 분권화	행정적 분권화	정치적 분권화
경제적 성과	Compet	0.3837*	−0.0966	−0.1285
	GDPcurrent	0.3680*	−0.0156	0.2154
	Quality	−0.0719	−0.0942	0.2631*
	Ability	−0.0725	−0.0843	0.3378*
	Cengovd	0.4005*	−0.2711	−0.0034
	Cengov	0.1040	0.1024	−0.0006
	EducCompet	0.3475*	−0.3330	0.1169
민주주의	CPI	−0.3664*	0.0006	0.0224
	Right	0.0322	0.3444*	0.1122
	Speech	0.0388	0.3435*	0.1238
	PolPar	0.0342	0.3470*	0.1172
	HumDev	0.1973	0.0512	0.4703*
	FHmean1972_2005	−0.0951	0.1946	−0.4409*
사회자본	LocalCom	0.0927	−0.0930	0.1976
Others	GINI	−0.2133	−0.0003	0.0272

* indicates statistically significant at .05 level.

먼저 변수 간 상관분석 결과이다. 재정적 분권화는 경제적 성과와 긍정적 상관관계를 보인다. 국가경쟁력 및 일인당 GDP 수준과 비교적 높은 상관관계를 보이고 있다. 흥미로운 사실은 재정적 분권화 수준이 높을수록 중앙정부의 부채도 많은 것으로 나타난다. 이에 비해, 재정적 분권화와 투명성은 부정적 상관관계를 보인다. 재정의 분권화 수준이 높은 국가에서 투명성이 낮게 나타났다.

행정적 분권화는 민주주의와 매우 체계적인 상관성을 보인다. 지방정부의 행정적 재량 수준이 높을수록, 인권의 보호와 언론의 자유 그리고 정치적 참여의 수준이 높다. 이는 매우 흥미로운 사실이다. 지방정부가 향유하는 행정적 재량의 정도가 경제적 성과나 민주주의와 직접적 상관성을 체계적으로 보이기 때문이다.

정치적 분권화는 경제적 성과와 긍정적 상관성을 보인다. 지방자치를 위한 선거의 실시여부를 변수로 설정했을 때, 이는 정부 서비스의 질 및 정부의 정책 수행 능력과 긍정적 상관계수를 보였다. 지방자치 제도를 도입한 국가에서 정부 서비스의 질이 양호하고, 정부의 정책 구사 능력이 우수함을 나타내는 자료다. 이

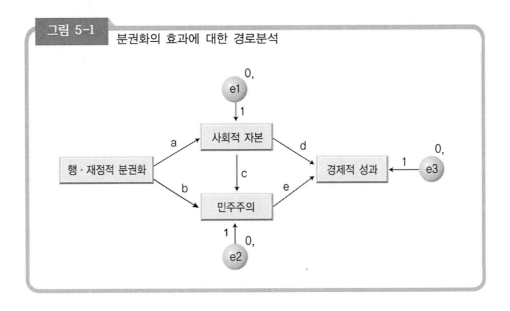

그림 5-1   분권화의 효과에 대한 경로분석

에 비해, 정치적 분권화는 민주주의와 긍정적 상관성과 부정적 상관성을 엇갈리게 나타내었다.

[그림 5-1]은 경로분석의 결과다. 분권화가 민주주의, 사회자본, 그리고 경제적 성과와 어떤 관련을 가지고 있는지 살펴보자. 그림에서 설정된 경로 가운데, 통계적으로 유의미한 계수가 도출된 것은 a, c, e다. 분권화가 사회자본의 형성을 촉진하고, 사회자본이 민주주의의 성숙에 도움을 주며, 민주주의가 경제적 성과에 기여하는 경로이다. 결국 분권화는 사회자본과 민주주의, 경제적 성과에 긍정적 기여를 하는 것으로 해석된다.

그러나 수많은 고전적 분권화론자들이 주장했던 것처럼, 분권화가 직접적으

표 5-4   분권화의 효과에 대한 경로계수

	a	b	c	d	e
비표준화 경로계수	.059	.044	4.837	.045	.056
t값	2.700	.257	5.028	1.419	16.032
p값	**.007**	.797	**.000**	.156	**.000**
표준화 경로계수	**.324**	.028	**.558**	.082	**.886**

로 민주주의에 기여하기 보다는 비교적 최근에 도출된 사회자본이라는 요소를 통하여 기여하는 것으로 보인다. 사회자본은 분권화의 효과를 해석하는 데 매우 유용한 개념임을 알 수 있다. 지역사회의 사회자본 형성에 대하여 분권화가 미치는 영향을 새롭게 조명해야 할 필요성이 제기되는 것이다.

상관분석과 경로분석을 종합해 볼 때, 한 가지 흥미로운 사실은 정치적 분권화 자체가 민주주의에 직접적 영향을 미친다고 보기 어렵다는 사실이다. 지방자치를 위한 선거의 실시 자체만으로 민주주의가 개선되기를 기대하기는 곤란하다는 말이다. 행·재정적 분권화를 통한 사회자본의 확충을 통해 민주주의는 성숙될 수 있음을 알 수 있다. 지방선거의 실시만으로 분권화가 완성되지 않는다는 사실은 매우 의미 있는 중요한 사실이다.

분권화가 지방자치 선거만으로 완성되지 않고, 지역사회 내의 사회자본을 확충함으로써 민주주의에 기여할 수 있다는 결과에서 분권화의 본질적 차원을 정리해볼 수 있다. 분권화는 보통 중앙 혹은 중앙정부로부터 지방 혹은 지방정부로 권한과 사무를 이양하는 것을 뜻한다. 그러나 이러한 개념에서 종종 망각되는 사실은 지역사회 차원으로의 이양이다. 지방정부로의 이양 자체는 민주주의와 사회자본 형성, 그리고 주민의 삶의 질에 직접적으로 연결되지 않을 수도 있다. 상호

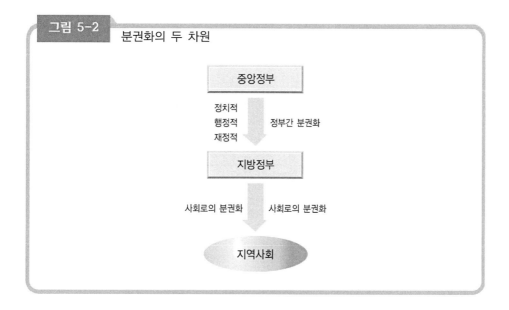

그림 5-2 분권화의 두 차원

엇갈리고 상반되는 상관성과 인과관계가 나타날 수 있기 때문이다. 분권화의 또 다른 중요한 차원은 지방정부가 아닌 '지역사회'로 권한과 사무를 이양해 주는 것이다. [그림 5-2]는 이러한 분권화의 기본적인 두 차원을 나타내주고 있다.

‣**02**

유토피아에서 마을만들기까지

제 2 편

공동체 속에서의
풀뿌리자치와 행정

제 6 장

공유사회를 위한 담론과 사례

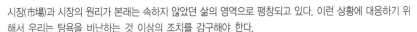

시장(市場)과 시장의 원리가 본래는 속하지 않았던 삶의 영역으로 팽창되고 있다. 이런 상황에 대응하기 위해서 우리는 탐욕을 비난하는 것 이상의 조치를 강구해야 한다.

Michael Sandel(2012)

I. '공유'의 차원

1. 생산력의 총체적 공유와 맑시즘

공유와 평등에 대한 인류의 꿈은 길고도 깊다. 고대 플라톤의 〈국가〉를 비롯하여 유토피아에 등장하는 많은 사회가 공유를 전제로 공동체를 구상하여 왔다. 아마도 사회의 구조적 관점에서 가장 급진적 공유와 평등을 주장했던 사람들은 맑시스트의 사상일 것이다. 공산주의는 일체의 소유 자체를 부정하는 것은 아니었지만, 생산력의 사적 소유를 의미하는 사유재산제도를 부정하였다.[1]

구조적인 차원에서 혁명적인 방법으로 공유경제를 추구했던 휴머니스트는 Karl Marx였다. 그의 삶과 철학은 독일의 철학과 프랑스의 정치학, 영국의 경제학이 결합된 결과물로서 과거의 몽상적 사회주의를 현실적 공산주의로 바꾼[2] 계기가 되었다. 맑스의 사상에 나타난 공유는 두 단계로 이루어져 있다. '낮은 단계의

---

1 예컨대, 개인이 칫솔과 비누를 소유하는 것조차 부정하지는 않는다.
2 영국 런던 교외의 하이게이트 공동묘지에 묻혀있는 맑스의 무덤 앞 묘비에는 '철학자들은 세상을 다양한 방식으로 해석해 왔다. 그러나 요체는 그것을 바꾸는 것이다'라고 쓰여 있다. 이 구절은 이전의 몽상적 사회주의를 현실적, 맑시스트들의 말에 따르면 '과학적' 공산주의로 바꾼 맑스의 사상을 잘 나타내 주는 말이다.

공산주의'와 '높은 단계의 공산주의'가 그것이다. 낮은 단계의 공산주의는 생산력
의 혁명과 인민들의 의식이 고양되기 전, 다시 말해 완전한 공산사회를 향한 조
건이 성숙되기 이전의 사회주의 상태를 의미한다. 모순과 불평등이 완전히 사라
지면, 최종적으로는 국가가 사라지고 사회의 자발성에 따라 생산이 이루어지고
필요에 따라 소비가 되는, 다시 말해 능력에 따라 일하고 필요에 따라 소비되는
세상이 오는데 맑스는 이것을 '높은 단계의 공산주의'[3]라 불렀다.

1989년 공산주의 국가의 역도미노 현상으로 공산주의가 제시했던 비전은 현
실에 의해 거부되었다. 폭력 혁명의 비도덕성, 낮은 단계의 공산주의를 책임졌던
혁명 전문가들의 부패, 인간의 본성에 대한 지나친 낙관, 계획경제의 부적합성,
계급투쟁론의 부정적 역사의식, 거대한 유동성을 더해가는 지구화의 힘(Bauman,
2011), 미국의 소련 해체전략 등 여러 가지 요인이 원인으로 작용하였다. 그러나,
공유와 평등을 추구했던 맑스의 사상이 실현되지 못한 채 전면적인 파산선고를
당한 과정을 주목한다면, 하버마스의 지적대로, 공산주의의 강령은 아직도 실현
되지 않은 것으로 볼 수 있다(Bauman, 2010).

2. 사회적 경제 혹은 공유경제 운동

총체적인 사회적 공유가 인간의 자유와 협동 그리고 선(善) 의지를 배제한 채
평등만을 추구하는 것이라면 실패가 보장된다. 공산주의의 실패는 그것을 보여준
다. 사회주의나 공산주의와 비슷한 시기였지만, 사유재산제도를 부정하지 않으며
자본주의 체제에서 나타나는 불평등과 환경오염, 위험을 해결하려는 공유의 노력
이 이어져왔다. 이를 우리는 사회적 경제, 혹은 공유경제 운동으로 부른다.

사회적 경제 내지 공유경제 운동은 1800년대 초 유럽과 미국에서 협동조합,
사회적 기업, 커뮤니티 비지니스 등의 형태로 나타났다. 한국에서도 1920년대 농
민협동조합과 도시 생협 운동, 그리고 현대적 두레와 계 운동으로 지속되어 왔다.

사회적 경제 내지 공유경제는 자본주의의 폐해를 극복하고 인간화를 추구하
는데, 두 가지 차원으로 그 뜻이 받아들여진다. 적극적 차원에서는 물건을 소유하
지 않고 서로 빌려 쓰고 나눠 쓰는 방식의 경제활동을 의미하고, 소극적 차원에

---

3 레닌에 비해 맑스 스스로는 사회주의라는 용어를 사용하지 않은 편이었다.

서는 스스로 손해를 보지 않는 수준에서 자신이 가진 것을 남에게 이용토록 하는 활동을 뜻한다.

서구에서 공유경제 운동은 19세기 프랑스, 영국, 독일에서 확산되었다. 연대주의와 다양한 공동체 운동으로 유럽에서 시도된 후, 20세기에 들어오면서 포콜라레[4] 운동(the Focolare Movement)으로 이어졌다. 2차 대전 중 이태리 트렌토에서 시작되었던[5] 포콜라레 운동은 나눔, 돌봄, 그리고 정의라는 가치를 현실의 삶에 구현하고자 하였는데, 최근까지 세계적으로 800여 개의 기업이 동참하고 있다.

최근 '공유경제(EoC: Economy of Communion)'라는 개념이 다시 하버드대 로렌스 레시그 교수에 의해 조명되었다. 그는 2008년 공유경제의 개념을 정의하면서 물품, 기계 및 기구, 서비스, 공간 등을 나눠 쓰거나 빌려 사용하는 사회경제 모델을 제안했다. 소유개념을 넘어 공존과 협력의 요소를 확대하려는 노력의 일환이었다. 현대사회에서 경험하고 있는 어려움과 위기의 원인이 단순히 어떤 기업이나 경제에서 초래되었다기 보다는 문화적이고, 도덕적인 측면에서 원인이 존재한다고 진단한 결과였다.

영국 요크대학 정치학과에서 가르쳤던 Lorna Gold(2010) 역시 공유경제에 관한 저서를 냈다. 그녀는 전 세계적인 불황과 불평등, 신뢰의 위기를 진단하고 재화의 공유를 통한 평등과 대안적 경제의 가능성을 탐색한다. 인간의 권리라는 차원보다는 종교적 차원에서 인간의 존엄성이라는 개념을 가지고, 공존과 협력의 길을 제시하였다. 예컨대, 기업은 수익을 삼등분 하여 1/3은 가난한 이들을 위해, 1/3은 기업을 위한 재투자에, 1/3은 '주는 문화' 양성을 위해 필요한 시설에 투자할 것을 제안한다.[6][7] 경제사회적 격차가 심해지는 신자유주의 시대에 사회 구성

---

4 포콜라레는 이태리어로 '난로'를 뜻한다. 여기서 그것은 난로 이상의 가정, 온기, 사랑을 의미할 것이다.

5 제2차 세계대전으로 전쟁의 참상을 겪고 있던 토렌토에서 1943년 여름 끼아라 루빅(Chiara Lubich)과 그녀의 친구들이 증오와 분열에 맞서 그리스도의 메시지를 실천하고자 하였다. 이들의 의지는 조그마한 공동체로 발전하였고, 1949년까지 포콜라레 운동에 동참한 이들의 수가 3천 명을 넘게 되었다. 2000년에는 이 운동의 동참자가 400만 명을 넘어섰는데, 그 중 1/4은 남미에 거주하였고, 1/4은 유럽에 거주하는 사람들이었다. 특히 이탈리아, 브라질, 아르젠티나, 필리핀에서 많은 호응을 얻었다(Gold, 2010).

6 구조적 불평등과 소외를 격렬하게 비판하는 이들에게 공유경제가 제시하는 전략은 가소로운 것일수도 있다. 공유경제론이 규정하는 '행복의 경제'는 구조적 모순 앞에 아무런 힘을 발휘할 수 없는 놀이와도 같은 것 일 수도 있기 때문이다.

7 공유경제의 모태가 되었던 포콜라레 운동의 주창자 끼아라 루빅은 자신이 제안했던 나눔과 공유

원들이 공존의 띠를 발견하고 확대 및 협력하는 모습이라 하겠다.

현재 확산되는 탈상품화(Decommodification)에 대한 논의도 공유의 개념을 확산시키는 측면에서 유사한 내용을 안고있다. 재화나 서비스를 시장에서 거래되는 요소로 보는 것이 아니라 일정한 협력과 지원, 권리의 대상으로 보는 시각 혹은 과정을 의미한다. 교육, 의료, 복지가 탈상품화의 가장 대표적인 서비스다. 노동의 경우도 탈상품화의 대상이 될 수 있는데, 노동력의 상품화를 지양하고 복지사회를 지향하고자 하는 시책이 여기에 해당한다. 이미 서유럽 북구의 복지국가에서는 어떤 사람이 질병이나 재해로 더 이상 노동력을 제공하지 못하는 경우에도 사회부조를 통해 그가 필요로 하는 노동을 지원받을 수 있게 하는 체제를 상당 수준 발전시켜 왔다.

아마도 사회 내에서 구성원 간 공유를 위한 강력한 시도는 구조적, 계급적 차원에서 접근하는 것일 것이다. 구조적이고 계급적 차원에서 생산수단과 분배, 조세, 규제 등을 총체적으로 개선하는 것이다. 그러나, 구조적인 시도는 구조적 차원의 한계를 내포하기 때문에 점진적(incremental), 소프트웨어(software)적, 휴먼웨어(humanware)적 공유의 노력도 필요하다. 여기서는 주로 점진적, 소프트웨어적, 휴먼웨어적 차원의 공유를 생각해보기로 하겠다.

한국에서도 서울시, 전주시, 그리고 서울의 성동구 '공유도시'를 선포하고 기초조사 및 프로그램을 구상하고 있는 단계에 있다. 서울에서는 2012년 서울시장이 공유도시에 대한 관심을 표명한 이후 음식, 교통, 시간, 기구, 건물, 전문지식 등에 대한 공유 프로그램을 구상하고 있다. 같은 시점에 서울의 서대문구는 공간에 주목하여 '공간 나눔' 운동을 기초자치단체 차원에서 펼치기 시작하였다. 전주시는 2014년 공유도시를 위한 수요 조사와 기본계획을 마치고, 2015년부터 실행 단계로 접어들었다. 서울의 성동구 역시 자치회관 등 42개 공공기관의 유휴공간을 개방하여 주민들이 공유할 수 있게 하는 시책을 펼치고 있다.

여기에도 문제는 있다. 지방정부 공무원이 주도하고, '시책'이 주민운동을 압

運動에 대해 이렇게 회고했다. '모든 구성원들이 자기 소유를 내다 팔아야 할 의무는 없다. 스스로 손해를 보지 않는 선에서 자신이 가진 것을 남에게 준다는 게 적절한 표현이다'(Gold, 2010). 이것이 공유경제가 갖는 한계이기도 하다. 그러나 구조적 대결과 힘에 의해 평등과 공유를 지향하는 공산주의가 현실적으로 파산선고를 받은 상태에서 공유경제론이 갖는 가능성과 의미를 과소평가할 수는 없다. 무엇보다 대결과 증오, 폭력적 방법을 거부하고 사랑과 나눔이라는 가치를 근본으로 하고 있다는 점을 높이 평가하지 않을 수 없다.

도하는 상황이 그것이다. 지역사회에서 주민주도의 운동이 나타나지 못하는 아쉬움이 여기에도 존재한다. 공유를 위한 기본철학이 무엇인지 먼저 생각해보고, 주민주도로 펼쳐지고 있는 공유의 사례와 여망들을 분석해보기로 하자.

II. 공유의 대상과 요소에 대한 시각

1. 돈으로 살 수 있는 것들

시장(市場)에 대한 믿음의 역사는 길다. 국부론(The Wealth of Nation)(1776)의 저자 애덤 스미스는 사익 추구를 인간의 기본적 행동 동기로 보았다. 사익 추구가 인간을 보다 나은 삶을 위해 성실하게 노력하도록 이끌 것으로 보았다. 공공선은 이 과정에서 개별 인간들도 모르는 사이 확보될 것으로 보았다. 시장의 '보이지 않는 손'을 믿은 것이다. 인류의 오랜 역사 동안 '보이는 손'으로 힘을 발휘했던 정부를 벗어나고자 했던 전환기의 철학이었다.

자유주의의 오랜 전통은 시장의 신호체계와 위력을 신봉하여 왔다. 개인의 자유와 시장의 자유를 위한 자유주의자들의 변론은 1920년대까지 강력히 지속되어 왔다. 1929년 10월 미국에서 경제위기가 발생하고, 이로 인해 1930년대 실업률과 디플레이션이 심각해지자 영국출신의 경제학자 케인즈(John Maynard Keynes, 1883년 6월 5일~1946년 4월 21일)가 재정 및 금융정책 차원의 대응을 주창하여 정부의 개입을 핵심으로 하는 거시경제학의 시대를 열기까지 자유주의의 시장에 대한 믿음은 그칠 줄 몰랐다.

케인즈 이후, 시장중심주의는 1979년 마가렛 대처 수상이 집권하고, 뒤이어 미국에서 레이건 대통령이 등장하면서 복원되었다. 이들이 선창한 신자유주의, 그리고 뒤이은 세계화의 추이는 시장 만능주의 내지 시장 지상주의를 다시 강화시켰다. 국가(國家)나 정부(政府)는 비효율적이고, 결국은 민간부문이나 시장에 대한 부담으로 작용하기 때문에 시장의 자유를 확대하는 곳에서 대안을 찾아야 한다는 주장이 다시 확산되었다.

돈으로 살 수 없는 것들이 거의 없어 보인다. 샌델(Sandel, 2012)이 그의 저서 〈돈으로 살 수 없는 것들〉에서 소개하는 돈의 침투 현상 몇 가지를 요약해보기로 하자.

* 교도소 감방 업그레이드/하루 82달러: 캘리포니아 주 산타아나 시 등 일부 지역에서는 교도소 수감자들이 추가비용을 지불하면 깨끗하고 조용하며, 다른 죄수들과 분리된 독립 감방을 사용할 수 있다.

* 인도 여성의 대리모 서비스/6250달러: 인도에서 대리모를 구하는 서구 부부들이 늘어나고 있다. 인도에서는 대리모 출산이 합법이고, 비용은 미국의 3분의 1에도 못 미친다.

* 미국으로 이민할 수 있는 권리/50만 달러: 실업률이 높은 지역에 50만 달러를 투자해 최소 열 개의 일자리를 만드는 외국인은 미국 영주권을 받을 수 있다.

* 민간 군사기업에 고용되어 소말리아 혹은 아프가니스탄 전투 참가/하루 1천 달러까지: 능력과 경험, 국적에 따라 보수는 다르다.

* 1인 자가용의 카풀 전용차로 이용/러시아워에 8달러: 미니애폴리스 등 일부 시에서는 1인 자가용 운전자들이 돈을 내면 카풀 전용차로를 이용할 수 있게 해 준다. 요금은 교통량과 시간대에 따라 다르다.

한국의 사정도 크게 다르지는 않다. 돈의 침투 현상은 매우 강력하고 빠르다. 사람에게 고유한 생명과 공공성, 그리고 인격적인 사항까지 돈으로 거래하는 현상이 급증하고 있다. 그 중 일부를 정리해보자.

* 심부름센터의 청부 폭력과 살인: 기타 서비스업으로 분류되어 관할 세무서에 신고만 함으로써 영업을 할 수 있는 심부름센터 중 일부는 돈을 받고 청부 폭력과 살인 서비스를 제공하고 있다. SBS TV는 심부름센터의 일부가 돈을 받고, 폭력과 살인 서비스를 제공하는 실태를 보도하였다.[8]

---

8 SBS, 〈그것이 알고싶다〉, 2012년 11월 3일.

* 교회의 금전적 거래: 일반 사기업과 마찬가지로 신도수를 기준으로 권리금을 책정하여 교회를 거래하는 일이 존재한다. 한겨레신문은 성남지역의 '교인 50여 명도 가격에 포함됐다'는 성남지역의 사례와 '개척한 지 1년 된 한 교회 목사가 월세 150만 원에 세 들어 있던 교회를 교인 10명을 포함, 시설비와 권리금으로 1,000만 원에 내놓은 서울 송파구의 사례를 보도한 바 있다.[9]

* 결혼식 하객 들러리 서비스 고용: 1인당 3만~10만 원을 지급하면 신랑이나 신부의 친구인 것처럼 행동하는 결혼식 도우미 서비스를 제공받을 수 있다. 이 서비스를 이용하는 사람들은 보통 10명 규모, 어떤 경우는 60명의 도우미를 고용하는 경우도 있다.

* 공유공간을 임대하는 대학의 캠퍼스 개발: 각 대학은 캠퍼스를 개발하기에 바쁘다. 여기에 빠짐없이 개입되는 메뉴가 공간의 상업화다. 젊은 대학생들이 공유의 공간에서 그냥 '죽칠 수' 있던 공간이 이제 임대받은 업자(業者)들에게 비용을 지불해야 머물 수 있는 공간으로 속속들이 바뀌고 있다.[10]

* 공익신고자 돈 지급: 한국의 정부는 교통법규 위반, 쓰레기 무단투척, 분리수거 위반 등 공익을 해친 사항에 대하여 신고를 한 시민들에게 금전적 인센티브를 제공했다. 그러자 이러한 신고로써 수익을 거두려는 파파라치들이 급증했고, 정부가 지급하는 금전적 인센티브의 대부분은 이들 파파라치들에게 돌아갔다.

어떤 행위에 대해 잘못된 가치부여 방식을 심어주고, 심지어 좋은 선의(善意)를 가지고 했던 행동에 대해서까지도 돈으로 보상을 주는 바람에 그 의미를 상실하게 되는 부작용도 관찰된다. 심리학에서는 이를 과잉정당화 효과(overjustification effect)라 부른다(전미선·이종수, 2014: 164).[11]

인간의 생존과 생활에 필수불가결하거나 공존의 요소로 간주되던 것까지 돈

---

9 한겨레신문, 2011년 4월 19일자 참조.

10 이는 사유화(私有化)의 조류가 낳은 하나의 예일 뿐이다. Bauman(2011)은 이를 '광장에서 시장으로'라는 표현으로 담는다.

11 과잉정당화 효과가 나타나면 보상과 같은 외재적 인센티브가 더 이상 내적인 동기부여 효과를 가져오지 못한다. 오히려 외재적 인센티브에 의해 내적 동기가 줄어드는 현상(crowding-out effect)이 나타난다. 시장교환은 어떤 것을 가치 있게 만드는 선(善)을 변질시키기 일쑤다(Sandel, 2012).

으로 거래하는 현상은 어떤 부작용을 야기할까? 무엇보다 불평등과 부패를 심화시키고, 인간의 차별과 소외를 가속화시킨다. 나아가 이는 사람 사이의 적대감정과 미움을 증폭시킨다.

2. 돈으로 살 수 없는 것들

2008년 금융위기는 시장지상주의 사조에 충격을 주었다. 수많은 기업이 부도위기에 직면하고, 수백만 명 이상이 실직을 겪으며, 국가와 가계가 동시에 위기로 빠져드는 현상을 경험하였다. 이것을 일부에서는 시장만능주의에 대한 종언으로 평가하였다. 왜냐하면, 금융위기 자체가 시장에서 촉발된 것이었고, 그것을 통제하거나 해결할 자율적 메카니즘이 시장에는 없는 것으로 판명되었기 때문이다. 적어도 시장이 공공성 내지 도덕을 유지하는 데에는 치명적 결함이 있다는 사실을 모두 인식하게 된 것이다.

그런데 시장이 야기한 위기를 바라보는 시각은 두 가지였다. 하나는, 자본시장에서 일하는 사람들의 탐욕을 비판하는 입장이었다.[12] 탐욕에서 유래된 불평등과 부패가 결국 시장을 와해시켰다고 보는 것이다. 다분히 도덕적 입장이다. 2011년 가을 시작된 미국 월가의 점령시위(Occupy Wall street movement)는 대중적 차원에서 나타난 도덕적 분노였다.

다른 하나는, 구조적 관점에서 시장과 시장의 원리가 비시장의 영역으로 대거 침투해가는 현상과 이에 대한 대처를 논하는 입장이다(Sandel, 2012). 50년 전에는 시장의 원리가 지배할 것으로 생각하기 힘들었던 영역에까지 시장의 원리는 침투하고 있다. 안전, 사법체계, 건강, 교육, 임신과 출산, 공공미술관, 국립공원, 시민의 의무, 기타 사회적 서비스에까지 시장원리는 빠르게 침투하고 있다. 돈의 힘에 의한 서비스의 차이가 크게 벌어지고 있고, 그것이 인간의 삶에 본질적인 차이를 초래하는 현상이 이제 당연한 것으로 수용되는 것이다.

구조적인 관점에서 이러한 현상에 대응해야 한다는 논의는 법인세와 누진적 세금으로 불평등을 완화해야 한다는 주장(Piketty, 2014), 공유경제와 같은 사회적

---

12 기업이나 금융의 불공정한 이익배분, 헤지펀드의 무차별적 수익 사냥, 구제금융을 둘러싼 부조리, 정치와 경제의 유착 현상 등이 다양한 비판에 직면하였다.

시도를 다변화해야 한다는 주장 등으로 전개되고 있다. 일부는 시장과 공공성, 다시 말해 시장과 도덕을 결합시켜야 한다는 문제의식으로 시민단체 운동에 참여하기도 한다.

시장의 공정성을 의심하는 일부의 사람들이 빠지기 쉬운 함정은 정부나 공기업에 대한 맹신이다. 이들은 대개 서비스의 생산과 전달 주체로 정부와 공기업을 지지한다. 예를 들어, 한국에서 철도 민영화에 대한 논쟁에서 무조건 민영화를 반대하고 공기업 형태를 유지하는 것이 공공성을 유지하는 지름길이라 주장하는 사람들이 있다. 이들의 논리는 간단하다. 민영화는 재벌에 대한 특혜로 귀결될 뿐이고, 공기업 형태를 유지하는 것이 철도의 공공성을 유지하는 길이라고 믿는 것이다. 마치 공기업 형태를 공공성의 확보와 동일시하는 시각이다.

그러나 공기업 형태로 운영되는 기존의 철도가 공정하고 투명한가? 부패와 부실, 그리고 노조의 책임성 문제는 어떻게 해석할 수 있을 것인가? 이런 문제가 빈발하는 가운데, 공기업 형태를 공공성의 저장고로 생각하는 것은 심각한 미신일 뿐이다.

공공성을 구성하는 가장 핵심적 요소 중의 하나가 효율성이다. 효율성에 관한 한 시장의 가치를 우리가 과소평가할 수 없다. 분명하고도 명백하게 시장은 가치를 갖는다. 정부와 공기업이 시장의 효율성을 필적하기는 어려운 일이다. '돈'으로 이루어진 사회의 신호는 매우 위대한 면을 지니고 있다. 효율성이 바로 그것인데, 이것을 우리가 송두리째 거부할 필요는 없다. 돈으로 구성된 사회적 필요, 수요, 선호의 메카니즘은 매우 강력하고도 유용하다.

문제는 돈을 맹신하는 시장의 탐욕을 그대로 수용할 수는 없다는 데 있다. 시장의 공공성을 제고하거나, 공기업과 정부의 시장적 효율성을 확보하는 것이 우리의 과제다. 공기업이라면 시장의 신호체계를 이용하되 공공성을 담보할 수 있는 이사회 구성, 참여 수단, 투명성의 확보정책, 결과의 민주적 배분 구조가 중요하다. 공기업이나 정부가 운영하는 형태의 경우에도 그 비효율성을 보완한 경쟁구조와 투명성이 있으면 된다. 민영화를 외치면서 재벌을 위한 특혜의 배분기회로 간주하는 부패의 연결고리를 주의하고, 공기업 형태를 주장하면서 노조나 정부의 낙하산 지배구조의 은폐를 묵인하는 세력을 배제하면 된다.

요컨대 시장 자체가 효율성을 늘 보장해주지 못하고, 공기업 자체가 공공성을 언제나 담보해주지 못한다. 시장은 공공성을 확보할 참여의 통로를 필요로 하고, 공기업은 효율성을 담보할 경쟁의 구조를 필요로 한다. 이것을 주목하지 못하면, 지배구조를 시장형태와 공기업 형태로 반복하여 변경한다 할지라도 그 효과는 전무할 것이다. 오히려 개편의 비용만 사회가 지불하게 된다. 민영화를 할 경우에는 한국적 상황에서 재벌에 특혜를 제공하려는 정책결정자들의 부패한 결탁을 차단하고, 공기업 방식을 유지하려 하는 경우에는 효율성을 담보할 수 있는 경쟁의 구조를 확보하고 노조의 정부개입의 부당한 전횡을 차단하는 것이 필요하다.

돈으로 살 수 없는 것 가운데, 권력과 권위도 가능하면 공유의 대상이 되는 것이 바람직하다. 지역사회의 거버넌스 안에서도 단체장이 보유하는 공권력과 상징 그리고 권위의 독점도 바람직하지 않다. 권력과 상징, 권위의 공유가 필요하다. 이런 시각에서 본다면 지방선거, 지방정부의 정책결정, 축제, 문화예술, 교육 등 모든 부문에서 지방 단체장의 영향력이 과도하다. 축제와 문화활동, 제례 같은 곳에서는 그 분야의 대표적 인물이 독자적으로 존중되는 것이 바람직한 모습이다. 시장(市長)의 독점은 시장(市場)의 독점 만큼이나 공동체 내에 폐해를 야기할 수 있다.

Ⅲ. 공동체의 공유를 위한 시도와 전략

1. 다양한 공유의 시도와 전략

지역공동체 내에서 사회적 공유를 위한 시도는 다양하게 나타나고 있다. 공간, 물품, 교통수단, 그리고 서비스를 망라하여 펼쳐져 있다. 공간의 경우는 여행자 숙소, 사무실, 식당, 작업실로 사용하는 스튜디오, 집이 포함되어 있다. 서울 서대문구는 '공간 나눔'이라는 시책을 펼치기도 한다. 일정 기간 어떤 형태의 공간이 사용되지 않을 때, 그것을 필요한 사람들이 사용할 수 있게 연결해주는 내용이다. 대체로 공간의 공유가 공동체성을 증진시킨다는 데 많은 학자들이 동의한다. 민간부문의 자발적 공간 나눔은 물론이고 일정 수준 상업화된 공간의 호혜적 활용은 공유경제의 좋은 전략들이다.

　물품으로는 음식, 기계와 도구, 책, 유아용품이 있다. 새 물건을 공동으로 구입하여 활용하거나, 각자 소유한 물건을 나누어 쓰는 형태, 혹은 더 이상 필요하지 않은 물건을 무상으로 기부하는 방식이다. 교통수단은 자동차, 자전거, 오토바이, 카풀, 그리고 쉐어링이 포함된다. 이 가운데 쉐어링은 유럽의 일부에서 활성화된 형태로, 한국에서도 시도되고 있다. 차를 전적으로 소유하여 항시 사용할 필요가 없을 때 공동으로 구입해서 함께 사용하거나, 공적인 기구에서 구입한 후 저렴하게 다중이 사용하는 방식이다.

　공유 서비스로는 지식, 정보, 경험, 인력 중개 등이 있다. 지식을 기부하거나 정보를 무상으로 제공하고 경험이나 인력을 저렴하게 중개하기도 한다. 〈표 6-1〉은 이러한 내용을 요약하여 보여주고 있다.

표 6-1　최근 등장하는 공유의 시도 내용

	종류			
	공간	물품	교통수단	서비스
내용 및 사례	여행자 숙소 사무실 식당 스튜디오 집	음식 기계와 도구 책 유아용품	자동차 (이용) 자전거 오토바이 카풀 쉐어링 카(소유)	지식공유 정보 경험 인력중개 클라우드 펀딩 도움

　세계적으로 공유를 위한 시도들이 다양하게 나타나고 있다. 음식을 공유하는 푸드 뱅크(Food Bank), 주거를 위한 우주(woozoo), 여행자 숙소 Airbnb와 BnBHero, 주차장 '쎌팍', 어린이 교육을 위한 뤼도테크(Ludotheque) 등이 그것이다. 푸드 뱅크는 1967년 미국에서 처음 시작되어 캐나다, 프랑스, 독일, 호주 등에서 활발하게 운영되고 있다. 식품이나 조리기술, 운영능력을 기부하여 무상 내지는 저렴한 가격에 필요한 사람에게 공급될 수 있도록 하는 사회적 상호부조의 일종이다. 우주는 기존의 낡은 집을 빌려 사용할 수 있게 수리한 후 직장인이나 대학생 등 원하는 사람에게 저렴하게 재임대하는 방식이다. 에어 비앤비는 여유있는 숙박 공간을 저렴하게 활용할 수 있게 하는 서비스로, 2015년 초 기업가치가 22조 원을 넘

어섰다. 주차장 '쏄꽉'은 오랫동안 사용하지 않거나 낮 시간에 사용하지 않는 주차 면을 필요한 사람이 저렴하고 유용하게 사용할 수 있는 서비스다. 주로 온라인상에서 검색하여 사용할 수 있는 사회적 경제 성격의 비즈니스 플랫폼이다. 뤼도테크(Ludotheque)는 프랑스에서 어린이를 위한 장난감, 교육 DVD 등을 무상교환 혹은 저렴하게 상호 이용하게 하기 위한 목적으로 만들어져, 공공도서관의 유아관과 연계 회원제로 운영된다.

2. 공유를 위한 전략의 모색

그러면, 한국의 지역공동체에서 어떤 종류의 공유 전략이 효과적으로 수용될까? 이를 살펴보기 위해 2014년 12월의 설문조사를 시도해 보았다. 공동체를 위하여 이웃과 공유하고 싶은 것을 3개씩 택하도록 설문을 구성하여, 전국에 거주하는 만 19세 이상 성인남녀를 대상으로 표본추출 하여 조사하였다. 표본의 규모는 1,065명으로 95% 신뢰수준에서 ±3.0%의 오차 한계를 갖는다. 지역별, 성별, 연령별, 학력별, 직업별 기준 비례할당추출 하였으며, 조사방법은 e-mail을 통한 온라인 조사방법을 택하였다. 응답률은 45.4%로 나타났다.

조사 결과, 응답자들은 이웃과 가장 공유하고 싶은 대상으로 문화체육시설을 지적했다. 그 다음이 취미활동, 도서관, 동네광장, 여행, 주차장 순이었다. 취미와 관련된 문화체육활동을 이웃과 함께 하는 데 가장 큰 열망을 가지고 있다. 이것을 제외하면 도서관과 동네광장이 높은 열망의 대상이다. 한국의 지역사회에서 약한 부분이기도 한 도서관과 동네광장은 전국적으로 많은 요구와 기대의 대상이다.

동네의 이웃들과 공유하는 수준에 대하여 영역별로 주관적 평가를 한 부분도 주목할 만하다. 공간, 교통수단, 물품, 활동으로 영역을 나누어 주관적 평가를 시도한 결과, 공간(도서관, 주차장, 마을회관, 사무실 등)을 동네 이웃들이 상대적으로 가장 많이 공유하는 것으로 나타났다. 그 다음 공유가 빈번한 것이 활동(지식, 여행, 취미, 문화 등)이다. 반대로, 교통수단(자동차, 카풀, 카쉐어링, 자전거 등)에 대한 이웃 간 공유는 아주 희박한 것으로 나타났다.

| 표 6-2 | 좋은 동네를 만들기 위해 이웃과 공유하고 싶은 것(2014, %) |

응답자 수: 1,065명

공유 대상	문화체육 시설	취미활동	도서관	동네광장	여행	주차장	마을회관	식당	책
응답 비율(%)	63.6%	56.3%	34.5%	24.9%	21.4%	15.0%	13.5%	13.4%	10.4%
공유 대상	자전거	지식	집 (쉐어 하우스)	자동차 (카풀, 카쉐어링)	아기 용품	공동기금 적립	사무실	기타	
응답 비율(%)	10.2%	9.3%	7.6%	6.3%	5.8%	4.8%	2.2%	0.9%	

| 표 6-3 | 동네 사람들과 현재 공유하는 정도에 대한 인식(2014, %) |

응답자 수: 1,065명

	1 전혀 없음	2	3	4 보통	5	6	7 매우 많음	계
공간(도서관, 주차장, 마을 회관, 사무실 등)	19.8	15.7	17.0	24.2	14.6	5.4	3.3	100%
교통수단(자동차, 카풀, 카쉐어링, 자전거 등)	45.4	16.2	13.4	14.0	7.2	2.2	1.6	100%
물품(책, 아기 용품, 옷, 아나바다 등)	35.7	17.1	16.0	19.0	7.6	2.5	2.2	100%
활동(지식, 여행, 취미, 문화 등)	27.6	16.6	14.8	21.1	12.5	5.1	2.3	100%

　　2013년 대면조사 방식으로 전국에서 인구수에 따라 1,000명을 비례층화추출하여 조사한 결과와 비교해보는 것도 흥미롭다. 조사 내용이 2014년의 조사와 약간 다르게 구성되었는데, 이 조사에서도 역시 응답자들은 '문화체육시설'(38.24%)을 최우선 순위로 지적하였다. 그 다음으로 공원(24.6%), 축제(14.5%), 도서관(8.38%)순으로 나타났다. 〈표 6-4〉는 조사 결과를 요약하여 보여주고 있다.

　　두 조사는 조사 시기뿐 아니라 조사 방법이 전혀 달랐음에도 지역사회에서 이웃들과 공유하고 싶은 일차적 대상으로 문화체육시설이 지목되었다는 점에서 공통점을 보였다. 최근 자치단체들이 문화체육시설을 확보하여 주민들에게 제공하고 있는데도 불구하고, 아직 주민들의 욕구를 충족시키기에는 절대적으로 미흡한 실정으로 해석할 수 있다. 다른 한편의 해석 가능성은, 현재의 문화체육시설이 대규모 지역단위를 대상으로 공급되고 있다는 점을 주목할 수 있다. 응답자들은 동네 이웃들과 문화체육시설을 공유하고 싶은 욕구를 표출하고 있는 것으로 볼 수도 있다.

표 6-4		지역사회에서 이웃과 공유하고 싶은 것(2013년)					
		성 별				전 체	
		남 자		여 자			
공 동 체	문화·체육 시설	188(명)	40.60(%)	168(명)	35.90(%)	356(명)	38.24(%)
	공동기금	8	1.73	8	1.71	16	1.72
	축제	55	11.88	80	17.09	135	14.50
	텃밭	16	3.46	13	2.78	29	3.11
	도서관	39	8.42	39	8.33	78	8.38
	동네신문	8	1.73	6	1.28	14	1.50
	지역화폐	6	1.30	3	0.64	9	0.97
	공동소유토지	4	0.86	5	1.07	9	0.97
	공원	106	22.89	123	26.28	229	24.60
	기타	33	7.13	23	4.91	56	6.02
전 체		463	100.00	468	100.00	931	100.00

Ⅳ. 협동조합과 마을기업 그리고 사회적 기업

한국에서 2011년 말 협동조합 기본법이 제정되고 2012년 12월 1일부터 이 법이 발효되면서 협동조합이 새롭게 부상하였다. 법의 발효시점부터 2015년 초까지 전국에서 협동조합은 6,837개가 설립되었다. 이 가운데 일반 협동조합은 6,540개이고 사회적 협동조합이 258개, 일반협동조합 연합회 37개, 사회적 협동조합 연합회 2개이다.

협동조합은 협력과 자치를 지향하는 느슨한 공동체 운동의 일부다. 자본주의
의 모순과 폐해가 심화되던 19세기, 전통적인 공동체의 연대는 느슨해지고 새로
운 연대를 위한 필요성이 커지는 시점에 태동하였다. 프랑스의 생시몽과 프루동,
독일의 디젤(R. Diesel)13과 페쉬(H. Pesch), 그리고 영국의 로버트 오웬은 유럽에서
연대의 정신으로 사회를 재건하고자 조합운동의 기반을 닦았다. 프루동은 프랑스
혁명 후 19세기 자본주의가 숭배하게 된 소유의 문제점을 비판하고, 상호부조주
의에 입각한 새로운 사회를 구현하고자 상호 공제조합을 선도했다(김창진, 2015: 24).
독일의 디젤 또한 1903년 〈연대주의 – 인간의 자연스런 경제적 해방〉이라는 책을
출판했다. 그는 연대를 '인간의 언어 중 가장 아름답고 내용이 풍부한 단어'라 말
하며 '이 연대의 기초 위에 세워지고 계약을 통해 확립된 구체적 경제조직과 그
물질적, 정신적, 윤리적 결과의 총체가 바로 연대주의다'(강수택, 2014: 48 재인용)라고
하였다.

사회경제적 연대를 위해 사람들이 자발적인 상호부조를 통해 자본주의의 '소
유'를 인간화 하려는 시도가 협동조합 운동이었다. 사회 구성원 사이의 상호 협력
을 통해 공동체와 소유 개념을 결합시켜, 사회를 아래로부터 재구성 하고자 하는
시도였다(김창진, 2015: 24). 자본주의 하의 주식회사가 1주1표의 의사결정 원리를
바탕으로 하는데 비해, 협동조합은 출자액수에 상관없이 1인1표를 기초로 하였다.

국제협동조합연맹(ICA)에 따르면, 협동조합은 '공동 소유 및 민주적 통제를
기반으로 하는 회사를 통해 공통의 경제·사회·문화적 필요와 열망을 충족시키
고자 하는 사람들이 자발적으로 만든 자율적 결사체'14이다. 소비자, 생산자, 유통
업자, 여가단체, 축구클럽 등 다양한 분야에서 협동조합이 등장했는데, 협동조합
이 지녀야 하는 원칙을 국제협동조합연맹은 7가지로 선언하고 있다. 1) 자발적이
고 개방적인 조합원 제도, 2) 조합원에 의한 민주적 통제, 3) 조합원의 경제적 참
여, 4) 정부와 자본으로부터의 자율과 독립, 5) 학습과 정보 제공, 6) 협동조합 사
이의 협동, 7) 공동체에 대한 관심이 그것이다.

세계적으로 협동조합의 활동이 가장 활발한 국가는 프랑스다. 전 세계 협동
조합 매출의 28%를 차지하고 있다. 미국의 AP통신과 선키스트, 스페인의 축구클

---

13 루돌프 디젤은 디젤기관의 발명가로 널리 알려진 인물이다.

14 http://ica.coop/en/whats – co – op/co – operative – identity – values – principles

럽 FC 바르셀로나 등도 협동조합의 사례들이다. 선키스트는 미국 캘리포니아와 애리조나 주의 6,000여 감귤 농가를 조합원으로 하고 있으며, AP통신은 1848년 뉴욕의 6개 신문사가 입항 선박에서 유럽 뉴스를 공동으로 취재하기 위해 만든 항구뉴스협회에서 출발하였다. 스페인의 축구클럽 FC 바르셀로나는 축구를 좋아하는 17만 3,000여 명의 출자자로 구성된 협동조합이다.

한국은 협동조합의 가치를 뒤늦게 인식하고 2012년부터 설립을 용이하게 법을 개정하였다. 업종과 분야에 관계없이 5인 이상이 모여 협동조합을 설립할 수 있게 되었다. 과거에는 농협과 수협, 신협 등 특별법에 의해 8개 유형의 협동조합 설립만이 수용되었으나, 이제 자본금의 제한규정도 없으며 신용사업과 보험 공제 사업을 제외하면 어떤 사업이든 할 수 있게 되었다. [그림 6-1]은 2012년 12월 이후 2015년 사이 지역별로 설립된 협동조합의 실태다.

한국에서 최근 확산되는 마을기업도 공유경제 혹은 사회적 경제의 범주에 포함시킬 수 있는 요소다. 경제적 측면에서 공동체의 형성을 지원할 목적으로 행정자치부에 의해 마을기업지원이 이루어져 왔다. 그 결과 2014년 말 현재 1,297

그림 6-1 협동조합의 지역별 설립 실태

(기간: 2012. 12. 1. ~ 2015)

출처: http://www.cooperatives.go.kr/COOP/state/majorStatistics2.do

개의 마을기업이 설립되었고, 마을기업당 평균 매출은 6천 580만 원 수준이다. 하나의 마을기업이 평균 고용하는 인원은 9명 수준으로 추정된다.

마을기업의 선정 요건은 공동체성, 일자리 창출, 사업의 지속적 수익창출 가능성 등이다. 선정절차는 시군구의 1차 심사를 통과한 후 시도의 2차 심사를 거쳐, 행정자치부의 최종 심사를 통과하여야 한다. 마을기업당 정부는 국비 50%와 지방비 50%의 비율로 2년간 8천만 원을 지원하고 있다. 〈표 6-5〉은 지역별 마을기업의 설립실태를 보여주고 있다.

표 6-5 마을기업의 시도별 분포 현황(2015)

합 계	서울	부산	대구	인천	광주	대전	울산	세종	경기	강원	충북	충남	전북	전남	경북	경남	제주
1,297	105	77	80	59	52	47	28	12	176	96	69	89	90	110	90	91	26

출처: 행정자치부 내부자료.

사회적 기업 역시 공유경제 혹은 공유사회를 지향하는 정책적 시도의 하나이다. 사회적 기업은 영리기업과 비영리기업의 중간 형태로, 공동체의 목적에 매우 부합하는 회사를 뜻한다. 2000년대 이후 고용 없는 성장이 가시화 되고, 사회서비스 수요가 증가하면서 유럽의 사회적 기업을 벤치마킹 하려는 시도가 나타났다. 2007년 7월 시행된 한국의 사회적 기업육성법은 취약계층에게 사회서비스 또는 일자리를 제공하여 지역주민의 삶의 질을 높이는 재화와 서비스 생산을 하는 업체로서 고용노동부 장관의 인증을 받은 기관으로 정의하고 있다.

사회적 기업으로 인증을 받기 위해서는 민법에 따른 법인·조합, 상법에 따른 회사, 특별법에 따라 설립된 법인 또는 비영리민간단체 등 대통령령으로 정한 자격을 갖추어야 한다.[15] 한국에서 2015년 현재까지 설립된 사회적 기업은 모두 1,299개다. 서울지역 233개, 경기도 195개, 전북 89개, 부산 81개, 경북과 인천 각각 77개, 강원 67개, 충북 65개, 경남 63개, 광주광역시 62개 순이다.

문제는, 정부가 사회적 공유의 흐름까지 주도한다는 데 있다. 마을기업이나 사회적 기업을 정부의 '인증' 대상으로 하는 것이 정책가들이 품고 있는 근본적 문제이다.

15 사회적 기업의 설립과 현황에 대해서는 www.socialenterprise.or.kr 참조.

제 7 장
자치를 위한 주민참여 제도

I. 참여의 가치와 시각

1. 수단적 '효율성'과 과정적 정당성

　　참여는 많은 경우 수단적 '효율성' 측면에서 그 중요성이 강조되어 왔다. 주민이나 이해당사자의 참여를 통해 의사결정의 효과성을 높이고, 집행과정의 파행을 예방하며, 갈등을 해결하고, 정책의 결과에 대한 만족도를 높일 수 있다는 의미였다. 이러한 참여에 대한 시각은 한국에 행정학이나 정치학이 수입되기 시작한 시점부터 지금까지 한결같이 강조되어 온 내용이다.

　　수단적 효율성보다 민주적 정당성의 차원에서 참여가 갖는 본래적 중요성을 강조하는 시각도 있다. 민주주의가 논리적으로 'for the people'로는 규정되기는 어렵고 'by the people'로 규정될 수밖에 없다는 논리다. 민주의 뜻을 규정하는 논리적인 귀결로, 당연히 'by the people'의 의미를 갖는 과정적 참여를 주목하는 것이다. 그러나 이 경우에도 참여는 적극적이고 실천적으로 모색되기보다, 논리적인 차원 그리고 개념적인 차원에서 강조되기 일쑤다. 민주주의가 답보되듯, 참여의 답보도 정상적인 문제로 인식될 뿐이었다.

　　그 결과 참여는 그 중요성이 강조되는 수준과 비례하여 항상 부족하거나 부재하는 것으로 논급될 뿐이었다. 참여에 대한 서술은 언제나 중요성에 대한 강조와 더불어 '부족' 내지 '부재'가 짝으로 언급되는 게 일상이었다. 참여가 보유하는 복합적인 국면과 심층적 연관구조를 생각해보면, 이는 당연한 현상이었다. 1960년대 이후 행정학과 정치학의 영역에서 참여에 대한 수많은 연구가 시도되었음에도 불구하고, 참여에 대한 논의는 답보상태를 보이게 되었다.

2. 뉴거버넌스를 위한 참여의 가치

참여에 대한 탐구에 회의(懷疑)가 팽배할 즈음, 다시금 참여를 주목하게 한 것은 1990년대 후반의 뉴거버넌스 이론이다. 뉴거버넌스는 매우 선택적인 의미로 받아들여지고 있지만, 당위적 입장에서 뉴거버넌스를 얘기하는 경우 참여를 항상 중요한 요소로 간주하여 왔다. 유엔의 개발계획(UN Development Program)은 굿 거버넌스가 추구하는 가치와 속성으로 참여, 대응성, 합의, 책임성, 포용성, 지속가능성을 지적한다(Bevir, 2007: 359). Fung and Wright(2003) 역시 지역의 실질적 문제해결을 위한 요건으로 '권능을 보유한 참여형 거버넌스'(empowered participatory governance)를 지적하는데, 이를 구성하는 주요 요소로 참여, 심의, 분권을 지칭한다.

굿 거버넌스뿐 아니라, 모든 바람직한 거버넌스에 대한 논의에는 참여가 중요한 요소로 간주되었다. 특히 굿 거버넌스에는 핵심적 요소로서 빠지지 않았다. 거버넌스의 논의에서 참여를 대하는 시각이 갖는 특성은 '권한'의 부여와 '권능'의 확보를 전제로 참여를 주목한다는 점이다. 이 점이 앞서 언급한 수단적 효율성을 위한 참여나 단순 과정론적 정당성을 보유하는 논리와 다른 점이다.

굿 거버넌스를 위한 참여가 분권, 권한 부여, 권능의 확보를 전제로, 참여를 대하는 깊이를 확장하고 실질적 과제를 시사해주는 것은 매우 바람직한 일이다. 새로운 환경의 변화에 의해 요구되는, 참여의 소망스런 성격을 명백히 지시해주는 내용이다. 그럼에도 불구하고, 굿 거버넌스를 포함한 거버넌스 논의에서 참여는 제도적인 차원 이상의 측면으로 확장되지는 못한다. 거버넌스 개념을 아무리 적극적으로 확장한다 할지라도, 제도적이고 행정적인 과정 내지 의사결정 과정에서 보다 주도적인 권한과 영향력을 보유하는 차원의 참여를 넘어서기 어렵다. 참여적 거버넌스와 협력적 거버넌스를 논하는 경우에도 마찬가지다. 정부에 의해 주도되는 거버넌스, 정부와 주민이 함께 구성하는 협력적 거버넌스, 혹은 정부 없는 거버넌스(governance without government)가 실상은 모두 공식적 권위를 전제로 개념을 서술하는 것이기 때문이다. 이러한 시각에 입각하면, 거버넌스의 변화에서 실제 '정부 없는 거버넌스'는 정부의 축소를 의미할 뿐, 현실에서 공식적 권위에 대한 요구와 부담은 오히려 가중되고, 정부는 더 강력해지는 현상을 목격하게 된다.

이런 경우, 나타나는 부작용은 명백하다. 정부의 제도적 경계나 공식적 권위를 넘어서는 시각을 확보할 수 없다. 현실의 정책추진에서 그러한 한계는 너무도 분명히 드러난다. 협력적 거버넌스와 네트워크를 들고 등장한 수많은 '마을만들기' 프로그램이 실상 정부주도의 '사업'으로 진행되고 있다. 실제 서울과 부산, 대구에서 나타난 수많은 마을만들기는 낙후지역 개발사업의 성격을 농후하게 보여주고 있다. 굿 거버넌스를 지향한다는 목표 아래 마을만들기를 추진하면서 주민의 참여는 부차적인 요소로 간주되기 때문이다. 정부의 제도적 경계와 공식적 권위의 경계를 넘어서는 참여의 가치를 간파하지 못하고 있는 것이다.

3. 공동체의 조건, 혹은 공동체 자체로서의 참여

참여는 그 자체가 공동체다. 사람들의 참여는 그 만큼 공동체에 엄중한 의미를 갖는다. 적어도, 정부라는 제도적 경계를 벗어나면, 참여가 이루어지는 자체로써 공동체는 형성된 것이나 다름없다. 이 논리보다 역(逆)의 논리는 더 확실하다. 참여 없이 공동체를 형성한다는 것은 완전히 불가능하다.[1] 어떤 지역이나 공간 내에 참여가 활발히 이루어지고 있다면, 그것으로 공동체는 형성된 것이라 할 수 있다.

위에서 살펴 본 효율성을 위한 수단적 참여, 논리적 정당성을 보유하는 과정상의 참여, 권한의 확보를 전제로 하는 거버넌스의 구성요소로서 참여는 기실 참여가 갖는 부차적인 효과를 주목하는 시각일 뿐이다. 공동체를 형성하는 요소, 혹은 공동체 자체로서 참여를 주목하지 않는다면 참여를 온전하게 이해하기 어렵

---

1 그리스 시대의 참여관은 다분히 의무론적이었다. 어떤 시민을 '아무 것도 안 하는 사람'으로 말하는 것은 그 사람이 공적 참여나 의무를 하지 않는 사람이라는 뜻이었다.

다. 참여의 엄중성을 주목하지 못하기 때문에, 참여를 위한 전략 역시 제대로 수립될 수도 없다. 예컨대, 참여를 수단적 효율성으로써 접근하는 기능론자에게는 참여가 주민동원을 의미하게 된다. 제도로서의 참여만 주목하는 사람에게는 참여가 어떤 제도적 장치를 만들거나 법규를 만드는 일로 그칠 수 있다. 공동체 속에서, 사람들의 어울림의 결과로 나타나지 않은 참여는 현실적으로 복잡한 조례와 규칙으로 그치게 되는 경우가 허다하다.

공동체의 형성 시각에서 보면, 참여는 삶터에서의 어울림과 〈친밀권역〉의 활성화에 밀접히 닿아있다.[2] 삶터를 가꾸는 일과 친밀권역에서의 어울림 없이 어느 날 갑자기 참여가 활성화되는 건 불가능하다. 행정적 효율성을 위해 참여가 중요하다고 해서 어느 날 갑자기 주민들이 참여를 위해 나설 리 만무하다. 참여는 어울림의 일부일 뿐이기 때문이다. 삶터 혹은 친밀권역에서 주민들이 어울림의 결과 장소애착(place attachment)과 이웃신뢰(neighbourhood trust)를 갖게 되고, 공동의 일을 마주하게 될 때 참여는 자연스럽게 일어난다.[3] 공동의 일을 함께 하고 공적인 관심사에 합류하는 행위가 곧 참여인 것이다. 친밀권역에서 어울림이 주는 기쁨, 일터에서의 상호 호혜적 교류 속에서 참여는 쉽게 제고될 수 있다. 이것을 주목하지 않는 한 참여는 영원히 부족하거나, 없는 것이 되고 말 것이다.

가족, 이웃, 동네, 마을이 기쁨과 인정감, 의미, 소속감(we-feeling)을 느끼는 장이 되도록 하는 일과 참여는 밀접히 연관되어 있다. 친밀권역이 해체되고 나면, 참여 역시 수단적 가치 이상의 의미를 갖기 어렵다. 이 경우, 인간의 삶은 행정적 사무처리의 대상이 될 뿐이고, 참여는 공동의 어울림이 아니라 귀찮은 '일'이 될 수밖에 없다.

4. 인간의 존재론적 욕구와 참여

인간은 참여를 통해 거듭난다. 대화와 소통은 다른 사람과 공감하기 위한 일

---

2 이 글에서 참여를 논의하는 장(場)은 주로 지역사회를 전제로 하는 공동체와 자치이므로, 직장이나 일터에서의 참여는 논의하지 않기로 한다.

3 분석적 시각으로 참여와 공동체의 관계를 연구하는 글들은 대개 참여가 공동체에 어떤 효과성을 증진시키는지, 공동체가 활성화 될수록 참여가 증가하는지, 어떤 요인들이 참여를 매개하는지에 초점을 맞추고 있다.

차적 참여이며, 타인과의 공감이나 집단에 대한 참여를 통해 인간은 형성되는 존재이다. 인간이 궁극적으로 타인과 공감할 수 있는 존재인지에 대하여 회의적인 의심을 하는 경우에도 그렇다. 아예 인간의 상호관계를 '간주관성'(間主觀性)을 사이에 둔 불가공약적(不可公約的) 관계로 규정하는 경우에도, 개별적 주관성 내지 합의로서 약(約)의 표현은 참여 없이 불가능한 일이다.

가장 이타적이고 이상적인 참여로 C. S. Louis는 타인의 고통에 대한 참여를 지적한다. 타인의 고통에 대한 참여를 통해 인간은 인간다움을 발현할 수 있게 된다. 이것은 대단히 높은 차원의 이해와 사랑 없이는 불가능한 영역이다.

이러한 시각은 참여를 수단적 효율성, 논리적 정당성, 바람직한 거버넌스의 구성요소, 공동체의 어울림으로 보는 시각보다 인간의 개체적 존재에 관심을 두는 입장이다. 각 시각은 참여를 관찰하는 기준점을 달리하고 있다. 수단적 효율성이나 논리적 정당성, 거버넌스의 시각은 참여를 완전히 외부적 제도의 기준에서 보는데 반해, 공동체의 어울림이라는 시각은 참여를 사람들의 모둠살이라는 기준에서 관찰한다. 이에 반해, 인간의 존재론적 형성 차원에서 참여를 보는 입장은 개체주의적 입장에서 인간을 형성하는 의미를 주목하는 편이다. 인간에게 참여가 갖는 의미를 설명하고, 관찰하는 것이다.

물론 이 시각은 공동체의 어울림으로 참여를 보는 시각과 밀접히 연관되어 있다. 타인과의 소통과 교류의 과정이 확대됨으로써 공동체의 어울림으로 발전할 수 있기 때문이다. 이 점은 앞에서 논의한 수단적 효율성 관점, 논리적 정당성, 거버넌스의 요소라는 시각과 상이한 점이다.

Ⅱ. 참여의 사다리, 그리고 배제의 메커니즘

참여를 보는 관점의 차원만큼, 참여 자체의 수준도 다르다. 참여의 주체와 성격, 강도에 따라 참여를 구분해 보기로 하자. 참여의 수준에 대한 가장 전통적인 구분은 Arnstein(1969: 216)에 의해 제시된 바 있다. Arnstein은 주민참여를 8단계로 분류하였다. 조작(manipulation), 방편적 대응(therapy), 정보제공(informing), 상담

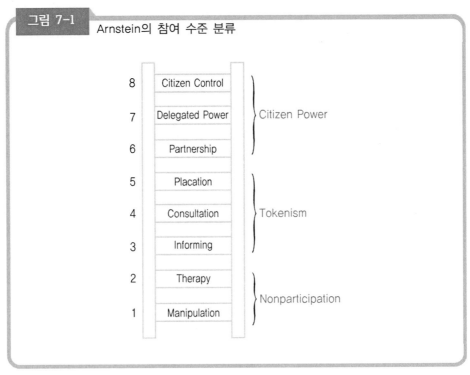

그림 7-1　Arnstein의 참여 수준 분류

출처: Arnstein(1969).

(consultation), 유화(placation), 협력관계(partnership), 권한위임(delegated power), 시민에 의한 통제(citizen control)가 그것이다. 초기의 조작과 방편적 대응은 주민참여의 단계라 볼 수 없고, 정보제공과 상담 그리고 유화는 소극적 참여에 해당한다. 협력관계, 권한위임 그리고 주민에 의한 통제는 적극적 참여로 간주된다.

　　Pretty(1995) 역시 참여를 일곱 단계로 구분한다. 가장 낮은 단계에서부터 보면, 1) 조작적 참여로, 형식적 대표들이 요식행위로 들러리를 서는 가운데, 주민들의 개입을 가장하는 방식, 2) 수동적 참여로 이미 결정된 사실을 통지해 주는 수준, 3) 컨설팅 식의 참여로, 자문 혹은 질의응답 차원의 수용, 4) 물질적 인센티브에 의한 참여로, 실질적 과정에 개입하지 못한 채 대가를 받으며 노동이나 땅 등을 제공하는 관여방식, 5) 기능적 참여로, 주요 결정은 이미 만들어진 상태에서 효율적 목표달성을 위한 수단으로 참여가 유도되는 상태, 6) 상호작용 방식의 참여로, 합동 분석과 학습 등을 주민이 일정 지분을 보유하고 함께 참여, 7) 자발적 참여로, 외부적 개입과 상관없이 주민들이 독자적으로 주도권을 쥐는 방식이다.

정명은(2011: 77)은 주민참여를 정책의 결정, 집행, 평가 단계를 따라 구분한다. 결정 단계에서는 각종 제안제도나 공청회, 집행 단계에서는 모니터, 그리고 평가 단계에서는 주민패널 방식 등으로 참여가 이루어질 수 있다. 참여의 사다리를 만들어보면 〈표 7 – 1〉과 같이 나타난다. 주체를 기준으로 보면 관청이 주체가 되는 단계, 다시 말해 주민의 시각으로 보면 주체가 없는 단계가 존재한다. 이것이 진화하면, 관청이 선택하는 유력가, 전문가, 시민단체, 시민이 주체로 되는 단계가 나타날 수 있다. 참여의 강도, 곧 수준을 기준으로 보면 참여가 조작되는 단계, 형식적으로 정당화에 활용되는 단계, 아이디어를 제공하는 수준, 행정을 감시하는 단계, 실질적으로 정책을 결정하는 단계로 나아갈 수 있다. 낮은 단계의 참여는 속임수적 참여인 셈이고, 수동적 참여, 소극적 참여, 적극적 참여의 단계가 순서대로 존재할 수 있다.

다른 시각에서 참여의 수준을 나누어 볼 수도 있다. 참여의 강도, 곧 수준과 업무의 성격을 혼합하는 구분이다. 공동체의 공적 업무에 대한 기여와 참여의 강도로 보자면 참여는 소극적 반응 ⇨ 이해타산 참여 ⇨ 공적 의제에 대한 참여로 나누어 질 수 있다. 단편적이고 일상적인 일에 대한 소극적 참여가 이해타산이 분명한 쟁점에 대하여 적극적으로 변모할 수 있고, 가장 공동체적 쟁점에 닿아있는 공적인 일의 관여로 나아갈 수 있다.

그런데 공동체의 시각에서 자치를 위한 참여를 생각해 볼 때, 참여는 언제나 저조하고 부족한 것으로 나타난다. 그것은 언제나 행정에서 '부족'하거나 '없는' 요소다. 충분한 참여가 이루어지는 경우는 찾아보기 어렵다. 언제나 관료, 단체

| 표 7-1 | 주민참여의 수준과 주체 및 성격의 차원 |

수 준	低 ←————————————————————→ 高				
	참여의 조작	형식적 참여	아이디어 제공	행정의 감시	정책의 결정
주 체	없음	유력가	전문가	시민단체	주민주도적 참여
성 격	속임수적 참여	수동적 참여	소극적 참여		적극적, 통합적 참여

출처: 이종수(2011: 29).

장, 정부는 주민의 참여부족을 한탄한다. 제도적 기회가 제공되어 있음에도 주민들은 참여하지 않는다는 것이다.

우리는 이렇게 되물어 볼 필요가 있다. 주민의 참여를 관료와 정부는 두려워하는 게 아닐까? 주민의 적극적 참여를 배제하기 위해, 다양한 장치를 해놓고 있는 것은 아닐까? 자치제도의 도입 이후 어렵게 실시되는 주민투표와 주민소환에서 투표율 33.3%의 기준을 충족하지 못해, 대부분 개표조차 되지 못하였다. 이런 상황에서 우리는 주민참여의 실태를 살펴보고, 현실적 참여가 가능한 방법과 수준을 새롭게 검토해야 할 때이다.

Ⅲ. 공동체의 자치를 위한 직접적 참여: 제도와 실태

한국에서 공동체의 자치를 위해 도입하고 있는 주민참여 제도는 〈표 7-2〉와 같다. 대의민주주의를 바탕으로 하고 있지만, 그것이 명백한 한계를 보이는 상황에서 직접민주주의 요소인 직접참여 수단으로 도입된 제도다.

표 7-2   지방자치를 위한 주민의 직접참여 제도

	주민투표	주민소환	주민소송	주민감사청구	주민발의 (조례 제정, 개폐 청구)	주민참여예산
법 률	주민투표법	주민소환에 관한 법률	-	-	-	-
근 거	지방자치법 제14조	지방자치법 제20조	지방자치법 제17조	지방자치법 제16조	지방자치법 제15조	지방재정법 제39조
제 정	2004. 1	2006. 5	2005. 5	1999. 8	1999. 8	2005. 8
내 용	지방정책의 결정에 대한 주민 참여와 견제 및 감독	선출직 지방 공무원에 대한 사후 평가와 주민통제	주민의 공동 이익 보호와 공무원의 책임성 제고	예산 편성과 집행에 대한 주민 감시와 공무원의 책임성 강화	주민이 원하는 바를 조례로 반영하기 위한 장치	재정 민주주의를 확인하고, 예산 편성과정에 주민의 의견과 수요를 반영

1. 주민투표

1) 제도의 내용

지방자치단체의 폐치·분합 또는 주민에게 과도한 부담을 주거나 중대한 영향을 미치는 주요 결정사항에 대해서 주민이 직접 투표를 통해 결정하는 제도이다. 사람을 뽑는 선거와 구분하여, 주요 안건을 결정하는 제도로 보통 주민투표 (referendum)라 부른다. 1994년 조세형 의원 등이 주민투표법안을 발의한 바 있고, 현행 주민투표법은 2003년 12월 제정되어 2004년 1월 29일 공표, 동년 7월 30일 시행되었다.

투표권자는 19세 이상의 주민등록자, 국내거소 재외국민, 일정 자격의 외국인으로 조례가 규정하는 자이다. 투표의 대상은 (1) '주민에게 과도한 부담을 주거나 중대한 영향을 미치는 지방자치단체의 주요결정사항으로 조례로 정하는 사항'(주민투표법 제7조)과 (2) 국가정책 중에서 지방자치단체의 폐치(廢置)·분합(分合) 또는 구역변경, 주요시설의 설치 등 국가정책의 수립에 관하여 주민의 의견을 들을 필요가 있어 중앙행정기관의 장이 자치단체장에게 요구하는 사항이다(지방자치법 제8조).[4]

주민투표는 주민이 청구하거나, 단체장 혹은 지방의회가 발의하거나, 중앙행정기관장의 요구에 의해 단체장이 발의한다. (1) 주민이 하는 경우 투표권자 1/20~1/5내에서 자치단체의 조례로 정하는 수 이상의 서명을 받아야 하며, (2) 지방의회의 발의는 재적의원 과반수 출석과 출석의원 2/3 이상 찬성으로 가능하고, (3) 자치단체장에 의한 발의는 지방의회 재적의원 과반수 출석과 출석의원 과반수의 동의로 발의된다.

주민투표의 결과는 유권자의 1/3 이상 투표와 유효투표 과반수의 득표로 확정된다(주민투표법 제24조). 그런데, 주민투표는 1/3 이상 투표율을 충족시키기 못해,

---

4 다음의 사항은 주민투표에 부칠 수 없다(주민투표법 제7조 ②항). (1) 법령에 위반되거나 재판중인 사항, (2) 국가 또는 다른 지방자치단체의 권한 또는 사무에 속하는 사항, (3) 지방자치단체의 예산·회계·계약 및 재산관리에 관한 사항과 지방세·사용료·수수료·분담금 등 각종 공과금의 부과 또는 감면에 관한 사항, (4) 행정기구의 설치·변경에 관한 사항과 공무원의 인사·정원 등 신분과 보수에 관한 사항, (5) 다른 법률에 의하여 주민대표가 직접 의사결정주체로서 참여할 수 있는 공공시설의 설치에 관한 사항. 다만, 제9조 제5항의 규정에 의하여 지방의회가 주민투표의 실시를 청구하는 경우에는 그러하지 아니하다. (6) 동일한 사항(그 사항과 취지가 동일한 경우를 포함한다)에 대하여 주민투표가 실시된 후 2년이 경과되지 아니한 사항.

개표조차 되지 않는 경우도 있다.

2) 실시사례

표 7-3	주민투표 실시 사례			
주민투표명	일 시	결 과	투표율	찬 반
제주도 행정구조 개편	2005. 7. 27	혁신안 채택	36.7%	혁신안 57%, 점진안 43%
청주·청원 통합	2005. 9. 29 2012. 6. 26	청원 의회 반대 청원 주민투표 통합찬성	무산 36.75%	－ 청원군 79% 찬성
방사성 부지 선정	2005. 11. 2	경주 선정	60.5%	경주 89.5%, 군산 84.4% 포항 67.5%, 영덕 79.3%
서울시 무상급식	2011. 8. 24	투표율 미충족	25.7%	－
전주·완주 통합	2013. 6. 26	통합 반대	53.2%	완주군 반대 55%
삼척 원전유치	2014. 10. 9	원전 유치 반대	67.9%	반대 84.97%

〈표 7-3〉에서 삼척의 원전 유치에 대한 주민투표는 개표 결과 압도적인 반대로 나타났다. 그런데 투표 과정에서 주민투표의 적합한 대상인지를 놓고 중앙정부와 지자체 간에 치열한 논쟁이 벌어졌다. 중앙정부는 원전의 입지는 중앙정부의 결정사항으로 주민투표 대상에 해당하지 않는다는 입장이고, 지자체와 주민들은 주민투표의 대상이라는 견해를 강력히 표명하였다. 설령, 법리적으로 주민투표의 대상에 포함되지 않는다 할지라도, 주민의 압도적인 반대에 부딪친 사항이 일방적으로 중앙정부에 의해 시행되기는 어렵다 할 것이다.

스위스와 미국 같은 나라는 주민투표가 한국보다 빈번하고, 효과적으로 실시된다. 26개의 칸톤(주)으로 되어 있는 스위스에서는 매해 평균 20건 안팎의 주민투표가 실시된다. 미국은 1978년 캘리포니아에서 Howard Jarvis가 주도하는 주민투표가 하나의 전환점이 되었다. 자치단체가 주민에게 재산세를 부과할 때, 재산가치의 1%를 넘지 못하도록 하는 주민투표였는데, 그 내용이 '주민발안 13'으로 가결되었다.

2. 주민소환

1) 의미와 내용

주민소환이란 선출직 공직자를 대상으로 소환투표를 실시하여 그 결과에 따라 임기종료 전에 해직시키는 제도를 말한다. 한국의 주민소환제도는 2006년 5월 24일 도입되어, 2007년 5월 25일부터 시행되었다. 주민소환은 최종적으로 주민투표로 결정되기 때문에, 주민투표를 요건상 거치게 되어있다. 그러나, 주민소환은 선출직 인물에 대한 해직을 도모하는 것으로, 일반적 안건에 관한 결정을 하는 주민투표제도와는 구분된다(강용기, 2014: 213).

국회의원에 대한 소환제도가 없고, 일본의 의회해산 청구제도가 없는 상태에서, 선출직 지방 공무원을 대상으로 소환을 가능하게 하는 제도는 매우 강력한 직접참정 수단이다. 지방의원 중 비례대표 의원은 소환의 대상에서 제외된다. 청구를 하기 위한 요건은 대상 공직자에 따라 다르다. 시·도지사는 유권자의 10/100명 이상, 시장·군수·구청장은 15/100명 이상, 지방의원(지역구)은 20/100명 이상 청구권자의 서명이 필요하다. 청구권자는 현재 19세 이상의 주민, 영주권 취득 후 3년을 경과한 외국인이다. 다만, 선출직 지방공직자 중 임기 개시 및 만료 1년 이내, 혹은 소환투표 실시 1년 이내에 있는 자는 소환투표의 대상이 아니다. 소환의 결정은 주민투표 결정 방식을 준용한다. 투표권자 1/3 이상의 투표와 유효투표 과반수의 찬성으로 확정된다.

2) 추진사례

주민소환제 도입 이후 첫 주민소환 투표는 2007년 12월 12일 경기도 하남시에서 실시되었다. 광역 장사시설의 유치를 둘러싸고 단체장이 추진하는 시책에 대하여 주민들이 반대의사를 표명하면서 소환투표가 발의되었다. 투표에서로 하남시의회의 유신목, 임문택 시의원이 소환되었으나, 김황식 하남시장과 김병대 시의장은 주민소환 투표율 미달로 개표되지 못했다.[5]

〈표 7-4〉에서 보는 바와 같이 역대 시도된 주민소환은 대부분 미투표 종결

---

5 소환제도가 도입되기 전 2004년 2월 14일 부안 방사성폐기물처리장 유치와 관련하여 유치 반대 측에 의한 주민투표가 있었으나, 법률적 구속력이 없는 것이었다.

되었다. 이는 소환투표의 청구요건이 지나치게 엄격하기 때문이다. 소환투표 청구 요건을 선거권자의 1/10로 규정하면, 서울의 경우 지난 '6·4 지방선거'를 기준으로 유권자 총 844만여 명의 1/10에 해당하는 84만 명 이상의 서명을 받아야 한다. 거대 쟁점에 대해 정당조직이 나서지 않는 한, 이는 매우 어려운 요건이라 하겠다. 투표결과의 개표요건 역시 33.3%로 지나치게 높다. 과천 17.8%, 하남 31.3%, 제주 11%, 구례 8.3% 모두 투표율 미달로 개표되지 못한 경우다.

표 7-4   주민소환 시도와 결과

구 분	일 시 (증명서 교부일)	지 역	소환대상	추진사유	결 과
투표 실시 (4)	'13. 12. 4	전남 구례	군 수	뇌물수수 혐의로 구속되어 장기간 군정 공백	소환무산(투표율 8.3%)
	'12. 8. 1	강원 삼척	시 장	원전유치 강행에 대한 책임 추궁	소환무산(투표율 25.9%)
	'09. 5. 13	제주도	도지사	제주해군기지 건설관련 주민의견 수렴 부족 등	소환무산(투표율 11%) ('09. 8. 26)
	'07. 6. 15 '07. 9. 21	경기 하남	시 장 시의원3	화장장 건립 추진 관련 갈등	시의원 2명 소환 ('07. 12. 12) 시장/시의원 1인 소환무산(투표율 31.1%)
미투표 종 결 (24)	'08. 7. 15	경기 시흥	시 장	장기간 직무정지에 따른 시정공백	서명인수 미충족 (청구 후 각하)
	'09. 5. 11	강원 춘천	시의원	동료의원 폭행 등	서명인수 미충족 (미청구)
	'09. 4. 30	전북 전주	시 장	시의원 비서채용의 부적절성 등	〃
	'09. 2. 12	충북 충주	시의원	관광성 해외연수 등	〃
	'09. 1. 28	인천 연수	구청장	수인선 연수역사 위치조정의 문제해결 기피 등	〃
	'09. 1. 21	전북 전주	시 장	자질부족, 오만과 무지 등	〃
	'08. 12. 4	충북 충주	시의원	관광성 해외연수	〃
	'08. 1. 17	서울 동대문	구의원2	지역 재개발사업 이권개입 등	〃
	'08. 1. 24	전남 곡성	군의원	의정비 과다인상, 복지예산 삭감 등	〃
	'07. 9. 20	전북 전주	시 장	공동주택관리 감독 소홀	〃

'07. 9. 18	경남 함양	군 수	골프장 등 유치 관련 갈등	〃
'07. 7. 4	서울 강북	구청장	재개발 관리·감독 소홀	〃
'09. 4. 30	경북 경주	시 장	경주읍성 복원계획에 따른 재산권 침해 등	서명활동 중단
'09. 1. 20	강원 인제	군 수	공약 미이행, 방만한 군정 운영 등	〃
'08. 11. 18	경남 밀양	시 장	공약사업 미추진 등	〃
'08. 10. 24	서울 광진	시의원	뇌물수수로 구속 수감	〃
'08. 7. 8	전북 임실	군 수	군부대 이전 반대	〃
'08. 1. 15	전남 장성	군의원4	농업·복지예산 부당한 삭감 등	〃
'07. 8. 14	서울 노원	시의원1 구의원3	납골당 설치 관련 갈등	〃
'07. 8. 1	충남 부여	군의원3	보조금예산 부당지원	〃
'08. 1. 4	서울 구로	구의원2	의정비 과다인상 등	대표자증명신청 취하
'07. 12. 27	서 울	시 장	공무원의 무분별 퇴출 등	〃
'07. 7. 26	대전 서구	구의원2	부당한 압력행사 등	〃
'07. 7. 4	광주 광산	구청장	노점상 단속 부당	〃

출처: 안전행정부(2014) 〈안전행정통계연보〉, 283 등 각 년도 통계연보 참조.

3. 조례청구 제도

1) 내 용

일정 수 이상의 주민은 연서로 당해 지방자치단체의 장에게 조례의 제정이나 개·폐를 청구할 수 있다. 법률의 씨앗으로서(전기성, 2008) 조례를 주민들이 직접 제정 및 개·폐할 수 있게 하는 직접참여 제도다. 그러나, 한국의 조례청구 절차는 간접 참여의 성격을 보이고 있다. 주민에 의해 청구된 조례안을 지방자치단체의 장이 지방의회에 부의하는 간접 발안 형태로서, 주민에게는 발의권만 인정하고 있는 상태다(지방자치법 제15조).

1999년 8월 31일 지방자치법 개정(제13조의3)으로 근거가 도입되었다. 이어 2006년 1월 11일 청구인수의 기준을 완화하는 개선이 추진되어 지방자치법이 개정되고, 2009년 4월 1일 국내거소재외국민과 등록외국인 등 청구권 확대를 내용으로 하는 지방자치법 개정이 있었다.

조례를 청구할 수 있는 주민연서인 수는 19세 이상 주민총수 중에서 자치단체가 조례로 정한다. 시·도와 50만 이상의 대도시는 19세 이상 주민총수의 1/100~1/70, 시·군·구는 19세 이상 주민총수의 1/50~1/20 범위 내에서 조례로 정하도록 되어있다. 주민으로부터 청구를 받은 단체장은 청구받은 날부터 5일 이내에 그 내용을 공표하여야 하며, 60일 이내에 지방의회에 부의하여야 한다. 조례청구 대상에서 제외되는 사항은 (1) 법령 위반하는 사항, (2) 지방세·사용료·수수료·부담금의 부과·징수 또는 감면에 대한 사항, (3) 행정기구의 설치·변경 또는 공공시설의 설치를 반대하는 사항 등이다.

2) 청구제도 운영실태

표 7-5   조례 제·개폐 청구 운영실태('00년 3월~'11년 3월)

구 분	계	결과						진행중
		원안의결	수정의결	부결	각하	철회	폐기	
계	189	35	63	25	17	8	38	3
시·도	29	6	11	–	3	–	8	1
시·군·구	160	29	52	25	14	8	30	2

참고로 〈표 7-5〉는 일정 기간의 조례청구 제도 운영실태를 보여준다. 원안의결 비율은 매우 낮으며, 수정의결이 많은 편이다. 폐기 역시 많은 편인데, 내용적으로 주민의 조례입법권 내용이 협소한 것으로 평가된다.

4. 주민청원, 주민소송제

주민은 자신들의 불이익이나 요구사항을 지방의회에 청원으로 접수하여 처리할 수 있다. 개별 혹은 집단적으로 지방의회 의원의 소개를 얻어 청원서를 제출할 수 있는데,[6] 지방의회 의장은 이를 소관 위원회나 본회의에 회부하여 심사해야 한다. 지방의회가 채택한 청원으로, 자치단체장이 처리하는 게 타당하다고 판단된 청원에 대하여는 의견서를 첨부해 자치단체장에게 이송하고, 장은 그 처

---

6 재판에 간섭하거나 법령에 위배되는 내용의 청원은 수리하지 않는다.

리결과를 지방의회에 보고해야 한다(지방자치법 제76조).

주민소송(citizen suit) 역시 사법적 수단을 활용하는 직접참여 수단이다. 주민소송 제도는 2005년 1월 지방자치법 개정으로 도입되어 2006년 1월부터 시행되었다. 공금의 지출에 관한 사항, 재산의 취득·관리·처분에 관한 사항, 해당 지방자치단체를 당사자로 하는 매매·임차·도급 계약이나 그 밖의 계약의 체결·이행에 관한 사항 또는 지방세·사용료·수수료·과태료 등 공금의 부과·징수를 게을리한 사항을 감사청구한 주민은 다음 각 호의 어느 하나에 해당하는 경우에 그 감사청구한 사항과 관련이 있는 위법한 행위나 업무를 게을리 한 사실에 대하여 해당 지방자치단체의 장을 상대로 소송할 수 있다(지방자치법 제17조 제1항).

주무부장관이나 시·도지사가 감사청구를 수리한 날부터 60일이 지나도 감사를 끝내지 아니한 경우, 감사결과 또는 조치요구에 불복하는 경우, 주무부장관이나 시·도지사의 조치요구를 지방자치단체의 장이 이행하지 아니한 경우, 지방자치단체의 장의 이행 조치에 불복하는 경우 주민은 소송을 제기할 수 있다. 내용은 1) 해당 행위를 계속하면 회복하기 곤란한 손해를 발생시킬 우려가 있는 경우에는 그 행위의 전부나 일부를 중지할 것을 요구하는 소송, 2) 행정처분인 해당 행위의 취소 또는 변경을 요구하거나 그 행위의 효력 유무 또는 존재 여부의 확인을 요구하는 소송, 3) 게을리 한 사실의 위법 확인을 요구하는 소송, 4) 해당 지방자치단체의 장 및 직원, 지방의회의원, 해당 행위와 관련이 있는 상대방에게 손해배상청구 또는 부당이득반환청구를 할 것을 요구하는 소송이 된다. 다만, 그 지방자치단체의 직원이 「지방재정법」 제94조나 「회계관계직원 등의 책임에 관한 법률」 제4조에 따른 변상책임을 져야 하는 경우에는 변상명령을 할 것을 요구할 수 있다(동법 제17조 제2항).

Ⅳ. 맺 음 말

주민의 직접참여를 위해 도입된 제도들이 현재로서는 활발하게 활용되지 않고 있다. Moynihan(2003: 164)에 따르면, 주민참여는 본래적 가치에도 불구하고 현실적 제약요인이 가로막고 있으면 활성화되기 어렵다. 예컨대, 주민참여가 비용을 수반하든지, 관료제와 조화를 이루기 힘들어 정책결정에 갈등을 크게 야기할 때, 그리고 시간을 많이 소모할 때이다. 또, 주민들의 전문성 부족으로 부작용을 초래할 수 있는 위험도 지적된다. 그러나, 한국의 지방정부 운영 현실에서 주민참여의 한계와 부작용을 주목할 만큼 주민참여가 충분하고 또 과도하다고 할 수는 없다. 또, 직접적 주민참여가 저조한 명백한 이유의 하나는 청구요건이나 투표요건이 지나치게 엄격하기 때문이다. 요건이 엄격할수록 참여하고자 하는 주민에게는 시간과 비용을 과도하게 요구하여, 결국 참여를 어렵게 하는 요인으로 작용하게 되기 때문이다.

직접참여 수단 가운데, 한국은 주민발안제도를 도입하지 않고 있다. 주민발안이란 유권자들이 자신의 지역 문제에 대하여 법률, 조례, 정책을 제안하여 유권자의 투표로 결정하는 행위이다. 시민입법(citizen law-making) 혹은 직접입법(direct legislation)으로 직접민주주의 수단인 동시에, 유권자들이 제기한 정책 제안을 투표로 직접 결정하는 매우 강력한 직접참여의 수단이다. 미국 사우스 다코타 주의 경우는 주민발안의 청구 요건을 유권자의 5%로 정하여 활발하게 운용하고 있다.

제 8 장
공동체행정의 혁신전략

I. 혁신의 특징

공동체를 회복하고 지원하는 정부의 일을 공동체행정으로 부르는 게 타당하다. 그것은 '말단'이 아니라 최일선을 의미할 뿐이다(이종수: 2002: 38). 단순히 중앙에 대비되는 지방이 아니라, 지방보다 엄중성을 갖는 공동체인 것이다.

공동체행정에도 혁신이 필요하다. 모든 조직과 마찬가지로, 공동체행정을 다루는 공동체정부 역시 행정과 서비스의 혁신이 중요하다. 모든 조직은 자연적으로 환경에 적응하여 변형되는데, 이러한 단순 환경적응 이상의 인위적인 바람직한 변화를 바로 혁신이라 한다. 혁신은 공동체정부에 생존력과 효과성을 제고하여 준다. 환경에 대한 자연적인 이상으로 인위적 변화를 가하여, 바람직스러운 변화의 경제성을 도모하는 것, 그것을 혁신이라 부른다.

그런데 혁신은 일반적으로 세 가지 차원을 지닌다. 세 가지 차원을 주목함으로써 공동체를 위한 행정에 혁신이 가능해진다.

1. 소망스러운 방향의 확인

하나는 소망스러운 방향의 확인이다. 민주화, 유연성 제고, 능률성, 대응성 제고 등 특정 환경에서 요구되는 방향을 도출해 내는 일이다. 적어도 소망스러운 방향을 포착하거나 거기에 부합하지 않는 혁신은 나타나기 어렵다. 이 소망성은 주민들의 요구를 조사하거나, 탁월한 전문가의 진단, 혹은 외국이나 중앙정부, 지방정부로부터 벤치마킹을 통해 확인되는 것이 보통이다.

지역공동체에서 주민의 수요를 파악하고 이해하는 일이 우선 중요하다. 담당 공무원이 직접 주민의 요구를 파악할 수도 있다. 그러나 오랫동안 주민을 대해 온 관료는 기존의 시각에 매몰되고, 일상적 타성에 빠져 새로운 요구를 읽어내지 못할 가능성이 크다. 또, 조직 내의 요구에 포획되어 새로운 제안을 소개하거나 제시하지 못할 수 있다. 관료가 조직을 관리하는 능력은 대부분 체득하고 있지만, 새로운 변화를 주창하기 어려운 단점을 보이는 게 대부분이다.

새로운 주민의 요구가 단체장이나 지방의원 같은 선출직 공무원의 선거를 통해 수렴될 수도 있다. 공직자로 선출되기 전 선거과정에서 유권자의 요구를 생생하게 청취하게 되기 때문이다. 그러나 이들은 혁신을 위한 아이디어나 요구뿐 아니라 일반 대중의 인기에 영합하는 포퓰리즘이나 표를 의식한 선심행정에 머물 가능성도 농후하다.

다수의 주권자 혹은 수요자로서 주민과 상관없이 심층적인 성찰과 연구를 하는 전문가로부터 혁신이 시작될 수도 있다. 데밍(William Edwards Deming)은 '소비

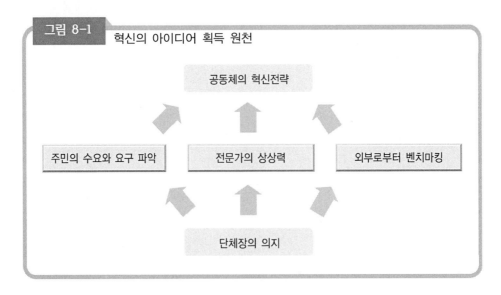

그림 8-1   혁신의 아이디어 획득 원천

공동체의 혁신전략

주민의 수요와 요구 파악 　　전문가의 상상력 　　외부로부터 벤치마킹

단체장의 의지

자는 아무 것도 모른다. 누가 에디슨에게 전구를 발명해달라고 요구라도 했던가'
라고 지적한 바 있다. 주민은 일상의 생업에 매몰된 나머지, 실제 공동체행정에
관심을 기울이지 못하는 경우가 많다. 그것이 자신의 삶과 공동체의 발전에 중
요함에도 말이다. 따라서 공동체에 필요한 소망스런 변화에 대해 오랫동안 성찰
하고 다양한 정보를 보유하고 있는 전문가로부터 혁신의 단초를 얻을 수 있다.
전문가는 아이디어와 정책을 구상하는 데 기여할 가능성이 크지만 대개는 조직
관리 능력이 미흡한 경우가 많아, 실행 가능성은 관료에 의해 재평가 되는 게 보
통이다.

2. 시간: 변화의 경제성과 창조력

둘째는, 시간의 문제다. 시간적으로 앞선 '새로운' 변화를 혁신이라 부른다.
이미 보편화 된 기술과 일처리 방식을 혁신이라 부르지 않는다. 아무리 앞선 일
처리 방식이라 할지라도, 보편적 방식으로 확산된 다음에는 혁신으로 취급되기
어렵다. 보편적으로 확산되기 이전의 새로운 방식이 생산성과 수요 그리고 기여
의 측면에서 가치를 갖기 때문이다.

혁신의 시간이라는 차원에는 또 다른 국면이 있다. 변화의 경제성 국면이다.
인위적인 기획과 리더십을 통해 혁신을 기한다는 의미는, 자연상태에서의 변화보
다 변화의 경제성을 도모한다는 의미다. 변화에 필요한 모든 비용과 의사결정 비
용, 갈등을 모두 포함하는 변화는 혁신으로 보기 어렵다. 인위적 기획과 노력을
통해 변화의 경제성을 확보하는 것만이 혁신으로 간주될 수 있다.

공동체행정의 혁신에서 시간 차원의 필요를 충족시키기 위해서는 높은 수준
의 창의력이 요구된다. 플로리다(Florida, 2005)[1]는 지역의 창조력을 평가할 수 있는
지표로 3T를 제시한 바 있다. 재능(talent), 기술(technology), 관용(tolerance)이 그것이
다. 창조력이 높은 지역의 특성을 분석한 그는 재능 있는 인적 구성, 하이테크,

---

1 고급 기술자, 음악가, 예술가, 레즈비언과 게이, 보헤미안 집단 등이 거주하는 곳이 상대적으로 높
  은 경제성장을 보인다고 한다. 이들이 거주하는 지역이 상대적으로 높은 경제성장을 이루는 것인
  지, 아니면 상대적으로 경제적으로 앞선 지역으로 이들이 집결하여 거주하는 것인지는 추가적인
  인과관계 분석을 필요로 한다. 다만, 이들 사이에 긍정적 상관관계가 있다는 사실은 실증연구에서
  다양하게 증명되고 있다. 이들은 대체로 상상력을 중시하고, 개방적이며, 역동적인 지역공동체를
  이끌어가는 집단들이다. 기업가와 자본의 선호도와 이들의 분포가 일치하는 것도 사실이다.

문화적인 여유와 다양성을 중요한 요소로 도출했다.[2] 이것이 지역의 창조력을 위해서는 필요하다는 뜻이다.

3. 위 기

모든 혁신은 위기에서 잉태된다. 객관적 위기가 아니라면, 인위적 위기의식이라도 있어야 한다. 혁신은 기술적 측면에서 보자면 난이도가 높고, 재정적 측면에서는 비용을 수반하며, 정치사회적 측면에서 보자면 저항을 동반하기 때문에, 다급한 위기의식이 필요하다. MS의 빌 게이츠나 삼성의 최고경영자는 항상 위기의식을 불러일으키기에 바쁘다. 빌 게이츠나 이건희 회장은 늘 '위기가 우리 앞에 있다'고 경고한다. 아마도, 이들이 가장 빈번하게 하는 말이 그것인지도 모른다. 빌 게이츠는 '우리는 실패로부터 6개월 앞에 있다'(이종수, 2006)고 위기의식을 불러일으킨다.

혁신을 성공적으로 촉발시키고 추진하기 위해서는 위기의식이 필요하다. 경제적 불황, 자원의 고갈, 정치적 규제, 환경의 오염, 사회적 외부 경쟁, 공동체 내 주민의 요구, 시간의 임박 등 위기를 불러일으킬 요소들은 다분하다. 이것들에 주목하여 위기를 규정하고(define), 개념화 하며(conceptualize), 설득(persuade)하는 일은 지도자의 몫이다. 성공적인 리더는 위기의식을 효과적으로 불러일으키는 지도자다. 소망스러운 변화를 수용토록 하는 위기의식 말이다.

물론 혁신은 성공하기 어렵다. 공동체행정을 포함한 모든 종류의 행정에서 혁신으로 명명된 수많은 변화들은 실상 일상적 변화일 뿐, 혁신으로 포장된 것들이 많다. 때로는 리더십의 독점이나 권력의 장악을 위해 혁신으로 위장된 변화들도 많다. 민간기업에 비해 늦게 도입하거나, 주민의 요구를 뒤늦게 수렴하면서도 혁신으로 포장하는가 하면, 혁신을 주도하는 리더의 퇴장과 함께 혁신의 프로그램도 완전히 자리를 감추는 경우가 허다하다. 성과도 없이 말이다. 팀제, BSC 등이 그런 예들이다. 오랜 경기 불황 속에서 가장 주목을 받는 음식점의 창업 성공

---

2 플로리다 교수의 지역발전과 창조계급에 관한 주장은 다양한 비판을 받아왔다. 예를 들어, 시카고 대학의 Terry Nichols Clark 교수는 게이 비율과 첨단기술 산업 사이의 관계를 분석하였고, 하버드 대학의 Edward Glaeser 교수 역시 게이나 보헤미안 비율보다 교육 수준이 경제성장과 밀접하다는 주장을 하였다. Edward L. Glaeser(2005) "Review of Richard Florida's The Rise of the Creative Class," *Regional Science and Urban Economics*, Vol. 35, Sep. 593~596 참조.

률이 한국에서 0.6%에 불과하다. 이와 유사하게 공동체행정의 혁신 역시 실제의 성공률은 매우 낮을 것으로 판단된다.[3]

Ⅱ. 공동체행정의 혁신에 대한 평가

여기서는 실제 한국의 지방정부들이 최근 추진한 혁신사례들을 살펴보기로 하자. 한국의 지방정부들이 어떤 분야에서 혁신을 추진하고, 일정한 성공을 거두고 있는지 가늠해 볼 수 있을 것이다. 2014년 행정안전부가 자치단체를 대상으로

표 8-1 2014 자치단체 생산성 대상 평가 우수사례

분 야	지 역	우수시책 내용
일반행정	부산 해운대구	빅데이터로 해운대 방문객 수요 분석
	서울 도봉구	부동산에 QR 토드 붙여 중개수수료, 중개인 등 쉽게 파악
	전남 여수	회의(MICE) 산업 유치
지방재정	경기도 안양	소각폐열 신재생 에너지화 세입 확대
	경남 창원시	세입세출 양방향 재정혁신
	경남 하동군	3S 예산효율화로 지방재정 건전화
	충남 아산시	저탄소 폐기물처리시설 최적화
지역경제	경기도 광주시	폐천부지 규제완화로 기업애로 해결, 투자 및 고용 창출
	경남 고성군	공룡 엑스포 부지에 오토 캠핑장(야영장) 활성화
	전북 김제시	전국 최대 보리 산지로 육성-보리밭 축제, 가공식품 개발
생활환경	경기도 부천시	셔틀버스 Safe 정차구역 운영으로 교통혼잡 및 안전 개선
	경기도 시흥시	주민계획가 양성, 위촉으로 주민주도 도시재생
	부산 연제구	전통시장 내 재활용품 교환장터(Up-cycling)*
	충북 증평군	보강천 친수공간 조성 사업(더 가깝게, 맑게, 푸르게)
문화복지	경기도 파주시	파주 출판도시 북(Book)소리 축제, 인문학 지식축제
	경북 구미시	5분의 기적을 울려라! 새마을 건강장터 운영
	서울 성북구	한국 최초 유니세프가 인증한 아동친화 도시
	전남 완도군	슬로시티

출처: 한국생산성 본부, 2014 생산성 대상 심사자료집.
* Up-cycling: 재활용품을 이용하여 기존 제품보다 가치가 더 높은 새 제품을 만드는 과정.

---

3 그렇다고 해서, 공공부문에서 실패의 사례를 찾는 것은 더 어려운 일이다. 이것은 정치적인 이유 때문이다. 모든 공직자는 자신의 시책이 실패로 규정되는 걸 두려워하기 때문에, 공공부문에 실패는 존재하지 않게 된다. 실제 실패가 없어서가 아니라, 정치적으로 실패가 드러나지 않게 되는 셈이다.

정책과 서비스를 평가하여, 생산성 대상을 시상한 바 있다. 이 평가에서 생산성 대상 우수사례로 압축된 사례들을 정리하면 〈표 8−1〉과 같다. 일반행정 등 5개 분야에 걸쳐 18개의 우수사례가 선정되었다. 해마다 거대한 인파가 몰리는 부산 해운대의 경우 빅데이터를 분석하여, 방문객의 수요를 파악하였다. 전남의 여수 는 EXPO 개최 이후 다양한 시설을 활용하여 회의(MICE) 개최를 산업으로 개발하 여 성공을 거두었다. MICE는 Meeting, Incentives, Convention, Exhibition의 약어 로 쾌적한 시설과 교통의 접근 용이성을 결합하여 추진할 수 있는 산업이다.

우수사례의 목록에서 볼 수 있듯이, 혁신은 기본적 착상이 제일 중요하다. 착상에 성공하면, 혁신의 상당 부분에 성공을 거둔 것이라 할 수 있다. 소망스러 운 방향에 부합하도록, 특정 분야에서 실행 가능한 착상을 하는 것이 관건이다.

표 8-2	지방정부 행정제도 개선 최우수사례 후보(2013년)
자치단체	제도개선 내용
서울특별시	심야전용 시내버스 도입
서울 서대문구	보건과 복지는 하나! 동주민센터 방문간호사 배치 및 사회복지 공무원 협업으로 서비스 연계 강화
서울 영등포구	전국최초 '한눈에 볼 수 있는' 시설물통합관리시스템 구축 운영
부산 수영구	IT 기술활용 공공장소 폐자원순환 정책 개선
광주 북구	이젠 세외수입! 세출 down, 세입 up: 부동산 압류말소 등기 촉탁방법 개선
울산광역시	버스 탑재형 불법 주정차 단속시스템 운영
경기 부천시	불법 노점상이 햇살가게로 새롭게 탄생
경기 광주시	GIS를 활용한 재산세 현황과세 추진
경기 성남시	스마트 시대의 신문고, SNS 시민소통관의 광속 민원행정
경기 화성시	화성시 택시 콜 통합 및 콜비 폐지 사업
경기 이천시	주민 숙원 해결할 상수도 행복이음(이천 + 음성) 사업
충남 아산시	주민을 마중 버스, 택시로 안전하게 모십니다!!
충남 서천군	농어촌 버스 미운행마을 '희망택시' 운행으로 주민불편 해소
전북 군산시	불이익 행정처분도 21c 행정서비스 코드이다.
전남 영암군	군내 버스 운행중지, 자가용 자동차 유상 운송허가로 해결
경상북도	도로정비 민원 프로그램 구축
경남 합천군	사용자 중심 농기계 대여은행 운영
제주시	공공 의료서비스 확대를 위한 전국 최초 공공 심야약국 운영
대전 교육청	적성에 맞는 맞춤식 진로변경 전입, 입학제도 개선

출처: 안전행정부(2013) 행정제도 개선 우수사례에 관한 내부자료.

〈표 8-2〉는 2013년의 생산성 대상 심사에서 최우수사례로 압축되었던 목록이다. 서울시의 심야전용 시내버스 도입, 서울 서대문구의 보건과 복지를 동사무소 차원에서 통합한 사례 등이다. 여기서도 혁신에서 단순한 착상이 갖는 중요성을 음미해 볼 수 있을 것이다. 〈표 8-3〉은 2013년 생산성 대상 평가에서 으뜸 행정 심사의 최종 후보로 압축된 사례들이다.

표 8-3 자치단체 생산성 대상 으뜸 행정 최종심사 후보(2013년)

분 야	시·군·구	사례명
1. 일반행정 (4개)	광주 광산구	통계청도 배워간 광산구 GIS 정책지도
	경기 부천시	"외부전문감사관제" 운영으로 공무원 청렴도 상승
	서울 성북구	주민참여와 과학적 기법을 활용한 "수요자와 과제 중심의 업무체계 구축"
	경기 남양주시	민·관복지협업 관계를 통한 "통합복지 원-스톱 서비스 강화" (민·관복지협력팀 신설)
2. 지방재정 (4개)	서울 광진구	잠자는 오수펌프를 깨우다! 전국 최초, "오수전용펌프를 빗물겸용으로 개선, 예산 절감"
	경남 창원시	버려지는 빗물! 주민 생활용수로 변신(특허획득 등 예산 절감 사례)
	서울 강북구	폐기물 처리방법 개선을 통한 예산 절감
	서울 금천구	수변전설비 시설배치 변경으로 인한 공사비 절감
3. 지역경제 (5개)	경기 안양시	한국대표에서 세계로 웅비하는 스마트창조도시
	전남 완도군	지역특화자원을 활용한 지역경제 활성화
	경남 의령군	농민은 생산, 유통은 토요애유통에서 전담
	경북 구미시	Invest Gumi! 미래산업 선점 투자유치활동을 통한 지역경제 활성화
	경북 김천시	Happy 9 to 6 프로젝트 김천시 도농순환 일자리 창출
4. 생활환경 (4개)	부산 동구	함께 살고 싶은 행복마을만들기
	경기 수원시	카 쉐어링(Car-Sharing)사업 추진
	경기 안양시	전국 최초! 종교를 넘어 사회적 합의를 이끈 교회철탑 철거
	경기 안성시	"목장위에 綠色, 또 다른 이야기! 녹색행복발전소" 안성 팜랜드(Farm Land) 조성사업
5. 문화복지 (6개)	부산 해운대구	인문학 및 사회적 자본 증진을 통한 지역공동체 역량 강화
	경남 김해시	혁신적인 아동급식 시스템 "김해시 꿈자람 카드" 시행
	서울 중구	스토리가 있는 맞춤형 복지사업 드림하티
	충남 아산시	대중교통 소외지역 해소를 위한 마중 교통체계 구축
	경북 안동시	지역문화 뮤지컬 제작 지원으로 문화 융성
	전북 김제시	공존의 지혜, 미래형 독거노인 어울림 가정 "그룹-홈"

| 표 8-4 | 생산성대상 평가 지표 체계 |

영역(2개)	분야(5개)	지표(18개)	배 점	
			정량	정성
종합생산성	1. 자치역량강화 (0.416)	1-1. 일반행정 (0.445)	1-1-1. 자치입법기능 강화(0.160)	20.8	55.5
			1-1-2. 조직인력관리 효율성(0.180)	23.3	
			1-1-3. 청렴도 향상(0.233)	30.2	
			1-1-4. 민원 만족도 향상(0.234)	30.3	
			1-1-5. 지역주민 증가(0.193)	25.0	
		1-2. 지방재정 (0.555)	1-2-1. 자체수입 증가(0.375)	60.6	69.3
			1-2-2. 예산절감(0.304)	49.1	
			1-2-3. 안정적 채무관리(0.321)	51.9	
	2. 주민 삶의 질 향상 (0.584)	2-1. 지역경제 (0.410)	2-1-1. 개인소득 증가(0.279)	46.8	71.8
			2-1-2. 중소기업육성지원(0.330)	55.3	
			2-1-3. 지역내 일자리 창출(0.391)	65.5	
		2-2. 생활환경 (0.300)	2-2-1. 도시공원 조성(0.253)	31.0	52.6
			2-2-2. 환경오염 개선(0.339)	41.6	
			2-2-3. 생활안전 개선(0.408)	50.0	
		2-3. 문화복지 (0.290)	2-3-1. 문화생활 향유(0.234)	27.7	50.8
			2-3-2. 주민건강 증진(0.283)	33.6	
			2-3-3. 자원봉사 활성화(0.203)	24.1	
			2-3-4. 주민복지 증진(0.280)	33.2	
합 계			1000	700	300

Ⅲ. 민주적 주민투표와 효율적 SNS 활용 사례

1. 주민투표 방식을 활용한 정책결정 사례

서울의 성북구는 정책우선순위를 결정할 때, 주민투표 방식을 도입하여 활용

하고 있다. 성북구는 제도의 도입을 위한 열린토론회를 개최하였다. 열린토론회
는 2012년 5개 분야에 대해 주민참여 토론의 장으로 개최되었는데, 2013년에는
8개 분야(복지, 여성 등)로 범위가 늘어났다. 2013년의 경우, 열린토론회를 개최하고
여기에 참가한 참석자들이 투표를 하여, 그 결과를 정책우선순위에 반영하는 방
식이다. 2013년까지 주민들에게 제안을 받은 정책과 열린토론회 참여자들에 의해
제안된 정책을 대상으로 투표가 토론회장에서 이루어졌다.

　　2014년부터는 모바일 기기를 활용하고 지하철역과 주요 지점에 투표함을 설
치하여 전체 주민투표 형식으로 시행되었다. 정책의 우선순위를 결정하는 주민투
표를 시행하게 되면, 여러 가지 효과가 나타난다. 상향적인 주민의견 존중이 가능
하고, 행정조직 내부의 부서 간 칸막이를 주민의 힘으로 극복할 수 있으며, 지방
의원 간의 불합리한 정치 갈등도 조정할 수 있게 된다. 주민들이 지역 내 갈등들
을 효과적으로 조정할 수 있도록 힘을 배양하는 데에도 도움이 된다.[4]

　　주민투표 방식을 도입하여 행정 처리에 혁신을 기하는 것은 단체장의 권한
이 투명화된다는 사실을 의미한다. 단체장뿐 아니라 기존의 권한을 독점하던 공
무원들이 권한을 주민에게 이양하고, 그 과정을 투명하게 해야 가능해지는 변화
다. 담당 공무원의 인허가, 단체장의 인사, 지방의원과 담당 부서의 재원배분에
관한 영향력을 투명하게 공개하고, 그것을 민주적으로 행사하겠다는 의지가 없으
면 불가능한 변화인 것이다.

　　지방정부가 주민투표 혹은 주민평가 방식을 활용하여 시도할 수 있는 혁신
은 다양하다. 성과평가, 공무원의 인사, 예산의 지역별 배분, 정책과 서비스에 대
한 평가, 갈등을 중재하고 해결하는 시민배심원제 등이 그것이다.

2. 성남시의 SNS를 이용한 민원처리 사례

　　한국 국민 중 3천만 명 이상이 스마트폰을 사용하는 환경 속에서, 스마트폰
을 활용하는 SNS 방식으로 민원접수와 처리를 하는 사례를 살펴보자. 경기도 성
남시는 2012년 8월 1일부터 135개 실, 과, 소, 동의 공무원을 대상으로 시민소통
관을 배정하였다. 'SNS 광속민원행정'과 'SNS 홍보행정' 네트워크를 구축하고, 성

---

4 2013년 9월 13일 성북구청 6급 담당자 ㅎ 씨 면담 결과.

남시장의 SNS 계정과 성남시의 공식 SNS 계정으로 민원을 접수 받는다. 민원에 대한 답변 및 처리는 실, 과, 소, 동별 135명의 시민소통관이 신속하게 수행한다.

소통담당관 이외에도 점차 간부공무원과 팀장들이 자율적으로 참여하고 있다. 예컨대, 시민이 출근길에 경험한 도로 불량 상태를 시장 트위터나 시의 공식 트위터에 올리면, 관련 소통관이 초기 응대로 접수를 하고, 이어서 진행상황을 알린 후, 결과를 보고하는 형식으로 진행된다. 현장 사진이 필요한 경우 수시로 올리는 장점도 있다.

SNS를 활용하여 민원을 접수하고 처리하면, 획기적으로 빠르게 민원을 응대하게 되는 장점이 있다. 이 외에도, 민원을 공개적으로 처리하여 투명한 행정이 가능해지고, 악성 민원을 사전에 예방하게 된다. 부당한 청탁이나 특혜부여 같은 부조리를 예방할 수 있는 것 역시 큰 장점이다. 곧바로 다른 SNS 사용자들도 해당 민원 처리 내용을 파악하게 되기 때문이다.

표 8-5	SNS를 활용한 민원 처리 제도 도입 일지
2012. 7. 30.	시민소통관 운영 교육
2012. 8. 22.	시민소통관 활용 교육
2012. 9. 10.	시민소통관 간담회
2012. 10. 4-10.	시민소통관 활용 교육
2012. 10. 15.	시민소통관 간담회
2012. 12. 4.	6급 이상 공무원, 산하기관 직원 1,200명 집중 교육
2012. 12. 26-28.	간부공무원(150명) 활용 교육
2013. 3. 25-29.	일반 직원(135명) 활용 교육

제 9 장
공동체정부 형태의 다양화

I. 지역의 맞춤형 정부

　지방자치는 지역의 다양성과 실험을 기반으로 성립한다. 획일적이고 강제적인 규제는 지방자치를 근본적으로 어렵게 하는 요인이다. 지역사회가 자율성과 자발성을 보유하고 있다면, 당연히 지역공동체의 운영과 관리는 다양성을 띨 수밖에 없다. 역으로, 지역공동체정부의 다양성을 전제하지 않으면, 지역사회의 자율과 자치가 성숙하기 어렵다.

　공동체정부의 형태도 마찬가지다. 개별 정책에 있어서도 다양성과 자율성이 의미를 갖지만, 지역공동체정부의 형태 자체에 있어서도 다양성과 자율성이 중요하다. 이미 독일과 미국은 국가의 성립 당시부터 지역공동체정부의 형태가 다양했고, 영국은 2000년 인위적으로 지역공동체정부의 형태를 다양화시키는 개혁을 단행한 바 있다.

　이제 지방자치제도가 부활된 지 20년을 넘어가는 시점에서, 한국의 지역공동체정부도 다양성을 수용하는 개혁이 필요하다. 현재처럼 획일적으로 시장과 의회를 선출하고, 일방적 규제에 따라 부시장과 직제를 구성하고, 지방의회를 운영해야 하는 속에서는 지방의 자율성과 자치를 도모하기 어렵다. 각 지역은 고유한 특성과 필요성을 내포하고 있고, 공동체적 관계형성의 성격과 수준에서 차이를 보인다. 그럼에도 불구하고, 획일적인 정부 형태를 강요하는 것은 바람직하지 않다.

현재 한국의 지방정부가 보유하고 있는 공동체정부 형태를 기관분립형 혹은 기관대립형이라 부른다. 내용적으로는 단체장이 압도적으로 강한 강(强)시장 – 의회형의 형태로 분류된다. 단체장과 의회를 동시에 선출하고 서로 견제와 균형을 이루도록 분립시켜 놓았다는 의미다. 이와 가장 대비되는 공동체정부 형태가 영국의 전통적인 공동체정부 형태다. 지방의회만을 주민 직선에 의해 선출하고, 집행부의 장은 지방의회가 간선하는 방식이다. 여기서는 단체장이 매우 약한 존재일 수밖에 없다. 주로 지방의회가 권한과 책임을 가지고, 민주주의 원리에 입각하여 지역공동체를 운영하는 제도다. 이외에도 집행위원회 형태가 있다. 네 명 내외의 유능한 집행위원을 선출하여 이들이 집합적으로 지방의회의 역할을 수행하고, 호선으로 단체장이 되는 것이다.

지방자치를 '지방'과 '자치'의 합성어로 볼 때, 한국에서 지방자치의 성숙을 가로막고 있는 요인은 '지방'보다는 '자치'다. 지방을 분권화로 볼 때, 분권화는 어느 정도의 속도로 진행되고 있는데 반해, 자치화는 좀처럼 발아되지 않고 있다. 성숙한 민주주의를 지향하고 지역의 자율성과 다양성 그리고 창의성을 증진시키기 위해서는 지역공동체정부의 다양화가 필수적이다. 지역의 다양한 요구가 지역공동체정부의 기관구성 형태로 표현되어 나타날 수 있어야 한다.

Ⅱ. 공동체정부의 다양화를 필요로 하는 요인

1. 정당공천 폐해의 자연스러운 극복

첫째, 지방선거에 대한 정당공천의 문제를 자연스럽게 극복할 수 있다. 지방자치단체장과 지방의회의원의 선거에 정당이 공천권을 행사함으로써, 지방자치의 발전이 어려움을 겪고 있다. 우선, 공천을 얻는 과정에서 출마 희망자들의 부패가 심각하다(이종수, 2010). 2006년 지방선거부터 기초단체장과 기초의원의 선거

에까지 정당공천제가 확대 시행된 바 있다. 이에 따른 부패 문제 때문에, 정당공
천의 폐지가 지속적으로 논의되어 왔다. 공천의 부패는 선거의 부패로 그치는 게
아니라 선출직 공직자의 재임 기간 동안 매관매직, 인·허가 및 하도급 비리, 정
실인사 등의 문제를 지속적으로 야기한다.

둘째, 정당공천은 지역공동체에 헌신하려는 신인의 등장을 어렵게 만드는 진
입장벽의 역할을 한다. 풀뿌리자치의 엄중성을 자각하고 마을만들기와 공동체
형성에 기여하고 싶어 정치에 입문하는 신인들은 우선 정당의 공천 앞에서 좌
절을 맛본다. 정당의 공천권을 장악한 지역구 국회의원으로부터 공천을 낙점받
지 않으면, 정당의 장벽을 뛰어넘기 어렵다. 홍보, 선거비용, 정당의 하부조직이
보유한 조직원 투표 등이 결합되어, 결정적으로 불리한 상황에 놓이게 되기 때문
이다.

셋째, 지방선거에서 '지방'의 실종과 자치에 대한 억압 문제다. 중앙정당은
자연히 지방선거에 총체적으로 개입하고, 지방선거의 쟁점이 중앙정치에 의해 지
배된다. 선거과정이 중앙정당에 의해 압도되는 현상은 곧 평상시에 풀뿌리로 자
라나야 할 자치를 고사시키는 부작용을 초래한다. 자치를 위해서는 지방선거의
지방화가 필요한 실정이다.

넷째, 지방선거에 정당이 공천권을 장악하여 행사함으로써 지역주의 현상이
고착되고 있다. 일정한 지역 내에서 실시되는 '지방선거'는 본질적으로 지역주의
가 나타나기 어려운 선거의 단위이다. 그러나 영남을 기반으로 하는 새누리당과
호남을 기반으로 하는 새정치연합이 획일적으로 공천을 하는 한, 영남지역에서는
새누리당이 독식을 하고 호남지역에서는 새정치연합이 압승을 한다. 정당이 촉발
시키는 매우 변형적인 지역주의 현상 때문에, 지역의 담론과 인물의 활동이 기형
적으로 제약을 받는다. 뿐만 아니라, 특정한 하나의 정당이 단체장과 지방의회를
동시에 독식하게 되어 집행부와 지방의회 사이에 견제효과가 위험스런 수준으로
낮아지게 된다(박나라, 2010). 견제의 약화는 부패 및 비효율성의 증가로 직결될 가
능성이 있다.

이에 맞서, 지방선거에 정당공천의 필요성을 주장하는 논리는 그 근거로 책
임정치의 구현과 헌법재판소의 판례를 제시한다. 지방선거에서 정당이 인물을 선
택하고 정책을 공약함으로써, 책임정치의 구현에 기여할 수 있다는 내용이다. 또,

헌법재판소의 판례로 볼 때 정당공천의 금지는 위헌 가능성을 내포한다고 주장한다. 2003년 헌법재판소는 기초의회 선거에 지지정당을 표시하지 못하도록 하는 법규에 위헌을 선고한 바 있다(2001헌가4). 판시의 요지는 (1) 정당의 지지·추천을 받았는지 여부를 유권자들이 알았다고 하여 이것이 곧 지방분권 및 지방의 자율성 저해를 가져올 것이라고 보기에는 그 인과관계가 지나치게 막연하며, (2) 지지정당의 표방금지가 그 목적의 달성에 기여하는 효과는 매우 불확실하거나 미미한 반면에, 위 조항으로 인해 기본권이 제한되는 정도는 현저하고, (3) 광역과 기초단체장 선거에는 공천을 허락하고 기초의회만 공천을 허락하지 않는 것은 불공평하다는 것이었다.

그러나 사회적 요구가 비등하여 2012년 대통령 선거에서 여당과 야당은 모두 기초단체장 선거에 정당공천을 폐지할 것을 공약으로 수용했다. 제6회 지방선거가 실시된 2014년 6월 4일 직전까지도 공약의 이행에 대한 요구는 강력했다. 지방자치전문가,[1] 시민단체,[2] 전국 시장·군수·구청장협의회, 전국 시·군·자치구의회 의장협의회 등이 공약의 이행을 요구했다. 그러나 주요 정당은 이를 스스로 폐기하였다. 여당이 정당 내부의 불만을 극복하지 못하여 공약의 불이행을 선언하자, 야당 내부의 불만이 합세하여 공천이 존속되게 되었다. 표면적으로 야당의 지도자들은 공천의 폐지를 강행하고자 하였으나, 지방선거에서 공천을 강행하는 여당의 1인 후보와 소속이 표시되지 않은 다수의 후보 사이에서 야당 성향의 후보들이 승리할 가능성이 매우 희박했기 때문이다.

생각건대 정당의 공천은 분명 지방자치의 건전한 발전을 가로막는 방해요소다. 그럼에도 불구하고 선거라는 것은 민주사회에서 가장 정치적인 사안이기 때문에, 정당공천을 획일적이고 인위적으로 금하는 것은 바람직하지 못한 면을 내포한다. 아무리 정당'공천'이 문제가 아니라, '정당'공천이 문제여도 그렇다. 이러한 상황 하에서는, 정당공천이 이루어질 수 있는 영역을 그대로 존치시키되, 집행위원회 형태처럼 정당공천을 제도적으로 배제한 지방정부 구성 형태를 추가로 도입할 수 있다. 자연스럽게 유권자의 선택을 통해 정당의 폐해를 예방하는 방안인

---

1 2013년 4월 2일 지방자치 관련 전문가 140명은 경실련에서 공동선언문을 발표하고, 기초선거에 대한 정당공천의 폐지를 주장했다.

2 2014년 1월 16일 경실련, 한국청년유권자연맹, 한국YMCA전국연맹 등 100여개 시민사회단체로 구성된 '기초지방선거 정당공천 폐지 이행촉구 시민행동'은 기초선거의 정당공천 폐지를 요구하였다.

셈이다.

2. 지방의원 유급제로 인한 딜레마 해소

1991년 지방자치제도가 부활될 때, 지방의원은 '무보수 명예직'이었다. 이후 지방의원이 의정활동에 전념할 수 있도록 하고, 전문성을 지닌 우수 인력이 지방 의회로 진출하도록 유인을 제공하자는 요구에 따라 2006년 유급제가 도입되었다. 과거 지방의원에게 지급하던 회기수당을 월정수당으로 변경해 급여를 현실화하는 방향으로 법규가 개정되었고, 보수의 수준은 각 지자체의 의정비심의위원회에서 결정토록 하였다.

그런데 지방의원의 유급제가 다양한 딜레마를 일으키고 있다. 먼저, 제도의 취지가 구현되고 있는지에 대해 유권자들이 체감하지 못하고 있다. 유능하고 새로운 전문인력이 지방의회로 진입하는 계기가 되지 못했다는 증거는 객관적으로도 나타나고 있다. 후보들의 역량을 가늠해 볼 수 있는 지표의 개선, 새로운 세대 교체 등이 관찰되지 않고 있다. 의원들이 의정활동에 안정적으로 전념하는지 역시 지방자치와 지방의회 전반에 대한 일반 국민의 신뢰와 인식조사에서 명백히 나타나지 않고 있다.

명백한 또 하나의 딜레마는 의정비의 수준이다. 현재의 제도는 각 지자체의 의정비심의위원회에서 여론을 반영하여 결정토록 되어있다. 그러나 의정비심의위원회에서 정당하게 결정된 보수수준에 대하여도 중앙정부, 언론, 사회여론은 매우 비판적이다. 행정자치부와 감사원 등은 보수수준의 결정과정을 심사하고 견제하며, 언론과 여론은 보수의 수준을 낮출 것을 끊임없이 요구한다. 지방의원의 현실적 지위는 국장급 이상인데, 보수수준은 이에 훨씬 못 미친다. 절대적 수준에서 보더라도, 지방의원의 보수수준은 생활비로 충분하지 않다.

이 상태에서 지방의원에 대한 겸직제한은 강화되는 동시에, 현실적으로 겸직의 제한을 강제하지 못하는 한계가 나타난다. 경상남도 지방의원 315명 가운데 24.4%에 해당하는 77명이 영리업체의 직위를 겸직하고 있으며, 8.8%에 해당하는 28명은 공공단체 임원을 맡고 있다.[3] 겸직의 제한을 위해 시행령을 만들고 각 지

---

3 경남신문, 2014년 12월 4일.

방의회가 조례로 규정토록 하였으나, 이것이 강력히 실행되지 않고 있다.

생각건대, 지방의원의 정상적 의정활동에 대하여 합리적인 보수를 지급하는 것이 바람직하다. 그러나 풀뿌리자치를 위한 다양한 시민들이 공공성(公共性)의 차원에서 기여하고자 하는 의지와 기대를 수렴하는 것도 필요하다. 현재와 같이 획일적 유급제로 운영하는 것은 지방정치의 '공공성'(publicness)의 실험 가능성을 제도적으로 배제시키는 것이기 때문이다. 따라서 지방의원들에게 합리적인 보수를 지급하고 의정활동을 하도록 하려는 주민들은 지금의 제도를 발전시키게 하고, 지역사회의 정치무대를 공공성의 실험과 봉사의 장으로 가꾸고 싶어하는 주민들에게는 그러한 기회를 열어주어야 한다. 예컨대, 세계적으로 무보수 명예직을 원칙으로 하는 기관통합형을 택할 수 있는 가능성이 필요하며, 또 4인 내외의 집행위원회 선출로 지방의회와 단체장 직을 수행토록 할 수 있는 집행위원회 형태도 도입할 수 있게 하는 것이 바람직하다.

보수와 관련된 규정을 섬세하게 체계화시키지 못하면, 자칫 '무보수 명예직' 제도를 '유보수, 불명예직' 제도로 변질시킬 가능성이 있다. 지방정부 형태가 다양화되면, 주민들이 자신들의 의지에 따라 적합한 형태를 선택할 수 있고, 다양한 정책과제를 해결할 수 있게 된다.

3. 주민들의 탈정치화 욕구 충족

지역주민들은 대체로 탈정치화에 대한 욕구를 표출하고 있다. 보수와 진보, 또는 새누리당이나 새정치연합의 구도에 강제로 편입되기보다는 자치의 이상을 향유하고 싶어한다. 1980년대 이래 권위주의 정권들이 퇴조하고, 개인의 자유가 확장되고 경제구조와 지평은 확대되어 왔다. 그러나, 각 개인들이 참여를 통해 자유와 권리를 행사하고 공동체적으로 공익을 함께 도모할 기회는 확대되지 않았다. 이는 곧 삶의 정치를 열어가고 싶다는 일반의 정서와 닿아있다.

지역주민들 혹은 유권자들이 지방자치의 효과를 제대로 체감하지 못하는 불만도 마찬가지다. 지역공동체의 문제를 탈정치화 시킴으로써 생활세계의 문제를 함께 해결해 나가고, 거기서 공동체를 가꿀 수 있도록 해주는 것이 필요하다. 주민들의 지역발전에 대한 다양한 열망과 참여가 지방정부의 형태에도 반영된다면 훨씬 효과적일 것이다. 전국의 모든 자치단체에서 단체장과 지방의원을 따로 뽑아 획일적으로 기관분립형 대립구도를 보유하도록 할 게 아니라, 선택 자체를 주민에게 돌려주어야 한다. 예컨대, 정치적 갈등을 싫어하고 효율적 관리를 추구하는 곳은 집행위원회형, 강력한 구심력과 대표성이 필요한 곳은 강시장형, 다양한 계층의 주민이 명예직으로 봉사하고자 하는 기관통합형을 택할 수 있도록 다양화하는 것이 필요하다.

Ⅲ. 각국의 사례와 공동체정부의 다양화 방안

지방정부의 형태를 다양하게 보유하고 있는 대표적 국가는 미국과 영국이다. 먼저 미국의 사례다. 〈표 9-1〉은 미국의 지방정부 형태를 요약하여 보여주고 있다. 형태는 시장-의회형, 의회-시정관리인형, 위원회형으로 대별된다. 전체 자치단체를 놓고 보자면, 의회-시정관리인형이 가장 많다. 그 다음은 한국과 같은 시장-의회형의 빈도가 많다. 두 형태를 합치면 압도적인 다수의 지방정부를 차지한다. 다만, 인구규모가 50만 명 이상이 되는 자치단체에서는 행정의 책임성을 명백히 하고자 시장-의회형을 택하는 경우가 많다.

위원회형은 5만 명 이하 인구규모의 자치단체에서 일부 택하고 있다. 이 형태는 1900년 텍사스 Galveston 홍수에서 6,000명이 사망한 후 시장-의회형의 무기력에 대한 반성에서 비롯되었다. 그 후 10년 안에 Houston, Dallas, Fort Worth 등 160여개 자치단체로 확산되었는데, 지방정부에서 비용을 절감하고 탈정치화를 도모하는 데에 기여하였다. 미국의 지방정치 개혁운동의 일환으로 등장하여, 그 소임을 수행한 셈이다. 그러나 위원회 위원들이 소관부서 이익의 대변자로 전락하든지 행정능력이 저조한 경우가 나타나면서 감소하게 되었다. 1970년 200여 개 당하던 위원회 형태 중 42%가 다른 기관구성 형태로 전환하였다.

영국은 전통적으로 기관통합형을 유지해왔으나, 2000년 다양화 정책을 도입하였다. 지방정부의 형태를 ① 지도자 중심의 내각(leader and cabinet executive), ② 직선 시장과 내각(mayor and cabinet executive), ③ 직접 시장과 의회 임명 관리자(mayor

| 표 9-1 | 미국의 인구규모별 기관구성형태 도입 현황 |

주민 수 (명)	자치단체 수 (개)	기관구성형태				
		시장-의회형	의회-시정 관리인형	위원회형	타운미팅형	대의 타운미팅형
100만 이상	9	6	3	·	·	·
50만-100만	23	15	7	1	·	·
25만-50만	36	19	16	1	·	·
10만-25만	180	59	118	3	·	·
5만-10만	422	142	270	5	·	5
2만 5천-5만	789	255	496	16	5	16
1만-2만 5천	1,852	708	973	45	101	25
5천-1만	1,945	853	909	40	129	9
2천 5백-5천	2,238	1,258	864	33	116	12
계	7,494	3,315	3,656	144	351	67

출처: *The Municipal Year Book*(2012).

with a council manager),4 ④ 소위원회제(streamlined committee) 등 네 가지 중에서 주민이 선택할 수 있도록 하는 내용이었다.

　　영국에서 주민들이 새롭게 기관분립형 지방정부를 택한 경우를 〈표 9-2〉가 보여주고 있다. 2000년 5월 역사상 최초로 리빙스턴(Ken Livingston)을 시장으로 직선한 런던을 포함하면, 모두 열일곱 지역에서 단체장을 직선하였다. 기관분립형을 도입하여 단체장을 직선으로 선출한 지역의 특성을 보면, 다분히 도시지역이 많다. 전체 자치단체의 수로 보면, 대도시권 구와 런던의 구에 비해 비도시권 자치단체와 단층제 지역이 각각 201개와 56개로 압도적으로 많다. 이 숫자에 도시지역 자치단체 수는 월등히 적은데, 기관분립형을 새롭게 도입한 자치단체 수는 다분히 도시지역의 자치단체 수가 많다. 단층제도 많은 경우 중소 도시지역에 해당한다.

　　〈표 9-3〉은 비교적 최근인 2012년에 실시된 기관분립형 지방정부 형태의 도입 여부에 대한 주민투표 결과를 보여준다. 중앙정부에 의해 2012년 주민투표가 주도되었으나(Fenwick and Elcock, 2014: 586), 중앙정부는 다양성을 보장할 뿐 특정

---

4 이 경우 시장은 상징적 존재이며, 의회가 선임한 매니저가 전략적 정책과 일상적 의사결정을 담당한다.

표 9-2	영국의 직선 시장제 도입 현황		
지자체(계층)	단체장	다수당	최근 선거
Bedford(단층제*)	Dave Hodgson	자유민주당**	2011
Bristol(단층제)	George Ferguson	Independent	2012
Doncaster(대도시권 구)	Peter Davies	Independent	2009
Hackney(런던 구)	Jules Pipe	노동당	2010
Hartlepool(단층제)	Stuart Drummond	Independent	2009
Leicester(단층제)	Sir Peter Soulsby	노동당	2011
Lewisham(런던 구)	Sir Steve Bullock	노동당	2010
Liverpool(대도시권 구)	Joe Anderson	노동당	2012
Mansfield(비도시권 지자체***)	Tony Egginton	Independent	2011
Middlesbrough(단층제)	Ray Mallon	Independent	2011
Newham(런던 구)	Sir Robin Wales	노동당	2010
North Tyneside(대도시권 구)	Linda Arkley	보수당	2009
Salford(대도시권 구)	Ian Stewart	노동당	2012
Torbay(단층제)	Gordon Oliver	보수당	2011
Tower Hamlets(런던 구)	Lutfur Rahman	Independent	2010
Watford(비도시권 지자체)	Dorothy Thornhill	자유민주당	2010

출처: Fenwick and Elcock(2014: 587).
  * 단층제: Unitary
 ** 자유민주당: Liberal Democrat
*** 비도시권 지자체: District

지방정부 형태를 지원하거나 강요하지 않는다. 모두 열 곳에서 주민투표가 실시되었으나, 찬성으로 나타난 곳은 브리스톨 한 곳이다. 새로운 기관분립형을 택하는 것을 망설이는 이유는 새로운 제도에 대하여 익숙하지 않다는 점이다. 기존의 기관통합형 제도에 비해 새로운 제도를 운영하기에 낯설다는 것이다.

표 9-3	영국의 2012년 시장직선 제도 결정 주민투표	
도 시	찬성(%)	반대(%)
Birmingham	42.2	57.8
Bradford	44.9	55.1
Bristol	53.3	46.7
Coventry	36.4	63.6
Leeds	36.7	63.3
Manchester	46.8	53.2
Newcastle-upon-Tyne	38.1	61.9
Nottingham	42.5	57.5
Sheffield	35	65
Wakefield	37.8	62.2

출처: Fenwick and Elcock(2014: 586).

참고로 [그림 9-1]은 영국 잉글랜드 지역의 자치단체에 대한 이해를 위한 계층적 구조를 보여주고 있다. 단층제와 2층제가 혼합되어 있는데, 단층제 자치단체는 모두 92개이고, 2층제는 런던지역의 구 33개와 비도시권지역에 광역 27개 그리고 기초 201개가 있다. 대도시권에는 광역자치단체가 존속한 적이 있다. 보수당의 대처 수상 정부 초기까지 존속했으나, 대처 정부에 의해 1986년 6개의 대도시권 광역정부인 MCC(Metropolitan County Council)가 폐지된 바 있다. 이후 대도시

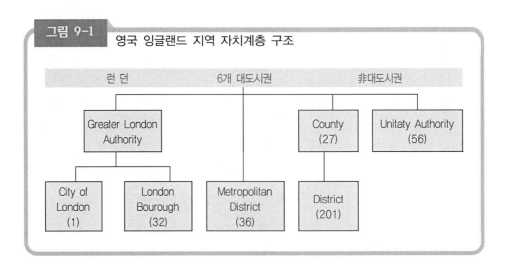

그림 9-1 영국 잉글랜드 지역 자치계층 구조

권은 기초 단층제로 개편된 이후 현재 36개의 기초자치단체 단층으로만 운영되고 있다.[5]

Ⅳ. 한국의 쟁점과 지역공동체정부의 다양화

지방정부의 형태를 다양화하는 데 제약이 크지는 않다. 영국의 경우를 보면, 혼란의 비용이 크지 않고, 획일적으로 특정 방향으로 쏠리는 현상도 없다. 또, 지역 사정에 따라 주민의 선택에 맡기면, 획일적으로 특정 시점에 모두 바꾸고자 하는 현상도 나타나지 않는다.

비록 일부가 새로운 지방정부 형태를 도입한다 해도, 그 의미는 크다. 주민이 지방정부 형태를 스스로 택한다는 의미가 커서, 자치와 자율성의 이상에 부합한다. 또, 정당공천의 폐해를 예방하고자 하는 곳, 단체장의 강력한 권한을 제한하고자 하는 지역, 지방의원에 대한 유급제 문제를 해결하고자 하는 지역에서 새로운 실험을 시도할 수 있다. 기관통합형의 경우에는 내각제 특성을 그대로 지니고 있기 때문에, 지방 수준에서 내각제를 실험하는 가치도 갖는다. 지역적 다양성과 필요에 부합하는 맞춤형 지방정부를 구성할 수 있는 셈이다.[6] 한국에 도입 가능한 기관구성 형태를 세 가지로 단순화시켜 볼 수 있다. 현재와 같은 기관분립형, 그리고 영국의 전통적 기관통합형, 셋째는 집행위원회(commission)가 그것이다.

1. 기관분립형

기존의 익숙한 모델로써 정당공천이 자유롭게 허용된다. 문제는 단체장의 전횡이 나타나고 부패와 집행부와 지방의회 간의 대립이 만성화될 수 있다는 점이다. 단체장 중심의 강력한 리더십이 필요한 지역, 정치적 성향이 강한 지역에 적합한 형태이다. 행정의 책임성과 상징성이 크게 요구되는 대도시지역도 기관분립

---

5 대도시권 광역자치단체의 폐지 이유는 주로 경제적 효율성 때문이었다.
6 인위적으로 정당공천을 금하는 제도의 위헌 가능성을 회피할 수도 있다.

형이 선호될 것으로 예상된다. 이 경우 감사기구의 독립 등 제도적 보완은 필요하다.

2. 기관통합형

주민 직선으로 지방의회만을 선출하고, 지방의회에서 책임행정관을 임명하는 방식이다. 책임행정관이 주요 인사와 정책관리 그리고 소속행정기관과 하부행정기관의 관리에 대한 직접적인 권한과 책임을 보유한다. 지방의원에 대하여는 정당공천이 자유롭게 허용되지만, 책임행정관은 정치적 중립 의무를 진다. 지방의원에 대한 보수는 기본적으로 '무보수 명예직'으로 한다. 다양한 직능의 시민들이 지방의회에 참여하여, 공공성의 가치를 살리는 방식이다.

정치적 참여가 활발한 진보적 성향의 중소도시에 어울리는 모델이다. 중산층의 실험적이고 협력적 공동체 형성에 부합할 수 있는 요소를 내포하고 있다. 영국의 경우처럼 지방의원을 무보수 명예직으로 하고, 많은 수의 대의회 시스템으로 다양한 참여를 유도하는 데 적합하다.

3. 집행위원회형

네 명 내외의 집행위원을 주민이 선거로 선출하여, 이들로 하여금 지방의회의 역할을 수행케 하는 것이다. 단체장은 이들이 호선으로 1년씩 그 직책을 맡아 수행한다. 집행위원들에게는 정당공천이 허용되지 않으며, 보수수준도 높게 책정된다. 소수의 집행위원들이 지방정부 업무를 총괄하기 때문에, 높은 전문성 및 관리역량이 요구되는 동시에 업무량도 많다.

이 모델의 장점은 정당의 개입과 폐해를 차단하여 지방정부의 운영을 탈정치화시키고 지방의회에 소요되는 비용을 크게 절감할 수 있다는 점이다. 집행위원은 지방의원인 동시에 호선으로 단체장 직을 수행하기 때문에, 민간영역에서 능력이 검증된 후보, 유능한 공직 경험자, 시민운동가, 전문가 등이 선출되는 것이 바람직하다. 현재 한국에서 나타나는 문제점을 해결하기 위한 대안으로써 가치를 갖는 모델이라 하겠다.

결론적으로, 이상과 같은 지방정부 형태의 다양화는 기초자치단체에 대하여 적용하는 것이 바람직하다. 광역의 경우는 장기적으로 단층제를 지향할 수도 있고, 기초의회의원들을 인구비례에 따라 파견하여 광역의회를 구성하는 등 다양한 실험이 가능하다. 그렇기 때문에, 지방정부의 형태 다양화는 기본적으로 기초자치단체를 위한 대안이다.

기초자치단체의 정부형태 다양화는 헌법의 개정 없이도 가능하다. 헌법 제118조 제1항은 '지방자치단체에 의회를 둔다'고 규정함으로써, 지방의회만을 제도적으로 규정할 뿐 단체장의 선출방법에 관해서는 구체적 규정을 두고 있지 않다. 이는 지방자치단체장에 대한 다양한 선택방법을 취할 수 있는 길을 열어두고 있는 것이라 할 수 있다.

다양성으로 나아가기 위한 혼란의 비용은 크지 않을 것이다. 획일적인 개편이 아니라, 주민이 원하는 것에 대해서만 주민들 스스로 결정할 수 있기 때문이다. 그렇기 때문에, 다양성에 대한 논의 자체가 지역사회에서 자치에 대한 효능감을 증가시키고, 창의성에 대한 실험을 촉진시킬 것이다. 중앙정부도 일방적으로 지방의 책임성 부재를 탓하기 전에, 보다 높은 수준의 자율성을 부여해야 할 때이다. 자율성을 부여하지 않고, 책임성을 추궁할 수 있는 길은 현실적으로 없다. 지방정부에 더 큰 권한을 부여하고, 그 책임성을 묻는 '자율성과 책임성의 교환'이 필요한 시점이다.

제10장
최적의 자치단체 규모에 대한 시각들

Ⅰ. 유토피아의 규모

　　자치단체에 최적의 규모가 있는가? 자치단체가 아니라면, 도시 혹은 행정구역에 최적의 규모가 있는 것일까? 인간이 가장 쾌적하고 행복하게 살아갈 수 있는 적정한 규모의 공동체라는 것이 과연 있을까? 이에 대한 관심은 플라톤 이래 지속되어 왔다.

　　플라톤(대략 기원전 428~348)은 이상적 정치체(polis)의 규모를 5,040명으로 하는 것이 좋다고 제시하였다. 그는 인생의 후반부에 집필한 〈법〉 제Ⅴ장에서, 정치체의 최적의 규모로 5,040명을 제시했다.[1] 왜 5,040명이었을까? 플라톤은 이 숫자의 유용성을 강조한다. 5,040명은 모두 정치체 내에서 땅을 소유한 사람들인데, 이들의 집과 땅을 여러 방식으로 구획하는데 매우 유용하다는 것이다. 5,040명은 둘로 나누고, 다시 셋으로, 다시 넷으로, 다섯으로, 나아가 열 지역으로 고르게 나누어질 수 있다. 숫자 1에서 12까지 11만 제외하고, 모든 수로 나누어지며, 일 년을 구성하는 12개월에도 부합하고, 12회에 걸친 우주의 혁명에도 부합한다고 보았다.[2] 이렇게 하는 것은 관리와 계약, 세금, 전쟁과 평화 등 모든 용도에 편리함을 부여했다.

---

1 Plato, *Laws*, trans. by Benjamin Jowett at Project Gutenberg; retrieved February 21 2015.
2 Plato, *Laws* 제Ⅵ장을 참조할 것.

플라톤에게 숫자 '5,040'은 정치체의 운영을 용이하고, 다양하게 할 수 있게 해주는 일종의 완전수였다. 이 수보다 더 올바른 선택이 될 수 있는 숫자는 없었다. 그 수가 보유하는 편리함, 신성한 의미 때문에 정의(正義)나 절제 만큼 그 수는 시민들의 복락에 중요성을 지녔다.[3]

사실, 이전의 저서 〈국가〉는 플라톤이 그린 하나의 이상적 공동체였다. 시민들이 아무 것에 대해서도 자신의 소유를 주장하지 않고, 처자식을 공유하며, 철인왕이 정부를 다스리는, 그런 사회는 없다는 점을 플라톤도 인정하였다. 그러나, 그는 '우리가 눈을 들어 하늘을 바라봄으로써(lift up our eyes to the heavens)' 신성한 이미지를 따라 우리의 삶을 가꾸어 나아가야 한다고 믿었다. 플라톤 자신이 언급했던 〈국가〉가 상상 속에서 구상한 최선의 국가였다면, 〈법〉은 그리스의 현실에서 도모할 수 있는[4] 최선의 국가였다. 〈국가〉에 비하면, 차선의 이상이었던 셈이다.

훗날 〈유토피아〉를 그린 토마스 모어 역시 도시의 크기와 인구수를 제시한다(More, 2003). 그는 각 도시가 사방 20마일이 되게 하고, 한 쪽만은 좀 더 길게 구상하였다. 곧 여기가 도시 안에서 최장 거리에 해당한다.

> 시골에는 여기저기 일정한 사이를 두고 집이 있다. … 집은 각기 40명의 어른을 수용할 수 있고 … 30채마다 필라르쿠스[5]의 관리를 받는다.
>
> More, Utopia, 황문수 역(2003: 86)

결국 유토피아의 자연부락 단위는 30채이고, 각 집에는 최대 40명의 거주자가 살 수 있으니, 주거지역공동체의 규모는 1,200명 수준이다. 모어는 그의 유토피아에서 '걸어서 하루 안에 돌아다닐 수 있는 거리'를 강조한다. 결국 그는 작은 생활공동체를 선호했음에 틀림없다. 그런데, 이 자연부락이 모여 큰 도시를 이룬다. 각 도시에는 200명의 시포크란투스가 있으며, 이들이 시장 선출의 책임을 지니고 있다. 시장은 비밀투표로 하되, 전 선거구에서 4명씩을 추천하여, 그 중에

---

3 http://en.wikipedia.org/wiki/
4 〈법〉 역시 대화체로 서술되었는데, 그 내용은 다분히 그리스 자체에 관한 이야기이다. 그리스의 법체계를 재구성 해보려는 시도였다고 볼 수 있다.
5 종족과 우두머리의 복합어로 촌장으로 해석할 수 있다.

한 명을 선출한다.[6] 시장은 독재를 하려 한다는 혐의를 받지 않는 한, 죽을 때까지 그 직위에 머문다. 결국, 그 도시의 전체 인구규모는 1,200명의 자연부락 × 200명의 시포크란투스 = 24만 명 수준이다.

　모어가 그린 유토피아의 지방자치를 위한 조직은 시민 30세대가 한 부락이 되도록 구분하는 것이었다. 각 그룹이 매년 시포크란투스라 불리는 공무원을 선출한다. 시포크란투스는 고대 유토피아의 명칭으로 현재의 필라크루스를 말한다. 열 명의 필라크루스와 그들이 대표하는 세대에 대해 트라니보루스라 불리는 공무원이 있다.

Ⅱ. 하워드의 전원도시와 페리의 근린주거 규모

　하워드(E. Howard, 1850~1928)는 자연 속에서 사람들이 조화롭게 살 수 있는 전원도시를 구상하였다. 그에게 전원도시란 교외(郊外)를 의미하는 게 아니라, 조화와 통합을 이루는 도시를 의미했다(Howard, 1965: 35). 다만, 그 당시 도시의 경제와 정치 그리고 사회적 측면이 시골과 단절되어 문제를 해결하기 어려운 상황이라고 하워드는 보았다.

　하워드는 도시와 농촌, 그리고 개인과 공동체가 조화를 이루는 이상적 전원도시를 꿈꾸고 실현했다. 그의 구상에 의해 1903년 영국의 최초 전원도시 레치워스(Letchworth)[7]가 런던 북쪽 54km에 만들어졌고, 1920년에는 제2의 전원도시 웰윈(Welwyn)[8]이 만들어졌다. 독일에서도 하워드의 영향으로 1909년 독일의 최초 전원도시 Hellerau가 만들어졌다. 영국에서는 하워드의 영향으로 20세기 초 전원도시 운동이 하나의 물결을 이루었고, 영국 정부도 커다란 관심을 갖게 되어 신도시법이 제정되었다.[9]

---

6 More, *Utopia*, 황문수 역(2003: 93).
7 레치워스는 하워드의 영향을 받아 1903년 설립된 First Garden City라는 회사에 의해 건설되었다. 레치워스는 당시 농업지역이었는데, 15명의 농장주들로부터 이를 매입하여 전원도시를 만들었다.
8 웰윈은 건설 후 10년의 시간이 경과했을 즈음 인구 10,000명의 쾌적한 전원도시로 되었다.
9 하워드는 임종 때까지 그가 건설한 웰윈 전원도시에서 생활했으며, 1927년 정부로부터 작위를 수

하워드(Howard, 1945)는 1898년 〈미래의 전원도시〉(Garden Cities of Tomorrow)[10]를 출간했는데,[11] 여기서 전원도시의 구체적 모습을 제시하였다. 전체는 6,000에이커(24,000,000m²) 면적이고, 이 중 1,000에이커(4,046,954m²)[12] 크기의 전원도시를 만든다. 전체 모습은 원형인데, 중심으로부터 주변부까지 반경은 1,240야드(1,133m) 정도다(Howard, 1965: 51). 전원도시의 인구는 약 32,000명이며, 그 중 3만 명 정도는 도심에 살고, 2,000명 가량은 농경지에 거주한다. 도시에는 5,500개의 건물 터가 있고 건물의 터는 20×100피트 규모다(Howard, 1965: 54).

도시는 농지로 둘러싸여, 자연으로부터 인간이 소외되지 않아야 한다. 전원도시의 인구가 커지면, 이것을 가운데 두고 주변에 다시 작은 전원도시를 만든다. 인접한 전원도시들이 집단을 이루면 여러 유익이 있는데, 전체 인구는 총 250,000명을 넘지 않는 규모로 한다. 애초 하워드가 그린 그림에 전원도시 집단은 가운데 1개에 동심원 모양으로 6개의 전원도시, 그러니까 총 7개의 도시가 원형으로 배치되어 있는 모습이다.

페리(C. A. Perry, 1872~1949)는 1926년 근린주거(Neighbourhood Unit) 공동체의 적정규모로 6,000명 수준을 주장한 바 있다(Perry, 2000: 22). 그는 거대도시를 작은 공동체의 집합체로 보았다. 따라서 거대도시 자체의 크기보다는 그 안에서 차로에 의해 구획되는 주거공동체가 중요하였다. 가족생활을 영위하기 좋은 주거공동체 지역이 페리에게 근린주거 구역이다(Perry, 2000: 34).

주거공동체로서 근린주거는 몇 가지 보편적 특성을 공통적으로 내포한다. 이 공통점으로부터 근린주거 구역의 원칙을 도출할 수 있다. 페리는 여섯 가지를 제시한다. 1) 규모: 하나의 초등학교를 수용하는 인구규모를 위한 주택 입지, 2) 경계: 충분히 넓은 간선 도로에 의해 모든 경계가 둘러쳐져야 한다. 3) 열린 공간: 작은 공원, 레크레이션 공간, 이웃 간 만남의 공간 등이 가능, 4) 기관의 입지: 서비스 영역, 5) 지역 가게들: 하나 혹은 그 이상의 쇼핑구역, 6) 내부 도로 시스템:

여받았다.

10 하워드가 1898년 책을 출판했을 때의 제목은 <To-morrow: A Peaceful Path to Real Reform>이었다. 이를 1902년 다시 출판하면서, 제목이 <Garden Cities of To-morrow>로 변경되었다.

11 Lewis Mumford는 하워드의 책에 대해 '고전이 겪어야 하는 불행을 겪어야 했다. 잘 읽어보지 않은 사람들에 의해 폄하되고, 완전히 이해하지 못하는 사람들에 의해 수용되는 일을 겪었다'고 평하였다(Howard, 1965: 29).

12 1,224,203평에 해당한다.

내부 순환을 촉진하는 반면, 통과 차량은 최소화시키는 체제가 그것이다(Perry, 2000: 34).

근린주거 단위는 하나의 초등학교가 운영되는 규모를 최적으로 보았다. 하나의 초등학교에 학생 1,000~1,200명이 재학하고,[13] 그 가족의 규모를 합하면 5,000~6,000명 수준의 인구규모가 적당하다는 것이다. 학생들이 큰 도로를 횡단하지 않고 400~800m 정도를 걸어 도착할 수 있는 생활공간이며, 여기에는 주민의 욕구를 충족시킬 수 있는 공원과 레크레이션 공간이 배치된다.

Ⅲ. 애착과 신뢰 측면의 이상적 주거공동체

주거공동체가 어느 정도의 규모일 때, 사람들은 주관적으로 가장 행복감을 느낄까? 이종수(2015: 53)는 '장소에 대한 애착과 이웃에 대한 신뢰'라는 개념으로 이를 분석하였다. 전국에서 1,134명을 표본 추출하여 설문조사 한 결과, 20~50명 사이에서 가장 높은 수준의 애착과 신뢰가 나타났다. 〈표 10-1〉은 그 결과를 보여주는데, 주거공동체 규모 전체를 체계적으로 아우르는 통계적 유의성은 발견되지 않는다. 그러나, 20, 40, 50명[14] 규모의 주거공동체에서 뚜렷하게 높은 수준의 애착과 신뢰가 발견되고, ANOVA분석에서 이 구간은 유의성을 보여준다.

이를 통해 볼 때, 주민들의 주관적 만족은 지역공동체가 적은 규모일 때 높게 나타나는 것으로 볼 수 있다. 장소에 대한 애착과 이웃에 대한 신뢰가 매우 넓은 의미의 개념이어서 다양한 요인들에 의해 영향을 받는다는 사실을 고려하면, 〈표 10-1〉의 내용을 공동체에 대한 주관적 만족으로 확대해석하여도 무방할 것이다. 즉, 20~50명 규모의 주거공동체가 인간의 정서적 만족도에는 가장 긍정적 상관성을 보이는 것이다.

---

13 페리가 초등학교의 이상적 규모로 학생 1,000~1,200명을 제시한 것은 Strayer and Engelhard의 연구에 영향을 크게 받았다.

14 30명 규모의 주거공동체에서 유독 장소애착과 이웃신뢰수준이 높지 않게 나타난 것은 추가 분석을 필요로 한다. 아마도, 표본추출이나 조사과정의 문제가 개입되어 있을 수도 있다. 그러나, 전반적으로 20~50명 규모의 주거공동체에서 뚜렷이 높은 수준의 장소애착과 이웃신뢰가 나타나고 있는 것은 분명하다.

| 표 10-1 | 주거공동체의 규모에 따른 장소애착과 이웃신뢰 |

Size of Community	Place Attachment				Trust			
(Persons)	M	S.D.	p	Duncan	M	S.D.	p	Duncan
about 10	5.25	1.500		b	4.75	1.500		b
about 20	5.50	1.732		b, a	5.75	.957		b
about 30	3.33	2.082		b, a	4.00	1.000		b, a
about 40	5.80	1.304		b, a	4.60	2.302		b, a
about 50	5.22	1.312		b, a	5.29	1.271		b, a
51~100천	5.11	1.150	.074	a	4.89	1.100	.000	b, a
100천~300천	4.65	1.437		a	4.28	1.484		b, a
300천~500천	4.79	1.519		a	4.29	1.660		b, a
500천~700천	4.73	1.377		a	4.48	1.358		b, a
1 million ~	4.72	1.490		a	4.13	1.439		a

출처: 이종수(2015).

Ⅳ. 경제적 능률성 측면의 최적 도시규모

　　최적의 도시규모를 귀납적으로 도출해보는 시각이 있다. 실증적으로 귀납의 방법을 사용할 경우, 두 가지 방법이 사용된다. 하나는 공공서비스의 최소비용 지출규모를 도출하는 방식이다. 한 국가 내에서 특정 공공서비스를 가장 저렴한 비용으로 생산 및 공급받는 경우를 찾아, 그 도시의 규모를 최적의 수준으로 평가하는 것이다. 아마도 이러한 최소비용 접근이 현대의 도시에 관한 연구에서 최적 도시규모를 논했던 가장 일반적 방식이라 할 수 있을 것이다.

　　이 방식은 우선 비용의 측면에 주목한다. 특히 공공서비스의 생산 및 공급 비용이다. 예컨대, 상수도와 하수도, 쓰레기 처리 등에 들어가는 비용을 종합한 후, 어느 정도의 규모의 도시에서 1인당 서비스 비용이 가장 낮은지를 판단하는 방식이다. 공공서비스가 여러 종류일 경우, 그 평균값을 도출해 귀납하면 된다.

　　공공서비스의 최소비용 분석은 1960년대 이래 경제학의 최적생산규모이론에

의해 영향을 받아 왔다. 1인당 공공행정서비스 비용이 도시규모가 커질수록 일정
단계까지 감소하다가 다시 일정 지점에 이르러 급속히 증대되는 것을 전제로 하
여 최적생산규모를 추적하는 방식이다. 비용곡선은 U자 커브[15]로 나타나는데, 이
곡선의 가장 낮은 꼭지점이 한국의 경우는 50~100만 사이에 위치하는 것으로 그
동안 제시되어 왔다.

둘째는, 집적의 이익과 혼잡비용의 긍정 및 부정적 측면이 모두 반영되도록
하여, 도시민의 소득이 가장 높은 추세선을 파악하는 방식이다. 이 방식은 내용
적 특성상 하나의 국가 내에서보다는 국제적 도시비교에서 사용된다. 예컨대,
OECD(2006: 277)는 세계의 다양한 도시들의 인구규모와 각 도시의 1인당 GDP 수
준을 분석하였다. 그 결과 도시인구규모가 7,350,000명 되는 지점이 전반적으로

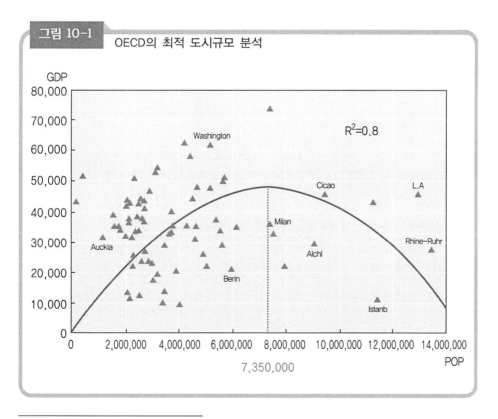

그림 10-1 OECD의 최적 도시규모 분석

---

15 Renaud 같은 학자는 이 곡선을 완만한 J곡선(lazy J-curve)이라 부른다. 이떤 도시나 행정구역이
갖는 규모의 불경제성이 시작되어 그 정도가 심화되는 상태를 지칭하는 말이다.

가장 능률적인 추세선의 정점에 해당한다는 사실을 도출하였다. 위의 두 접근방식 모두 경제적 측면만을 주목한다는 단점을 보이고 있다. 전자는 공공서비스의 최소비용 공급 지점을, 후자는 가장 경제성을 보이는 도시인구규모를 귀납적으로 도출하고 있다.

두 방식 모두 실증적 자료를 바탕으로 하고 있어 일정한 설득력을 지니지만, 근본적인 한계를 내포하고 있다. 금전적 비용이나 경제만을 고려하는 점을 묵인한다 할지라도, 논리상의 허점을 내포하고 있다. 우선, 공공서비스의 최소비용 접근을 보면, 최소비용이 나라마다 다르게 나타난다는 점이다. 예컨대 Hirsh는 인구 5만~10만 명을, 클라크는 인구 10만~20만 명을, Duncan은 인구 50만에서 100만 명을 최소비용규모로 각각 제시한 바 있다. 한국의 경우에는 50만에서 100만 명 사이에 최소비용점이 존재하고, 중간규모의 도시가 소도시나 대도시보다 공공서비스 생산비용이 낮다는 결과가 발표되어 왔다.

한계를 조금만 더 논해보기로 하자. 우선, 공공행정서비스의 제공을 위한 1인당 지방재정만을 분석의 대상으로 한다는 것이 대단히 편협한 시각이다. Evans와 Begovie가 시도했듯, 도시규모에 따른 생산비용을 분석하기 위해서는 최소한 지대, 노동, 자본, 기업과 정부의 서비스 비용이 망라되어 고려되어야 한다(이종수, 1995: 98). 이들 4대 생산요소 중에서 도시규모가 커질수록 감소하는 것은 공공서비스 비용뿐이고,[16] 여타의 생산투입요소들은 다른 형태의 비용곡선을 갖고 있다. 따라서 서비스 공급규모의 적정성과 이상적인 행정구역규모를 판별하는데 공공행정서비스의 1인당 투입예산만을 고려하는 논의들은 대단히 제한적인 측면만을 주목하는 연구들이었다고 할 수 있다.

보다 구체적으로 도시규모에 따라 변화를 보여주는 각 생산투입요소들의 비용곡선을 살펴보면 [그림 10 - 2]와 같다(이종수, 1995: 98). 우선, 지대와 노동은 도시규모가 커질수록 증가되고 자본은 도시규모에 상관없이 상수적 성격을 띤다. 자본비용, 다시 말해 이자율(interest rate)은 도시규모와 관계없이 일정하여, 공공서비스 공급규모와 도시규모 간의 상관관계에 대한 분석에서는 상수적 균일성을 보이고 있다. 익히 알려진 대로 '행정 및 기업의 서비스비용'은 U자형의 곡선을 그

---

16 도시규모가 커질수록 무한대로 감소하는 것이 아니라 일정규모 이상이 되면 규모의 불경제 때문에 서비스비용도 다시 증가한다. 이른바 U자형 곡선을 그리는 것이다.

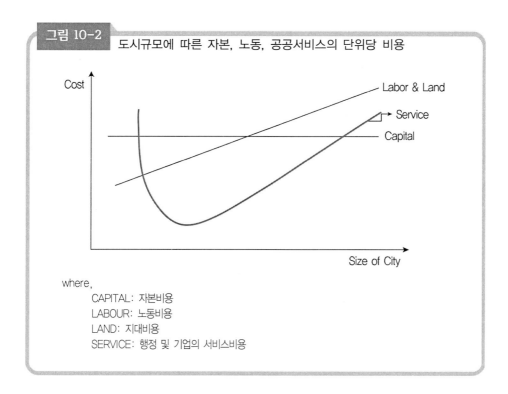

그림 10-2 도시규모에 따른 자본, 노동, 공공서비스의 단위당 비용

where,
  CAPITAL: 자본비용
  LABOUR: 노동비용
  LAND: 지대비용
  SERVICE: 행정 및 기업의 서비스비용

리고 있다.

따라서 행정구역이나 도시규모의 효율성을 분석하기 위해 최소비용접근 방법을 사용하는 경우에는, 공공행정서비스 이외에 관련된 요인들을 보다 포괄적으로 고려하지 않으면 안 된다. 행정서비스나 기업활동에 있어서, 상이한 서비스에는 상이한 생산요소의 투입비율이 존재하기 때문에 도시규모 자체가 절대적 영향을 준다고 보기 어렵다. 상이한 생산요소의 투입비율을 갖는 상이한 기업은 상이한 크기의 도시에 입지하게 될 것이기 때문이다.

최근에는 집적의 경제에 대한 일방적 강조를 하기보다는 클러스터, 네트워크 등 내용적 연관성을 주목하고 있다. 그 결과, 도시의 규모에 대한 절대적이고 객관적인 평가를 하기보다는 특정 사회가 추구하는 가치관과 방향성이 무엇인지를 묻는 편이다. 도시의 최적규모에 관한 한, '가장 큰 도시는 너무 크고, 가장 작은 도시는 너무 작다'는 데 합의가 되고 있을 뿐이다.

V. 자치단체 규모 및 통합 논쟁에 대한 시사점

자치단체나 행정구역의 최적규모에 대한 논쟁을 살펴보는 이점은 어디에 있을까? 보편적인 불변의 최적규모를 도출하는 데가 아니라, 각 주장이 전제로 하는 개념적 전제와 가치를 이해하는 데 그 의미가 있다. 개념적 단위를 주거지역으로 할 것인지, 생활권역으로 할 것인지, 자치단체로 하는지에 주목할 필요가 있다. 또, 주민의 행복한 생활을 추구하는 접근방법인지, 능률적 서비스의 공급을 목적으로 설정한 방식인지, 그리고 능률적으로 공급하고자 하는 서비스의 종류는 무엇인지 간파하는 것이 필요하다.

예컨대, 이종수의 연구는 주거공동체의 최적규모를 점검하는 내용이고, 페리(perry)는 좀더 넓은 생활권역을 주목하고, 공공서비스의 최소비용 접근방식은 도시를 대상으로 하는 내용이다. 이종수는 주민의 주관적 감정을 조사하는 방법이고, 후자는 객관적 수치를 계량적으로 분석하는 방식이다. 모두 각각 추구하는 가치와 사용하는 방식에서 근본적 차이를 내포하고 있다.

대체로, 작은 규모의 정치체 혹은 자치단체는 구성원 사이의 동질감과 효능감을 높이고, 주민들의 참여를 제고하는 데 유리하다. 상호작용이 밀접하여 정서적 유대와 신뢰를 형성하기 용이하고, 직접민주주의의 가치와 수단을 잘 구현할 수 있는 환경이기 때문이다. Lassen and Serritzlew(2011: 238)는 덴마크의 행정구역 통합 사례를 분석하여, 자치체의 규모 증가가 주민의 정치적 효능감을 감소시킨 것으로 결론지었다. 덴마크는 2007년 기존의 271개 행정구역을 98개로 통합한 바 있다. 이와 달리, 큰 규모의 정치체 혹은 자치단체는 물리적, 사회적 자원을 동원하고 문제해결에 효율성을 발휘할 수 있다(최지민 외, 2014: 465). 현대 정치학과 도시 연구에 있어서 이 문제는 매우 커다란 연구주제로 인식되어 왔다(Anckar, 2004: 379). 정치학 분야의 Dahl(1973)도 〈규모와 민주주의〉라는 책에서 이 문제를 분석한 바 있다.

한국에서는 도시의 최적 규모에 대한 연구가 간헐적으로 시도되어 오다가, 2010년을 전후하여 자치단체의 통합에 대한 논쟁이 가열되면서 자치체의 규모에

| 표 10-2 | 세계 주요국의 기초자치단체별 인구·면적 비교 |

국가명	인구 (천명)	면적 (㎢)	기초자치단체		
			개 수	평균인구 (천명)	평균면적 (㎢)
한 국	48,710	98,185	230	211.8	426.9
일 본	127,347	377,385	1,805	70.6	209.0
영 국	60,178	241,752	434	138.6	557.0
프랑스	59,440	543,965	36,700	1.6	14.8
독 일	82,506	357,021	15,300	5.4	23.3
오스트리아	8,170	83,855	2,350	3.5	35.7
스페인	42,600	506,030	8,100	5.3	62.5
네덜란드	16,068	41,863	548	29.3	76.4
포르투갈	10,084	92,389	308	32.7	300.0
핀란드	5,184	338,127	452	11.5	748.0
노르웨이	4,525	386,919	435	10.4	889.5
스웨덴	8,833	450,000	310	28.4	1,451.7

※ 2005년 행정자치부 국회 보고 자료(2005년 11월 23일) 참조, 2008년 행정안전부 통계연보로 재구성.
(한국은 제주도 제외, 일본은 2008년 11월 자료임).

대한 관심이 점증하였다. 정부는 자치단체 통합을 강력히 추진하는 가운데, 집권 정당의 국회의원들을 중심으로 인구 70만 명 내외의 광역시로 전국의 시군을 개편하려는 시도가 나타났다.[17] 여기에 자치론자들은 반대하는 입장이었다. 그들은 지방자치의 약화와 지역공동체의 정체성이 상실되는 점을 우려하였다. 통합론자들은 '100년 전에 정해진 행정구역의 불합리성'을 시정, 통합함으로써 절감될 수 있는 행정비용의 절감,[18] 국제화 시대의 경쟁력을 주목하였다. 이에 대해 자치론자들은 실제 통합의 사례들을 분석한 결과 행정비용의 절감 효과가 없다는 점을 제시했다. 양측의 입장 차이는 결국 지방행정체제개편추진위원회[19] 내에서도 치

17 당시 여당의 허태열 최고위원의 주장이 대표적이다. 한겨레신문, 2008년 8월 31일 및 한국일보, 2008년 9월 1일.
18 공무원 수의 감축으로 인한 인건비 절약, 중복 시설의 매각과 전환으로 인한 비용 축소 등이 핵심 내용이었다.

열한 논쟁으로 이어졌다.

그런데 〈표 10 − 2〉가 제시하는 각국의 자치단체규모를 살펴볼 필요가 있다. 인구를 기준으로 볼 때, 기초자치단체의 규모는 한국이 월등히 가장 큰 편이다. 세계적으로 기초지자체의 규모가 큰 것으로 평가되는 영국의 경우보다도 훨씬 큰 규모에 해당한다. 기초지자체가 매우 작은 프랑스보다는 130배 이상 큰 수준이다. 독일, 오스트리아, 스페인의 경우보다도 훨씬 크다.

한국의 자치단체를 무조건 통합해야 한다는 주장은 논리적으로나 실증적으로나 그 근거를 확인하기 어렵다. 세계적으로 지자체의 통합이 일본이나 이태리의 경우 커다란 사회적 흐름을 형성하고 있는 것은 사실이나, 일본이나 이태리의 통합 자치단체 규모가 한국의 그것보다 매우 작은 수준임을 상기할 필요가 있다. 예컨대, 일본의 기초 지자체 평균인구가 7만 명 수준인데 비해, 한국의 그것은 21만 명 수준이다. 또, 다양한 연구에서 1995년을 전후로 통합된 지자체에서 행정비용의 절감효과가 나타나지 않고 있음이 드러나는 점도 기억해야 한다. 심지어 2010년 통합된 마산, 창원, 진해의 경우에도[20] 행정비용의 절감현상은 2014년까지 나타나지 않고 있다.[21]

자치단체가 통합의 의사를 강력히 피력하는 경우, 내면적으로는 중앙정부에 의해 제시된 통합의 인센티브에 의해 영향을 받고 있다. 통합 창원시의 경우도 통합[22] 이듬해인 2011년부터 2020년까지 매년 중앙정부로부터 146억여 원씩 지원받기로 예정되어 있고, 이와 별도의 다양한 지역개발 사업에서 혜택을 받게 된다. 스스로의 행정비용 절감과 필요성보다는 중앙정부가 제시한 지원의 혜택이 통합의 일차적 효과로 주목받는 셈이다.

통합된 지자체 내에서 통합 전의 구역이 갖는 정체성 때문에, 갈등이 초래되는 측면도 간과할 수 없다. 통합 창원시의회는 지속적으로 통합시를 해체하고 원래의 창원, 마산, 진해로 회귀하여야 한다는 건의안과 결의안을 통과시키고 있다.

---

19 위원회의 설립에 대한 법령은 2010년 10월 시행되어, 2014년 12월 31일 만료하였다.

20 2010년 7월 1일자 마산, 창원, 진해가 통합 창원시로 통합되었다. 통합 직전 각 지역의 인구는 마산 40만, 창원 51만, 진해 18만 명 수준이었는데 통합과 더불어 인구 108만 명의 거대 창원시가 탄생하였다.

21 2014년 10월 통합 창원시 기획예산 담당자 면담 결과.

22 2010년 7월 1일자로 통합.

통합 창원시의회는 2011년 11월, 2013년 4월 그리고 2015년 2월 이 같은 통합 해체 결의안 및 건의안을 가결한 바 있다.

여기서 우리는 자치단체 통합의 실제적 효과가 무엇인지 면밀하게 검토해 볼 필요가 있다. 중앙정부의 지원 외에 행정비용의 절감효과, 광역적 지역개발의 구상, 대규모 자치단체의 서비스 비용절감에 얼마나 기여하는지 객관적으로 검토해야 한다는 의미다.

적어도 지방자치와 공동체의 형성에는 통합이 역작용을 초래할 가능성이 농후하다. 만약 통합이 다양한 측면에서 바람직하다면, 자치와 공동체를 지원할 보완책을 마련하는 것이 중요하다. 읍면동 수준의 근린자치를 강화하는 것이 현재 제시된 유력한 보완책이다. 현재 한국의 읍면동은 자치단체가 아니지만, 준자치단체에 해당하는 지위를 부여할 필요가 있다. 장기적으로 선거의 비용을 과다하게 지출하지 않는 상태가 되고, 생활자치 현상이 일반화되면 읍면동을 자치단체화 할 필요가 있다.

참고로 일본의 기초자치체인 정·촌의 인구규모와 한국의 읍·면·동 규모를 비교하여 보면 일본의 정·촌 평균 인구는 13,090명인데 비해 한국의 읍과 동 평균 인구는 19,000명 수준이다. 시골지역인 면까지 계산하면 일본의 정·촌 인구와 크게 다르지 않다.

면(面)의 경우는 독특한 역사적 배경을 보유하고 있다. 일제 총독부의 구관조사보고서를 보면 조선말에 이미 한국사회에 면회(面會)가 존재하였다. 공동체적 자치의 씨앗이 자라났던 셈이다. '옛날에는 춘추 2회 개최하는 것을 관례로 했다

표 10-3 일본 정·촌 평균 면적·인구·공무원 수

정촌수		면적(km²)		인구(명)		공무원 수(명)	
		총면적	평 균	총인구	평 균	총 수	평 균
정	817	136,853.2	167.5	12,300,980	15,056	–	–
촌	195	24,797.9	127.2	946,451	4,854	–	–
계	1,012	161,651.1	159.7	13,247,431	13,090	147,228	1,455

* 주: 공무원 수는 2010. 4. 1.
권순복(2011) "근린자치와 읍면동제의 개혁," 지방행정연구소 토론회 발표자료. 2011년 6월 21일.

표 10-4   한국의 읍면동 평균규모 비교(2010)

구 분	인구(명)	면적(㎢)	세대수(개)	통·리수(개)
	평 균	평 균	평 균	평 균
읍	19,787	68.59	7,615	38
면	4,300	62.53	1,850	24
동	19,403	4.98	73	27

고 하나, 현재는 필요에 따라 수시 집회한다. 종래 면회의 의사 사항은 결세 잡세의 증과 또는 신과(新課), 치도(治道)의 수리공사에 관한 부역, 면 직원의 추거(推擧), 면 경비의 부과 등에 지나지 않았으나, 현재도 도읍을 제외하면 종래와 큰 차이가 없다. 면회의 의사사항으로 이해관계가 여러 면에 걸치는 것은 관계 면의 면장과 유력자가 회동하여 의사하는데 그를 대면회(大面會)라 한다'(윤해동, 2006: 137)고 되어있다. 이를 보면 면회가 1910년까지 유지되고, 활발하게 작동되었음을 알 수 있다.[23]

그런데 전통적인 조선의 지방지배는 본래 郡縣制(군현제)와 外官制(외관제)에 기초하고 있었다. 모든 군현에는 외관이 파견되었다. 그러다, 일제에 의해 통감부가 설치되면서, 군현제가 부정되고 면제로의 개편이 단행되었다. 이러한 변화는 하부의 촌락, 나아가 촌락민을 포섭 및 통합하려는 의도 하에 진행되었다(윤해동, 2006: 27). 촌락 내에는 동계류조직이 있어, 촌락의 자치와 유대의식을 이어가고 있었다. 이것이 모범부락, 농촌진흥운동, 국민총력운동 등 식민지 세력에 의한 관제운동에 의해 위협을 받으며 면제로 편입되었다.

전통적인 한국사회의 자치와 공동체는 촌락과 부락 중심으로 이루어져 온 것이 명백하다. 이것을 일제시대 총독부는 면 제도로 흡수하려 하였다(윤해동, 2006: 25).[24]

---

23 한국이 일제에 의해 강제 합병되기 직전 지방자치에 관한 논의가 본격화되었다(윤해동, 2006: 76). 다양한 이름과 형태의 자치단체가 설치되었는데, 民議所, 民會, 방회(坊會), 郡民會, 面議所, 人民協議會 등의 이름으로 설치되었다. 동복에서는 1907년 군의회가 조직되었는데, 1907년 전라남도 지사가 〈향회조규〉를 근거로 의회규칙을 훈포하여 군의회 설치를 독려하자, 이를 근거로 12월 동복군이 군의회를 조직했다. 고령에서는 1909년 3월 기존의 향약조직을 확대 개편하여 민의소를 설치하였다. 주민들이 자치적으로 조직하여 상향적, 하향적 기능을 수행하고자 하였다(윤해동, 2006).

24 일제는 이보다 앞서 군의 전통적인 자치적 성격을 박탈하였다.

전통적 촌락과 부락 중심의 한국의 자치와 공동체 전통은 면 단위로 재편되는 현상이 나타났다. 도시의 경우는 인위적인 행정단위로써 완전히 동을 중심으로 제도와 인식이 정착되었는데 반해, 시골지역은 전통적인 촌락과 부락 중심의 공동체 의식이 남아있기도 하고, 다른 한편으로는 면 중심의 행정 처리와 결합의식이 생성되어 있는 상태다.

> **03**

유토피아에서 마을만들기까지

제 3 편

지역발전을 위한
전략과 자원

제11장
지역발전의 패러다임 변화
– '장소의 번영'에서 '주민의 번영'으로 –

Ⅰ. 서 론

　　T. S. Kuhn에 의해 개념화되었던 패러다임은 지배적인 가치관이나 이념, 방법, 분석기법의 총체를 의미한다. 이것이 어떻게 현실과 정책에 영향을 미치는 것일까? 패러다임은 일정 기간의 지배적인 담론이자 모델로서 정책을 구상, 정당화, 벤치마킹하는데 핵심적 영향을 미친다.

　　지역발전의 경우도 마찬가지다. 지역발전에 대한 지배적인 담론과 모델이 각국의 정책방향에 영향을 미치고, 사람들의 기대와 요구내용을 지배하기도 한다. 지배적인 패러다임의 영향에 의해 지역 내의 공간이 구조화되기도 하고, 지역 사이에 상호적 기능이 배분되기도 하며, 상·하향적 혹은 협력적 개발방식이 결정되기도 한다.

　　지역발전은 많은 경우 정부에 의해 주도되는데, 여기에는 두 가지 차원이 있다. 하나는 지방정부에 주도되는 지역적 차원이고, 다른 하나는 중앙정부에 의해 주도되는 국가적 지역발전 정책이 그것이다. 자치단체에 의해 자주적으로 주도되는 지역발전 정책은 일본의 지방정주권 개발, 한국의 지역생활권 개발, 영국의 지방계획(local plan), 독일에서 주마다 수립하는 주계획(Landesplanung)이 여기에 속한다(최상철, 2014: 3). 국가적 지역발전 정책은 한국의 국토계획이나 일본의 전국계획,

중국의 삼선정책(三線政策), 프랑스의 DATAR, 독일의 국토계획(Raumordnungplan)처럼 국토 전체를 대상으로 하는 지역발전 정책이다.

지역발전의 패러다임은 지역적 발전 정책이나 국가적 지역정책에 동일하게 영향을 미친다. 아마도 지역발전 분야에서 지배적인 패러다임의 구분은 '장소의 번영(Place Prosperity)'에서 '사람의 번영(People Prosperity)으로'라는 표제일 것이다. 이는 1966년 미국의 경제학자 루이스 위닉(Winnick, 1966: 273)에 의해 논문의 표제어로 제시된 후, 지역발전의 패러다임을 양분하는 가장 대표적인 개념으로 자리잡았다. 기존에 물리적 공간과 시설에 치중하는 지역개발은 지역주민의 진정한 행복과 성장에 기여하지 못할 수 있기 때문에, 위닉은 장소의 번영 패러다임을 비판하였다. 당시 미국의 연방정부는 지역으로서의 장소를 단위로 하는 재분배 정책에 우선순위를 두고 있었다. 위닉은 이러한 연방정부 정책의 문제점을 주목하고, 자신이 경험했던 도시재생과 고속도로 정책의 문제를 바탕으로 향후에는 사람 중심의 지역발전 정책이 필요함을 역설하였다.

위닉이 제시한 장소의 번영은 다른 학자들의 표현으로는 '성장모형', 혹은 '양적 성장' 패러다임에 해당하고, 사람의 번영은 '재분배 모형', 혹은 '구조적 변화' 패러다임에 해당하였다. Dudley Seers의 개념으로 보면 전자는 '경제적 성장' 패러다임이고, 후자는 '불평등 해소를 위한 사회적 성장' 패러다임에 해당하였다. 여기서는 지역개발의 일반적 패러다임으로 성장 모형, 재분배 모형, 그리고 유연화 모형 및 지속가능한 환경 모형으로 구분하여 간략히 설명하고자 한다.

그런데 사회과학에서 패러다임은 다(多)패러다임의 동시 공존 특징이 나타난다. 자연과학의 경우보다는 상이한 여러 개의 패러다임이 동시에 존재하고, 수용되며, 지배하는 현상이 나타난다는 의미다. 예컨대, 개발 패러다임에 대한 비판으로 균형성장 패러다임이 등장한 이후에도 개발 패러다임이 완전히 대체되기 보다는 균형성장 패러다임과 공존하는 경향이 나타난다. 유연화 패러다임이나 생태환경 패러다임이 나타나는 경우도 기존의 패러다임을 완전히 대체하기 보다는 상호보완적 혹은 대립적 상황에서 공존하는 특성이 나타났다.

Ⅱ. 지역발전의 패러다임 변화과정

1. 개발 패러다임

먼저 빵의 크기를 키우자는 주장으로 대변되는 모형이다. 시기적으로는 1950~ 60년대 사이, 사회적 관심이 저개발 지역을 개발하는 방향으로 경사되었다. 이 개발 패러다임은 1) 공업화를 통한 양적 성장을 우선시하고, 2) 적극적인 국가개입을 필요로 하며, 3) 외부수요의 힘에 기초한 산업화 정책이 효과적이라는 믿음을 품고 있었다.

개발모형은 다분히 경제적 합리주의를 신봉하고, 효율성을 추구했다. 가시적이고 유형적, 물질적, 양적 성장을 중시하며, 이와 연관된 후생의 증가를 중시하는 효용론의 입장을 견지했다. 개발모형의 패러다임이 중시한 이론을 보면 François Perroux의 성장극 이론(growth pole theory),[1] 공간체계이론(spatial system theory),[2] 입지론(location theory),[3] A. D. Herschman의 불균형 극화이론(unequal polarisation theory) 등이다.

개발모형에 입각하여 지역개발이 추진되는 경우, 불균형 성장을 전제로 하는 대규모 산업단지 개발방식이 채택되었다. 성장 거점 방식에 의해 개발을 하면, 그 효과가 낙후지역으로 확산되거나 떨어질 것으로 가정되었다. 동시에 정부의 강력한 개입을 전제로 계획이 수립되었다. 중앙-지방 관계에서는 중앙정부 주도의

---

1 그가 성장극 개념을 소개한 것은 1949년의 일로, 상대적으로 지배력을 갖는 산업, 기업이 강력한 추진력으로 지역발전을 이끄는 과정을 이론화한 것이다. 성장극은 경제계획, 현실 속의 영향력의 장, 동질적인 집적으로 구성되는 추상적 경제공간에 존재한다. 이것이 가시화시키는 외부경제, 집적, 연계라는 세 가지를 활용하여 지역발전 전략을 수립하도록 유도했다.

2 전통적인 체계이론을 공간에 대입한 것으로, 지리적으로 발전과 변화는 매우 논리적인 인과의 표출에 의해 이루어진다는 내용이다. 산업이나 인구 같은 경제적 현상으로 구체화하여 성립한 것이 이른바 입지론이다.

3 지역과학(regional science)의 일환으로 경제활동의 지역적 분포를 설명하고, 최적화에 관심을 갖는 이론이다. Johann Heinrich von Thünen을 이론적 창시자로 미국의 경제학자 Walter Isard에 의해 집대성되었다. Walter Isard(1956) *Location and Space-economy*; *a General Theory Relating to Industrial Location, Market Areas, Land Use, Trade, and Urban Structure*. Cambridge, Mass. Published jointly by the Technology Press of Massachusetts Institute of Technology and John Wiley & Sons 참조.

강력한 개입이 전제되어, 국가계획에 의한 대규모 산업입지 정책이 강행되는 경우가 많았다.

생각건대 국가 전체가 저개발 상태라고 스스로 진단하는 단계에서, 자원이 부족한 환경이라면 불균형을 감수하는 성장거점 방식이 불가피하게 선택될 수밖에 없을 것으로 판단된다. 그러나, 이러한 개발모형은 정부주도의 하향식 개발을 유도함으로써 다양한 갈등을 야기하였다. 분배에 대한 요구, 상향적 참여가 그것이다.

한국은 1960년대~1970년대까지 개발 패러다임이 강력히 군림하였다.[4] 1962년 6월 내무부 토목국과 경제기획원 국토건설청을 통합하여 건설부를 설치하고, 1963년 국토건설종합계획법을 제정하면서 국가적 차원의 지역발전 정책을 추진하기 위한 제도와 법적 기반을 마련하였다. 여기에 제1차 경제개발계획 5개년계획[5](1962~1966)과 제2차 경제개발 5개년계획(1967~1971)이 압도적으로 국가 전체의 물량적 경제개발에 치중함으로써 지역발전 역시 압도적으로 개발 패러다임에 의해 지배를 받았다. 개발 패러다임에 입각한 지역의 공간과 지역발전 정책이 중앙정부에 의해 그려졌다. 성장거점 방식, 입지론, 불균형 성장이론에 입각한 지역발전 계획이 중앙정부에 의해 하향식으로 추진되었다. 그러나, 제1차 경제개발 5개년 계획(1962~1969)에는 지역계획이나 정책이 언급되지 않을 만큼 소외되었다(최상철, 2014: 7). 건설부의 경우도 계획이나 정책을 설계하기보다는 토목공사를 위주로 하는 부처로 자리를 잡았다. 건설부 내 계획국 아래 지역계획과가 신설되었으나, 대형 토목공사의 계획과 설계 위주의 역할을 수행하였다.

1970년대 들어온 후에도 성장거점 방식에 바탕을 두고 지역정책이 추진되었다. 국토 전체의 차원에서 토지이용의 효율성을 도모하고 경제개발의 인프라를 구축한다는 차원에서 지역정책이 수립되었는데, 그 입지는 정치지도자의 출신지를 중심으로 많이 배분되었다. 중화학 공업을 중심으로 구미, 포항, 마산, 울산, 창원 등이 주요 입지의 대상지였다.

---

4 대한민국 시기를 놓고 본다면, 한국은 시기적으로 보면 1960년대 지역정책의 태동기를 겪었고, 1970년대 유년기를 경험하였다(최상철, 2014: 11).

5 1961년 출범한 군사정부는 빈곤을 퇴치하고 국가의 자립경제 기반을 구축하고자 하는 양적 경제개발 정책에 최우선 순위를 두었다.

2. 균형성장 패러다임

균형성장 패러다임은 개발모형에 대한 반성으로 1970년대를 풍미하였다. 균형성장 패러다임의 기본가정은 1) 질적인 발전을 추구하는 것이고, 2) 낙후지역에 대한 재분배적 개발을 통해 형평성을 도모하며, 3) 상향적이고, 지역적인 필요를 충족시키는 방식과 전략을 택하자는 것이었다. 이 시기, 개발모형에 대한 반성과 균형성장 모형에 대한 필요성, 그리고 미래의 지역발전 패러다임을 조망하며 Winnick(1966)이 제시한 개념이 '장소의 번영으로부터 사람의 번영으로'라는 슬로건이다.

> 계획적 개입에 의해 조금 늘어나는 수입마저도 누수가 되며, 가장 필요한 사람들의 주머니보다는 가장 덜 필요한 사람들의 주머니로 언제나처럼 들어간다. 장소지향적 정책보다는 사람지향적 정책이 올바른 처방인데, 효과가 느리기는 하다(Winnick, 1966: 275).

균형성장 모형은 기본 가치를 형평성과 지역의 수요에 두었다. 형평성이라는 가치는 자연히 분배지향적 정책을 내포하게 했고, 지역의 수요중심 접근은 기초수요와 지역의 규범을 중시하도록 유도했다. 상대적으로 균형성장 모형은 상향적 참여의 가치를 인식하기 시작하였으나, 지역주민이 실제 개발의 주체가 되기보다는 단순히 이해와 수용도를 높이는 차원의 시책들이 구사되었다.

이 시기 부상한 이론으로서는 국제노동기구(ILO)가 제시한 기초수요접근과 고용지향 개발모형, 도농(都農) 통합이론, 그리고 일부의 파트너십 이론이나 협력적 지역계획이론(collaborative planning theory) 등이 있다.[6] 이들은 한결같이 형평과

---

6 균형성장 패러다임의 비판으로 제기된 주민의 수요중심 접근, 상향식 발전, 질적 형평성의 중시 같은 개념은 차후에 협력적 개발(collaborative planning)이론으로 진화되었다. 이 개념 자체가 이미 바람직한 개발이라는 뜻을 내포하고 있다. '협력'이라는 용어가 사용되고 있기 때문인데(Bugg, 2012: 204), 계획가와 지역주민 사이, 정부와 주민 사이, 그리고 주민ㅡ기업ㅡ정부 사이, 혹은 관련 주체 사이에 소통과 합의를 통해 개발을 추구하는 것을 강조한다. 여기에는 보다 넓은 시각에서 다양한 요소들을 아우른다는 의미도 있다. 다양하게 해석이 제시되는 가운데, 협력적 기획의 핵심을 이루는 공통 요소는 두 가지다. 첫째는 관련된 이해당사자들이 스스로의 목소리를 낼 수 있도록 격려 및 참여시키는 것이다. 둘째는 참여자 사이에 합의를 위한 민수적 토론과 숙의를 격려하고, 그 방식에 입각하여 개발계획을 수립한다는 뜻이다(Bugg, 2012: 205). 이렇게 함으로써 합의도가 높은 정책이 수립되고, 집행할 수 있게 된다.

참여, 그리고 상향적 기획을 중시하는 공통점을 가지고 있다. 균형성장 패러다임에 의해 지역발전에서 상대적으로 주목받은 것은 인프라와 기업의 건설보다는 '소득', '기회', '공공 서비스'와 같은 개념들이다. 공공방식으로 제공되는 서비스에 대해서는 국가적 최소기준(national minimum)이라는 개념이 통용되기도 하였다.[7]

그러나 균형성장 모형은 근본적으로 개발모형을 완전히 극복하거나 대체할 수 없는 한계를 보였다. 파이의 크기를 먼저 키워야 한다는 논리와 힘을 억제하는 것은 어려운 일이었기 때문에, 성장과 분배 그리고 효율과 형평, 하향식 개발과 상향식 개발방식 사이에 갈등이 존재하였다. 또, 균형성장 모형이 제시하는 가치들, 예컨대 형평과 참여를 구현하는 데에도 명백히 현실적 한계를 노출하였다. 모형이 제시하는 수준의 형평을 달성하기도 어렵고, 주민주도의 지역개발을 추진하는 데에는 명백한 한계를 보일 수밖에 없었다.

영국의 경우 1970년대 중반 균형성장 담론과 정책이 활발하게 수용되었다. 그 결과 1970년대 후반에 이르러 지역 간 불균형이 전통적 지표(예를 들면 지역 간 생산액, 지역주민소득 등)로 측정할 경우 현저하게 완화된 것으로 나타났다. 다만 1980년대 대처정부 하에서 첨단산업중심으로 산업구조조정이 이루어지면서 이에 따른 공간적 결과로 런던권역과 그 밖의 지역 간 불균형이 새롭게 생겨나게 되었다(한국정치학회, 1997: 13).

프랑스는 1982년 지방분권에 관한 강력한 법이 제정되면서부터다. 지역적 성장정책을 총괄할 수 있는 광역정부 레지옹을 강화하고, 수도권의 인구 및 산업에 대한 집중을 과밀부담금 방식으로 억제하였다. 또, 공공기관의 지방이전 및 균형성장 차원에서 테크로폴리스 같은 지역혁신을 추진하고, 균형을 위한 보조금을 지급하였다. 개별 지역의 발전뿐 아니라 프랑스는 지역 간 협력에 노력을 기울였다. 기존의 22개 광역자치단체(régions)를 1997년부터 6개 대지역(super-régions)으로 구분하여 지역 간 협력 방식을 중시한 것이다.

한국의 경우 1970년대 인프라 구축과 급속한 성장을 거치는 동안 서울집중 현상이 나타나고, 이어서 경기와 인천지역에 대한 집중 및 타 지역과의 격차 문

---

7 균형성장 패러다임이 제시했던 형평성과 통합에 대한 문제의식은 1990년대에 들어와 사회적 포함(inclusion)과 배제(exclusion)에 대한 논의로 이어졌다. 이것은 기존의 갈등론적 시각에 뿌리를 둔 계층이론이 이념적 장벽이 허물어진 후 현실적 대안을 모색하여 진화하는 과정에 부상된 균형발전이론이었다(한국정치학회, 2007: 5).

제가 발생하였다. 〈표 11-1〉이 보여주는 바와 같이, 1970년대까지는 서울의 생산액 혹은 종업원 집중현상이 심하였고, 1980년대 이후로는 인천과 경기지역으로의 집중현상이 두드러진다. 그 결과, 실제 균형성장의 문제가 사회적 쟁점으로 크게 부상하였고, 이것이 1980년대 들어 정부의 정책으로 본격적으로 반영되기 시작하였다. 국토에 다핵구조를 형성하고, 서울 및 부산에 대하여는 개발억제 및 관리를 하는 정책이 수립되었다(이정식, 2014: 20). 특히 수도권 중심의 공간구조를 재편하고, 국토의 다핵적 이용을 유도하기 위해 중부권, 서남권, 동남권 등의 지역경제권이 설정되었다.

수도권 집중과 이로 인한 비수도권과의 격차는 정치사회적 문제로 고착되었다. 이후에도 수도권 집중현상은 지속되어 인구측면에서는 1960년 20.8%에서 1970년 28.3%, 2003년에는 47.6%, 2010년 49.0%로 계속 증가하였다(한국정치학회, 2007: 8). 수도권 인구집중 비율이 프랑스의 경우 19.0%, 영국 26.0%, 일본 27.2%에 비해 현저히 높은 수준으로 상승되었다. 사회경제 및 행정의 수도권 집중도는 인

표 11-1 지역 간 산업입지의 비중 변화 추이 (단위: %)

지 역	생산액						종업원 수					
	1966	1970	1980	1989	2000	2012	1963	1970	1980	1989	2000	2012
서울	33.5	33.2	16.2	11.5	4.4	2.2	29.6	33.9	22.1	17.0	7.8	4.2
부산	17.8	16.6	11.3	7.6	3.2	2.8	17.2	15.9	15.8	12.4	6.6	5.0
인천, 경기	10.6	13.1	22.4	33.3	32.1	25.6	10.2	12.1	23.8	31.8	36.3	36.3
강원	2.4	1.5	1.3	1.2	1.1	0.7	2.0	2.2	1.1	1.0	1.2	1.1
충북	3.2	2.9	2.1	2.8	4.2	3.9	2.5	2.3	2.0	2.4	4.3	4.7
대전, 충남	6.0	5.9	3.9	3.7	8.5	13.6	5.9	5.3	4.3	3.8	6.7	9.7
전북	3.6	3.7	2.3	2.1	2.8	2.9	5.9	4.2	2.7	2.5	2.9	3.1
광주, 전남	5.1	2.9	9.2	6.4	7.8	10.4	6.2	4.9	3.3	3.5	4.4	5.3
대구, 경북	10.7	8.0	12.1	12.1	13.5	12.5	14.5	11.5	13.1	12.3	13.1	12.7
울산, 경남	6.8	11.8	18.9	19.2	22.4	25.3	5.3	7.0	11.5	13.2	16.6	17.7
제주	0.4	0.3	0.1	0.0	0.1	0.1	0.8	0.6	0.2	0.1	0.1	0.2
전국	100	100	100	100	100	100	100	100	100	100	100	100

출처: 조혜영(2014: 75).

구보다 심하게 나타났다. 정부 및 민간의 중추기능 역시 청 단위 이상 중앙행정 기관이 83.9%, 공기업 본사 84.8%, 100대 기업 본사 92%, 조세 수입의 70.9%, 제조업 집중률 56.7%, 전국은행예금액의 67.9%, 외국인 투자기업의 72.9%, 벤처기업의 77.1% 등이 수도권에 집중되어 있었다. 수도권의 교통혼잡비용은 2001년 경우 10.5조 원(2002년 12.4조 원), 대기오염 개선을 위한 연간 사회적 비용이 10조 원, 상하수도 및 폐기물 처리 등 환경개선 비용이 약 4조원에 이를 정도로 과밀비용의 부담이 큰 것으로 평가되었다.

균형성장 패러다임이 가장 강력하게 정부의 정책으로 채택된 것은 노무현 정부에 이르러서였다. 수도권으로의 과도한 집중과 지역 간의 불균형 문제가 심각한 상황으로 비판의 대상이 되었다. 1960년대부터 각종 지역균형발전 정책을 추진하여 왔는데, 이러한 정책 추진에도 불구하고 불균형 문제는 지속되었다. 이러한 문제를 해결하기 위해 참여정부는 균형발전 전략을 과거와 다르게 지방분권, 지방분산, 지방분업 등 이른바 삼분(三分) 정책을 추진한 바 있다.

3. 유연화(柔軟化) 모형

대체로 1980년대[8]부터 유연화에 대한 논의가 확대되었다. 세계화 현상이 가속도를 더해가고 정보통신 기술이 급속도로 발전하면서, 지역개발의 방식과 모형에 대한 접근도 영향을 받았다. 유연화 모형의 기본 가정은 과거 포디즘(Fordism)의 경직성과 정부개입을 지양하고, 유연적 생산체계에 조응하는 지역공간을 구조화시켜야 한다는 신념이었다.

세계화는 범세계주의 물결 속에서 경쟁체제를 강화하는 한편, 또다른 한편으로는 지역중심의 개발방식을 요구하였다. 세계기구의 강화, 지역 블록 형성, 정보와 생산 그리고 시장의 세계화가 진행되는 한편으로 지역적 정체성에 대한 요구가 강해졌기 때문이다. 세계화와 정보기술의 발달은 무엇보다 혁신을 중요한 요소로 부상시켰다. 생산요소가 자유롭게 이동하고 정보기술의 발전 속도가 빨라짐

---

8 엄밀한 시대구분을 하자면, 1970년대에도 유연화의 요소는 존재했다. 프랑스 중심의 조절이론가들은 1970년대를 '포디즘적 규제기'로 규정하고 대량생산, 반자동화, 노조, 분업과 표준화, 규모의 경제, 대규모기업으로 이 시기를 특징짓는다.

으로 인해 경쟁이 심화되고, 이에 부응하기 위해서는 혁신이 필요했다.

지역발전의 측면에서 이러한 환경은 유연체제로의 전환을 의미했다. 정보기술의 비중이 커짐으로 경제구조 자체가 변모하고, 개별 기업 차원에서는 생산라인의 전환이 용이해졌다. 이로써 '다품종 소량생산'이 현실화되고 유연, 신속, 다양화의 가치에 부합할 수 있게 되었다. 세계화의 추이는 이제 기존의 어떤 특정한 지역이 고립적인 하나의 단일체로 존재하도록 남겨두지 않는다. 그것은 국가의 국경을 넘어 그리고 국가 안에서 다른 지역과의 연계 속에서 기능할 수밖에 없는 체제로 편입되었다(Rios and Watkins, 2015). 따라서, 지역발전 역시 타 지역, 나아가서는 국경을 넘어서는 공간과의 연계와 역할분담 속에서, 그리고 민과 관의 획일적 구분을 넘어서는 유기적 협력 속에서, 혁신적 가치를 추구하는 방식을 요구하였다.

신산업지구(NID)를 지정하거나, 기술혁신에 입각한 창업을 장려하며, 세계적 필요와 지역의 내포적(內包的) 자원을 동시에 중시[9]하는 방향으로 지역발전이 전개되었다. 포스트포디즘적 지역발전 방식, 예컨대 탈산업화와 탈대량생산, 고이직률, 불확실성, 정보기술을 활용한 신축적 생산 및 분절적 마케팅(flexible production and segmented marketing)이 현실화되는 단계였다.

유연화 시대에 이르러 장소 자체는 지리적으로 특정 지역에 고착되어 있는 고형물이 아니라 문화, 정치, 사회적으로 의미를 구성하는 유동적인 요소라는 생각에서 '탈지역화' 관점(Deleuze and Guattari, 1987: 88)에 대한 논의가 활성화되고 있다.

4. 지속가능한 환경 모형

생태환경의 유한성(有限性)에 대한 인식이 확산되고, 위기감이 고조되면서 지역발전에서 지속가능한 환경 패러다임이 풍미하게 되었다(한국정치학회, 2007: 4). 이 위기감은 이미 1960년대~1970년대의 일부 연구자들에게 공유되어 환경주의가 확산되기 시작하였다. 로마클럽은 1972년 '성장의 한계'[10]를 발표하였고, 캘리포

---

9 이 시기에 중앙중심주의와 지방중심주의 사이의 갈등은 재분배 모형이 지배하던 시기보다 오히려 심화되는 경향을 보였다.

10 Club of Rome(1972) *Limits to Growth*, New York: Universe Books. 로마클럽은 이태리 경제 컨설턴트 Aurelio Peccei가 이끄는 임시 조직에 의해 집필되었다. 이들은 주로 미국의 MIT에 소속된

니아 대학 출판편집장이었던 Ernest Callenbach는 1975년 〈생태유토피아〉(Ecotopia) 라는 책을 출판했다(Callenbach, 1975). 이 책은 여덟 개의 언어로 번역되어 50만 부 이상 팔려나갔다.

환경에 대한 위기감이 다양한 정책으로 수용된 것은 공해와 자원고갈의 심 각성이 보편화 된 1990년대였다. 유럽에서는 EC(EU의 과거이름)에 의해 1990년 도 시환경녹서가 발행되고, 녹서의 영향을 받아 1991년에는 도시환경 전문가 그룹이 결성되어 〈유럽의 지속가능한 지역공동체들〉이라는 보고서를 간행하였다(Beatley, 2013: 43). 다른 국가에서도 사회집단들이 생태적 환경의 중요성을 인식하고 정부 의 정책에 환경보전에 대한 심각성을 불어넣었다. 과거 경제성장을 중시하는 개 발모형이 지배하던 기간에는 '생산의 환경'을 중시했고, 균형성장 시절에는 '생활 환경'을 중시했다면, 환경 모형 속에서는 다시 자연 생태환경을 중시하게 된 것이 었다. 자연환경의 보전을 통한 지속가능성(sustainability)을 핵심 가치로 여기는 발 전 패러다임이었던 셈이다. 물론, 지속가능성이란 개념은 생태뿐 아니라 사회경 제적 차원을 아우르는 개념으로 확대되기도 하였다.

세계적으로 보면 1972년 스톡홀름에서 인간환경회의가 개최되어 114개국에 서 1,300명이 참가한 것을 비롯하여, 1987년 동경선언이 있었고, 1992년 6월 리우 데자네이루에서 환경과 개발에 관한 유엔회의(UNCED)가 열렸다.[11] 이 과정에서 The Brundtland Report가 발표되어, 지속가능한 개발(Sustainable Development)이란 용어를 제시하였다. '미래세대로 하여금 그들의 필요를 충족시킬 능력을 저해시 키지 않으면서, 현세대의 개발에 대한 필요를 충족시키는 것'을 내용으로 하였다. 이제 환경은 '조상으로부터 물려받은 것이 아니라, 후손으로부터 빌려 쓰는 것'이 됨 셈이다.

환경 패러다임의 기본 가치는 생태적 수용능력(carrying capacity)의 유지, 개발 과 보전의 조화, 그리고 세대 간의 형평성이었다. 이러한 필요를 충족시키기 위해 서는 기술혁신을 개발에 활용하며, 자원절약형 그리고 오염저감형 발전을 도모해 야 한다. 에코 시티의 지향, 고효율 에너지 기술의 적용, 자원절약형 하이테크 개

과학자들로 사회의 미래에 대한 성찰을 모았다.

11 1992년 6월 3일부터 14일까지 리오에서 환경과 개발에 대한 UN 회의가 열렸다. 여기서 27개의 원칙이 채택되었는데 그 중 첫 원칙은 '지속가능한 개발에 대한 관심의 중심은 사람이다. 사람은 자연과의 조화 속에서 건강하고 생산적인 삶을 누려야 한다'였다.

발 등이 지역발전 과정에서 강조되었다.

독일과 네덜란드, 덴마크 등에서는 생태주의와 환경정치가 사회세력화 되어, 보다 강력한 현실적 영향력을 환경 패러다임이 행사하였다. 프랑스의 경우도 1999년 지속가능한국토계획발전기본법을 제정하여 환경의 보전과 균형발전 및 지속가능성을 결합시키는 노력을 가속화하였다. 이를 보면, 환경 패러다임의 태동은 1970년대부터 서서히 시작되었지만, 실제 정책적 영향력은 1990년대 강화되었다고 할 수 있다.

한국에서도 환경 패러다임은 지역개발에 지대한 영향을 미치고 있는 중이다. 이제 지속가능성, 생물 다양성에 대한 인식이 보편화되고, 생태적 환경을 활용한 지역개발이 확산되는 추세에 있다. 다만, 환경적 생태주의가 정치 세력화하는 속도는 미미하여, 공식적 정치권 내에서 개발세력에 대한 환경보전 세력의 영향력은 강하지 못한 실정이다.

5. 혁신과 첨단산업 도시

혁신은 새로운 아이디어, 제품, 과정, 기술을 창안하여 활용하는 과정을 의미한다. 로보틱스 공학자 Joseph F. Engelberger에 따르면,[12] 혁신은 1) 수요에 대한, 2) 기술력을 가진 사람, 3) 재정적 지원에 의해 나타날 수 있다. 이를 통해 국가, 기업, 조직, 지역의 발전이 가능하다는 의미다. 예컨대, 2013년에 발표된 각국의 혁신성 점수와 순위는 〈표 11 – 2〉와 같다. 1,000명 이상의 기업인을 대상으로 심층면접 하여 혁신지수를 평가한 결과와 국가별 순위이다. 혁신의 투입은 정부, 재정정책, 교육, 혁신 환경에 대한 평가이고, 혁신의 산출은 특허, 기술이전, R&D 결과, 기업실적, 노동생산성, 주주 배당, 기업이전 실태, 경제성장 등에 대한 평가 결과이다.

---

12 http://en.wikipedia.org/wiki/Innovation

표 11-2	각국의 혁신성 비교(2013년)				
순 위	국 가	총점수	혁신 투입측면	혁신 산출측면	능률성 비율
1	Switzerland	66.59	66.52	66.65	1.0
2	Sweden	61.36	67.86	54.86	0.81
3	United Kingdom	61.25	68.20	54.30	0.80
4	Netherlands	61.14	64.18	58.09	0.91
5	United States of America	60.31	69.19	51.42	0.74
6	Finland	59.51	66.67	52.35	0.79
7	Hong Kong	59.43	70.65	48.21	0.68
8	Singapore	59.41	72.27	46.56	0.64
9	Denmark	58.34	66.34	50.35	0.76
10	Ireland	57.91	64.09	51.73	0.81
11	Canada	57.60	64.76	50.45	0.78
12	Luxembourg	56.57	59.95	53.20	0.89
13	Iceland	56.40	59.65	53.14	0.89
14	Israel	55.98	59.82	52.14	0.87
15	Germany	55.83	59.78	51.88	0.87
16	Norway	55.64	63.39	47.88	0.76
17	New Zealand	54.46	62.76	46.15	0.74
18	South Korea	53.31	62.10	44.53	0.72
19	Australia	53.07	64.15	41.99	0.65
20	France	52.83	59.03	46.64	0.79

출처: World Intellectual Property Organization(2013) *The Global Innovation Index.*

　　지역발전에 있어서도 혁신과 지역혁신 역량, 혁신의 확산, 혁신을 위한 거버넌스에 대한 논의가 활발하게 진행되었다. 기술개발과 관리개선, 그리고 참여주체 간 협력적 거버넌스 구축을 통해 지역발전을 도모하려는 시도였다.

　　초기의 지역혁신에 대한 연구와 정책은 첨단기술의 집적에 대한 관심에 치중하였으나, 이는 곧 클러스터(cluster)에 대한 논의로 진화하였다. 집적은 단순한 집중을 포함하여 전방 및 후방효과가 상승작용을 일으키는 것을 의미한다. 이에 비해 클러스터는 단순 집적을 넘어 상호 유기적으로 연관성을 가지고, 보완 및 경쟁 효과를 시현하는 상태를 뜻한다. 각 산업의 가치사슬 관계가 유기적으로 연결되고 협력관계로 결합되어 혁신을 창출, 활용, 확산하기 용이한 체제인 것이다. Michael Porter(1991)는 클러스터가 국가나 지역, 기업의 생산성을 향상시키고 경쟁력을 제고한다는 논리를 주창하였다. 그는 1979년 국가의 경쟁력을 결정하는 요인을 연구한 이후, 지속적으로 클러스터 개념을 발전시켰다. 지역발전 분야에서도 그의 클러스터 개념은 도입되어, 한국에서는 2000년대 초 폭넓은 지지를 받았다. 클러스터는 역사적으로 마샬에 의해 1890년 그의 책 〈경제원리〉(Principles of Economics)에서 탐색되었던 개념인데, 그는 '특정 지역들에 특정 산업이 집중해 있는 것'을 '산업지구'라 칭하였다. 그의 개념을 계승한 포터는 기존의 단순한 집적의 이익 개념을 대체하여, 서로 연관된 산업이나 기능들이 지리적으로 집적하여, 서로 보완 혹은 경쟁하면서 가치의 창출과 활용 및 확산이 용이해지는 현상을 지칭하였다.

혁신을 주도하는 주체에 대한 관심은 2000년대 들어 창조계급에 대한 논의로 발전하였다. 미국의 경제사회학자인 플로리다(Richatd Florida)는 후기 산업사회에서 지역혁신과 성장을 이끄는 핵심 주체로 창조계급(creative class)을 지적하였다. 그는 미국의 경우 전체 노동인력의 30%[13]인 4천만 명 정도를 창조계급으로 간주하며, 이들이 곧 혁신을 통해 지역 경제성장을 이끄는 주체라 주장하였다. 창조계급은 그에 의해 다시 슈퍼 창조의 핵과 창조적 전문가 집단 두 그룹으로 나누어진다(Florida, 2002: 69). 슈퍼 창조의 핵이란 창조과정에 완전히 종사하는 사람들로서 과학, 공학, 컴퓨터 프로그래밍, 연구, 교육, 예술, 디자인, 미디어에 종사하는 직업군이다. 창조적 전문가는 고등교육을 받은 후 특정한 문제를 해결하는 지식체계를 보유한 사람들이다. 의료, 기업, 재무, 법률, 교육 종사자, 보헤미안들이 여기에 해당한다. 지역혁신에 관한 창조계급론은 새로운 매력으로 시선을 모았지만, 실증연구를 전제로 하는 사람들에 의해서 비판의 표적이 되기도 하였다. 실제 현실에 있어서는 창조계급의 의미는 플로리다 스스로 중시했던 다양성이나 다문화주의 개념으로 포용될 수 있는 것으로 보였다. 또, 어느 곳을 창조도시로 볼 것

---

13 플로리다는 2012년에 이르면 미국 인구의 40%가 창조계급에 속할 것으로 당초의 2002년 연구에서 예측하였다.

인지에 대한 합의가 어렵고, 창조계급의 존재와 지역발전의 선후관계에 대해서도 논란이 제기되었다. Peck(2005: 740)의 지적처럼, 창조계급론은 논리적 인과구조를 명백히 제시하지 못한 채 일종의 순환론에 빠진 느낌을 주었다. 심지어, 창조계급 이론과 이에 바탕을 둔 처방들이 미국과 유럽에서 사회경제적 불평등을 더 악화시켰다는 비판을 받기도 하였다.[14]

지역발전을 위한 전략으로써 혁신을 주목하는 연구자들 중 일부는 첨단산업도시의 건설을 제안하기도 한다.[15] 첨단산업은 미국 상무성의 경우 R&D 지출이 일정비율 이상(예컨대, 10%), 과학자와 기술자 비율이 종업원의 일정 비율 이상일 때 SIC code에서 첨단산업으로 분류한다. 이러한 산업위주로 특정 지역을 전략적으로 개발하는 경우, 특히 도시를 형성하는 경우를 첨단산업도시라 부른다. 첨단의 혁신기술과 신도시 개발을 혼합한 개념인 것이다. 첨단산업도시에 대한 관심은 1970년 미국의 실리콘 밸리를 연구하면서 고조되었고, 나라마다 상이한 용어를 선호하게 되었다. 독일은 Technologipark, 영국은 Science Park, 프랑스와 이태리는 Technopolis 개념[16]을 선호한다. 지역혁신과 첨단산업도시와 관련하여 여러

표 11-3 지역혁신에 관한 유사개념의 범위

구 분	R&D	창 업	산업생산	주거문화
Research Park				
Incubator				
Techno Park				
Technopolis				

14 http://en.wikipedia.org/wiki/Creative_class
15 첨단산업이 관심을 받는 배경은 전자, 신소재, 광학, 생명공학 등의 혁신을 들 수 있다. 이들 첨단산업은 확산효과가 크고, 대규모의 고용효과를 창출하며, 삶의 질에 부합하고, 자원을 적게 사용하며 환경오염을 적게 일으킨다.
16 창업을 지원하는 Business Incubator 개념과 구분해야 한다.

유사한 용어가 사용되는데, 이들 간의 차이점을 그림으로 표현하면 〈표 11-3〉과 같다.

첨단산업의 입지요인으로는 대개 기업가 정신, 깨끗한 환경, 노동력의 질, 정보통신 네트워크와 공항, 정부의 정책이 거론된다. 미국에서는 실리콘 밸리와 애리조나의 피닉스, 보스턴의 Route 128, 노스캐롤라이나 Research Triangle Region이 알려져 있다. 일본은 오사카, 나고야 벨트와 큐슈 구마모토, 츠꾸바가 널리 알려져 있다. 프랑스는 테크노 폴 메쯔, 소피아 앙떼폴리스[17]가 유명하고, 핀란드는 오울루 지역, 이스라엘은 텔아비브 지역에 집중되어 있다. 한국은 1967년 서울의 홍릉에 KIST를 설립한 이후 1992년 11월 490만평의 대전 유성구 대덕단지를 기공하면서 첨단산업도시에 대한 관심이 본격화 되었다. 그 후 충북 오송, 인천 송도 등이 첨단산업도시로 지원 대상이 되어 왔다.

그러나 첨단산업도시에 대한 평가가 긍정적이지는 못하다. 성공의 판단 기준도 모호하려니와 성공한 사례로 평가되는 경우를 발견하기는 어렵다. 현실적인 성공의 요건으로서 1) 근처 모도시와의 근접성(교육, 문화적 배경, 고급 인력), 2) 정부의 장기적 발전계획이 필요하다는 사실에 합의가 이루어질 뿐이다.

그럼에도 불구하고, 지역발전에서 기술혁신과 산업을 활용하는 첨단산업도시에 대한 정책은 지속적으로 주목을 받고 있다. 그 가장 큰 이유는 첨단산업을 활용하여 지역발전을 도모한다는 상징성과 정치적 호소력 때문인 것으로 보인다.

6. 문화경제와 예술을 매개로 하는 지역발전

혁신과 창의성에 대한 강조는 창조경제라는 개념을 낳았다. 영국의 저술가 호킨스(John Howkins(2001)는 〈창조경제〉(The Creative Economy, 2001)라는 책을 통해 새로운 아이디어와 창의력으로 제조, 서비스, 여가 등에 혁신을 도모할 것을 강조하였다. 그는 창조산업 개념과 창조 생태계라는 개념을 동시에 사용하며, 혁신과 창의성이 지역발전에 미치는 중요성을 강조하였다.

창조경제가 구체적인 경제의 특정 영역을 지칭하지 못하는 사이에, 보다 구체적인 산업의 부문을 지칭하는 용어로 문화산업(Hesmondhalgh, 2002: 14)이라는 용

17 1972년 시작하여 전자공학, 약학, 생물학, 화장품 산업을 중심으로 형성되어 있다.

어가 등장하였다. 이 개념 역시 혁신과 창의성을 중시하는 시각에서 비롯된 것은 동일한데, 예술과 디지털 기술, 그리고 미디어 및 여가활동을 중시하는 특징을 보였다. 문화경제는 문화산업을 활용하여 경제성장을 추진하는 현상을 지칭하는 용어이다.

창조산업, 창조경제, 문화산업, 문화경제라는 개념 사이에는 차이와 중첩이 존재한다. 혁신과 상상력, 창조성을 활용하여 경제성장을 도모한다는 점에서는 동일하다. 이들이 고부가가치의 소프트 기술을 활용하여 사람중심의 성장을 도모한다는 점도 동일하다. 다만, 창조산업과 창조경제에 비해 문화산업과 문화경제는 상대적으로 구체적이고 협소한 영역을 지칭한다. 문화경제는 넓은 의미에서 예술적, 미학적, 기호론적 창의성을 경제적 혁신에 활용하는 활동 모두를 일컫는다. 협소한 차원에서 그것은 구체적으로 문화산업은 예술, 여가, 서비스, 소프트 기술을 핵심으로 하는 경제활동을 일컫는다. 문화경제는 문화산업을 바탕으로 성장과 후생을 확대하는 현상을 지칭한다.

영국의 중앙정부 부처 중 문화, 미디어 및 스포츠부(DCMS, 2006)는 가장 창조적인 영역으로 12가지를 제시한 바 있다. 주로 미디어 분야에 집중된 목록인데, 광고와 건축 그리고 예술을 포함한 이들 영역을 순서대로 나열해 보자.

1. 광고
2. 건축
3. 예술과 골동품 시장
4. 공예
5. 디자인
6. 패션
7. 영화, 비디오 그리고 사진
8. 소프트웨어, 컴퓨터 게임 그리고 전자출판
9. 음악과 시각 및 공연예술
10. 출판
11. 텔레비전
12. 라디오

출처: DCMS(2006).

　　T. W. Adorno와 M. Horkheimer는 1947년 문화산업이라는 말을 조어한 적이 있었는데, 이제는 지역개발의 한 전략으로 부상하고 있다. 사람을 존중하는 이상에 부합하고, 오염이 적으며, 고부가가치 산업에 해당하기 때문이다. 여기에는 지역의 전통적 규범, 축제, 다양성을 포용할 가능성도 있다. 미술관을 만들어 지역발전을 도모하는 경우는 각국에서 많이 출현한 바 있다. 스페인의 빌바오, 일본의 나오시나, 가나자와는 대표적인 곳이다. 미술관뿐 아니라 지역축제 역시 마찬가지다. 한국의 경우도 함평 나비축제, 화천 산천어축제 등은 지역성장을 견인하는 요인으로 정착되었다. 그런데, 문화로 이루어지는 경제의 개념이 광범하기 때문에 Leriche and Daviet(2010)은 문화경제를 구성하는 요소를 세 가지 차원으로 분류한 바 있다. 이들에 따르면, 핵심이 있고, 문화경제의 중심은 무용, 음악, 미술, 디자인 등 창조예술과 스포츠, 소프트웨어, 게임, 여가, 지적 서비스로 구성된다. 이것을 활용하고 지원 및 확산시키는 중간 그룹으로 출판, 라디오, TV, 인터넷이 존재한다. 그리고 위와 같은 요소를 매개, 소비, 활용하는 경계가 있는데 여기에는 광고, 관광, 건축 등이 존재한다. 현대 자본주의에 기반을 둔 선진국에서는 가계지출의 5% 이상이 문화에 소비되는 상황에서(Leriche and Daviet, 2010), 문화는 단순한 유희에 그치는 것이 아니라 혁신과 성장을 선도하는 지역발전의 중요한 요소로 부상하게 되었다. [그림 11-1]은 이를 요약한 것이다.

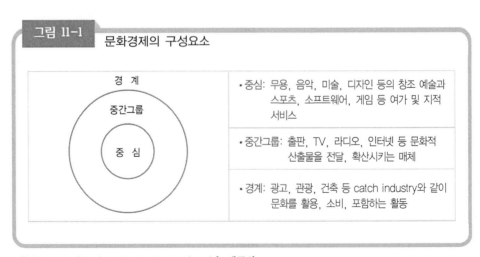

그림 11-1 문화경제의 구성요소

경 계 / 중간그룹 / 중 심	·중심: 무용, 음악, 미술, 디자인 등의 창조 예술과 스포츠, 소프트웨어, 게임 등 여가 및 지적 서비스
	·중간그룹: 출판, TV, 라디오, 인터넷 등 문화적 산출물을 전달, 확산시키는 매체
	·경계: 광고, 관광, 건축 등 catch industry와 같이 문화를 활용, 소비, 포함하는 활동

출처: Throsby(2001) Leriche and Daviet(2010)을 재구성.

실제 미술을 통하여 지역발전을 이룬 일본의 나오시마 사례를 보자. 나오시마는 일본의 가가와 현에 있는 외딴 섬이다. 산업 폐기물이 넘쳐나는, 사람들이 떠나는 섬을 서점 사장이었던 후쿠타케 소이치로가 바꾸기 시작했다. 그는 서점을 경영하던 부친이 갑자기 타계하는 바람에 회사를 맡게 된 경영자였다. 그는 '공익 자본주의'라는 새로운 경영이념을 제창하며 산업 폐기물이 넘쳐나던 나오시마 섬을 예술의 섬으로 탈바꿈시킨 장본인이다. 건축을 독학으로 배운 안도 다다오를 만나 그가 나오시마에서 이룬 기적은 전 세계에서 한 해 30만 명 이상의 관광객을 끌어들이고 있다. 단순한 미술관을 넘어 자연과 인간, 그리고 공생과 예술의 세계를 거기서 보여주고 있기 때문이다.

후쿠타케 소이치로는 공생의 자본주의에 관심이 있는 사람이었다. 공동체를 향한 꿈이 강렬했고, 예술을 매개로 공동체를 발전시키고자 하는 비전을 실현하고자 했다.

> 나는 '공익 자본주의'라는 새로운 경영 이념을 제창하고 있다. 기업이 문화나 지역 진흥을 목적으로 하는 재단을 설립해 재단이 그 주시고히사의 대주주가 되고, 배당금을 바탕으로 활동하는 구조다. 오늘날의 자본주의는 한마디로 '금융 자본주의'라 해도 좋을 것이다(福武總一郎 & 安藤忠雄, 2011: 19).

> 기업활동의 목적은 '문화'이며, '경제'는 문화에 종속되어야 한다. 하지만, 현대사회에서는 수단이 목적화되고 있다. 부를 창조할 수 있는 것은 기업 활동밖에 없다. 그렇다면 그 부의 배분 방법이 문제이며, 세금으로 거둬들이는 것뿐만 아니라 그 일부를 사용해 기업 스스로가 좋은 공동체를 만드는 일에 공헌하는 것은 어떨까. 인간과 기업의 모든 활동은 좋은 공동체를 창조하는 데 목표를 두어야 한다(福武總一郎 & 安藤忠雄, 2011: 20).

후쿠타케 소이치로는 부친에게서 물려받은 서점 이름을 '잘 살다'는 뜻의 베네세(Benesse)로 바꾸고, 나오시마를 가꾸는 일에 뛰어들었다. 나오시마 섬에 어린이들을 위한 캠프장을 짓고 싶다는 부친의 뜻을 이어 1989년 나오시마에 국제캠프장을 열었다. 그의 구상은 여기서 그치지 않았다. 1992년 베네세 하우스 미술관을 건립한 것을 시작으로, 1997년 오래된 마을 민가를 개조해 현대 미술작품으로

바꾸는 이에 프로젝트, 2004년 지추 미술관 건립, 2008년에는 인근 섬의 폐허화
된 구리 제련소[18]를 활용하는 이누지마 아트 프로젝트, 2010년 이우환 미술관 건
립을 이어갔다. 그 결과 현재 나오시마에는 젊은이들의 발길이 끊이지 않고, 노인
들은 행복해하며, 세계적으로 가장 품위 있는 관광 코스가 되었다. 단순한 예술섬
이 아니라, 일본인들과 관광객들에게 나오시마는 '상처를 치유하는 유토피아'로
받아들여지고 있다.

정준모(2014: 23)는 나오시마에 대해 이렇게 평했다. '인간의 욕망으로 추악해
진 섬, 그러나 한 사람의 의지와 생각으로 다시 스스로의 모습을 되찾아가는 재
생의 섬 나오시마는 기적이다. 아니, 기적이 일상이 된 곳이다.'

---

18 이 제련소는 1908년 건설된 후 잠시 사용되고, 방치되어 있었다.

제12장
주거지역에 대한 애착과 신뢰의 영향요인
- 친밀권역(intimacy zone)의 회복을 위한 시각 -

 I. 서 론

1. 연구의 배경 및 목적

인간은 공동체적 존재(homo communicus)다. 자유를 추구하는 욕구만큼 타인과의 결합을 통해 행복을 추구하려는 욕구를 보유하고 있다. 공동체주의는 인간을 공동체적 자아(communal self)의 소유자로 규정한다(이종수, 2010: 5).

기본적 욕구 이외에 효율성의 관점에서 공동체의 가치가 입증되기도 한다. 협력이 경쟁보다 더 효율적이며, 정부(政府)나 시장(市場)보다 공동체가 더 효율적이라는 연구가 제시되어 왔다. Ostrom(1990)의 〈공유의 비극을 넘어〉, Axelrod(2006)의 〈협력의 진화〉는 이런 논리를 실증적으로 입증한 기념비적 연구들이다.

공동체의 형태는 다양한데, 그 중 주거공동체는 인간의 기본적 욕구충족과 생존에 핵심적 의미를 갖는다. 인간이 일차적으로 소속되어 생존에 필요한 욕구를 해결하는 삶터이기 때문이다. 이곳에서 인간의 자아가 형성되고 사회화가 진행된다. 인간의 행복, 삶의 질, 그리고 사회자본도 이 곳에서 일차적으로 결정된다. OECD(2007)와 유럽의회는 이미 '경제지표를 넘어(Beyond GDP)'라는 선언을 통해 주거공동체의 중요성을 지적하고, 삶의 질 측정과 주관적 행복을 측정하는 데 주거공동체의 중요성을 반영하고 있다. 20세기 들어와 최소한 여섯 차례 독립적으로 연구된 바 있는 사회자본이론(Putnam, 2000: 19)도 친밀권역으로서의 삶터를 강조해 왔다. 정부(政府)나 시장(市場)보다 삶터로서의 주거공동체에서 신뢰, 규범, 네트워크가 생성된다는 것이다.

근대화 과정을 거치는 동안 한국사회에서 주거공동체는 약화되어 왔다. 높은 이사율,1 도시화, 아파트 위주의 주거방식으로 생활이 전환되며, 주거공동체가 약화되었다. 이 연구는 한국의 주거공동체를 조명해 보기 위한 노력으로, 주민들의 애착과 신뢰가 어떤 수준이고, 무슨 요인들에 의해 영향을 받는지 분석하고자 한다. 주거공동체에 대한 애착은 인간의 소속감과 연대의식을 형성하는 대표적 변수이고, 그 속에서 이웃에 대한 신뢰는 공동체성을 대표하는 핵심 요소이다. 이 연구를 통해 우리는 한국의 주거지역이 어느 정도의 공동체성을 확보하고 있는지 가늠해 보고, 향후의 과제를 반추해 볼 수 있게 될 것이다.

2. 연구의 범위와 방법

개념적 범위는 주거공동체를 중심으로 한다. 주거지역이 내포하고 있는 공동체성을 측정하고, 영향요인을 분석하는 것이다. 공간적 범위는 한국의 제주도를 포함한 17개 시·도 전체다. 전국의 성인 남녀를 대상으로 그들의 주거공동체에 대한 실태와 인식을 조사하기로 한다.

연구방법은 문헌연구와 설문조사를 병행한다. 문헌연구는 주거공동체에 대한 이론과 선행연구들을 살펴보는 데 활용하고, 설문조사는 한국의 주거공동체에 대한 실증분석의 방법으로 활용한다. 설문은 공동체성, 장소애착, 이웃에 대한 신뢰 등을 7점 척도로 구성하고, 독립변수는 거주자 특성요인과 주택요인 그리고 지역환경 요인 등 세 차원으로 구성하였다. 설문조사는 전국의 17개 광역자치단체 시·도를 단위로 인구비례에 따라 20세 이상 주민을 95% 신뢰수준에서 ±3%의 오차범위를 갖도록 무작위 표본추출 하였다. 인구점유 비율에 따른 비례층화 추출 방법으로 1,134명을 추출하여 면대면(face to face) 설문조사를 실시하였다. 16명의 조사원이 2013년 10월 각 지역을 방문하여 조사하였다. 1차 조사 결과, 신뢰

---

1 한국에서의 이사율은 여러 해 동안 19%를 유지해왔다. 일본과 미국의 4.7~12%, 유럽의 2% 수준에 비해, 대단히 높은 수준의 이사율이었다.

성이 낮게 나타나는 지역에 대하여는 2차 조사를 수행하여 941명이 응답하였다. 응답자료는 Cronbach Alpha 0.808을 보여 높은 신뢰성을 확보하였고, SPSS로 ANOVA 및 T-test분석을 실시하였다.

Ⅱ. 주거공동체 내에서의 장소애착과 신뢰

　　장소애착(place attachment)과 이웃에 대한 신뢰는 환경심리학과 주거학 연구에서 중요한 주제다(Lewicka, 2011: 207). 거주자의 만족도와 행복, 그리고 삶의 질을 측정하고 개선하는 핵심 지표로 간주되어 왔다. 주거공동체에 대한 애착과 신뢰는 물리적 공간과 구성원 사이의 관계에서 경험하게 되는 기쁨, 만족의 결과다. 여기에는 안전, 쾌적성, 공해와 소음, 이웃관계, 공공서비스, 교통, 심미적 요소 등의 변수들이 관여한다. 물리적 측면과 사회적 측면이 애착과 신뢰에 영향을 미치는 셈이다(Hidalgo and Hemandez, 2001: 273). 특정 장소에 애착을 갖는 주민들은 수몰, 수용 등으로 장소를 상실할 경우 오랫동안 심각한 우울증과 상실감을 경험한다는 연구가 제시되어 있기도 하다(Lewicka, 2011). 그런데 주거공동체에 대한 애착과 신뢰는 세 가지 차원에 의해 영향을 받는다.

　　첫째, 거주자 특성이다. Gerundo(2002)는 거주자의 인구사회적 특성이 주거공동체에 대한 만족도에 미치는 영향을 분석하였는데, 거주기간을 만족도 및 애착에 대한 영향요인으로 보았다. 주민들의 호혜적 상호작용이 만족도와 애착을 형성시키는 요인이라 한다면(Putnam, 2000), 오랜 기간 동안 상호작용을 축적한 사람 사이에 그것이 높게 나타날 가능성이 있기 때문이다. 그러나 Kleinhans, Priemus & Engbersen(2007: 1069)는 거주기간과 사회적 자본 사이에 유의미한 상관성이 없다는 결과를 제시하였다. 재개발지역으로 새롭게 이주해 온 주민들에게서 사회적 자본이 상대적으로 높게 나타나는 현상을 발견한 것이다.

　　가구의 특성 등을 변수로 거주자의 만족도를 조사하는 연구도 있다. 1인가구와 다인가구 등 가구원 수, 연령 등 가구의 특성이 분석의 대상이다. 일반적으로 다인가구 거주자가 상대적으로 높은 장소애착과 신뢰수준을 보일 가능성이 있다.

함께 거주하는 사람과의 상호작용과 교류를 통하여 정서적 일체감과 애착을 느끼게 될 가능성이 크기 때문이다. 거주기간, 가구 구성원 수와 별도로 주거형태를 변수로 주거공동체를 분석하기도 한다. 이 경우, 단독주택 거주자의 장소에 대한 애착과 신뢰가 높을 가능성이 크다. Park(2014: 51)은 재개발 지역에서 원주민과 이주민 사이의 장소애착과 신뢰 차이를 분석하였다. 원주민이 이주민보다 장소애착과 신뢰 모두 높다는 분석결과를 제시하였다. 이전의 이웃관계를 유지하는 원주민이 이웃과의 어울림, 집합적 효능감, 공동체에 대한 신뢰에서 모두 높게 나타났다.

둘째, 주택 요인이다. Kleinhans, Priemus & Engbersen(2007: 1072)은 단독주택 거주자 사이에 공동주택 거주자 사이에서보다 높은 사회적 자본이 형성됨을 실증적으로 분석하였다. 연구자들은 로틀담의 재개발 지역 두 곳에 대하여 사회자본을 측정한 바 있다. 이들은 사회자본을 이웃 사이의 교류와 규범, 신뢰로 규정한 후 주택유형에 따른 사회적 자본의 수준을 추적한 결과, 단독주택 거주자가 아파트나 공동주택 거주자보다 높은 사회적 자본을 형성하는 것으로 제시하였다. 신뢰가 여기에 포함되었음은 물론이다. Ha(2009: 88)도 자가 단독주택 지역에서 '규범'이 가장 높게 나타나고, 신뢰와 네트워크 역시 자가 단독주택 지역에서 상대적으로 높게 나타남을 제시하였다.[2] Choi & Min(2008: 323)은 주거요인으로 아파트의 크기가 장소에 대한 만족에 영향을 미친다는 사실을 도출하였다. 여기에는 단지의 규모에 따른 편리성, 접근성이 매개작용을 하는 요인으로 추정된다. 주택단지의 규모에 따라 사회적 자본의 차이를 분석하기도 한다. 이 경우, 중대형 공동주택 단지와 소형 밀집 공동주택 단지에서는 사회적 자본이 각각 높게 나타나는데 반해, 다양한 규모의 아파트가 혼합된 지역에서는 사회적 자본이 약화된다는 현상이 발견되기도 한다.

셋째, 지역환경 요인이다. 우선, 도시와 농촌의 구분에 따라 장소애착과 신뢰가 다르게 나타날 수 있다. 사회자본은 동네공동체와 같은 관계 속에서 형성되고 유지되는 것이 바람직하다는 Putnam(2000)의 주장은 도시계획가들에게 하나의 이상적 방향이 되어 왔다(Marie & Tjora, 2014: 2113). 농촌지역은 상대적으로 자연스러

---

2 자신이 소유하는 분양 아파트 거주자들 사이에서는 네트워크(7.6)와 신뢰(6.5)가 높게 나타났는데 반해, 규범(5.8)은 매우 낮게 나타났다.

운 친밀관계를 안정적으로 지속해 가지만, 도시지역은 삶터와 일터의 분리 및 쉼터의 괴리 때문에 가까운 상호작용이 제약을 받는다. 도시와 농촌의 구분에 따라 친밀권역의 의미와 중요성이 달라질 수 있는 것이다. 도시는 농촌과 달리 지리적 근접성 자체가 친밀권역의 지형과 일치하지 않을 수 있는 것이다. 상호작용의 대상이 다양하고, 선택이 많은 도시는 교류의 수단이 그만큼 많거나 다양하고, 주거공동체와 일치하지 않을 가능성이 큰 것이다(Marie & Tjora, 2014: 2112).

지역환경으로서 Brown(2013: 538)은 공원 같은 공유공간이 청소년들의 일탈행위 예방과 치안활동에 영향을 준다고 보았다. 공유공간을 개방적으로 사용하여 청소년의 범죄충동을 예방하고 공동체로의 통합을 증진시킬 수 있음을 지적한다. 지역환경으로서 지역경제 여건, 안전 환경, 친생태적 주거환경, 도서관 등의 문화체육시설, 지역사회 공동체 참여, 이웃 간의 유대관계, 지역에 대한 애착심 등이 주요 요인으로 지적된다. 주거공동체의 규모와 인구수도 애착과 신뢰에 영향을 줄 수 있다. 대면교류가 많은 소규모 지역에서 애착과 신뢰가 높을 가능성이 크다.

Ⅲ. 실증조사와 분석결과

모집단의 시도별 인구비례에 따라 표본을 무작위 비례층화추출로 할당하였다. 설문에 최종적으로 응답한 피조사자의 지역별 분포는 〈표 12−1〉과 같다. 최종 응답자 중 남자는 468명(49.7%), 여자는 473(50.3%)명이다. 응답자들이 거주하는 주택은 단독주택 211, 아파트 533, 빌라와 연립 160, 기타 37로 분포되어 있다. 설문은 훈련된 조사원에 의한 면접조사 방식(interview administered questionnaires)을 택하였다.[3]

---

3 이는 모호한 질문에 대한 답변율을 높이는 등 설문에 대한 참여를 높일 수 있는 방법이다.

표 12-1	Respondents and Basic Statistics				
Seoul	205	Gender	male	468	
Gyeonggi-do	193		female	473	
Inchon	52	House type	detached	211	
			apartment	533	
Chungnam	41		semi-detached	160	
			others	37	
Sejong	2	N. of household	1 person	64	
			2 person	190	
Daejeon	37		3 person	213	
			4 person	373	
Jeonbuk	41		5 ~	101	
Gwangju	31	Duration of residence	~ 3 yrs	226	
Jeonnam	41		3~5 yrs	192	
Gangwon-do	39		5~10 yrs	211	
Gyungbuk	60		10~15 yrs	146	
			15 ~	166	
Chungbuk	41	Total	attachment	4.77	
			trust	4.32	
Daegu	47	Rural	attachment	5.35	
Ulsan	27		trust	5.34	
Busan	59	Urban	attachment	4.72	
Gyungnam	59		trust	4.23	
Jeju	9				

주거공동체에 대한 애착은 7점 만점에 4.77, 이웃에 대한 신뢰는 7점 만점 가운데 4.32로 나타났다. 장소애착의 수준보다는 이웃에 대한 신뢰의 수준이 상대적으로 낮게 나타났다. 주거지역에 대한 광범한 애착보다는 이웃에 대한 신뢰수준이 낮다는 의미다. 아파트보다는 단독주택에 사는 주민들이 높은 애착(5.05)과 신뢰(4.76)수준을 보였고, 연립과 빌라의 경우는 아파트 경우보다 낮았다. 농촌지역의 주거공동체에 대한 애착(5.35)과 신뢰(5.34)가 도시지역 주거공동체에 대한 그것보다 현저하게 높다. 이제 선행연구들에서 나타난 거주자 특성 차원, 주택의 유

형 차원, 지역환경 차원으로 나누어 주거공동체에 대한 애착과 이웃에 대한 신뢰
의 수준을 살펴보기로 하자.

1. 거주자 특성 차원

가구원 수가 많은 경우 1인 가구 혹은 소규모 가족보다 높은 애착과 신뢰를
보여줄까? 실증연구 결과, 통계적으로 유의미성이 없는 것으로 나타났다. 거주공
동체에 대한 애착과 이웃에 대한 신뢰는 유의확률이 통계적으로 의미를 보여주지
않았다(.289 > 0.05). 다만, 주거공동체에 대한 애착과 이웃에 대한 신뢰에서 1인 가
구는 모두 가장 낮은 수준을 보이는 것이 특기할 만하다. 장소애착은 7점 만점에
4.45, 이웃신뢰는 3.92를 기록하였다. 1인 가구의 경우, 정서적 교감과 만족 그
리고 상호작용 자체가 현저하게 적기 때문에 애착과 신뢰가 낮은 것으로 보인
다. 그러나 2명 이상의 가구원 수에서 유의미한 차이를 보이지 않았다. 다음 〈표
12-2〉가 이를 보여준다.

표 12-2 Place Attachment and Trust by Household Size

N. of Household	Place Attachment				Trust			
	M	S.D.	p	Duncan	M	S.D.	p	Duncan
1 Person	4.45	1.553		b	3.92	1.525		b
2 Persons	4.75	1.525		b, a	4.38	1.579		b, a
3 Persons	4.74	1.510	.294	b, a	4.32	1.490	.289	a
4 Persons	4.75	1.408		b, a	4.32	1.393		a
5 ~	4.97	1.38		a	4.26	1.573		a

거주기간은 장소애착과 이웃에 대한 신뢰에 어떤 관련성을 보일까? 이론적
논의에서 Kleinhans et al(2007: 1069)은 거주기간과 사회적 자본 사이에 체계적 상
관성이 없다는 견해를 제시하였지만, 다수 연구들은 거주기간이 길수록 정서적
친밀감과 이웃과의 상호작용이 축적되어 애착과 신뢰에 긍정적 영향을 미칠 것으
로 판단한다. 〈표 12-3〉이 보여주는 분석 결과는 거주기간이 길수록 장소애착과
이웃에 대한 신뢰의 수준이 유의미하게 증가하는 것으로 나타난다. Duncan Test

결과, 거주기간이 5년 이상일 경우 장소애착이 높고, 3년 이상일 경우 신뢰수준이 높아지는 것으로 나타났다. 거주기간이 3년 미만 응답자의 장소애착 수준은 4.42로 상대적으로 낮고, 이웃신뢰도 3.94로 두드러지게 낮다(P=.001 < 0.05). 이와 유사하게, 3년 미만 거주 응답자의 이웃에 대한 신뢰는 3.94인데 반해, 10년 이상 15년 미만 거주자의 이웃신뢰는 4.51이고 15년 이상 거주한 응답자의 이웃신뢰는 4.46이다(P=.001 < 0.05). 두 경우 모두 통계적 유의확률이 .05 수준에서 귀무가설을 기각하고 거주기간에 따라 애착과 신뢰가 다르다고 해석할 수 있는 상태다.

Kleinhans, Priemus & Engbersen(2007: 1069)이 재개발 지역에 대한 연구에서 거주기간이 짧은 신규 진입자들 사이에 사회자본이 높다는 결과를 제시한 것은 재론의 여지가 있다. 만일 사회적 자본 가운데 네트워크나 단순한 교류를 상호작용(interaction)으로 파악하면, 표피적인 접촉은 새로 이주해 온 사람들 사이에서 더 높게 관찰될 가능성이 있다. 심층적 의미의 네트워크와는 다른, 가볍고, 상호 탐색 차원의 상호작용일 가능성이 크다. 따라서, 사회자본을 측정하는 경우 지표와 어휘의 선택이 매우 중요함을 시사하고 있다.

표 12-3   Attachment and Trust by Duration of Residence

Years of Residence	Place Attachment				Trust			
	M	S.D.	p	Duncan	M	S.D.	p	Duncan
Less than 3	4.42	1.434		b	3.94	1.357		b
3~5 Years	4.70	1.331		b, a	4.36	1.504		a
5~10 Years	4.91	1.374	.001	a	4.36	1.321	.001	a
10~15 Years	4.89	1.405		a	4.51	1.449		a
15~ Years	4.95	1.721		a	4.46	1.757		a

최열(2003)의 연구처럼, 거주자의 연령에 따라 장소애착과 이웃에 대한 신뢰가 다르게 나타날 수 있다. 거주자의 연령도 장소애착과 이웃에 대한 신뢰에 영향을 미칠 수 있다. 이를 검증해보기 위해, 〈표 12-4〉는 연령대별로 ANOVA 분석을 한 결과를 보여준다. 연령이 많아짐에 따라 장소애착이 증가하고(p=.000 < 0.05), 이웃에 대한 신뢰도 유의미하게 증가하는 것으로 나타났다(p=.000 < 0.05).

| 표 12-4 | Place Attachment and Trust by Age |

Age	Place Attachment				Trust			
	M	S.D.	p	Duncan	M	S.D.	p	Duncan
20s	4.57	1.455		b	3.96	1.398		b
30s	4.33	1.382		b	4.00	1.409		b
40s	5.03	1.310	.000	a	4.64	1.321	.000	a
50s	5.06	1.382		a	4.64	1.460		a
60s ~	5.10	1.832		a	4.70	1.885		a

　　Duncan Test결과, 연령이 20대와 30대에서 장소애착과 이웃에 대한 신뢰가 주목할 만하게 낮았다. 20대의 경우 장소애착 수준이 4.57인데 반해, 60대 이상은 5.10에 달한다. 이웃신뢰도는 20대에 3.96인데 반해, 60대 이상에서는 4.70으로 훨씬 높게 나타났다. 이를 통해 볼 때, 연령이 많아짐에 따라 외부적으로 상호교류가 축적되어 정서적 애착과 신뢰를 높여가기도 하고, 연령이 많을수록 애착과 신뢰가 높아질 만한 선택적 상호작용을 한다고 해석할 수도 있다.

2. 주택 유형의 차원

　　주택의 유형은 장소애착과 이웃에 대한 신뢰에 어떤 관련성을 보일까? 단독주택에 거주하는 사람들이 장소애착과 이웃에 대한 신뢰 모두에서 유의미하게 높은 수준을 보였다. 유의확률이 .002와 .000으로 기록되어, 상이한 주택 유형 사이에 차이가 존재함을 통계적으로 수용할 수 있는 수준이다. Duncan Test에서 단독주택의 경우가 장소애착 및 이웃에 대한 신뢰에서 주목할 만하게 높은 수준을 보였다. 이는 Ha, S. K.(2009: 88)의 연구결과와 상통하는 부분이다. 전체 평균이 장소애착 4.69이고, 이웃신뢰는 4.24인 상태에서 단독주택 거주자가 장소애착에 5.05, 이웃에 대한 신뢰에 4.77을 기록하였다. 〈표 12-5〉는 이를 요약하고 있다.

표 12-5 Place Attachment and Trust by House Type

House Type	Place Attachment				Trust			
	M	S.D.	p	Duncan	M	S.D.	p	Duncan
Detached	5.05	1.428		b	4.77	1.612		b
Apartment	4.72	1.460	.002	a	4.20	1.422	.000	a
Semidetached	4.54	1.418		a	4.11	1.408		a
Others	4.41	1.674		a	3.89	1.370		a

3. 지역환경 특성 차원

주거공동체의 규모는 거주자가 소속감을 느끼며 살고 있는 지역의 인구수를 의미한다. 응답자마다 소속감을 느끼며 살아가는 단위가 상이하기 때문에, 주관적으로 어떤 단위를 자신의 주거공동체로 동일시하는지는 응답자의 주관적 판단에 맡겼다. 조사 결과, 주거공동체 규모에 따라 장소애착에는 유의미한 차이가 관찰되지 않았으나, 이웃에 대한 신뢰는 주거공동체 규모가 작을수록 명백하게 높은 것으로 나타났다. 장소애착의 경우에는 40명 내외 규모의 주거공동체에서 가장 높은 애착이 나타났다. 그러나 전체적으로 구간 간 차이가 통계적으로 유의미하게 차이를 보이지는 않았다. 이웃에 대한 신뢰는 20명 내외로 이루어진 주거공동체가 가장 높은 신뢰수준을 기록하였다. 20명 내외가 5.75이고, 반대로 주거지역의 규모가 커질수록 이웃에 대한 신뢰가 낮아져 100만 내외의 지역에서는 4.13으로 낮은 신뢰수준을 보였다.

애착과 신뢰의 수준을 합쳤을 때, 가장 바람직한 규모의 주거공동체 크기는 대체로 작은 규모의 수준으로 나타난다. 그러나 통계적 유의성이 없는 것으로 나타났기 때문에 이 부분은 추가적인 연구와 확인을 필요로 한다.

〈표 12-6〉은 이러한 결과를 요약하여 보여주는데, 다양한 관점에서 시사하는 바가 크다. 한국의 경우 지방자치의 규모가 세계에서 가장 크다. 기초자치단체의 규모가 평균인구 28만 수준을 기록하는데, 영국의 22만, 스위스와 프랑스 1만 명 수준과 비교할 때 대단히 큰 규모다. 지방자치를 주거지역의 공동체성에 기반을 두지 않는 한, 지방자치의 발전을 기대하기는 어려운 일이다.

| 표 12-6 | Attachment and Trust by Size of Community |

Size of Community (Persons)	Place Attachment				Trust			
	M	S.D.	p	Duncan	M	S.D.	p	Duncan
about 10	5.25	1.500		b	4.75	1.500		b
about 20	5.50	1.732		b, a	5.75	.957		b
about 30	3.33	2.082		b, a	4.00	1.000		b, a
about 40	5.80	1.304		b, a	4.60	2.302		b, a
about 50	5.22	1.312		b, a	5.29	1.271		b, a
51~100천	5.11	1.150	.074	a	4.89	1.100	.000	b, a
100천~300천	4.65	1.437		a	4.28	1.484		b, a
300천~500천	4.79	1.519		a	4.29	1.660		b, a
500천~700천	4.73	1.377		a	4.48	1.358		b, a
1 million ~	4.72	1.490		a	4.13	1.439		a

출처: 이종수(2015).

　농촌과 도시의 지역환경에 따른 주거공동체에 대한 장소애착(p=.006 < 0.05)과 이웃에 대한 신뢰(P=.000 < 0.05)도 유의미하게 차이를 보인다. 두 경우 모두 농촌지역이 도시지역보다 월등히 높은 애착과 신뢰수준을 보였다. 장소애착에 대한 농촌지역의 평균은 5.20인데 반해, 도시지역의 그것은 4.71에 머물렀다. 이웃에 대한 신뢰에 있어서도 농촌지역은 5.19를 기록한데 반해, 도시지역은 4.22로 현저하게 낮은 수준을 보이고 있다. 집단 간 동일성 검정에서 유의확률이 각각 .006과 .000으로 0.05보다 현저하게 작아, 유의미한 차이를 인정할 수 있다. 주거공동체에 대한 장소애착의 경우 농촌이 5~7점 구간에 73.39%를 보인 반면, 도시지역에서는 59.01%만이 응답하였다. 현저하게 농촌지역에서 주거공동체에 대한 장소애착이 높은 셈이다. 신뢰 역시 5~7점 구간에 농촌지역에서는 73.39%, 도시지역에서는 42.31%만이 응답하고 있다. 농촌지역의 주거공동체가 높은 장소애착과 신뢰의 대상이 되고 있다.

| 표 12-7 | Attachment and Trust by Urbanity |

Attachment and Trust by Urbanity

Area	Place Attachment			Trust		
	Mean	T	p value (2-tailed)	Mean	T	p value (2-tailed)
Rural	5.20	2.767	.006	5.19	5.450	.000
Urban	4.71			4.22		

위와 같은 변수들 사이에 존재하는 인과관계를 살펴보기 위해 경로분석을 시도하였다. [그림 12-1]은 SPSS를 활용한 경로분석 결과를 요약하여 보여주고 있다. 모형은 전체적으로 〈표 12-8〉의 내용과 같이 적합성을 보이고 있다. RMSEA, TLI, CFI, NFI 모두 기준 값을 충족시키고 있다.

변수 간 인과관계 가운데 가장 눈에 띄는 부분은 장소에 대한 애착이 이웃에 대한 신뢰에 영향을 압도적으로 미친다는 사실이다. 장소애착은 이웃에 대한 신뢰에 0.583***의 영향을 미치고, 통계적으로 p<0.001 수준에서 유의미하다. 본 연구에서 설정한 가설적 모형 속에서 장소애착은 이웃에 대한 신뢰를 58% 정도 설명하고 있다는 의미다. 장소애착은 생태적 자연, 생활환경적 편리성 같은 물리적 요인뿐 아니라 심미적 아름다움, 정서적 교류 등 사회문화적 요인에 의해 결정된다. 이웃에 대한 신뢰도 여기에 영향을 미치기는 하지만, 이웃신뢰 ⇨ 장소애착의 인과관계 보다는 장소애착 ⇨ 이웃신뢰의 영향관계가 훨씬 강력하게 나타나고 있다. 주거지역 내에서 장소에 대한 애착이 형성된 후 이웃에 대한 신뢰가 성립하는 것이다. 장소애착은 물리적, 사회적, 심리적 요인들에 의해 형성되는, 신뢰보다 넓은 개념임을 알 수 있다.

흥미로운 특징은, 농촌/도시의 구분이 주거공동체에 대한 애착에 강력한 수준의 영향을 미치고 있다. 농촌지역에서는 주거공동체에 대한 애착이 높고, 도시화가 진행될수록 그 수준은 현저하게 감소하고 있다. 농촌지역에서는 자연부락 중심으로 주거공동체가 형성되어 친밀성이 높고 상호의존 관계가 크며, 안정적 지속성을 유지하기 때문인 것으로 추정된다. 0.629의 경로계수를 보이고, 다른 요인들의 영향을 흡수하여 농촌/도시 구분을 배제하고 경로분석을 시도하여 보았다. 이 경우 [그림 12-1]에 나타난 것처럼 연령, 가구원 수, 단독주택이 유의미하

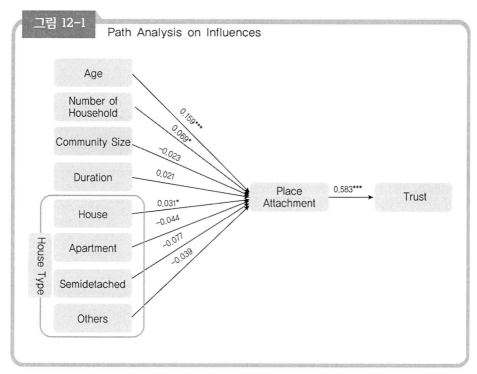

그림 12-1 Path Analysis on Influences

* p ＜ 0.05,　*** p ＜ 0.00.

게 영향을 미치는 것으로 나타난다.

　　연령이 통계적으로 유의미한 영향을 장소애착에 미친다(.159***). 연령이 많을
수록 거주자의 경험 및 심리적 특성이 안정되고, 주거지역 내에서 활동을 확대하
게 된다. 동시에 연령이 많을수록, 다양한 상호작용 주체들 속에서 '애착'과 '신뢰'
를 증진시킬 만한 대상에 선택적 관계 맺음을 통해 상호작용할 것으로 추정된다.
주택유형은 각 주택의 유형을 더미화시켜 통계분석을 시도하였는데, 단독주택에
거주할수록 장소애착과 이웃신뢰가 증가하는 것으로 나타난다(.031*). 이는 통계
적으로 0.05 수준에서 유의하다. 최종적인 영향력의 가설적 경로에 대한 채택 및
기각은 〈표 12-9〉에 요약되어 있다.

표 12-8	Information on Model Fit				
	$x 2(p)$	RMSEA	TLI	CFI	NFI
Model	12.303 (0.138)	0.024	0.999	0.999	0.997
Criteria	p > 0.05	< 0.05	> 0.9	> 0.9	> 0.9
Fit	Yes	Yes	Yes	Yes	Yes

표 12-9	Hypothetical Path and Result
Hypothetical Path	Result
Age ⇨ Trust	Adopted
N of Household ⇨ Trust	Adopted
Community Size ⇨ Trust	Rejected
Duration ⇨ Trust	Rejected
House Type ⇨ Trust	Adopted in partial
House	Adopted
Apart	Rejected
Semi-detached	Rejected
Others	Rejected
Place Attachment ⇨ Trust	Adopted

Ⅳ. 결 론

세계화 시대에 공동체는 어쩌면 선택의 문제일 수 있다. 적어도 개인에게는 그렇다. 그러나 사회적 차원에서 공동체는 하나의 당위다. 소통이 단절되고 갈등이 증폭될수록 그리고 행복에 대한 욕구가 커질수록 공동체적 삶에 대한 사회적 열망은 더욱 커질 것이다. 인간이 태생적으로 공동체적 자아(communal self)를 보유한 존재로 태어나기도 하고, 또 공동체적 삶이 시장(市場)이나 정부(政府)보다 효율적인 면을 보유하는 한(Ostrom, 1990), 공동체는 사회적 이상으로 존재할 수밖에 없다.

여기에서는 공동체 가운데, 인간의 삶에 일차적 친밀권역(intimacy zone)을 형성하는 주거공동체에 대해 살펴보았다. 그것은 인간에게 정서적 쉼과 만족, 행복을 결정하는 요소다. 이 글에서는 주거공동체에 대한 애착과 신뢰를 측정하여 보고, 애착과 신뢰에 영향을 미치는 요인들을 분석해 보았다. 도출된 결론은 다음과 같다.

첫째, 본 연구의 분석결과를 종합해 볼 때, 특정 장소에 거주하는 기간이 길수록, 연령이 높을수록, 농촌지역일수록, 단독주택에 거주하는 사람일수록 주거공동체에 대해 애착과 이웃에 대한 신뢰수준이 높다. 이러한 요인들에 의해 장소애착이 형성된 이후 이웃에 대한 신뢰가 형성되고 있다. 이사율이 높고, 도시화된 지역에서 아파트 위주의 생활양식이 확대되는 한국에서 이 같은 사실은 공동체성이 현재 위협받고 있는 수준을 역으로 시사해주는 자료이다. 도시로의 승격을 지역의 발전으로 간주하는 정부의 정책과 주거단지 크기의 설계, 자치단체 규모의 결정, 그리고 아파트 위주의 주택보급 정책이 근본적으로 한국사회의 공동체성을 약화시키는 원인으로 작용하였음을 보여주고 있다. 농촌지역에 비해 도시의 주거지역 공동체성이 현저하게 떨어지는 현상이 실증되었다. 이는 지역적 특성과 아파트와 연립 등 주거형태 그리고 거주기간이 동시에 영향을 미치는 효과 때문인 것으로 판단된다. 주거형태로서 단독주택이 공동체성을 제고시켜 준다는 Kleinhans, Priemus & Engbersen(2007: 1069)의 연구결과와는 일치한다.

둘째, 이웃과의 신뢰는 압도적으로 장소에 대한 애착이 형성된 이후 장소애착으로부터 영향을 받는 것으로 확인되었다. 경로분석 결과, 신뢰가 애착에 영향을 미치는 것보다 역으로 장소에 대한 애착이 형성된 이후 이웃에 대한 신뢰가 형성되는 사실이 규명되었다. 이로써 장소애착은 신뢰보다 넓고 큰 개념임이 확인된 셈이다. 지역에 대한 애착은 이웃에 대한 신뢰보다 훨씬 다양한 요인들에 의해 영향을 받는다. 물리적 환경, 미적 수준, 사회적 편리성, 경제적 전망, 문화적 교감, 이웃과의 상호작용 등이 애착에 영향을 미치는 것이다.

셋째, 공동체가 상대적으로 작을수록 이웃에 대한 신뢰가 높아지는 추이가 나타난다. 한국에서 주거공동체의 강화를 위해서는 대규모 주거단지의 설계보다는 작은 규모의 주거공동체에 대한 관심을 제고하고, 이들 지역을 중심으로 하는

근린자치를 강화할 필요가 있다. 일관된 통계적 유의성은 없지만 자연부락 단위
의 작은 주거공동체에서 애착과 신뢰의 값이 높게 나타났다.

　　주거공동체에 대한 애착은 전체 규모 구간에서 체계적인 상관성이 통계적으
로 확인되지는 않았다. 그러나 20명 내외 규모의 주거공동체에서 애착과 신뢰수
준의 합이 가장 높은 것은 명백하다. 주거공동체의 규모가 20명 수준으로 작을수
록, 구성원 간의 교류와 상호작용이 개선될 가능성이 있는 셈이다.

　　넷째, 친밀권역(intimacy zone)의 회복을 위한 시사점이다. 주거공동체에 대한
애착은 7점 만점에 4.77이고, 이웃에 대한 신뢰는 7점 만점 가운데 4.32로 나타났
다. 공동체 내에 관계성을 회복하는 다양한 프로그램들을 고려하는 정책을 요구
하는 결과라 할 수 있다. 마을이나 동네를 만든다는 의미는 일차적으로 ‘관계’를
만든다는 것이기 때문에, 물리적 시설 중심의 사고에서 벗어나 이웃과의 관계를
형성하는 인식과 시책이 필요하다. 일정한 프로그램으로 관계성을 회복하기는 어
렵고, 그것은 프로그래밍(programming)의 과정 속에서 형성될 수밖에 없는 것이다.
특히 애착과 신뢰의 수준이 낮은 도시지역의 경우 삶터와 쉼터, 일터를 결합시키
는 시도가 효과적이다. 도시는 삶터와 일터, 쉼터의 지형이 일치하지 않고 거리적
이격의 수준이 높은데, 삶터와 쉼터를 결합시키는 노력은 성공 가능성이 크다. 주
거지역 내에 문화와 예술을 매개로 하는 휴식의 기회를 공동으로 마련함으로써,
주거공동체에서의 교류를 촉진시키고, 애착과 신뢰를 개선할 수 있다.

　　주거지역이 공동체적 관계를 토대로 하는 것이 이상적이라는 계획가들의 전
제가 사실이라면(Marie & Tjora, 2014: 2113), 본 연구의 시사점은 한국사회의 주거지
역 변화 실태에 엄중성을 갖는다. 장기적으로는 도시화 일변도의 사고와 정책, 그
리고 아파트 위주의 주거정책에 전환이 필요하다. 농촌지역이 도시로 승격하는
것을 하나의 인센티브로 활용하는 현재의 행정 편의적 정책과 자치단체의 규모를
통합하여 대규모 지자체를 지향하는 정책은 주거공동체의 측면에서는 바람직하
지 않다. 이것은 구성원의 상호작용을 저하시키고, 장소애착 및 신뢰에도 부정적
영향을 미친다. 주택정책 역시 아파트 위주의 시책은 주거공동체를 친밀권역으로
발전시키는 데에는 명백한 한계를 보이고 있다. 신도시를 건설하는 경우 단독주
택 위주의 주거공동체를 설계할 필요가 있고, 기존의 단독주택 중심 주거공동체
를 파괴하지 않는 방향설정이 희구된다.

도시에서 주택단지를 설계할 때에는 도시성에 농촌의 특성을 결합시키는 노력이 절실하다. 거시적 도농통합이 도시성과 농촌성의 결합을 제공해주는 것은 아니며, 주거공동체 내에 도시성과 농촌다움을 결합시키는 설계와 운영이 필요하다는 의미다. 도농통합 이론을 지향하는 취지도 여기서 발견될 수 있을 것이다. 이러한 시도가 정책의 우선순위에 반영되고 한국의 주거공동체에 대한 시책에서 일정 비율을 점유할 때, 친밀권역으로 주거공동체가 회복될 수 있을 것이다. 주거지역이 친밀권역으로 회복되는 것은 곧 한국인의 행복도 개선과 삶의 질 증진에 직접적으로 연결될 수 있다.

제13장
마을만들기를 위한 지역자원의 발굴

I. 마을만들기를 위한 지역자원

　마을이라는 단어의 옛 꼴은 '모을'이다. 이는 뭍(陸), 땅(地)이라는 공간적이고 지리적인 의미와 함께 사람들이 모여 산다는 '모을'이라는 사회적 의미가 결합된 것이었다.[1] 비교적 큰 정주체계인 고을, 목, 방(方), 부(部), 성(城)이 여러 마을의 집합체로 형성되면서 상대적으로 마을은 그 아래의 작은 단위를 의미했다.

　이제 21세기에 들어선 한국사회에서 우리가 마을을 만든다는 것은 무엇을 의미하는 것일까? 그것은 한국인이 상실한 모둠살이의 1차적 관계를 회복하고자 하는 잠재의식을 함축한다. 고대국가로부터 조선시대에 이르기까지 사회체계는 마을－고을－도읍이라는 구조를 유지해 왔다. 적어도 3천 년 이상 지속되어 온 마을이 급속한 산업화와 도시화를 따라 생활세계에서 해체되기 시작한 것은 불과 한 세기 전의 일이다. 농촌에서는 농촌대로 마을이 파괴되고, 도시에서는 도시대로 마을이 형성되지 못한 상태에서, 사람들이 모여사는 모둠살이의 일차적 관계를 회복하려는 열망을 내포하는 것으로 볼 수 있다. 이런 측면에서 마을만들기는 곧 관계만들기를 의미한다.

　마을만들기는 완전히 무(無)의 상태에서 시작하는 것일 수도 있고, 기존의 마

---

1 마을의 발생적 해석에 관해서는 김기흥(2014)을 참조할 것.

을을 재창조 하는 작업일 수도 있다. 두 경우 모두, 특별한 전략과 노력을 필요로 한다. 한두 가지의 처방으로 마을만들기가 성공을 거두는 것은 불가능하다. 그리고 짧은 시간 내에 추진할 수 있는 성질의 것도 아니다. 보다 본질적으로 보자면, 마을만들기는 성공이나 완성이라는 개념을 적용할 수 없는 하나의 지속적인 과정, 나아가서는 삶의 과정에 해당한다.

그럼에도 불구하고, 바람직한 마을만들기의 길로 나아가기 위해서는 어떤 하나의 계기가 긍정적으로 작용할 수 있다. 예를 들면, 지역의 리더에 의하여 소통과 화합이 활발히 이루어지는 경우, 지역구성원들의 애착을 불러일으킬 수 있는 지역보물의 발견, 역설적으로 지역환경을 파괴할 수 있는 정부시책에 대한 저항이 마을만들기를 촉발시키는 계기로 작용할 수 있다.

마을만들기에 뚜렷한 성공을 거두는 지역은 공통적으로 세 가지의 특징을 보인다. 첫째는, 꿈을 그리는 것이다(이종수, 2008). 마을의 구성원들이 보다 바람직한 어떤 상태를 함께 꿈꾸는 것이 마을만들기의 첫 걸음이다. 이 꿈이 없이는 마을만들기가 시작되기 어렵고, 방향성을 정립하거나 합의를 이루는 게 불가능하다. 경제적으로 윤택하거나, 심미적으로 아름답거나, 사회적으로 화합하거나, 생활을 편리하게 하는 미래의 자화상을 그리는 일이 곧 꿈을 그리는 작업이다. 둘째는, 현장 리더의 활동이다. 마을만들기의 첫 단계부터 모든 사람이 동시에 꿈을 공유하고, 실천에 옮기는 것은 상상하기 어렵다. 그 꿈을 확산시키고, 실천을 추동할 현장 리더가 필요하다. 한국의 마을만들기 사례로 알려진 충북 단양의 한드미마을은 정문찬 이장, 강원도 화천의 토고미마을은 한상렬 위원장, 진안군 마을만들기 정책은 구자인 박사를 빼놓고 생각할 수 없다. 셋째는, 지역자원의 발견이다. 지역자원은 곧 지역의 보물이기도 하다. 지속가능한 마을만들기를 위해 지역자원을 발굴하고 활용하는 일은 매우 중요하다. 지역자원을 통해 지역주민들이 공통의 관심을 유지하고, 사회문화적으로 자긍심을 가지며, 경제적으로 호혜적 관계를 발전시킬 수 있게 된다. 마을만들기 과정에 있어서 꿈이 하나의 지향성이라 한다면, 현장리더는 추진력에 해당하고, 지역자원은 '소재'와 '일감'에 해당한다.

지역자원을 우리는 어떻게 발견할 수 있을까? 우선, 지역자원이 존재하는 차원을 생각해보자. 지역자원은 역사, 문화, 특산물, 건축, 인물, 경관, 생태 등에서 다양하게 발견될 수 있다. 역사의 경우 충남 예산은 '의좋은 형제'라는 전래 이야기를 보유하고 있다. 이것을 발전시켜 지역의 정체성을 강화하고, 발전의 모티브로 활용하고 있다. 문화는 모든 지역이 보유하고 있는 생활상과 축제를 포함한다. 특산물의 경우도 하동 녹차, 의성 산수유, 담양 대나무 제품, 금산 인삼, 여주 도자기, 이천 쌀, 양양 송이버섯 등 다양하다. 건축은 부석사 무량수전, 풍수원 성당, 영주 소수원, 풍천 병산서원 등 오래된 건축물과 월드컵 스타디움 같은 현대

표 13-1　안동의 지역자원 발굴 사례

유 형	세부유형	내 용
생태·자연자원	경관	안동댐, 임하댐, 무릉유원지, 산(연점산, 황학산, 학가산, 천등산, 와룡산), 낙동강, 하회마을(물돌이동), 영가마을, 복주고을, 선어대, 고타야
역사·문화자원	문화유적	하회마을, 도산서원, 도계서원, 고산서원, 호계서원, 소수서원, 동산서원, 벽계서원, 영강서원, 유암서원, 명호서원, 역동서원, 용계서원, 창열서원, 서산서원, 임천서원, 분강서원, 청성서원, 화천서원, 월천서당, 기양서당, 사빈서원, 병산서원, 농암사당, 예안향교, 안동향교, 개목사, 종가고택, 봉정사, 홍은사, 제비원, 퇴계생가, 퇴계종택, 퇴계묘소, 이육사 시비(생가터)
	거처, 생가	이퇴계, 이육사
	민속, 공연, 축세	민속박물관(드라마촬영장), 안동댐(해외촬영장), 박물관(총8개), 안동민속축제, 안동국제탈춤페스티벌, 하회별신굿탈놀이 상설공연, 놋다리밟기, 동채싸움, 선유줄놀이, 성주풀이, 저전동 농요, 화상놀이
	문화예술인사	이육사, 이황, 유성룡
	전통체험관광	화회별신굿탈놀이, 안동예절학교, 하회동탈박물관, 안동한지공장, 안동소주·전통음식박물관, 한국국학진흥, 안동고예문화전시관, 목석원, 한옥(고택)체험
산업적 자원	향토주	안동소주, 영가주
	공예자원	안동포, 안동한지
	전통발효식품	안동풍산김치, 등겨장, 집장
	향토식품	간고등어, 안동한우
	민속음료	안동식혜
	향토음식	헛제사밥, 안동한우정식, 안동국수(국시), 안동손국수, 안동건잔국수, 안동찜닭
	장인, 명장	50년 간잽이 이동삼

출처: 주성돈·김연수(2009: 84).

적 구조물이 좋은 예로 될 수 있다. 아쉬운 점은 한국에 현대 건축물 가운데 지역자원으로 활용될 만한 것들이 드물다는 사실이다. 공공건물조차도 건축적 의미와 아름다움을 갖추지 못한 경우가 대부분이다. 인물로는 이율곡, 정약용 같은 역사적 인물은 물론 윤이상, 정지용, 이외수 같은 현 시대 사람들조차 지역자원으로 높이 평가되고 있다. 경관이 지역자원으로 활용되는 사례는 남해의 다랭이 논, 통영의 다도해 풍경, 거제 해변의 몽돌, 구례의 섬진강 벚꽃, 속초의 설악산 등이 있다. 생태 측면에서는 우포의 늪이 유명하다.

특정한 지역 내에서 보존 및 활용되는 지역자원의 사례를 보기로 하자. 주성돈, 김연수(2009: 84)는 안동지역을 사례로 지역자원을 세 가지 차원에서 정리하고 있다. 생태 및 자연자원, 역사 및 문화자원 그리고 산업자원으로 분류하여 목록을 제시하고 있다. 〈표 13-1〉은 이를 요약하여 보여주고 있다. 안동이외의 모든 지역에서, 그리고 소규모 마을단위에서도 공동의 미래를 위해 지역자원을 발굴, 보존 및 활용하는 것은 매우 긴요한 일이다.

Ⅱ. 보랏빛 소를 본 적이 있는가?

고딘(Seth Godin, 2005: 79)은 '보랏빛 소를 본 적 있는가?'라고 묻는다. 물론, 보랏빛 소는 없다. 소는 대부분 황토색, 흰색, 혹은 검정색이다. 그러면, 보랏빛 소가 상징하는 것은 무엇인가? 그것은 '놀랍다(remarkable)'는 의미다. 얘기할 가치, 주목할 가치, 새롭고 흥미를 끌만한 가치가 있다는 뜻이다.

모든 것이 지역자원으로 활용될 수 있지만, 가능하면 얘기할 가치 혹은 주목할 가치를 보유하는 지역자원이 필요하다. 전략적으로 지역자원을 활용하고자 하는 경우, 적어도 보랏빛 소를 만드는 일이 요구되는 것이다. 그렇게 함으로써 마을의 구성원들과 외부 사람들은 지역자원에서 의미를 느끼고, 감성을 자극받으며, 화합하고, 경제적으로 투자할 가치를 느낀다.

새롭게 보랏빛 소를 만든다는 것은 혁신을 뜻하기도 한다. 미래의 자화상을 그리는 동시에 현재의 문제점을 크게 외치는 것에서 혁신은 시작한다(Godin, 2005:

139). 마을의 바람직한 상에 대한 구상을 바탕으로 사람들 사이에 합의가 이루어지고, 실천이 나타나야 하기 때문이다.

보랏빛 소를 만드는 데, 필수적인 요소는 스토리 텔링과 브랜드화라 할 수 있다. 스토리는 지역자원에 부여하는 의미의 이야기다. 이것을 들으며 사람들은 공짜로 감정을 선물 받고, 사랑과 기쁨을 나누며, 카타르시스를 경험한다. 우리 대신 주인공이 죽음으로 일거에 지역자원과 사람 사이에 동일시 효과가 나타나기도 하고, 픽션을 통해 사람을 왕이나 공주로 만들어주기도 한다(Burroway, 2003: 82).[2] 그런데, 스토리는 만들어지는 것이 아니라 발견해야 하는 것이라는 사실을 기억할 필요가 있다. 마을의 자원이나 축제에 스토리를 억지로 만들거나 창조할 경우, 공감을 불러일으키기 어렵다. 마을의 자원에 관련된 역사성과 현재 사이에 관련성이 부족하기 때문이다. 스토리와 결합되지 않은 지역자원의 활용으로 지역축제가 손상당하는 사례를 흔하게 관찰해 볼 수 있다.

브랜드화 역시 새롭게 정리할 필요가 있다. '보랏빛 소'를 만드는 것은 브랜드화를 통해 가치를 부가하는 과정을 뜻한다. 지역자원에 높은 부가가치를 창출할 수 있는 요소를 덧붙이는 과정이다. 브랜드는 고대 스칸디나비아 지역에서 목동들이 자신의 소유를 표시하기 위해 소나 말에 인두로 화인(火印)을 뜻하는 Brandr에서 비롯된 말이다. 특정한 자원을 지역의 소유로 좋은 의미의 낙인을 찍어둔다는 의미다.

2014년 서울신문과 행정자치부는 '대한민국 지역브랜드 대상'을 선정하여 시상하는 제도를 운영한 바 있다. 여기서 확인된 특산물 브랜드의 종류는 5,061개였는데, 이 가운데 개인이 소유하는 개별 품목의 브랜드가 4,479이고, 지역사회가 개별 특산물에 대하여 공동으로 소유하는 브랜드는 582개에 달하였다. 여러 품목의 특산물에 대해 지역사회가 공동으로 소유하는 브랜드는 155개, 여러 품목에 대해 개인이 소유하는 브랜드는 75개였다.

지역별로 보면, 경남이 지역특산물을 가장 많이 브랜드화 시키고 있다. 그 뒤를 경북, 충남, 강원이 잇고 있다. 그런데, 각 지역의 특산물 브랜드를 구체적으

---

2 스토리에서는 갈등의 요소가 보편적 언어다. 희극이든 비극이든 픽션에서는 극적 갈등이 본질인데, 문학에서는 오직 말썽만이 흥미롭기 때문이다(Burroway, 2003: 82). 희극, 비극, 낭만이든 모든 스토리는 어떤 인물이 어려움을 해결하거나 탈출한 이야기를 압축한 것이라 할 수 있다(Gottschall, 2012: 79).

| 표 13-2 | 특산물 브랜드의 종류 및 실태 |

		품목 수		합 계
		개별브랜드 (단수 품목브랜드)	공동브랜드 (다수 품목브랜드)	
소유권	개인브랜드	4,479개	75개	4,554개
	공동브랜드	582개	155개	737개
합 계		5,061개	230개	5,291개

| 표 13-3 | 시·도별 브랜드 현황 |

구 분	계	경기	강원	충북	충남	전북	전남	경북	경남	제주	기타
공동브랜드	737	66	85	53	91	84	122	127	75	8	26
개인브랜드	4,544	232	577	294	701	401	465	672	874	161	177
공동브랜드 비율(%)	13.9	22.1	12.8	15.3	11.5	17.3	20.8	15.9	7.9	4.7	12.8
특허청 등록	1,992	135	242	124	233	173	247	422	225	108	83
특허청 미등록	3,299	163	420	223	559	312	340	377	724	61	120
등록비율(%)	37.6	45.3	36.6	35.7	29.4	35.7	42.1	52.8	23.7	63.9	40.8
계	5,291	298	662	347	792	485	587	799	949	169	203

로 살펴보면, 두 가지 문제점이 나타난다. 우선 브랜드의 명칭이 특산물과 지역을 연상토록 유도하지 못하는 경우가 많다. 이른바 네이밍의 오류인 셈이다. 또, 지역자원으로서 특산물이 갖는 상대적 장점을 부각시키는 포지셔닝이 미약한 경우가 흔하다. 이에 따라 특산물의 차별성을 확보하는 데 어려움을 겪는 경우가 빈번하다.

지역축제의 경우에도 유사한 문제점을 내포하고 있다. 〈표 13-4〉는 지역축제의 재료와 지역별 분포 현황을 보여주고 있다. 재료는 압도적으로 문화예술(35%) 분야가 많고, 그 다음이 지역특산물(19%), 전통유산(18%), 생태 자연(10%) 순이다. 지역별로는 서울이 가장 많은 축제를 보유하고 있고, 경상남도, 경기도가 축제를 많이 개회하는 편이다.

지방자치와 더불어 다양한 축제가 생겨났지만, 많은 경우 정체성 미흡 현상

| 표 13-4 | 지역축제의 소재와 지역별 분포 |

	지역특산물	전 통	문화예술	관 광	생태자연	기타	계
서울	1	15	80	2	1	14	113
부산	7	5	23	3		1	39
대구	1	4	20	1		3	29
인천	3	8	17		1	2	31
광주	2		9		1	2	14
대전		4			3	4	11
울산	1	4	3		3	3	14
경기도	15	14	20		15	9	73
강원도	5	17	11	34	2	9	78
충청북도	13	6	19	10	1	2	51
충청남도	29	10	14	1	6	3	63
전라북도	15	9	8		11	5	48
전라남도	3	8	7		16	4	38
경상북도	17	8	10	4	1	3	43
경상남도	26	16	25		11	7	85
제주도	5	8			1	14	28
계	143	136	266	55	73	85	758
비율	19%	18%	35%	7%	10%	11%	100%

출처: 문화체육관광부 내부자료.

이 나타나고 있다. 축제를 서로 따라하는 바람에 소재의 중복이 많고, 주민보다는 행정관청이 주도하며, 역사성을 상실하고 있다는 점에서 정체성 문제를 확인할 수 있다. 김현호(2010)에 따르면, 지역축제 중 강변과 바다축제의 소재를 유사하게 하는 경우가 마흔 두 곳(5.2%), 진달래와 철쭉축제를 개최하는 경우는 서른 네 곳(4.2%), 보름달축제는 스물 여섯 곳(3.2%)에 이르고 있다.

축제가 지역의 역사성과 잇닿아 있지 못하여, '행사'로 진행되는 경우도 빈번하다. 그러면 축제는 주민 간에 어울림의 카타르시스를 일으키지 못한 채, 관청의 행사로 머물고 만다. 역사성을 통칭하여 제(祭)라 할 때, 제를 상실한 축(祝)은 자칫 자치단체가 예산으로 벌이는 포장마차의 잔치판 이상의 모습을 보이기 어렵다.

누가 축제를 주도하는지 분석하여 볼 때, 지역축제의 60%를 시군구가 주관

하며, 민간이 33.8%, 시도가 6.2%를 주관하는 것으로 나타난다(김현호, 2010). 민간
이 축제를 주관하는 경우에도 상당부분 자치단체로부터 지원을 받는 것을 고려하
면, 지역축제가 행정관청에 의해 주도되는 실정이라 할 수 있다.

Ⅲ. 지역자원으로서의 '아름다움'

아름다운 경관은 '마을만들기'의 시작이자, 결과이다(아키라, 2008: 122). 아름다
움은 사람에게 심미적 만족과 기쁨을 주기도 하며, 사람들의 심성을 부드럽게 해
주고, 막대한 경제적 가치를 보유하기도 한다.

세계의 다양한 마을만들기 사례에서 왜 아름다운 경관을 이야기하는 것일까?
아키라(2008: 97)는 세 가지 관점에서 마을의 아름다운 경관 가꾸기를 강조한다. 첫
째, '사람'이 사는 마을에 관한 관심이기 때문에 중요하다. 단순한 장소의 개발과
이익의 분배보다는 사람들을 고려하고 존중하며 진행하는 발전의 양식이다. 둘
째, 시민의 협동작품으로서 경관은 가치를 갖는다. 아름다운 경관을 만들기 위해
서는 주민 사이에 대화와 협력, 즐거움이 오가야 한다. 이 과정에서 합의와 협력
이 수반된다. 셋째, 인간의 삶터로서 가치를 더하는 도시를 창조하는 것이기 때문
에 경관이 소중하다. 단순히 전통적으로 중시하던 일터 중심의 사고를 넘어서는
수준이다.

한국사회는 개발연대를 거치는 동안 삶터의 아름다움을 가꾸는 데 소홀히
해왔다. 그 결과 농촌이든 도시든 생활수준의 향상에 부합하는 경관의 아름다움
을 추구하지 못하고 살아왔다. 주민의 관심이나 정부의 시책 모두 마을만들기에
관심을 기울이는 경우라 할지라도, 아직 경관과 건물을 아름답게 만드는 가치를
존중하지 못하고 있다. 아름다운 경관을 추구하는 경우라 할지라도, 경험과 관례
가 단절되어 심미적 아름다움을 확보하지 못하는 경우도 다반사다. 그 결과, 한국
인들이 삶터에 대해 느끼는 행복감과 만족도는 대단히 낮다. 대신, OECD국가의
국민들보다 평균 30% 더 많은 시간을 노동에 몰두하고 더 많은 소득을 창출하면
서도, 심신의 휴식과 여행은 스위스처럼 아름다운 삶터를 가꾼 곳에 가서 보내고

싫어 한다. 여기서 초래되는 심리적, 경제적 비용은 막대한 수준이다. 마을만들기를 추진할 때, 우리가 경관을 아름답게 가꾸는 일이 어떤 위치를 차지하는지 다시금 음미할 때다. 아름다움이란 눈으로 보고 느낄 수 있기 때문에, 마을만들기의 가치를 관련된 구성원들에게 쉽게 전달할 수 있고, 공감을 얻을 수 있다. 마을만들기를 위한 다양한 사업이나 프로그램 중에 가장 손쉽게 구성원들의 합의를 얻을 수 있는 전략에 해당된다. 마을만들기를 위한 경관 가꾸기에 대하여 갈등이 발생할 소지는 매우 적다.

뿐만 아니라, 아름다운 경관은 지역의 매력 자체가 된다. 시골의 자연부락이든 도시의 주거공동체이든 아름다움은 사람들을 기쁘게 만들고, 방문객을 끌어모으는 견인력으로 작용한다. 마을을 아름답게 만들면, 그 자체가 다시 마을의 훌륭한 자원이 된다. 그것으로 삶의 질을 중시하는 사람들을 유인하고, 부가가치가 높은 관광이나 경제활동을 유치하는 조건이 되기도 한다.[3]

반대로, 마을의 아름다운 경관을 파괴하는 경우도 있다. 그것은 대개 1) '마을'에 대한 의식이 결여되어 있을 때, 그리고 2) 효율주의와 공급우선의 사고가 지배할 때 나타난다(아키라, 2008: 81). 마을에 대한 의식이 결여되어 있다면 스카이라인, 재개발 지역의 자연스러운 언덕이 보존될 리 없다. 마을에 대한 애정과 결속력은 그에 비례하여 사라질 수밖에 없다. 아무리, 도시재개발이라는 이름을 도심재생으로 바꾼다 할지라도, 마을에 대한 의식과 규범이 결여되어 있다면, 자본의 힘에 의해 파괴되는 경관을 예방하기 어렵다.

아름다운 마을은 자본의 투자로만 이루어지는 게 아니다. 좁게 보면, 건축물과 구조물을 미려하게 만드는 게 아름다움과 직결되어 있다. 이보다 조금 넓은 차원이 가로와 철도 그리고 토지이용 계획 같은 공간처리를 포함할 수 있다. 이러한 인공적 요소를 포함할 수도 있고, 아니면 인공적 요소를 최소화 하더라도, 마을을 감싸는 언덕과 강 그리고 산의 생태적 아름다움을 유지하는 것이 최상의 경관 가꾸기에 해당할 수도 있다. 무엇보다, 마을의 아름다움을 최종적으로 장식하는 가장 큰 아름다움은 사람들의 시민의식과 공동체성 같은 '마음의 경관'일 수

---

3 Landry와 Florida 같은 창조도시 연구자들은 도시의 문화예술 경쟁력과 도시의 매력 사이에 밀접한 상관성이 존재하고, 이러한 요소들이 첨단기업 유치와 외국인 유입에 중요하다는 주장을 하여 왔다. 이것은 결국 도시의 창의성과 경제발전에 긍정적으로 작용하는 힘이 된다(전지훈·정문기, 2013: 180).

있다. 이것이 마을만들기를 시작하는 전략의 하나일 수도 있고, 마을만들기로 우
리가 지향해야 하는 결과물일 수도 있다.

제14장
로컬푸드의 가치와 활용

캘리포니아의 살리나스 밸리에서 키워 약 5,000킬로미터 떨어진 워싱턴까지 대륙을 횡단해서 운송되는 상추는 목적지에 도착해 음식의 에너지로 제공하는 것보다 36배나 많은 화석 연료 에너지를 운송과정에서 소모한다.

Brain Halweil(2006)

우리나라 헥타르당 화학비료 사용량은 2001년 343kg에서 2005년 376kg으로, 농약 사용은 1980년 5.8kg에서 2005년 12.8kg으로 늘었다.

김종덕(2009)

 신선하고 건강한 먹거리

음식은 인간에게 일차적으로 중요한 요소다. 그러나, 환경오염이 심각하고, 비료와 농약의 살포로 건강한 음식을 섭취하는 것이 점점 어려워지고 있다. 신선하고 건강한 먹거리는 인간의 건강뿐 아니라, 흙과 땅을 살리는 일, 이웃에 대한 신뢰, 다국적 기업에 대한 대응 등 여러 차원에서 중요한 문제로 부상하고 있다. 먹거리의 중요성을 주목하는 사람들은 이제 섭취하는 음식으로 사람을 판단할 수 있다고 한다(What you are is what you eat).

미국에서는 비교적 육류가 저렴하여, 신선하고 건강한 야채를 섭취하는 것이 쟁점으로 부상된다. 빈곤층에 대한 규정을 '신선하고 건강한 야채를 먹지 못하는 계층'으로 정의하는 경우도 있다. 이것을 기준으로 인스턴트식품 매점의 빈도를 추적하면, 음식 사막(food desert) 지대를 도출해 볼 수 있다.

한국에서도 먹거리에 대한 우려는 계속된다. '광우병 쇠고기파동', '만두파동',

'분유파동', '김치파동', '급식파동' 등 각종 식품과 관련된 심각한 문제들이 이어져 왔다. 과거처럼 식품의 절대량이 부족해서 일어나는 파동이라기보다는 식품의 위해성이 일으키는 정치사회적 충격인 것이다.[1] 이러한 파동이 일어나는 원인에 대한 근본적인 해결책은 도외시하며, 그동안 다양한 미봉책이 제시되어 왔다. 그 가운데, 하나의 가능한 대안으로 부상하고 있는 것이 로컬푸드 운동이다(홍완수 외, 2012).

종자에서 식탁까지(from seed to table) 거대자본이 지배하는 현상은 일상적으로는 가계가 지불하는 단위비용을 낮추는 효과가 있지만, 위기가 발생하면 결국 축적된 이익을 모두 건강의 상실과 돈으로 지불하도록 요구한다. 한국도 농가와 유통망의 대부분이 소규모여서 거대자본의 위기구조와 불합리성에 저항하기 어려운 구조를 지니고 있다.

미국과 유럽에서 로컬푸드 운동이 일어난 배경은 이와 유사하다. 농업의 위기와 식품안전성의 위기가 만나는 곳에서 로컬푸드 운동은 발아하였다. 농업은 전통적인 인구감소와 농촌경제의 빈곤화, 토양오염에 세계화 현상이 더하여져 위기가 커지고, 식품안전성 역시 토양의 오염과 농약의 과다 사용 등으로 먹거리 전체에 대한 신뢰를 상실하였다. 이러한 환경 속에서 농업과 식품이 결합함으로써 농촌과 도시, 생산자와 소비자의 결합이 자연스럽게 가능해진다. 이는 다시 대안적 시장 확보를 가능케 하고, 유기농산물 생산과 소비를 안정화시키며, 식재료의 질을 향상시키고 지역사회에 신뢰와 공동체성을 강화시켜 준다. 이러한 요소를 선순환 시켜줄 대안으로 로컬푸드 운동이 주목받게 되었다.

우리나라에서 도시가계의 먹거리 관련 지출을 보면, 식품비 지출액 중에서 신선식품이 차지하는 비중은 1970년 80%, 1980년 72.6%에서 2005년 29.8%로 급감해 왔다. 또 식품비 지출액 중 외식비의 비중은 1975년 2.0%에서 1980년 4.1%, 1990년 21.5%, 2000년 41.8%, 2008년 48.9%로 급증하고 이러한 추이는 결국 신선식품의 필요성과 중요성 그리고 외식산업의 역할변화의 필요성을 단적으로 보여주고 있다(윤병선, 2008; 통계청, 2009).[2]

---

1 건강의 차원에서도 한국인들 사망원인 가운데 당뇨병으로 인한 사망률이 OECD 국가 중 1위로 평균보다 2.5배 높다고 발표되었다.
2 미국인들은 1950년대 수입의 1/5을 식품구입에 사용했으나, 최근에는 1/10만을 식품구입에 사용하고 있다.

Ⅱ. 로컬푸드의 의미와 지역운동

1. 로컬푸드의 의미

로컬푸드의 일차적 의미는 일정한 지역을 기준으로 해당 지역에서 생산되는 농식품을 의미한다. 한국의 신토불이, 일본의 지산지소도 넓은 의미에서는 유사한 개념이다. 로컬푸드를 구체적으로 정의하기 위하여 물리적 공간의 넓이를 규정하는 경우, 좁게는 반경 50km, 넓게는 반경 100km의 지역 내에서 생산되는 농식품을 지칭하곤 한다.

그러나 1970년대 일본에서의 도시 여성조직과 농민과의 결합사례를 보면, 로컬푸드가 반드시 물리적인 거리에 집착하여 농촌을 중심으로 한 지역사회에 국한되지는 않는다. 일본은 행정구역을 중심으로 로컬푸드 운동을 펼치는 경향이 있다. 또, 경제적·사회적 거리와 여건이 닿는 범위 내에서 물리적 거리를 결합하는 것이 일반적이다. Jamelske(2009)가 미국 서부 Wisconsin의 Chippewa Valley지역 24개 레스토랑을 대상으로 설문조사한 결과를 보면, '로컬'의 의미를 10개 레스토랑은 Chippewa Valley로 국한했고, 5개 레스토랑은 100마일, 3개 레스토랑은 서부 위스콘신으로 응답하였다. 이것을 보면 미국의 경우 로컬푸드는 일차적으로 일정한 생활권에서 생산되는 농식품을 의미하고, 넓게는 100마일 정도에서 생산되는 농식품까지 확대하고 있는 것이다.

Halweil(2006)은 지리적 거리 외에 물리적 거리, 사회적 거리, 시간적 거리를 함께 제시하기도 한다. 그에 의하면, 단순한 물리적 거리 자체만을 주목할 것이 아니라 사회적 거리와 시간적 거리를 함께 고려해야 한다는 것이다. 지리적 거리 (food mileage)와 사회적 거리(social distance), 시간적 거리가 증가하면 농산물체계에서 생산자와 소비자의 소외가 나타나고 식품안정성이 와해되며, 화석연료의 사용 증대는 물론 환경파괴가 자연스럽게 발생하게 된다. 따라서 로컬푸드는 경직된 물리적 거리에 의한 규정보다는 생산과 유통, 소비에 대한 건강성과 신선성 유지 그리고 신뢰가 이어질 수 있는 거리에서 생산되고 소비되는 농식품을 의미한다고

표 14-1	로컬푸드의 거리가 지니는 의미
거리의 유형	의 미
물리적 거리	반경 50~100km 이내에서 생산되는 먹거리로, 지리적 거리를 의미함
사회적 거리	농산물의 생산자와 소비자 사이에 몇 개의 단계를 거쳐 거래가 이루어지는가의 여부
시간적 거리	수확 시기나 수확의 편의성을 위해 육종된 품종이 아닌 자연적으로 나오는 시기에 맞추어 수확된 제철 농산물인가의 여부

출처: Halweil(2006)의 설명을 재구성함.

볼 수 있다.[3] 〈표 14-1〉에는 로컬푸드의 거리가 지니는 의미를 정리한 내용이 제시되어 있다.

2. 로컬푸드 운동의 대두배경

로컬푸드가 물리적, 사회적, 시간적으로 일정한 거리 이내에서 생산된 농식품을 의미하는 것이라면 로컬푸드 운동은 이같은 농식품의 생산-소비 체계를 연결하여 먹거리의 안전성 문제를 해결하고 농업, 지역공동체, 생태환경을 회복하려는 사회적 노력을 뜻한다. 서구에서 로컬푸드 운동이 나타난 배경은 두 가지로 나누어 설명할 수 있다. 하나는 사회운동의 차원이고, 다른 하나는 연구와 정책의 차원이다.

첫째, 사회운동의 차원에서 20세기 초반에 들어 소비자들과 시민들은 농업을 경관, 환경보호, 식품, 공동체라는 광범위한 시각으로 보기 시작하고(Banks and Marsden, 2000), 새로운 농촌개발의 패러다임으로서 공동체 지원농업을 추진하였다. 이것은 작게는 지역사회 식품체계의 한 형태이지만, 크게는 자연과 식품 그리고 사회의 새로운 결합을 만드는 운동이라 할 수 있다. 1975년 스위스에서 시작된 후 1980년대 일본에서는 외국 농산물의 수입이 자극을 주어 도시 여성조직과 농민들이 결합하였고, 지산지소 운동과 합류하였다. 1986년에는 미국의 메사추세츠

---

3 지역에서 50, 100, 150마일 이내에서 생산된 식품을 먹고자 하는 사람을 Locavore라 한다. Locavore는 2005년 세계환경의 날 '100마일 식생활'을 장려하자는 취지에서 Jessica Prentice에 의해 조어된 단어이다. Localvore라는 말도 혼용되고 있으나 옥스퍼드 영어사전은 2007년 locavore라는 단어를 선택하여 수록하였다.

Indian Line Farm에서 확산되어, 당시 2개이던 공동체 지원농업이 2003년 985개로 확대되었다(박덕병, 2005). 미국에서는 농무성이 정책적으로 지원하고 있으며, 농민과 식품업체 그리고 소비자가 신뢰를 기반으로 식품체계를 형성하고 나아가 지역사회 공동체를 회복하고자 하는 운동으로 전개되고 있다(Renting et al., 2003).

미국에서 로컬푸드 운동은 소비자 운동(Patricia and Hinriches, 2007)과 관련이 있다. 시장의 힘을 개선하고 변화시키려는 소비자들의 노력이 식품의 경우 로컬푸드 운동으로 나타났다. 1980년대 Rodale Institute가 지역식품체계의 취약성에 대해 보고서를 출판한 이후 지역식재료에 대한 관심이 지속적으로 증가하였고, 1990년대와 2000년대 초반에 이르러 식품체계의 지역화 논의 및 로컬푸드 운동이 활성화되었다.

둘째, 연구의 차원에서 농식품 연구의 변화이다. 전통적인 농산물에 대한 연구는 Buttel(1994)이 주도한 정치경제적 접근,[4] Fine(1994; 1995)이 주도한 수직적 분석(vertical analysis),[5] Arce and Marsden(1993), Goodman(1999), Whatmore(1997)와 동료들이 제시한 행위자-네트워크 이론,[6] 혹은 상품체계분석(commoditiy systems analysis)[7]이었다. 초기에는 농업을 정치경제적 입장에서 접근하였으나, 90년대 후반 이후 농업과 식품연구를 분리하여 다루지 않고 밀접한 연계 속에서 분석하는 흐름이 강화되었다. 최근 관심을 확대해가고 있는 농식품 연구(Agri-Food research) 흐름 속에서 생산자-소비자를 네트워크 관계로 통합하는 추이가 하나의 지류로 강화되었다(Lockie and Kitto, 2000). 농산물과 식품, 생산과 소비가 분리되는 연구는 실효성이 떨어진다는 것이 공통된 인식이다.

구체적으로 식품연결망을 통해 지역사회가 공동체의 장을 형성하는 Wilkinson(1989)의 지역공동체 장이론(community field theory), 하천의 유역과 비슷한 '식품유역(foodshed)' 개념을 제시한 Kloppenburg et al.(1996)의 이론 등이 로컬푸드의 개념과

---

4 국가, 다국적 기업, 규제정책 등의 관점을 선호하는 이 접근은 생산자와 소비자를 수동적 관점에서 분석한다.
5 전통적인 상품체계분석이나 공급체계(systems of provision)라는 시각에서 주로 거래비용의 감소를 지향하는 연구를 수평적 분석이라 한다면, 특정한 단일 품목에 포커스를 맞추어 생산-유통-소비를 연구하는 것을 수직적 분석이라 한다.
6 기본적으로 이것은 각 행위자의 결정과 행동을 연결망 관점에서 분석하는 것이다. 자연적으로 이러한 접근은 인간-제도, 국내-국외 같은 이분법을 거부하고 전체적 네트워크와 개별 행위자를 함께 아울러 설명한다. 예를 들면, 세계화 현상이 인간행위에 반영되는지를 논리적으로 설명한다.
7 상품체계분석은 경영학의 관점에서 주로 이루어진다.

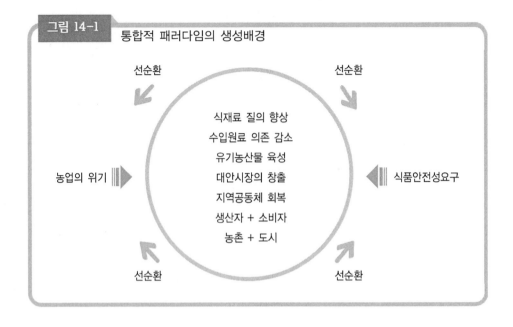

그림 14-1 통합적 패러다임의 생성배경

선순환

선순환

농업의 위기

식재료 질의 향상
수입원료 의존 감소
유기농산물 육성
대안시장의 창출
지역공동체 회복
생산자 + 소비자
농촌 + 도시

식품안전성요구

선순환

선순환

이론, 운동이 등장하는데 직접적 관련이 있다. 이들은 모두 생산과 소비, 농업과 식품사업에 대한 이분법을 거부하고 통합적 접근을 모색하는 시도였다. 분화된 기존의 패러다임으로는 생산의 문제와 소비의 문제를 해결하기 어렵고, 농업의 문제와 농촌의 문제를 해결하기도 난망하다는 문제제기이기도 하다. 농민과 소비자 간의 호혜적인 파트너십을 확보하여 안전하고 신선한 농산물의 소비자 제공, 농촌지역의 발전을 동시에 도모하는 정책이 힘을 얻고 있다.

[그림 14-1]은 농업의 위기와 식품안전성의 위기에 대한 연구들이 통합되어 로컬푸드로 연결되는 흐름을 보여주고 있다. 생산자와 소비자, 농촌과 도시를 결합하여 농촌지역공동체의 회복을 모색하고, 유기농 식재료를 중심으로 하는 대안시장을 확대하여 식재료 안전성을 도모하는 동시에 수입농산물에도 대처하는 구조이다.

이러한 로컬푸드는 다양한 측면에서 의미를 갖는다. 식품학적으로는 식품의 안전성과 건강성에 대한 관심이 폭증하는 상황에서, 이를 안정적으로 모니터링하는 자율적 구조가 확보되는 셈이다. 문화적 차원에서는 소비자 운동, 신뢰 같은 사회적 관계가 형성되고 개선된다. 세계화 시대에 지역정체성을 유지하는 전략이기도 하다. 사회적 측면에서는 생산자와 소비자와의 거리를 좁히고, 식품의 연대를 통해 공동체를 회복하려는 시도가 될 수 있다. 농업측면에서는 농식품 판로의 안정적 확보, 위기에 대한 대응능력 제고, 지역의 식품체계에 대한 통제력을 농민이 더욱 보유하는 효과를 거둘 수 있다.

한국의 경우, 최근까지 대규모로 특화된 단작위주의 생산이 초래하는 문제점을 해결할 가능성도 있다(윤병선, 2008). 녹색혁명이라는 구호가 제창된 이후 정부정책은 규모의 경제를 추구하며 농업정책의 중심으로 전업농 육성과 대규모 단위 농업을 지향하여 왔다. 지역별로 특화된 단작위주의 농업은 다른 농업과 식재료에 대한 관심을 소홀하게 하고, 총체적 삶이 이루어지고 경제활동이 영위되는 지역사회형성을 어렵게 만든다. 로컬푸드는 소규모 생산자들을 조직화함으로써 특화 농산물이외의 식재료에 대해서도 생산과 소비를 모두 일정 수준 향상시킨다.

또, '얼굴 있는 먹거리'로 대표되는 로컬푸드 시스템은 기존의 유기농이나 무농약, 저농약, 친환경 인증제도보다 현실적인 식품안전성을 확보할 수 있게 하여 준다.[8] 이는 지역사회 내에서 '자발적 근거리 모니터링' 시스템으로 자연스럽게 친환경 먹거리를 생산·확보할 수 있는 가능성이 높으며, 참여자 사이의 신뢰와 유대감 또한 높다.

기존에 로컬푸드와 유사성이 있는 흐름으로 향토음식[9]과 생협이 있다. '향토'의 개념이 local과 유사하고, 생협의 '생'도 로컬푸드의 지향성과 공통점이 있기 때문에 가장 넓은 의미의 로컬푸드 범위에는 포함시킬 수 있다. 그러나, 몇 가지 점에서 향토음식과 생협은 로컬푸드와 차이를 보이고 있다. 향토음식은 생산보다는 식재료의 소비단계에 천착하며,[10] 환경과 생태문제까지 관심을 확대시키지 못하였고, 지역공동체 운동을 아우르는 측면이 약한 상태에서 생산-소비자를 직접 연계시키는 데 취약하다.[11] 생협은 유통체계 주도의 성격을 강하게 띠며, 농식품

---

8 한국농어민신문, 2009년 4월 9일자(제2135호) 참조.

9 신토불이는 외국 농산물에 대한 대항의 성격이 커서, 주로 수입 농산물 대신 국산을 섭취하자는 의미를 내포하고 있다.

10 예컨대 향토음식에 대한 논의는 환경문제에 대한 관심을 기울인다든지 도시-농촌의 교류, 생산자-소비자 간의 네트워크를 포함하는 사회운동의 차원에까지 이르지는 못하고 있다. 로컬푸드는 향토음식 운동보다 다양한 식재료를 아울러 현대인의 입맛에 맞는 메뉴개발이 가능하고, 지역공동체 운동의 성격을 강하게 내포하고 있다.

11 메뉴의 현대적 다양화에 대한 가능성이 취약하다는 특징도 있다.

뿐 아니라 의료생협, 대학생협 등 광범위한 범위에 걸쳐있다. 이런 경우 생협은 가입자 혹은 조직구성원 사이에 공동으로 필요한 물품의 유통비용을 줄이고 일정 수준 이상의 품질을 확보하고자 하는 소비자모임 성격을 갖는다. 농식품에 관련하여 일정 지역에서 벌어지는 생협운동은 로컬푸드와 상당한 유사성이 있다. 농식품에 대해 높은 관심을 내포하고 지역을 단위로 생산－소비자 네트워크를 구축하여 친환경 농업과 지역발전을 지향하는 운동성이 있는 경우 그러하다. 그러나, 전반적으로 생협은 생산－소비자를 직접 연계시키는 네트워크가 취약하며 또 일정 지역을 단위로 하는 공동체적 운동성 역시 강력하지 못하다. 공동체 지원농업과 비교해 볼 때, 농업의 발전이나 생태환경의 지향 그리고 참여자들 간의 유대감 면에서 강력하지 못한 편이다.

이태리에서 확산된 슬로푸드(slow food)는 식품의 조리와 소비 단계에 강조점을 두는 운동으로, 생태적 환경이나 생산자－소비자 네트워크는 취약한 편이며, 일정한 사회적 운동성은 있으나 강력한 지역공동체 운동 단계에는 이르지 못하고 있다. 일본의 지산지소는 먹거리 안전성에 대한 관심, 농업발전, 지역공동체 운동성이 강한 편이다. 외국의 농산물 유입에 대한 반발의 성격도 겸하고 있다. 그러나, 상대적으로 생태적 환경 회복에 대한 구체적 지향성은 약한 편이다.

미국에서 확산된 공동체 지원농업이나 영국의 토트네스 유기농 네트워크가 농업회생, 먹거리 안전성, 지역공동체 운동성, 생산자－소비자 연계체제, 농업발전 등이 모두 강력한 편이다. 이른바 로컬푸드의 전형적 사례에 해당한다. 로컬푸드에 대하여 경직되고 배타적 개념규정을 내리는 것은 바람직하지 않지만, 미국의 공동체 지원농업이나 영국의 토트네스 유기농 네트워크가 로컬푸드의 대표적 사례라 할 수 있을 것이다. 이러한 사례들을 서로 비교하고 로컬푸드와 유사한 개념들을 파악하기 위하여 이를 그림으로 표현하면 [그림 14－2]와 같다.

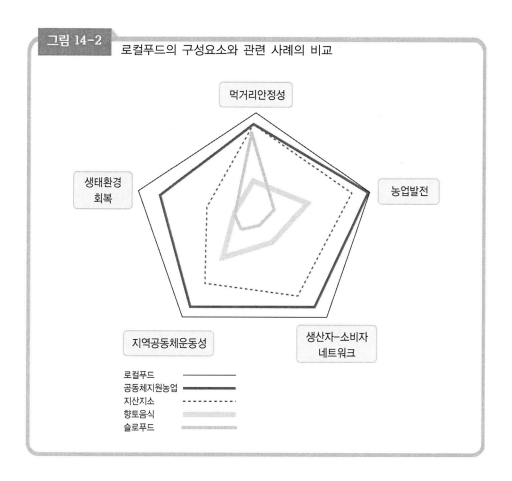

그림 14-2 로컬푸드의 구성요소와 관련 사례의 비교

Ⅲ. 한국의 로컬푸드 운동 사례: 서천의 '얼굴 있는 먹거리'

충청남도 서천에는 지역먹거리 생산자조합으로 '얼굴 있는 먹거리'가 있다. 이 조합은 이재국 사무국장과 지역민 세 명이 힘을 합쳐 시작하였다. '얼굴 있는 먹거리'란 신뢰와 인격을 바탕으로 농식품을 생산하여 공급하겠다는 의지의 표현이고, 또 그만큼 책임감과 자신감을 내포하고 있다. 우선 지역적 범위 내에서 생산과 유통, 소비를 하고 있다.

얼굴 있는 먹거리 운동을 시작한 이재국 사무국장은 서천출신으로 서울에서 대학을 졸업한 후, 고향에서 일을 하고 싶어 2002년 귀향을 하였다. 그는 '달걀이 사람을 공격하는 시대'에, 시골이라는 사정을 감안하여 텃밭으로 생산하기에는 어려운 두부와 달걀을 주목하였다.

> "누군가 그랬어요. 농사는 6차 산업이라고요. 콩 1킬로그램이 1,800원인데 두부 1킬로그램은 12,500원입니다. 또 손두부 체험 프로그램으로 연결하면 그 배가 되거든요. 그렇게 순환이 되면 농업이 1차 산업으로 살아남을 수 있는 힘이 생기지요."[12]

콩 1kg에 농협은 농민들에게 3,000원씩 사들여 200원 이윤을 붙여 3,200원에 팔지만, 생산자 조합에서는 농민들에게 3,200원 주고 사오고 있다고 한다. 새벽에 만든 두부는 아침 6시 300가구를 대상으로 직매장 반경 2km 안에서 배달하고 있는데, 얼굴 있는 먹거리 두부는 2,500원이다. 대기업 브랜드 두부는 2,850원 수준이다.

> "각 시군마다 이런 두부공장이 하나씩만 있었으면 좋겠어요. 농촌마을 지원한다고 수십억 원씩 들여 건물 지어봐야 무용지물인 경우가 얼마나 많은지 … 농촌마을마다 두부 공장을 하나씩 만들어 준다면 적어도 지역생산, 지역소비체제로 두부공장은 살아남는다는 말이지요. 더구나 인력고용 효과도 있고 지역의 콩 생산자도 살아남지요."[13]

이재국 사무국장은 두부와 함께 토종닭을 자연 방사하여 신선한 유정란을 생산한 뒤 함께 배달하고 있다. 300마리의 닭을 완전 자연 방사해서 신선한 유정란을 생산, 가장 건강하고 친환경적인 달걀을 10알 3,900원에 판매하고 있다. 국내에서 가장 좋다는 기업이 달걀 1알당 300원에 납품받아 490원에 판매하는 것에 비해, 국내에서 가장 좋은 훨씬 신선하고 신뢰할 수 있는 달걀을 값싸게 공급하는 것이다.

서천지역 25농가와 얼굴 있는 먹거리에서는 〈faceinfood〉라는 카페에 700여 회원을 확보하고 있으며, 로컬푸드 역사를 서천에서 일구어 나가고 있다. 이재국

---

12 PRESSIAN, 2009년 7월 16일.
13 PRESSIAN, 2009년 7월 16일.

사무국장과 강기원 회원이 주축이 되어 2009년 3월 5일 생산자 직매장을 열었다. 20여 농가 40개 품목의 생산자들이 좋은 먹거리를 나누자는 목적이었다.

이재국 사무국장은 소비자 가구에서 매월 10만 원을 주면 1주일별로 먹을 쌀 5kg, 된장과 고추장은 필요한 만큼, 유정란 10알, 두부 4모, 제철 채소와 과일을 배달하고 싶다고 한다. 주민들이 지역의 얼굴 있는 농민들을 신뢰하고 정성을 모아 준다면, 지역의 일자리 창출과 건강한 식재료의 생산과 보급, 농촌과 도시의 상생교류, 주민 간의 신뢰회복에 기여할 가능성을 안고 있다. 다음은 얼굴 있는 먹거리 네트워크의 성과에 대한 언론의 반응 중 일부이다.

> 매일 아침을 믿을 수 있는 신선한 달걀로 즐길 수 있다면! 금방 쪄낸 맛있는 두부가 있는 저녁 밥상을 마주할 수 있다면? 그건 하나의 축복일 것이다. 충남 서천 주민들은 매일매일 그런 일상의 행복을 누리며 산다.
>
> (*PRESSIAN*, 2009년 7월 16일)

현실적으로 유기농, 저농약 등의 식재료를 확보하기 위하여 감시라는 단어를 쓰고 있지만, 그 감시체계를 신뢰할 수 없는 상황이다. 우리나라에서 시행되는 환경농산물인증제도나 유기농식품에 대한 사회적 신뢰도는 높지 않은 실정이다. 유기농의 품질에 대하여 신뢰도가 높다(42.5%)는 사람보다 보통수준(50.9%)이거나 낮다(6.6%)는 사람이 많고 안전성은 높다가 37%, 보통이거나 낮다가 63%를 차지하여 국민들의 친환경농산물에 대한 신뢰도가 낮은 상태이다(한국농어민신문, 2009). 이것은 농식품에 대한 '원거리, 통제' 메커니즘의 한계라고도 볼 수 있으며, 높은 신뢰사회가 되기 전 오랜 기간 동안 동일한 문제가 지속될 것으로 예상된다. '얼굴 있는 먹거리'는 믿음과 정직성을 바탕으로 농어민과 도시민이 만나는 것을 지향하고 있다. '얼굴 있는 먹거리'를 생협 수준으로 운영하고 있으나, 활성화 된 도농교류를 비전으로 품고 있다. 신선하고 안전한 먹거리를 공급하고 두부, 달걀, 장 담그기, 효소 만들기 등을 매개로 농촌 체험관광을 활성화시키고자 하는 목표를 가지고 있다.

한국의 실정에서 농촌지역에 로컬푸드를 정착, 확산시키기 위해서는 자치단체가 움직여줘야 한다는 것이 이 국장의 판단이다. 그런데, 이러한 문제인식이 아직 지방공무원들의 인식체계에 자리잡지 못하고 있는 수준이다.

Ⅳ. 외국의 로컬푸드 사례 및 특징

유럽연합(EU)에서는 2012년까지 유럽을 오가는 모든 화물 운송 항공기에 대해 자기가 내뿜는 만큼의 온실가스 배출권을 사도록 할 계획을 수립하고 있다. 미국 뉴욕주에선 수확철인 9월 한 달만이라도 100마일(161km) 이내에서 생산된 것만 먹자는 '100마일 다이어트 운동'이 소비자들 사이에 가시적으로 나타나고 있는 실정이다.[14] 일본에서는 '대지를 지키는 모임' 주도로 먹을거리의 운송 거리, 운송 수단을 감안해 산출한 온실가스 배출량을 소비자들에게 알려주는 '먹을거리 마일리지 운동'도 벌어지고 있다. 영국의 Local Action on Food Network는 로컬푸드 관련 전문잡지 Rhubarb를 발행하고, 정책적 지원을 위한 압력을 행사하고 있는데, 비영리단체들이 여기에 적극 참여하고 있다. 이제 로컬푸드 운동에 관한 영국, 일본, 미국의 사례를 살펴보자.

1. 영국 Totnes: 유기농 농장-지역화폐-식당의 연계

영국에서 로컬푸드 운동의 선두주자는 런던 남서쪽 데본주의 마을 토트네스다. 오래전에는 산업혁명의 핵심 도시였지만, 지금은 8천여 명의 주민이 오손도손 살고있는 자연주의 마을이다. 걸어서 20분 정도면 시내를 돌아볼 정도의 규모인데, 한국의 중앙언론에 소개된 것만 해도 2008년 6월 8일 SBS 스페셜, 2009년 8월 29일 KBS, 경향신문 2008년 8월 24일자, 조선일보 2005년 8월 1일자 등이다.

토트네스에 자연주의 바람이 불기 시작한 건 1980년대 광우병 파동이 한창일 때이다. 목축업이 위기에 몰리고, 농업마저 어려울 때 이들이 택한 것은 친환경 자연주의 농법과 지역화폐, 지역식당과 가게를 연결시키는 일이었다. 토트네스 타운에서 19킬로미터 떨어진 곳에 자리한 리버포드 농장은 영국의 제일가는

---

14 http://yj5959.net/yjagri/bbs/board.php?bo_table

유기농 농장이다. 농장이 자리를 잡기 시작한 때도 영국이 광우병 파동으로 들썩이고 있던 1980년대 초반이었다.

모두들 유기농은 미친 짓이라고 했지만, 리버포드 농장 주인은 광우병 파동을 목도하며, 유기농이 성공할 것이라고 예측했던 것이다. 결국 지금은 영국에서 제일일 뿐 아니라 유럽에서도 손꼽히는 유기농 농장으로 자리를 잡고 있다. 이런 건강한 식재료를 가까운 거리에서 공급받을 수 있기 때문에, 토트네스라는 자연주의 마을이 가능해진 것이다.[15]

유기농으로 재배된 85가지 야채와 과일이 철따라 박스에 실려 인근 가정과 업소로 배달된다. 지역에서 생산되는 식재료는 완전 유기농과 무농약이라 할 수 있고, 그렇지 않은 식재료를 찾기가 어려운 수준이다. 토트네스에서 생산된 쇠고기는 지역주민들과 식당뿐 아니라 10km 이상 떨어진 지역에서 구매자들이 몰려오고, 가격도 다른 지역 쇠고기보다 높게 받고 있다.

유기농 아이스크림 업체 '로콤'의 피터 레드스톤 사장은 런던에서 이곳으로 왔다. 그는 맥킨지사 경영 컨설턴트로 일하며 성공이 보장돼 있던 도시의 삶을 미련 없이 버렸다. "런던에서는 건강한 가정을 꾸리는 것이 불가능하다고 생각했어요." 토트네스 인근의 농장을 구입해 낙농업에 도전했고 4남매를 기르며 15년 전 아내의 꿈이던 아이스크림 사업을 시작했으며, '로콤' 아이스크림은 최근 한국 진출 제의도 받았다.[16] 마을 동산에 텃밭을 만들고, 매월 마지막 주 토요일에는 마을회관에서 '직거래장터'를 열고, 마을의 새 건물들은 진흙과 건초 등을 이용해 철저히 친환경적으로 지어지고 있다.

돈에 사람이 지나치게 종속되는 물신주의를 없애고, 이 지역 자본이 다른 지역으로 빨대처럼 빠져나가는 것을 막기 위해 토트네스는 지역화폐를 사용하고 있다. 1토트네스 파운드(tp)권 지폐만 발행하며 300tp(약 60만 원)로 시작하여, 채 2년도 안 되어 이 지역에는 6,000tp(1,200만 원)가 사용되고 있다. 200m 남짓한 중심가 하이스트리트에 있는 전체 상점의 3분의 2가량 70여 개 상점이 현재 토트네스 파운드 가입 업체다.

인류는 달나라까지 다녀왔지만 이웃을 만나기는 더 어려워졌다. 하지만 토트네

---

15 SBS 스페셜, 2008년 6월 8일.

16 http://mayah.co.kr/bbs/zboard.php?id=BD002&no=61

스는 단순한 로컬푸드를 넘어 세계적인 치유(healing)의 고장으로 부상하고 있다.[17]

2. 일본 사례

일본에서는 지산지소운동(地産地消運動)이 로컬푸드와 유사하게 활성화되었다. 지산지소(LopLoc: Locally produced and locally consumed)는 지역에서 생산된 먹을거리를 그 지역에서 소비하자는 뜻이다.[18] 지산지소운동은 시작 시점이 명확하지 않지만 1981년 식생활 개선운동으로 출발하였고, 1990년대 들어 지역활성화 차원에서 '지역만들기'와 결합되었다. '지역에 뿌리를 둔 식(食: 먹을거리), 농(農: 농업생산)의 재생'을 겨냥한 운동인 셈이다. 2000년대 들어서는 JA(일본농협)가 이러한 흐름에 참여하면서 지산지소운동이 전국적으로 확산되었다. 이어 2004년 3월에는 '식육추진기본계획'이 발표되었고, 2005년 일본정부는 지산지소를 지원하기 위해 정부위원회를 구성하기에 이르렀다.

정부의 위원회에서 지원하는 내용은 1) 직접판매(농민시장), 2) 학교급식, 3) 사회기관(요양원, 양로원 등)에서의 지역식재료 사용, 4) 농촌관광, 5) 레스토랑과 식당에서의 지역농식품 사용, 6) 지역농식품 처리과정, 7) 도농 교류 프로그램 등이다 (Shinkai, et al. 2009). 이를 위해 농림수산성이 책정한 2010년 예산은 300억 원 규모이다. 물론, 지방자치단체는 보다 다양한 프로그램과 예산을 보유하고 있다.

지산지소운동이 확산되는 배경으로는 첫째, 전통적인 식생활 방식으로 영양소와 미네랄을 균형있게 섭취하여 건강한 생활을 보내고자 하는 일본 내 사회 분위기 속에서 시작되었다. 그리고 값싼 수입 채소가 늘어남에 따라, 식품의 안전성에 대한 불안이 확대된 것도 한 원인이다. 누가 만들었는지 알 수 있어 안심할 수 있는 농산물을 추구하는 지역소비자의 지향과, 수입 농산물의 낮은 가격압박에 시달리고 있는 농촌의 이해가 일치한 것이 지산지소라고 할 수 있다.[19] 둘째, 지산지소운동은 적체된 잉여미를 소비하기 위한 소위 '감반 정책'의 일환으로서, 자기 고장에서 나온 다양한 먹거리를 고루 식단에 포함시키는 것을 권장하여 다른

---

17 경향신문, 2008년 8월 24일.
18 한국농정신문, 2009년 10월 5일.
19 브라이언 헬웨일(2006) 김종덕·허남혁·구준모 역(2006) 〈로컬푸드-먹거리·농업·환경 공존의 미학-〉, 서울: 이후, 248~249쪽.

농산물들의 소비를 촉진시키기 위한 정책적 목적도 있었다. 셋째, 기후변동에 약한 벼농사 단일재배 위주의 농업에서 탈피하여 재배 농산물의 종류를 다양화함으로써 국가식량자원 확보의 안정성을 높이고 농가수입 적자위험을 분산시키기 위해 지산지소운동이 촉발되었다고 볼 수 있다.[20]

최근까지 활성화 된 형태는 크게 네 가지다. 산지직판장과 학교급식과의 연계, 그린투어리즘, '길의 역' 등이 바로 그것이다.

1) 산지직판장

상품구성은 다양한 농산물을 연중 생산할 수 있는 체제를 구축하고, 다른 직판장과도 연계를 추진하는 한편 지역특산물, 전통식품 등 다른 지역에 없는 농산물과 계절 농산물을 공급한다. 또한 채소절임, 건강차, 잼, 와인 등 농산물 가공으로 부가가치를 높이고, 새로운 고용을 창출할 뿐만 아니라, 직판장의 상품도 다양화되고 있다. 여기에 농산물 가공, 외식, 관광 등의 다른 업종과 연계하여, 직판장 이용객을 늘리고, 판매액 증대는 물론 고용기회 확대 등의 효과도 거두고 있다.

2) 학교급식[21]

구체적인 사례로 일본 혼슈 남서부에 위치한 시마네현 키스키 정(町)의 생산자 그룹이 있다. 2003년 키스키 정장(町長)의 발의로 2004년부터 '학교급식생산그룹'을 통해 지역에서 생산된 채소 공급을 시작하였다.

또 다른 사례로 이와테현 야바하시의 직판장 운영 농협자회사가 있다. 2004년 공동조리장 완성을 계기로 정장이 농협조합장과 의논하여 학교급식 식재료를 일괄 공급키로 합의하면서 시작되었다. 출하자는 직판장 출하자 11명이며, 평균연령은 70세의 여성들이다. 이 사업의 성과로 지역의 농산물 사용비중이 2004년 40%에서 2007년 55%로 늘어났고, 어린이들이 채소 이름과 재배방법, 제철농산물 이해 등 농업에 대한 관심이 높아지고, 생산자의 의욕이 증대된 것으로 나타났다.

---

20 일본 위키피디아(http://ja.wikipedia.org/wiki/%E5%9C%B0%E7%94%A3%E5%9C%B0%E6%B6%88) 참조.

21 한국농정신문, 2009년 10월 5일.

3) 그린투어리즘

지역의 고유한 음식과 농축산물을 상품화하고, 지역에 위치한 기업의 사원식당 등에서는 지역농산물을 이용하는 것이다. 현 내에 도농교류를 위한 농림어업단체 관광 및 상공단체 등이 참여하는 조직이 증가하고 있으며, 지방행정 조직내에서의 도농교류 추진도 확산되고 있다. 특히 기업이 없고, 관광자원이 부족한지역에서도 그린투어리즘으로 지역경제 활성화가 가능하다는 것을 입증하고 있다. 실제로 나가노현 매시다 시의 경우 체험형 수학여행(농가민박), 농번기에 도시민 유치(농가숙박) 등의 그린투어리즘을 추진 중이다.

4) 길의 역22

최근에는 지방 간선도로변에 '길의 역'이라는 휴게소가 많아지고 있는데, 이 안에 지역의 농산물이나 그것을 사용한 가공품의 판매장, 식당 등이 설치되고, 그 운영을 지역의 농협, 주민단체, 여성 단체 등이 하는 경우를 많이 볼 수 있다. 어디서 팔든 간에 생산자마다 박스가 할당되고, 그것에 생산자 이름을 달고 파는 것이 유행이 되고 있다. 이 농산물들은 일반적으로 농약이나 화학 비료를 덜 사용하여 재배되었다. 농민들이 직접 운영에 참여하는 매장의 경우 상품을 반입, 회수하러 온 생산자와 단골 소비자 사이에 아무 일도 아닌 것처럼 일어나는 교류가 하나의 자랑거리가 되어 있기도 하다. 생산자에 있어서는 소비자의 의견이나 자기 산물에 대한 평가를 듣는 자리가 되며, 소비자에게는 아는 사람이 만들고 있다는 것이 신뢰감을 주는 것이다. '길의 역' 판매소는 지역 내 주요 도시에서 차로 1시간 이내의 거리에 있는 곳들이 주말에 번창하고 있다.

3. 미국 사례: 미네소타 Moorhead시

미네소타 주의 동쪽 무어헤드(Moorhead)시는 공동체 지원농업의 활성화 사례이다. 이 지역의 라슨(Ben Larson) 씨는 '옛길 시장'(old trail market)을 부활시키는 것으로 사업을 시작하였다(박덕병, 2005). 이 시장은 란돌프 프롭스필드(Randdolph Probsfield)

---

22 Halweil(2006) *Eat Here* 참조.

씨가 처음 시작한 것으로 오랜 역사를 지니고 있다. 그는 1870년대 작은 마을에서 채소, 화훼 등을 재배하여 자급자족적으로 운영되는 농장을 만드는 꿈을 가지고 있었다. 1911년까지 잘 운영되었으며 그의 사후 아들이 옛길 시장을 1972년까지 성공적으로 운영하였고, 이제는 라슨 씨가 프롭스필드 농장기금을 설립하여, 공동체 지원농업을 시작하였다.

라슨은 1997년 3에이커의 땅에 25명의 회원을 모집하여 공동체 지원농업을 시작하였다.[23] 1999년 참여면적이 5에이커로 늘어났고, 농장의 생산물을 구매하는 회원도 45명으로 증가하였다. 회원 중 1/3은 한 철을 기준으로 350불을 납부하고, 나머지 회원들은 200불을 납부하였다. 350불을 납부한 회원에게는 6월부터 10월까지 17주 동안 매주 농장의 수확물을 배달하여 주었다. 200불을 납부한 회원도 매주 약속된 로컬푸드 박스(36리터 용량)를 배달받는데, 그 양은 상대적으로 적었다. 미국의 공동체 지원농업 운영을 보면, 회원들이 대개 1년에 $300~$500을 송금하고 농식품을 정기적으로 공급받는다. 농장당 회원 수는 10명에서 200명 사이까지 다양하게 분포되어 있다. 대부분의 농장은 안전한 운영을 위해 공동체 지원농업 네트워크 가입자들을 대상으로 '로컬푸드 박스'형태로 1/3을 판매하고, 1/3은 농민시장, 1/3은 기타 대형 수퍼나 가판대 방식을 통해 판매하고 있다.

라슨은 지역 내 소비자들과 매우 우호적인 유대관계를 지니고 있다. 이 유대관계는 신뢰를 바탕으로 하는데, 회원들은 자신들로부터 받은 돈으로 좋은 농식품을 재배한다는 두터운 신뢰를 가지고 있다. 라슨이 농사에서 어떤 품종을 선택하는지, 어떤 흙에서 어떤 유기농 거름으로 영양을 주는지, 농약을 어떻게 최소화 하는지 혹은 사용하지 않는지를 항상 알 수 있는 관계에 있다. 라슨은 '소비자들을 존중하고 요구를 수용하여 투명하게 경영하기 때문에 형성 가능한 것'이라 말한다. 소비자들이 무엇을 좋아하고 무엇을 싫어하는지, 그리고 내년에는 무엇을 선호하는지를 청취하여 그들의 요구를 수용하기 위해 라슨은 노력하고 있었다.

공동체 지원농업을 이용하는 고객들은 교육수준이 높으며 요리하는 것을 즐기는 낙관적인 생활태도를 가진 사람들이 대부분이다. 회원 중의 절반은 유기농 산물을 원하고, 나머지 절반은 신선한 농산물을 원하고 있다. 대도시에서는 공동

---

23 이하 미국사례에 대하여는 박덕병(2005) 참조.

체 지원농업으로 세계를 구원하고 변혁할 방도라고 보기도 하지만, 무어헤드시 같은 작은 지역에서는 자체적으로만 적용되는 한계를 지닐 수 있다. 이 곳에서는 신선한 농산물을 원하는 사람들이 있고, 소규모 영농을 원하는 누군가가 있으면 그것으로 충분하고 좋다는 인식을 가지고 있었다. 라슨의 경우 그래서 이상주의 적으로 농장을 운영하지 않고, 매우 현실적이고도 건강하게 운영하고 있다.

라슨 씨의 경우 지역 TV와 신문에 광고를 낸 적이 있었는데, 효과가 금방 나타났다. 그런데, 홍보는 기존의 유통체계뿐 아니라 지역사회 공동체 네트워크를 사용하기도 한다. 이것 역시 매우 효과적이었다. 교회나 다양한 학습조직을 통해 알음알음으로 충분히 홍보되고 있다. 미국 내의 많은 공동체 지원농가들은 수확 물 소식을 담은 주간 혹은 격주의 뉴스레터를 발간하고 있다. 판매를 위해 라슨 씨는 미국정부의 농무성(USDA)에서 자금을 지원받아 대형 식료품 상점들을 통하 여서도 농산물을 판매하고 있다. 로컬푸드 박스 방식의 배달을 통한 생산물은 신뢰와 편리성을 느끼게 해주지만, 식료품점을 통해 소비자들이 농식품을 구입하는 경우는 여러 농장에서 생산된 다양한 로컬푸드를 구입할 수 있다는 장점이 있다.

라슨 씨는 공동체 지원농업을 구상하는 사람들에게 소규모로 시작할 것, 생태적인 건전성을 중시할 것, 농장을 정원으로 생각하고 정원을 가꾸어 판매하고 소득을 올릴 것, 장기적 계획을 가지고 접근할 것 등을 권고하고 있다. 현재 미국에는 이같은 공동체 지원농업이 전국에 다양하게 분포되어 있어, 로컬푸드 운동을 자연스럽게 펼쳐나가고 있다. 각 지역의 네트워크는 독특한 신뢰와 유대관계로 지역농식품을 재배, 애용하고 있는데 그 지향과 성과에서는 공통점이 있다.

Ⅴ. 로컬푸드 운동을 통한 공동체 활성화

로컬푸드가 선사할 수 있는 효과는 친환경 먹거리 확보, 환경의 회복 같은 일차적 요소 외에 공동체를 활성화시켜 준다. 일반적으로 로컬푸드가 가져다 줄 수 있는 효과를 Patricia and Hinriches(2007)는 6가지 차원에서 〈표 14-2〉와 같이 정리하였다. 로컬푸드의 효과는 미각, 지역공동체, 경제, 환경, 형평성, 건강 등이다.

표 14-2 미국 내 Local Food의 효과에 대한 시각들

Themes	Claim	Rationale
Aesthetics	Improves food quality	Ensures better tasting food
Community	Increases food supply dependability	Revitalizes communities
	Is tailored to community needs	Enhances culture
	Is developed by local citizens	Links consumers and producers
	Enhances community/individual well being	Builds trust between producers and
	Increases self-reliance	consumers
	Improves bonds in community	Builds community
		Enhances social health
Economics	Reduces food costs	'Keep incomes in check'
	Increases grower income/ profitability	Preserves local businesses
	Increases employment	Improves customer service
	Helps local economy	Offers wider choices to consumers
	Helps develop alternative commerce	Lowers public costs
	Strengthens economies	Encourages local investment
	Supports local farm families	Adds/supports local jobs
Environment	Improves farming practices	Is adapted to local environments
	Saves energy	Preserves genetic diversity
	Preserves open space	Supports a clean environment
	Enables harmonious relationship with nature	Uses ecologically sound production practices
	Reduces emissions/pollution	Protests wildlife
	Leads to accumulation of renewable assets	Protests the environment
Equity	Is built on justice	Women play key roles
	Puts people frist	Creates moral economy
	Enhances social equity accessible to everyone	Can catalyze positive local transformations
		Is socially just
	Improves wages and working conditions	Includes everyone
	Meets people's needs	Reduces health inequalities
	Improves food security	Increases consumer influence
	Distributes benefits fairly	Enhances democracy
Health	Makes food more nutritious	Safeguards your health
	Improves food safety	Improves health

출처: Patricia, A. and Hinriches, C.(2007).

표 14-3	미국 내에서 로컬푸드 운동의 전개 이유	
동 기		비 율
1. 경제적임		42%
2. 환경친화적임		30%
3. 지역공동체를 형성		14%
4. 건강에 이로움[24]		7%
5. 식재료의 맛이 더 좋음		7%

출처: Patricia, A. and Hinriches, C.(2007).

미국에서 Patricia and Hinriches(2007)는 로컬푸드 운동을 전개하거나 지지하는 사람들을 대상으로 지속적인 참여관찰과 비공식적 인터뷰 방법을 통해 로컬푸드 운동의 이유를 실증적으로 도출하였다. 그 결과 〈표 14-3〉과 같은 내용이 도출되었다. 미국에서 로컬푸드에 참여하거나 지지하는 사람의 가장 큰 동기는 그것이 오히려 경제적이라는 판단이 가장 많았고(42%), 환경친화적이기 때문(30%), 지역공동체를 살리고 참여자 간 신뢰가 형성되기 때문(14%), 건강에 이롭기 때문(7%), 식재료의 맛이 더 좋기 때문(7%) 순이었다. Nevada대학의 연구팀이 고급 레스토랑의 조리사를 대상으로 로컬푸드를 이용시 얻게되는 이점을 연구한 조사에서도 지역고객들의 만족도 증가(27.27%), 신선도와 근접배송(18.18%), 양호한 품질(18.18%) 등이 이점으로 지적되었다(Curtis et al., 2008).

로컬푸드를 중시하는 일차적 목표가 공동체보다는 건강한 먹거리와 생태환경 그리고 경제성을 향하여 있다고 하더라도, 그 바탕은 공동체의 회복과 직결되어 있다. 지역의 훌륭한 브랜드를 키우게 되며, 신선한 먹거리의 재배와 유통 혹은 나눔을 위한 연결망이 생성되고, 주민 간에 서로 신뢰와 호감을 증진시켜 사회자본을 키우게 된다. 신선한 먹거리를 매개로 학교급식이나 공동 판매장을 운영하는 경우, 단순한 수익창출을 넘어서는 공동체적 연대와 협동의 분위기가 확산될 수도 있다. 모니터링의 경우만 보더라도, 인접한 지역공동체에서 무농약이나 유기농 먹거리 재배로 연결된 생산자와 소비자의 관계가 외부적 규제기관의

---

24 지역 내에서 생산된 농식품이 더 신선하고, 영양이 좋으며, 맛있으며, 유통과정에서 에너지를 덜 사용하기 때문에 친환경적이라는 사실을 이들은 강조한다. 2007년 *Dewey Health Review*에서 조사한 결과에 의하면, 반경 130km 내에서 생산된 식품을 섭취하는 18~55세 성인들의 경우 19%가 소화배변 기능이 좋아졌고, 전체적으로 수면성 무호흡과 야간 공포증이 줄어들었다.

감시보다 훨씬 강력한 모니터링 기능을 수행할 수 있게 된다.

요컨대 음식은 인간의 상호관계 형성과 지역공동체 회복에 대단히 중요한 요소다. 주민은 곧 음식 시민(food citizen)이 되어, 서로를 이해하고 신뢰하며 협동하는 법을 배우게 된다. 로컬푸드는 친환경 먹거리를 확보하는 방편에 그치는 것이 아니라, 지역공동체를 회복하여 인간다운 삶을 살 수 있게 해주는 대단히 유용한 요소다.

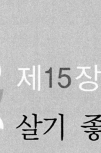

제15장
살기 좋은 지역의 평가 방법론

Ⅰ. 살기 좋은 지역

1751년(영조 27년) 조선시대 이중환은 〈擇里志〉[1]를 썼다. 택리지는 '살기 좋은 지역'을 택하는 방법이었다. '가거지(可居地)', 곧 살기 좋은 지역을 찾는 방법은 지리(地理), 생리(生理), 인심(人心), 산수(山水)라는 네 요소로 이루어져 있다. 이는 18세기에 제시된 살기 좋은 지역을 택하는 기준 및 지표였다고 할 수 있다(이종수, 2014: 298).

지리(地理)는 산의 모양과 흐르는 물 그리고 흙의 빛깔 등 풍수적인 요소였다. 여기서 강조하는 요소는 풍수와 지기(地氣), 안전이라는 요소다. 둘째, 생리(生理)로 비옥한 토지와 교역에 유리한 위치, 교통을 지칭한다. 살기 좋은 지역으로서 땅이 비옥해야 하는데, 오곡과 목화 경작에 알맞은 곳을 살기 좋은 지역으로 꼽았다. 논에 볍씨 한 말을 심어 60두를 수확하면 제일 좋은 곳이고, 40~50두면 다음으로 좋은 곳이다. 셋째, 인심(人心)인데, 풍속과 주민들의 관계 그리고 당쟁(黨爭) 관련 요소다. 좋은 풍속을 가려 택하지 않으면 자신에게만 해가 돌아오는 것이 아니라, 자손에게도 나쁜 물이 들어 행실을 그르치게 된다고 한다. 넷째는

---

1 〈택리지〉는 사민총론(四民總論), 팔도총론(八道總論), 복거총론(卜居總論), 총론(總論)으로 편제되어 있고, 각 편의 구성 비율은 각각 2.5%, 50%, 45%, 2.5%다.

산수(山水)로, 이는 환경적 아름다움을 주로 일컫는다. 정신을 즐겁게 하고 감정을 화창하게 하는 것으로 아름다움이 없으면 사람들이 거칠어진다고 한다.[2]

　　Douglass(2002: 59)는 살기 좋은 지역의 요소로서 네 가지를 제시하고 있다. 삶의 여건, 근로 및 생계를 위한 기회, 안전하고 깨끗한 환경, 좋은 거버넌스가 그것이다. 삶의 여건이란 개인이 재능과 행복을 위한 노력을 통해 얻을 수 있는 안락함, 휴식 그리고 활기 넘치는 생활환경을 뜻한다. 근로 및 생계를 위한 기회는 생활 수단으로서의 수입과 동시에 자존감과 성취감을 느낄 수 있는 경제적 기회를 총칭한다. 깨끗하고 안전한 환경은 주민의 건강과 안녕, 그리고 경제적 성장을 뒷받침할 만한 자연환경을 지칭한다. 마지막으로, 좋은 거버넌스는 사회통합과 갈등관리를 위한 공공 정책과 제도를 일컫는 것으로, 정부와 함께 지역사회 및 민간이 함께 참여하는 투명한 상태를 뜻한다. Smith and Hoekstra(2011: 22)는 보다 넓은 시각에서 경제자본, 인적자본, 자연자본, 사회자본이 자연과 인간을 살기 좋게 만드는 것으로 설정하고 있다.

　　한국의 정부 부서와 연구기관도 살기 좋은 지역에 관심을 갖기 시작했다. 행정안전부는 살기 좋은 지역만들기와 안전도시 정책, 국토해양부는 지속가능한 도시, 환경부는 그린시티 사업, 농림부는 전원마을 지원정책을 추진하여 왔다.[3] 국가균형발전위원회(2007: 20)는 살기 좋은 지역을 아름답고 쾌적하고 특색있는 모습을 만드는 것에 공간의 질과 삶의 질을 제고하고, 도·농 상생형 복합생활공간을 조성하며, 지역공동체의 복원과 지역별 특화브랜드의 창출에 관심을 기울인 바 있다. 지방행정연구원은 살기 좋음의 뜻을 '아름답고 여유있어 모든 시민이 쾌적한 생활을 즐길 수 있으며, 역사와 문화가 숨 쉬고 개성이 있어, 건강하고 깨끗하게 개성과 품위를 찾아볼 수 있고, 편리하고 안전한 장소'로 정의하고 있다.

　　그럼에도 불구하고, 살기좋은 삶터에 대한 관심과 만족도는 낮다. 문화체육관광부가 5년간 수행해 온 〈한국인의 의식·가치관 조사〉를 보면, 한국인은 주거지역의 문화 및 생활 여건에 대해 '좋다'(48.8%)보다 '좋지 않다'(52.2%)라고 반응하고

---

　2 이중환은 이러한 기준으로 볼 때, 조선 시대 평안도를 가장 살기 좋은 지역으로 지목했다.

　3 예컨대, 행정자치부는 2006년부터 '살기 좋은 지역만들기(Happy Korea Project)' 사업을 시행하였다. 공간의 질과 삶의 질 향상, 도·농 상생형 복합생활공간 조성, 지역공동체 형성, 지역별 브랜드 육성이 주요 과제로 설정되었다(행정자치부, 2006: 3).

있다. 이는 국제적인 비교 평가에서도 그대로 나타난다. 2012년 머서 컨설팅(Mercer Human Development Consulting)이 발표한 〈살기 좋은 도시 비교 평가〉에서 서울은 221개 도시 가운데 75위로 분류되었다. 가장 살기 좋은 도시는 오스트리아 빈, 스위스 취리히, 뉴질랜드 오클랜드, 독일의 뮌헨, 캐나다 밴쿠버 등으로 평가되었다.

Ⅱ. 살기 좋은 지역에 대한 국내외 평가 사례

1. 외국의 평가 사례

영국의 경제분석기관인 EIU[4]는 2008년도부터 전 세계 140개 도시를 대상으로 '가장 살기 좋은 도시(Most Livable Cities)'를 평가 및 선정하여 왔다. 평가 영역은 문화 및 환경, 교육, 안전성, 기반시설, 의료시설 등이다. 기반시설 같은 경우 도로의 연결정도, 편리성과 대중교통 등 도시의 접근성을 위한 도로 기반시설 등에 대한 평가를 담고 있다. 2013년 EIU의 조사에서는 호주의 멜버른이 1위로 선정되고, 서울은 전년과 같은 58위를 유지하였다. EIU는 평가 방법의 개선을 위해 2012년 '최고의 도시 순위(Best Cities Ranking)'를 발표한 바 있다. 새로 확보 가능한 데이터를 추가함으로써 재구성된 지표는 당해 지역의 녹지, 확장성, 문화적 자원과 자연적 자원, 연결성, 고립도, 인구 등의 지역적 특성 관련 지표이다. 시범 평가 결과는 본래의 측정 방법에 따른 평가 결과의 상위 10개 지역이 모두 순위권에서 벗어났으며, 홍콩이 1위로 나타났다. EIU의 자체 보고서에 의하면 이와 같은 변화는 연결성 혹은 고립도에 관한 지표 등이 추가되었기 때문이며, 일부 지역에서는 문화적 자원에 대한 평가 점수가 현저히 떨어진 결과이기도 했다(EIU, 2012: 3).

미국 Mercer[5]의 경우 매년 11월 전 세계 130개국 350여개 이상의 도시(2012년 기준)를 대상으로 '삶의 질(Quality of Living Index)'을 평가한다. 각 도시의 평가 요소는 소비재와 경제환경, 주거, 의료와 건강, 자연환경, 정치 및 사회환경, 공공서비

---

4 Economist Intelligence Unit (http://www.eiu.com/)

5 Mercer (http://www.imercer.com/)

스와 교통, 여가, 학교 및 교육, 사회·문화환경 등 10개 영역에서 39개의 세부지표를 활용하며, 각 지표에는 중요도에 따른 가중치가 부여된다. Mercer에서는 매년 이웃 국가와의 교역관계, 의료보험, 거주와 언론의 자유, 국영 방송의 비중, 국제 학교의 수 등 세부 지표 분석 내용을 수록한 개별 국가의 대상 도시에 대한 보고서를 발간한다. 한국의 경우 서울만이 평가 대상에 포함되어 있으며, 2012년 평가 결과 상위 50개의 지역에 포함되지 못하였다. 일본의 경우 도쿄, 고베, 요코하마가 각각 44, 48, 49위를 차지하였다.

Monocle[6]사는 진보와 보존, 자극과 안전, 국제성과 지역성이 조화롭게 이루어진 삶의 균형 정도를 '살기 좋은 도시(Most Liveable Cities)'로 평가한다. 객관적 자료를 통해 평가한 후 상위 25개 도시를 살기 좋은 도시로 공개하며, 그 중에서 사랑스러운 도시(Loveable Cities)를 보유한 상위 5개국을 선정한다. 측정요인들은 안전, 범죄, 국제적 연결정도, 기후, 일조량, 건축의 질, 대중교통, 관용도, 환경과 자연에 대한 접근도, 도시 디자인, 비즈니스 환경, 정책 발전 정도 및 의료서비스다. 2006년부터 지속된 평가에서 2013년 덴마크의 코펜하겐이 1위, 호주의 멜버른이 2위로 선정되었으며, 서울은 순위권 내에 포함되지 못하였다. 일본의 경우 도쿄, 후쿠오카, 교토가 각각 3위, 12위, 13위를 차지하였다. 호주와 일본, 싱가포르, 캐나다 등의 일부 국가를 제외하면 대부분의 순위권 지역이 유럽연합 내 국가들이었다.

객관적 통계분석이 아닌 주관적인 인식조사 방법을 통해 살기 좋은 지역을 평가하는 사례로 ECA International[7]의 평가가 있다. 세계 400여개 도시를 대상으로 '해외 체류 중인 아시아인이 가장 살기 좋은 도시'라는 주제로 설문조사를 실시하여 세계 순위와 아시아 지역 내 순위[8]를 발표한다. 개별 장소의 삶의 질에 대한 평가 요소로 기후와 자연재해, 건강상의 위험과 시설, 공기오염, 물자와 서비스, 개인의 안전, 주거 및 지원, 교육, 여가, 기반시설, 정치적 긴장 등 열 가지 영역이 있다. 이 평가는 국제적 활동에서 기준국과 대상국 간에 정착을 위한 어려움의 차이가 어느 정도인지를 비교, 평가함으로써 해외 주재원 파견시 대책과 적

---

6 Monocle (http://monocle.com/)

7 ECA International (http://www.eca-international.com/)

8 평가 대상의 전 세계 400여개 도시 중 아시아 내 국가의 49개의 도시가 포함되어 있다.

합한 보상을 산정할 수 있도록 도와준다. 2013년 평가 결과 싱가포르가 아시아 내 순위는 물론 전 세계 도시 순위 종합 1위를 차지하였으며, 서울은 아시아 내 8위, 전 세계 73위를 기록하였다. 아시아 내부 순위로 일본의 고베가 2위, 도쿄와 요코하마가 공동 4위를 차지했는데, 이들의 세계 순위는 각 5위와 공동 17위로 평가되었다.

외국사례의 경우, 위와 같은 국제적 비교 평가 외에 단일의 국가 내에서 주관적 인식조사를 통해 평가하는 사례도 있다. Saaty(1986)는 Boyer와 Savageau(1981)가 구성한 도시 평가 지표[9]를 바탕으로 미국의 살기 좋은 도시에 대해 평가하며 그 활용 가능성을 평가하였다. 지표는 기후, 주거, 건강, 범죄, 교통, 교육, 문화, 여가, 경제로 구성되어 있다. 계층적 분석기법(AHP)을 통한 Satty의 평가 결과 응답자들은 각 응답 대상 항목에 대한 개인의 선호 정도를 명확히 알고 있었으며, 대체적으로 응답이 유사한 경향을 보이고 있어, Boyer와 Savageau가 제시한 기준이 통용 가능한 지표라 결론 내리고 있다.

2. 한국의 평가 사례

경기개발연구원은[10] 경기도 내 31개 시·군을 대상으로 2013년 '살기 좋은 지역' 평가를 시행하였다. 평가 요소는 도시편리성, 교육·의료·복지, 경제, 도시안전, 도시건강 및 환경 등 5개 분야에 세부지표 39개로, 총점 100점으로 환산된다. 도시편리성의 경우 교통과 문화시설 이용을, 도시안전의 경우 재해 및 재난, 범죄에 대한 안전성, 도시건강과 환경은 상하수도 보급률과 흡연율, 음주율 등을 측정한다. 2013년 평가에서 과천, 고양, 안양 및 용인시가 각 60점을 넘는 점수로 1~4위를 차지하였다.

---

9 Boyer와 Savageau는 '미국 내 가장 살기 좋은 장소를 찾기 위한 지침서(Guide to Finding the Best Places to Live in America)'라는 주제로 평가 지표를 개발하였다. 1981년도에 개발된 본 지표는 2007년도 이후까지 지속적으로 발전, 책으로 출판되었으며, 미국 내 일부 지역만을 대상으로 시작하여 전 지역을 대상으로 평가 범위가 확대되었다. 이에 대한 연구는 지표 개발 이후 다양한 연구자에 의하여 시행되었으며, 본 연구에서는 그 중 Saaty(1986)에 의해 시행된 1985년도 지표 기준 평가 결과를 소개하기로 한다.

10 www.gri.re.kr

주관적 설문조사 평가를 시도한 박대식과 마상진(2007: 44)은 소득·소비, 노동, 보건의료, 안전, 주거, 정보화, 통신, 환경, 교육, 복지, 사회, 문화·여가 등 12개 지표를 활용하였다. 대구와 시애틀 지역을 대상으로 인식조사를 시도한 송건섭 등(2008: 983~991)은 건강, 공공안전, 교통, 주거, 생활환경, 교육, 문화, 복지, 시민참여, 사회자본, 지역경제 요인을 택하였다. 평가를 위한 설문조사 결과 대구지역의 경우 교육과 문화, 복지, 시민참여 요인을, 시애틀의 경우 환경과 사회자본 요인을 제외한 모든 부문이 삶의 질 결정에 유의미한 영향을 미치는 것으로 나타났다.

김헌민 등(2013: 198~206)의 연구에서는 서울, 부산, 대구, 인천, 광주, 대전 6개 도시를 대상으로 '살고 싶은 도시'를 평가한 바 있다. 대도시에 거주하는 953명에게 현재 거주하고 있는 지역에 대한 만족도를 조사하였는데, 여기에는 10가지의 지표가 활용되었다. 기초생활 인프라, 사회적 지원 인프라, 경제 인프라, 자연환경 인프라, 공공시설 인프라, 공동체 의식, 역사적 인프라, 문화 인프라, 국제화 인프라, 정치 및 제도 인프라가 그것이다. 이들 지표에 대하여 6개 도시별로 중요도와 만족도를 조사한 결과, 우리나라의 경우 주민들이 중요하다고 인식하는 수준에 비해 현재에 대한 만족도가 전반적으로 낮게 나타났다.

Ⅲ. 살기 좋은 지역평가를 위한 방법과 지표

1. 평가 방법과 조사 설계

평가하려는 측면을 명백히 하려면, '살기 좋은 지역'과 '살고 싶은 지역'을 구분할 필요가 있다. 전자는 객관적인 평가를 일정 수준 포함하는 것인데 반해, 후자는 사람들의 선호만 반영하는 개념이다. 살기 좋은 지역은 자체만 놓고 볼 때, 일부는 고정적인 요소를 포함하고 일부는 구성적(構成的)인 부분을 포함한다. 고정적이라는 의미는 인간의 생존과 생활에 필요한 의료, 환경 같은 측면의 절대적인 수준을 뜻하고, 구성적이라는 부분은 사람들의 선호를 수렴하여 규정할 수밖에 없다는 뜻이다(김원용, 2012: 5). 고정적인 부분은 객관적 지표로 규명되고, 구성적 부분은 주관적 선호로 취합된다. 고정적인 요소는 객관적 자료로 측정할 수 있고(임경수, 2007: 27), 주관적 선호는 주민의 인식조사를 활용하여 조사할 수 있겠다(김헌민 외, 2013: 197). 이 글에서는 주관적, 객관적 방법을 함께 사용하여, 상이한 방법이 보여주는 차이를 관찰하고, 양자의 적합한 결합방식을 구상해보기로 하겠다.

지역 역시 개념화 하는 단위가 다양하다. Zhang 외(2012)와 김선미 외(2010), 최원근(2011)의 연구는 마을을 단위로 설정하고, Faltermayer(1968), Simonds(1994), Geller(2003)는 도시를 단위로 택하였다. 도시를 택하는 경우 자료획득이 용이하고, 분석의 단위를 보다 명백하게 부각시킬 수가 있다. 지나치게 작은 단위의 경우는 객관적 통계가 없다. 예컨대, 통계로 분류되지 않는 내용을 3,482개 읍·면·동에서 직접 확보하거나, 92,893개 통·리에서 직접 조사하는 것은 매우 어려운 일이다. 여기서는, 따라서 시·군·구라는 기초자치단체를 평가 단위로 설정하려 한다.

지표는 선행 연구에서 도출된 12개 요소를 영역별로 군집화하고, 한국적 특성 속에서 그 정합성을 검토하여 보기로 하겠다. 전 국민을 대상으로 설문조사를 실시하였는데, 표본은 95% 신뢰수준에서 ±3의 오차범위를 갖도록 추출하되, 인구분포에 따라 비례층화방법으로 임의 추출하였다. 세종시 포함 17개 시·도의 2012년 인구 비례를 기준으로 표본을 추출한 후, 2013년 10월 조사를 진행하였다. 16명의 조사원이 직접 방문 조사를 하였고, 결측치를 줄이고 응답률을 높이기 위해 2차 방문조사를 하였다. 무응답 등의 경우를 고려하여 총 1,134명을 대상으로 설문을 시행한 결과, 957명이 응답하였다.

설문지는 응답자가 전국의 시·군·구 가운데 살고 싶은 5개의 지역을 선택할 수 있도록 구성하였다. 시·군·구는 가나다 순으로 구성함으로써, 배치 순서로 인하여 응답자에게 줄 수 있는 영향을 최소화 하고자 노력하였다. 이를 통하여 살기 좋은 지역에 대한 주관적 순위를 도출하였다. 또한 살기 좋은 지역에 대한 12개의 측정지표의 중요도를 평가하도록 구성하였는데, 이는 '전혀 중요하지 않다'부터 '매우 중요하다'까지 7개의 척도로 구성되었다. 이를 통해 각 지표별 중요도에 대한 주관적 인식을 측정하였다.

표 15-1			측정 문항의 신뢰도 분석 결과		
요 인	지 표	Crombach's Alpha	요 인	지 표	Crombach's Alpha
공동체 및 생태	- 이웃 관계 - 지역분위기 - 자연 경관 - 환경오염 정도	0.808	안전환경	- 치안 - 재해로부터의 안전	0.694
생활편의 시설	- 여가 시설 - 상권 - 의료	0.727	경제 및 교통환경	- 교육 - 교통 - 취업 기회	0.678

조사결과에 대한 요인분석 결과 네 개의 요인군이 군집화 되었는데, 타당성 검토를 위한 신뢰도 분석이 양호하게 나타났다. Friedman의 분산분석 기법을 통하여 요인별 신뢰도를 측정한 결과 공동체 및 생태 요인은 크롬바 알파(Crombach's Alpha)값 0.808, 생활편의 시설은 0.727, 안전환경 0.694, 경제 및 교통환경 0.678로 나타났다.

2. 살기 좋은 지역평가를 위한 요인과 지표

개별 지표 간에 내재되어 있는 연관구조를 분석하여 영역을 구분하고, 지표를 확정하기 위해 요인분석을 시도하였다. 이는 상관관계가 높은 변수들을 하나의 요인으로 분류하여 각 요인들 사이에 독립성이 존재함과 동시에 요인 내에 유사성이 있음을 입증하고, 분류 기준을 확인 및 수립할 수 있게 해준다. 일반적으로 인지하지 못하였으나 상관관계에 있는 새로운 요인을 찾아낼 수 있는 장점도 있다.

요인 간의 적재치 값을 최대화 하여 개별 요인들이 상호 독립적이라는 가정 하에 가설을 검증하는 직각회전 방법을 활용함으로써 요인 간의 해석을 도왔다. 요인 회전 방법으로는 이쿼맥스(Equamax)방법을 활용하였다. 각 요인별로 0.5 이상의 적재량을 기준으로 산출한 분석 결과는 〈표 15-2〉와 같으며, 총 4개의 요인으로 분류되었다. 각 요인의 공통성 정도가 모두 약 0.597[11] 이상의 값을 가져,

---

11 공통성 정도는 각 변수들이 상호 어느 정도의 영향력을 미치는가를 나타낸다. 이는 0에 가까울수록 상호 영향력이 없으며, 1에 가까울수록 영향력이 큼을 의미한다. 즉, 1에 가까울수록 다중공선

| 표 15-2 | 평가 요소에 대한 요인분석 결과 |

요 인		성 분				공통성
		1	2	3	4	
공동체 및 생태	이웃 관계	0.798	0.158	0.080	0.156	0.693
	자연 경관	0.775	0.156	0.247	−0.046	0.688
	지역분위기	0.699	0.205	0.182	0.267	0.635
	환경오염 정도	0.610	−0.019	0.541	0.114	0.678
생활편의 시설	여가 시설	0.226	0.846	0.063	0.146	0.793
	상권	0.036	0.737	0.198	0.356	0.710
	의료	0.293	0.532	0.475	0.046	0.597
안전환경	치안	0.133	0.235	0.775	0.236	0.729
	재해로부터의 안전	0.488	0.142	0.615	0.157	0.662
경제 및 교통환경	취업 기회	0.200	0.256	−0.016	0.780	0.715
	교육	0.052	0.091	0.299	0.771	0.695
	교통	−0.203	0.472	0.498	0.452	0.716

각 요인 간에 상호 밀접한 영향력을 미치는 것으로 확인됐다.

제1요인에는 이웃 관계, 자연 경관, 지역분위기, 환경오염 정도의 지표가 포함되어 있다. 이들은 지역주민들의 상호관계와 자연환경을 의미하는 지표로서, 〈공동체 및 생태〉 요인으로 명명하였다. 이웃 관계는 주민 간 친밀도 또는 공동체 의식을 주민과의 교류를 통해서 얻을 수 있는 '관계'다. 지역분위기는 이웃과의 어울림과 교류를 통해 얻어지는 생기와 활기참, 편안함을 포괄한다. 이웃과의 갈등이 빈번해지는 환경 속에서, 이웃과의 마찰 여부가 살기 좋은 지역을 평가하는 중요한 변수로 인식됨을 알 수 있다. 자연 경관과 환경오염 정도로 대표되는 생태환경은 산이나 물, 공원 등 청정수준과 경관을 지칭한다.

제2요인은 여가 시설과 상권, 의료로 구성된다. 이들은 지역주민의 생활편의 시설과 서비스에 관련된 요인이므로 〈생활편의 시설〉로 명명할 수 있다. 여가 시설은 지역주민들이 즐거움을 누리고 피로를 해소하며, 문화적 욕구를 충족시켜 주는 시설을 지칭한다. 상권은 두 가지 의미로 해석이 가능하다. 하나는 식재료 같은 생활필수품을 편리하게 구입할 수 있는 편의시설의 확충을 뜻하고, 다른 하

성이 높다고 할 수 있다.

나는 경제적 활성화 수준을 의미할 수 있다. 본 설문조사에서 경제적 활성화는 취업 기회로 표출되어 별도로 반영되고 있는 것으로 볼 때, 여기서는 상대적으로 생활편의에 가까운 의미로 보인다. 의료 역시 건강을 유지하기 위해 필요한 생활 서비스의 접근도를 지칭하는 요인이다.

제3요인은 〈안전환경〉인데, 치안, 즉 범죄의 예방과 재해로부터의 안전이라는 두 가지 요소로 구성되어 있다. 지역주민들이 안심하고 생활을 영위해 나갈 수 있고, 이웃 주민 간 신뢰도를 높이는 기반으로 볼 수 있다. 치안과 재해로부터의 안전이 정확히 하나의 요인으로 묶임으로써 '안전환경'에 대한 욕구가 다른 요인과 분리됨을 확인할 수 있고, 점차 한국에서 안전 요인이 중요해지고 있음을 간파할 수 있다.

제4요인은 취업 기회와 교육, 교통으로 이루어졌다. 취업 기회가 높다는 것은 젊은 구직자들이 활동할 수 있는 가능성이 많음을 의미하며, 교육은 인간의 개발과 능력향상을 통해 사회경제적 성장을 하는데 기반이 된다. 교통은 상업 발달의 핵심 요소로서, 교통을 통하여 다양한 인적, 물적 요소가 이동한다. 이는 주민의 생활편의와도 연관될 수 있으나, 활발한 유통과 교류를 뒷받침 하는 요소로서 지역경제의 발전에 이바지 하는 요인으로 확인된다. 따라서 제4요인을 〈경제 및 교통환경〉으로 명명할 수 있다.

〈표 15-3〉은 지표별 중요도와 순위 그리고 특성을 보여준다. 모든 지표는 5, 즉 '조금 중요'보다는 높은 점수를 획득하고 있으며, 대부분 최빈값이 7로 '매우 중요함'에 몰려 있는 것을 볼 수 있다. 응답자들이 살기 좋은 지역을 선택하기 위해 가장 중요하게 고려하는 요소는 치안으로 7점 만점에 6.27을 기록하였다. 그 뒤를 의료, 환경오염 정도, 교통, 재해로부터의 안전이 잇고 있다. 이 중 환경오염 정도나 여가 시설, 지역분위기와 자연 경관이 교육이나 취업 기회 그리고 이웃 관계 지표보다 앞서고 있는 것이 특이하다. 이는 높은 수준의 도시화를 기록하고 있는 한국사회에서 '살기 좋은' 지역의 의미에서 자연환경과 심미적 아름다움이 점차 큰 비중을 차지해가고 있음을 말해준다. 교육이나 취업 기회가 중요한 것은 사실이지만, 그것은 해당하는 연령대나 대상자에 국한된 쟁점이고 대다수 구성원들에게는 자연 경관이 더 절실하게 살기 좋은 지역을 결정하는 요소로 인식되고 있다.

표 15-3		지표별 중요도와 순위 및 특징			
	평 균	최소 빈도 값	최대 빈도 값	표준편차	응답자 수
치안	6.2729	1.00	6.00	1.01321	960
의료	6.0199	1.00	7.00	1.09402	954
환경오염 정도	5.9698	1.00	7.00	1.11774	960
교통	5.9666	1.00	7.00	1.17779	959
재해로부터의 안전	5.9424	1.00	7.00	1.15734	955
여가 시설	5.7179	1.00	6.00	1.16783	957
지역분위기	5.5647	1.00	7.00	1.24084	958
상권	5.5610	2.00	6.00	1.21756	959
자연 경관	5.5537	1.00	7.00	1.23577	959
교육	5.5156	1.00	7.00	1.44188	960
취업 기회	5.4514	1.00	7.00	1.56217	957
이웃 관계	5.2374	1.00	7.00	1.42200	956

Ⅳ. 객관적-주관적 평가 방법의 영향

상이한 지표는 상이한 방법으로 평가될 수 있다. 그러나, 동일한 지표라 할지라도 상이한 방법으로 평가될 수 있고, 그 결과는 평가 방법에 따라 상이하게 도출될 수 있다. 이에 대한 쟁점을 노출시키고, 시사점을 도출해보기로 하자.

객관적 평가의 경우 위에서 도출된 4개 영역에서 각 영역별로 데이터 수집이 가능한 대표지표를 선택하여 그에 해당하는 기존의 통계자료로 분석할 수 있다. 영역별 대표 지표는 〈공동체 및 생태 요인〉에서는 이웃관계 및 지역분위기를 의미하는 '사회적 관계망'과 자연 경관 및 환경을 의미하는 '공장 폐수 발생량'을 활용한다. 〈생활편의 시설 요인〉에서는 여가 시설로서의 '인구당 문화기반시설 수', 상권으로서의 '매출액', 의료로서의 '인구당 병상 개수'를, 〈안전환경 요인〉에서는 사건·사고로부터의 안전환경을 대표하는 지역별 '교통안전 지수'를, 〈경제 및 교통환경 요인〉에서는 지역의 경제수준과 활동을 대표하는 '인구당 재산세 납부액', 교통환경을 대표하는 '도로보급률'을 대표지표로 선정한다. 객관적 평가의

표 15-4	객관적 평가 측정 기준		
평가 영역	주관적 지표	객관적 지표	측정 기준
공동체 및 생태	이웃관계 및 지역분위기	사회적 관계망(+)	몸이 아플 때 도움을 받을 수 있는 사람/ 조사대상 인원(명)
	자연 경관 및 환경	공장 폐수 발생량(−)	공장폐수 발생량(㎥)/365(일)
생활편의 시설	여가 시설	인구당 문화기반시설 수(+)	등록 문화기반시설 수(개) /주민등록 인구 수(십만명)
	상권	매출액(+)	전체 사업체 별 1년간 영업수입액 −매출 부가가치세(원)
	의료	인구당 병상 개수(+)	병상 수(개)/주민등록 인구 수(천명)
안전환경	사건·사고로 부터의 안전	교통안전 지수(−)	교통사고 발생 요인, 희생 요인, 도로환경 요인에 대한 교통사고 발생률을 산출하여, 항목별 목표 값 대비 백분위로 정규화 (도로교통공단의 산출 자료 활용)
경제 및 교통환경	경제	인구당 재산세 납부액(+)	재산세 납부 총액(천원)/ 주민등록인구 수(명)
	교통	도로보급률(+)	도로면적(㎡) × 루트(총면적 × 인구)

세부 측정 기준은 〈표 15−4〉와 같다. 객관적 평가 지표에 따른 총점의 산정은, 개별 지표의 수치에 따른 순위를 부여한 후 이의 역순으로 점수를 부여하고, 각 점수를 합산하여 순위를 부여하는 방식으로 진행되었다.

주관적 평가는 전국민을 대상으로 하는 설문조사 방법을 활용하여 각 지역에 대한 호감도를 조사한다. 주관적 인식이 본질적으로 총체적인 상태로 구성된다는 점을 고려하여, 다수의 항목에 걸친 응답자의 인식을 분절적으로 묻기보다는 '살기 좋은' 지역에 대한 인지도와 '살고 싶은' 지역에 대한 호감도를 질문하여 양자를 50%씩 반영하기로 한다. 평가의 단위는 시·군·구라는 기초자치단체를 단위로 한다.[12] 주관적 평가 지표에 따른 총점의 산정은, 설문에 따른 득표 빈도를 합산한 후 이의 역순으로 순위를 부여하는 방식으로 진행되었다.

객관적 평가와 주관적 평가의 분석결과는 〈표 15−5〉와 같다. 객관적 평가

---

12 광역단위 평가는 평가 단위 내의 편차가 평가 단위 간 편차보다 큰 경우가 존재하고, 기초 단위 이하의 읍·면·동 혹은 자연부락 단위 평가는 관련 통계의 확보가 불가능하다는 한계가 있다.

| 표 15-5 | 객관적 평가와 주관적 평가의 결과 및 순위 | | | | | |

지 역	주관적 평가 순위	객관적 평가 순위	지 역	주관적 평가 순위	객관적 평가 순위
강원도 강릉시	13	39	대전광역시 유성구	21	39
강원도 동해시	23	47	부산광역시 수영구	31	29
강원도 속초시	9	47	부산광역시 해운대구	3	39
강원도 영월군	25	15	서울특별시 강남구	2	2
강원도 춘천시	18	38	서울특별시 마포구	11	15
강원도 평창군	21	26	서울특별시 서초구	5	4
경기도 가평군	14	8	서울특별시 송파구	6	12
경기도 고양시	8	8	서울특별시 양천구	41	39
경기도 과천시	37	15	서울특별시 용산구	20	15
경기도 남양주시	45	23	서울특별시 종로구	7	1
경기도 성남시	18	12	인천광역시 강화군	34	29
경기도 수원시	17	15	인천광역시 연수구	41	39
경기도 양평군	32	15	전라남도 구례군	41	22
경기도 용인시	34	29	전라남도 목포시	50	23
경상남도 거제시	14	29	전라남도 순천시	30	12
경상남도 남해군	26	26	전라남도 여수시	12	39
경상남도 진주시	26	29	전라남도 해남군	38	8
경상남도 통영시	9	29	전라북도 남원시	41	26
경상북도 경주시	16	6	전라북도 무주군	39	6
경상북도 안동시	23	8	전라북도 전주시	28	46
광주광역시 광산구	49	29	제주 서귀포시	4	4
광주광역시 서구	47	29	제주 제주시	1	3
대구광역시 수성구	29	29	충청남도 공주시	33	23
대전광역시 대덕구	46	50	충청북도 청주시	36	47
대전광역시 서구	40	39	충청북도 충주시	48	15

와 주관적 평가라는 상이한 방법에 의한 결과가 대조된다. 표는 상위 50개 지역에 대한 평가 결과를 서열척도로 표시하여 보여주고 있다. 객관적 평가에서는 서울의 종로구, 강남구, 서초구, 제주도의 제주시와 서귀포시가 높은 점수를 획득하였다. 주관적 평가를 통해 한국인들이 가장 살기 좋은 지역으로 지목한 곳은 제주시, 서귀포시, 서울 강남구, 서초구, 부산 해운대구 등이다. 두 평가에서 모두

표 15-6	객관적 평가 결과와 주관적 평가 결과의 일치도: Spearman 분석		
		주관적 평가 순위	객관적 평가 순위
주관적 평가 순위	Pearson 상관계수 유의확률(양쪽) N	1.000 . 50	0.319* 0.024 50

* p−value: 0.05

서울의 강남구, 서초구, 제주도의 제주시와 서귀포시가 상위에 자리잡고 있다. 도시지역을 의미하는 시와 구는 41개인 반면, 농어촌지역에 해당하는 군은 9개에 불과하다. 도시지역이 82%를 차지할 뿐 아니라, 상위 순위를 도시지역이 압도적으로 점유하여, 살고 싶은 지역에 대한 한국인의 선호가 도시 편향적으로 형성되어 있음을 알 수 있다.

그러면, 주관적 평가와 객관적 평가 사이에는 어떤 상관성이 있을까? 이를 살피기 위해 스피어만(Spearman) 상관분석을 실시하여 보았다. 각 평가 결과 사이의 일치도를 살펴보기 위한 스피어만 상관계수는 연관수준을 분석하기 위해 비모수적 방법을 활용한다. 〈표 15−6〉이 보여주듯 P값이 0.024로 귀무가설이 기각된다. 즉, 객관적 방법에 의한 평가 결과와 주관적 인식 조사에 의한 평가 결과 사이에 유의미한 선형관계가 존재한다.

상관성의 수준을 보여주는 계수는 0.319로, 살기 좋은 지역에 대한 주관적 평가와 객관적 평가 사이에는 중간정도 수준의 양의 상관관계가 있다. 국민의 주관적 인식을 통한 선호도 조사와 객관적 지표에 의한 통계자료 분석 결과 사이에 중간정도의 유사성을 찾아볼 수 있다는 뜻이다. 주관적 평가와 객관적 평가 결과 사이에 중간에 약간 못 미치는 상관성이 도출된 이유는 무엇일까? 그 원인은 객관적 평가를 위한 지표의 불완전한 정립, 특히 지표 사이의 가중치 배분의 미흡, 자치단체의 홍보와 개인적 체험에 의한 주관적 인식의 왜곡을 들 수 있다. 이 두 요인이 모든 평가에서 일정 수준 불가피하게 나타나는 것이라면, 두 평가 결과 중에서는 주관적 인식 평가의 우선성을 인정하는 것이 합리적이다.

객관적 평가 방법과 주관적 평가 방법이 집단별로 어떻게 다른 결과를 초래하는지 살펴보자. 대응표본분산분석(Paired t−test) 방법을 활용하여 각 변수의 지역적 특성에 따라 나타나는 두 개의 종속변수, 즉 객관−주관적 평가 방법의 차이를 비교해 보았다. 전체적으로 농촌과 군(郡)지역은 객관적 평가보다는 주관적 평가에서 현저하게 낮은 점수와 순위를 보이고 있다. 이것은 상대적으로 객관적 평가 방법이 지역여건을 평가하고, 주관적 평가 방법은 인지도와 이미지를 주로 평가하는 것이라는 방법론적 특성을 실증해 주는 결과다. 동시에 농촌과 군(郡)지역의 인지도와 이미지가 실제적 여건보다 낮은 모습으로 사회 내에 형성되었다는 것을 시사한다. 또한, 살기 좋은 지역에 대한 평가에서 한국인은 다분히 도시 선호적인 성향을 보유하고 있음을 의미한다. 이에 반해 도시지역은 객관−주관적 평가 방법 사이에 차이가 없으며, 서울/비서울 구분에 있어서도 서울지역과 비서울지역 모두 객관−주관적 평가 방법에 따른 차이가 관찰되지 않았다.

집단을 수도권/비수도권으로 나눌 경우, 수도권지역의 객관−주관적 평가 방법 사이에는 유의미한 차이가 나타났다. 주관적 평가에서는 평균 21위를 한데 반해, 객관적 평가 방법에서는 평균 16위로 나타난 것이다. 지리적으로 서울에 인접한 '수도권'지역은 객관적 여건보다 주관적 인식에서 살고 싶어 하는 지역으로 선호되지 않고 있다. 지리적 인접성 때문에 강력한 서울지향성의 영향을 크게 받기 때문으로, 주관적 인식과 이미지에 있어 실제보다 네거티브 이미지가 형성되어 있는 것이다. 유사한 현상이 시·군·구의 집단 구분에서 군(郡)지역을 대상으로 한 평가에서도 나타난다. 군지역이 객관적 평가에서는 평균 17.22위로 평가되었으나, 주관적 평가에서는 평균 30위를 기록하였다.

객관적 평가 방법과 주관적 평가 방법 사이에 이러한 차이가 나타나는 이유는 세 가지다. 첫째는, 평가하는 측면의 상이함이 반영되어 나타난 결과로 해석된다. 객관적 평가는 주로 환경적 여건이나 기껏해야 '삶의 수준'을 평가하는 데 반해, 주관적 평가는 인지도와 이미지 그리고 만족도 등을 종합한 내면적 측면을 평가하는 것으로 판단된다. 둘째, 수도권에 속한 지역의 경우는 객관적 여건 평가보다 주관적 인식 평가에서 낮은 평가를 받고 있다. 이는 수도권에서는 서울에 대한 쏠림현상이 인식과 이미지에 있어 강력하기 때문이다. 셋째, 살기 좋은 지역을 평가하고 선택하는 한국인의 가치체계는 다분히 도시중심으로 형성되어 있다. 농촌지역이 객관적 여건보다 주관적 평가에서 매우 낮게 나타나고 있고, 서울 소재 기초구역들이 상위로 평가되는 사실이 이를 뒷받침한다.

| 표 15-7 | 집단별 특성에 따른 평가 방법 간 차이 T-test |

			주관 평가 순위	객관 평가 순위	집단별 주관-객관 평가 방법 간 차이 t-test
도시/ 농촌	평 균	도시	24.21	24.69	도시 : 0.854 농촌 : 0.032* (p-value)
		농촌	30.63	17.5	
	평균 순위 차	도시	12.48		
		농촌	14.38		
서울/ 비서울	평 균	서울	13.14	12.57	서울 : 0.742 비서울 : 0.499 (p-value)
		비서울	27.21	25.33	
	평균 순위 차	서울	3.43		
		비서울	14.3		
수도권/ 비수도권	평 균	수도권	21.88	16.53	수도권 : 0.014* 비수도권 : 0.958 (p-value)
		비수도권	26.97	27.15	
	평균 순위 차	수도권	6.53		
		비수도권	16		
시/ 군/ 구	평 균	시	23.72	24.48	시 : 0.844 군 : 0.019* 구 : 0.834 (p-value)
		군	30	17.22	
		구	24.94	23.54	
	평균 순위 차	시	15.56		
		군	13.89		
		구	7.81		

* p-value: 0.05

　　주관적 평가 방법에 나타난 결과는 후광효과(Halo Effect) 개념으로 설명할 수도 있다. 특정 지역에 대한 제한된 경험이나 인식이 지역평가에 전반적인 영향을 미치는 것이다. 주관적 인식이 객관적 평가보다 주목할 만하게 높은 해운대구의 경우 객관적 평가에서 39위였으나 주관적 평가에서 3위로 나타났다. 제주시는 객관적 평가에서 3위였으나 주관적 평가에서 1위로 나타났다. 휴양지로 이미지가 형성된 지역에서 주관적 평가에 높음을 알 수 있다. 결국, 객관적 평가 방법과 주관적 평가 방법의 차이를 정확히 인식하고, 그러한 차이를 적절하게 반영하는 일이 중요하다. 평가의 목적에 부합하게 두 방법의 삼각화를 도모하는 것이 바람직하다.

V. 결론 및 시사점

첫째, 본 연구의 내용적 차원에서 보면, 한국인들의 살기 좋은 지역에 대한 인식이 상대적으로 도시 편향적, 서울 지향적으로 형성되어 있음을 보여준다. 전체 227개 기초자치단체 지역 가운데 상위 50개로 선정된 곳으로 시와 구가 41개인 반면, 농촌지역에 해당하는 군은 9개에 불과하다. 서울의 강남구, 서초구, 송파구 등이 모두 상위로 평가된 사실도 특기할 만하다. 상대적으로 농촌지역이나, 서울 인접 수도권지역은 주관적 평가에서 부정적 평가를 받는다.

둘째, 객관적 평가 방법과 주관적 평가 방법은 명백히 다른 결과를 도출한다. 객관적 평가에서는 서울의 종로구, 강남구, 서초구 등이 높게 나타나고, 주관적 평가에서는 제주시, 서울 강남구, 부산 해운대구, 제주 서귀포시 등이 높게 평가되었다. 평가 목적에 따라 객관적 평가 방법과 주관적 평가 방법을 적합하게 선택하는 것이 중요하며, 필요한 경우 가중치의 배분이 필요하다. 예컨대 '살기 좋은' 지역의 평가에서는 객관적 평가 결과에 우선성을 부여하고, '살고 싶은' 지역 평가에서는 주관적 평가 결과에 우선성을 부여하는 방법론적 삼각화가 필요하다.

셋째, 주관적 평가 방법은 후광효과(Halo Effect)가 영향을 미치는 것으로 분석된다. 특정 지역에 대한 방문경험이나 제한된 인식 그리고 이미지가 평가에 전반적인 영향을 미치고 있다. 지역 간 구분과 객관-주관적 평가라는 방법적 구분을 넘어 후광효과는 특정 지역을 매우 상위로 위치시키는 역할을 하고 있다.

넷째, 주관적 평가를 하면서 거주자들의 만족도를 직접 평가에 반영할 경우에는 응답자가 조사목적에 맞추어 응답하는 호손효과(Hawthorne Effect)를 유의해야 한다. 자기 자신이 거주하는 지역에 대한 평가만을 하도록 할 경우, 응답자들이 자기 실체적 현실 못지 않게 평가 목적에 민감하게 반응할 가능성이 크다.

다섯째, 평가 단위의 선택 문제다. 살기 좋은 지역에 대한 평가를 서울시, 각 도와 같이 광역적 단위로 설정하는 경우 그 내부에서의 지역 간 편차가 평가 단위 사이의 편차보다 큰 문제가 발생할 수 있다. 반대로, 평가 단위를 읍·면·동이나 자연부락처럼 매우 작은 규모로 설정하면 객관적 자료의 수집이 어려워진다.

평가 단위 내의 균질성과 자료구득 가능성을 고려하여 평가 단위를 설정하는 것이 요구된다.

제16장

단절된 공동체의 역사성 회복을 위한 탐구
– 500년 지속된 안동과 강릉의 계(契) –

Ⅰ. 계(契), 주민들의 자발적 결사체

한국의 오늘을 살아가는 세대에게 계(契)가 연상시키는 것은 두 가지다. 하나는 일반적 교과과정에서 주입식으로 학습된 '상부상조'의 전통으로 두레와 함께 암기해야 하는 정답들 중 하나였다. 그 역사적 존재여부를 체감하기 어려워 그 의미를 공감하기 어려웠지만, 정답으로 기억해야 하는, 화석화된 전통의 한 부분이었다. 또 다른 하나는 '돈'이다. 주로 의례(儀禮)[1]를 지내던지, 덕을 권하거나 상호부조, 혹은 친목을 위해 시작되고 지속되었지만, 일제 강점기와 6·25를 거치며 개인적 저축을 위한 일종의 사금융으로 식리적(殖利的) 성격을 갖는, 부정적으로 퇴색된 돈에 관한 기억으로 남아 있다. 돈에 관한 기억의 대부분은 계주(契主)가 곗돈을 사기 치고 도망친 뉴스로 이루어져 있다. 고도 성장기뿐 아니라 2013년 10월 16에 이르러서도 서울의 동작구 신대방동에서는 9억 9천만 원의 사기 사건이 계주에 의해 자행된 사건이 보도되었고,[2] 2015년 2월에는 서울의 화곡동에서

---

1 현존하는 자료를 통해 분류해 볼 때, 16세기 이전 존재하던 계의 69%가 의례의 기능을 수행했던 데 반해, 19세기 말과 20세기 초의 계는 47%만이 의례기능을 수행하였다(김필동, 1989: 150).

2 서울 동작구 신대방동에서 동네계를 운영하던 계주 권모씨(69)는 속칭 새마을계를 운영하다 어려워지자 곗돈 10억 원을 들고 도주하였다. 그는 동네에서 주민 40명의 돈 9억 9,000만 원을 곗돈으로 모아 가로챈 혐의로 구속되었다. 경향신문, 2013년 10월 16일.

주민 70여 명을 대상으로 50여억 원의 곗돈 사기 사건이 발생하였다.[3]

　학계에서도 계에 대한 연구는 많지 않다. 한국사회에서 계는 너무도 현실적[4]이고, 너무도 일상적인 삶의 한 가운데 놓인 것이었기 때문에, 학문적 조명을 받지 못하였다.[5] 고려와 조선에서는 계가 동네와 마을, 그리고 삶의 공동체를 이루는 하나의 현실적 작동기제였고, 현대에 들어온 이후 계는 돈을 개인적으로 모으는 동아리였기 때문이다. 그런 계를 우리는 어떻게 이해할 수 있을까? 영리활동, 다시 말해 식리활동으로 변질된 계에 대한 이미지만을 보유하고 있는 세대에게 계의 본래 모습을 어떻게 설명할 수 있을까? 단절의 크기와 기간이 너무도 커서 현재의 존재론적으로 계를 이해하기 어려울지도 모른다. 계를 주목하더라도, 우리는 서구이론으로 점철된 시각과 틀 안에서만 조명할 수밖에 없을지 모른다. 그것이 현 세대의 존재론적 한계이기 때문이다. 그러나, Putnam에 의해 자발적 결사체 이론이 부상했기 때문에, 그 시각에 의해 계는 가치를 부여받을 수 있는 것일까? 서구에서 제시된 이론, 예컨대 자발적 결사체 이론이 주민조직의 중요성을 부여하기 때문에 결국 다시 조명될 가치가 있는 것으로 우리는 해명하고 말 것인가? 고려와 조선의 사회를 전근대 사회로 규정한다면, 전근대적 시기의 주민 단체를 현대의 자발적 결사체와 어떻게 견줄 수 있을 것인가? 계를 살펴보려는 연구자에게 여러 생각들은 끊이지 않는다.

　분명, 현대 한국의 사회과학 대부분은 수입품이다. 대부분의 학문분야에서 제시하는 시대구분, 이론구성, 개념, 대안은 한국사회를 기반으로 생성되었다기보다는 외국을 모태로 하는 경우가 대부분이다. 토착화 혹은 정책의 진화에 대한 추적을 통해 한국사회에 대한 적실성을 모색하려는 시도가 간헐적으로 나타나긴 했지만, 이제 세계화의 시대를 맞아 그러한 노력조차 용이하지 않을 것으로 보인다.

---

3 헤럴드경제, 2015년 2월 9일자 참조.

4 현실적이라는 의미는 계가 한국사회에 매우 광범하게 분포했고, 일상적인 삶과 밀접히 연관되어 작동하는 조직이었다는 의미다.

5 예컨대 다양한 결사체에 대한 통계와 연구에서 계는 제외되기 일쑤였다. 최근 들어오며 계의 존재가 희소해지면서 이러한 배제는 완전히 굳어지게 되었다. 지역결사체와 주민참여 문제를 비교적 깊이 있게 다룬 논저의 경우도 마찬가지였다. 한도현(2007) 지역사회 내의 결사체 분포와 네트워크, 안도현·이선미·이희영·장원봉·김복수, 〈지역 결사체와 시민공동체〉, 서울: 백산서당, 58쪽; 이승종·김혜정(2011) 〈시민참여론〉, 서울: 박영사, 296쪽.

이런 가운데 이 글은 안동과 강릉에 존재하는 계에 대해 살펴보고자 한다. 우선은 500년 혹은 400여 년간 지속되어 온 계의 존재에서 '역사성'을 회복하고 싶은 것이다. 단절로 점철된 한국사회에 500년 혹은 400여 년의 역사는 자발적 결사체, 공동체 나아가서는 한국의 사회과학 전체의 역사성을 회복하는 정신적 줄기가 될지도 모른다. 이를 통해 어떤 사회의 공시적 감정과 시설만으로 이야기할 수 없는, 공동체의 통시성(通時性)에 대해 말하고 싶은 것이다. 어떤 사회의 공동체성, 그리고 그 공동체가 수용하는 합리성이란 공시적 합의만으로 이루어지지 않는다. 그것은 불가능한 일이다. 전통과 관례를 인정하고 수용하는 통시성의 차원이 없이 어떤 사회가 합리성과 안정성을 확보하기는 불가능하다.

계가 온전하게 남아있는 경우는 거의 없다. 고려 이후 천 년 가까운 기간 동안 유지되어 온 계의 역동성이 소멸하였고, 극히 일부에서 그 명맥이 유지되는 정도다. 한국의 현대사에서 단절의 운명을 경험하는 것이 계뿐만은 아니다. 일제의 국권침탈과 한반도의 분단, 그리고 6·25, 개발연대를 거치는 동안 사회정치적 단절은 한국역사의 모든 측면에서 관찰되는 비극적 현상 중의 하나였다. 정통성과 역사성을 보유한 인물들의 쇠잔, 제도의 급변, 세시풍속, 민속, 그리고 가치관은 그 맥락과 경로를 파악하는 것조차 어려울 정도로 단절되고 변모하여 왔다. 개항과 일제, 그리고 개발연대의 기간뿐 아니라 심지어 IMF 위기가 닥친 1998~2001년 시기에 와서도 '과거를 버리는' 일은 찬양되었다(박길성, 2013).[6] 기존의 우리 방식은 완전히 잘못된 것이기 때문에, 생존을 위해서는 새로운 외국의 방식을 도입하는 것이 시급하다는 인식을 IMF 위기는 현대 한국인의 정신에 깊게 각인시켰다.

안동과 강릉지역의 현존하는 계는 이러한 단절 앞에 하나의 예외적 가치를 보유한다. 500년 혹은 400여 년의 역사를 유지하고 계승하며, 현재에도 작동되고 있기 때문에 우리에게 제시하는 시사점은 크다. 불과 일제 강점기를 맞기 직전까지도 계는 우리의 일상이었고, 공동체를 이루는 강력한 토대였다. 심지어, 일제에 국권을 상실하기 직전 전국적으로 우후죽순처럼 설립되었던 시민들의 자발적 결사체 가운데에는 명시적으로 전통적 계의 명맥을 잇고자 한다고 선언하는 경우가

---

6 박길성(2013)은 IMF 위기가 한국사회에 끼친 가장 큰 영향의 하나로 과거의 폐기를 지적한다. 과거는 잘못된 것이었고, 우리 것을 속히 버려야 우리는 생존할 수 있다는 논리가 전체 한국사회를 지배했고, 한국인들의 가치관에 심대한 영향을 미쳤다는 것이다.

있었던 사실을 상기하면(송호근, 2014), 계가 연결시켜 줄 수 있는 사회적 연속성의
뿌리는 길고도 견고하다. 국가의 개입과 관여 없이 주민들이 자발적, 자생적으로
구성하여 500년 혹은 400여 년 역사를 이어왔고, 비교적 최근이라 할 수 있는 국
권 상실을 전후한 시기까지도 사회적 뿌리로 인식되어 왔기 때문이다. 이에 대한
탐구는 단절의 상처를 지닌 채, 수입된 이론이 넘쳐나는 사회과학 연구에 하나의
역사성과 맥락을 회복시켜 줄 수 있는 작업이 될 수 있을 것이다.

Ⅱ. 계에 대한 학설과 유형

계에 대한 연구는 조선후기 정약용, 정동유, 이수광 같은 실학자들에 의해
시도되었다. 그들은 한국사회를 객관적으로 묘사하려는 노력의 일부로 계에 대해
언급하였다. 당시 한국사회에 매우 보편적으로 존재하는 오래된 습속이었음을 설
명하고 있으나, 심층적인 연구는 이루어지지 않았다. 일제에 의한 식민통치 기간
에는 한국사회에 대한 통치를 위해 계에 대한 일부 실태조사가 이루어졌다. 해방
후에는 계를 경제사적 측면에서 공동생산 관계로 파악하는 김병하의 연구,[7] 계를
공동체 또는 사회적 조직으로서 단체로 보았던 김삼수의 연구,[8] 계를 사람들의
자발적 결사체로 파악했던 김필동의 연구(1988,[9] 1989, 1992[10])가 대표적이다.
계의 어원은 '기회(期會)한다' 혹은 기(㤼)한다'라고 백남운(1937)[11]은 지적한다.
이병도(李丙燾)는 계의 어원을 두레에서 찾기도 한다. 무리를 뜻하는 도(徒)를 읽는
발음에서 '두레'가 나왔고, 두레를 뜻하는 여러 한자 표현 중 하나가 계였다는 것
이다. 계를 바라보는 이 같은 학설은 대부분 계가 생겨나게 된 '발생론'에 해당한
다. 이를 김삼수(1964: 62~133)는 요약하여 정리하였는데, 한국인에 의해 10가지가

---

7 金柄夏(1958) 契의 史的 考察,〈經商學報〉, 제7집, 중앙대학교 논문집.
8 金三守(1964)〈韓國社會經濟史研究〉, 서울: 박영사.
9 김필동(1988) 朝鮮時代 契의 組織構造의 性格과 그 變化,〈인문학연구〉, 제15권 제1호, 충남대학
　교 인문과학연구소.
10 金弼東(1992)〈韓國 社會組織史研究: 契組織의 構造的 特性과 歷史的 變動〉, 서울: 一潮閣.
11 백남운(1937)의 이같은 주장은〈學海〉지에 실린 '조선계의 사회적 고찰'이라는 글에 나타나 있다.

제시되어 왔고 일본인에 의한 12가지가 제시되어 왔다. 김삼수가 이를 다시 정리하여 제시하는 내용을 요약하면 아래와 같다.

가. 원시공동체적 발생조직설: 제천의식, 토지공산적 관행, 공동 가무와 공동 음식의 풍습에서 발생

나. 원시공동체적 상호부조설: 원시 공동체에서 상호 생존하기 위한 반(半)자치적 공동체

다. 촌락공동체 부담의 공동해결조합설: 공동의 문제를 위해 자금을 모아 공통 목적을 달성하려는 조합

라. 고대 촌락회의 및 종교의례설

마. 계＝도(徒＝두레)설

바. 계＝향도(香徒)

사. 토지신(土地神)의 제사와 결부된 지연적 촌락조직설

아. 친목적 회연(會宴)설

자. 계＝길드설

차. 계＝향약(鄕約)설

카. 납세단체설

타. 봉건적 정책에 대한 대항조직설

파. 자연발생설: 자연발생적 공동 행위에서 비롯됨

1960년대 이후의 시각은 계를 발생론적 차원을 넘어 기능적, 구성적 차원에서 보는 것이다. 이 차원에서 계를 자발적 결사체(김필동, 1989)로 볼 것인지, 아니면 공동체로 볼 것인지(김삼수, 1963: 24) 대립되어 왔다. 발생론적 차원에서 보자면 역사적 사회상과 맞물려 공동체로 해석할 수 있는 여지도 있으나, 발생론을 벗어나면 다분히 결사체로 해석하는 것이 유력해 보인다. 계가 현재태(現在態)로 존재하는 상태에서 그것의 기능과 구성을 보면 다분히 결사체로 해석할 수 있는 여지가 크다는 의미다.

개념적으로 결사체에 비해 공동체는 구성원들의 삶이 상대적으로 더 중첩적으로 결합된 사람들의 모둠을 뜻한다. 결사체보다 공동체에서 구성원들이 살아가는 삶의 총체성이 나타난다는 의미이다. 조직의 공식화와 결속력에 있어서는 결

사체가 공동체보다 강력할 것이다. 그러나, 삶이 포개지는 수준, 다시 말해 중층적으로 접합되는 수준은 결사체보다 공동체가 강하다. 결사체는 대개 하나의 목적을 매개로 만들어지는 조직인데 반해, 공동체는 일상의 삶을 살아가는 사람들의 모둠단위로 받아들여지기 때문이다.

그러나, 이러한 구분 역시 상대적이다. 결사체와 공동체의 구분을 완전하게 단정하기는 어렵다. 예컨대, 사이버 공간상에 모인 사람들의 모임을 때로는 사이버 공동체라 부른다. 사이버상의 교류에 국한하는 경우에도 그 같은 명칭을 사용하는 경우가 있다. 이 경우, 삶이 중층적으로 겹치고 폭넓은 교류가 일어난다고 하기 어렵다. 그럼에도 불구하고 공동체라는 이름을 부여하는 것이다. 따라서, 결사체와 공동체의 구분이 완전히 이루어질 수 있다기보다는, 어떤 관찰하고자 하는 개념보다 큰 단위이거나 다양한 교류가 일어날 때는 공동체라고 부르는 경향을 발견할 수 있다. 대체로, 결사체는 공동체를 이루는 요소라는 생각 속에서 이러한 판단이 가능하다.[12]

계의 종류는 다양하다. 이를 여러 가지로 분류할 수 있는데, 여기서는 대표적인 계의 명칭을 중심으로 구분해 보고자 한다. 지리적 단위를 바탕으로 하는 동계, 친목과 교류를 목적으로 하는 교유계, 씨족을 단위로 하는 씨족계, 배움을 인연으로 하는 학계, 가족의 죽음에 도움을 주고받는 상계, 기타 공동사업을 목적으로 하는 계들로 분류하였다. 지역적 단위를 기반으로 하는 동계는 공동사업을 위한 교량, 도로, 산림 등의 목적과 많은 경우 중첩되는 취지를 내포하고 있었다.

1) 동계(洞契): 마을 혹은 동네를 뜻하는 洞里(동리)를 기반으로 만들어진 계로, 가장 일반적인 형태다. 마을을 기반으로 해마다 몇 차례 동네의 공동 일거리를 함께 수행하는 것을 기본으로 하였지만, 그 목적은 다양하다.

2) 교유계(交遊契): 계원들끼리 우의와 친목을 도모할 목적으로 형성된 사교계의 형태다. 생년이 같은 친구들끼리 계를 만드는 경우 갑계라는 명칭을 쓰기도 하고, 교유계라는 이름을 사용하기도 한다. 시(詩)계, 회갑계 등이 여기에 해당한다.

3) 족(族)계: 친족 관계를 기반으로 형성된 계다. 애경사를 함께 치르기 위한

---

12 그러나, 역으로 공동체들이 모여 하나의 결사체를 이루는 경우도 존재한다. 예컨대, 다수의 자치단체들이 모여 협의회를 구성하는 경우가 그것이다.

목적과 함께 상부상조 활동을 위한 의미를 내포하고 있다. 동네가 씨족 집단으로 이루어진 경우에는 동계와 족계가 일치되기도 하고, 때로 족계 는 종계(宗契)로 불리기도 했다. 작은 씨족 단위를 넘어 동성동본의 문중 을 아우르는 규모로 확대되면 대종계(大宗契)로[13] 불렸다.

4) 학계(學契): 서당이나 서원을 유지하거나, 동학들 간 학문 수행 또는 연로 한 스승의 생활을 지원하고자[14] 조직된 계다.

5) 상계(喪契): 부모와 자기 자신 그리고 처(父母己妻)의 네 가지 상[四喪](김필동, 1989: 50)에 필요한 비용과 일손을 주고받는 목적으로 구성된 계다.

6) 기타, 산림의 보호 및 유지를 목적으로 조직된 송계(松契), 청계(廳契), 객주 계, 등촉계(燈燭契) 등이 있다(김필동, 1989: 47).

이제는 계의 다양한 종류가 사라지고, 일제 강점기와 6·25를 거치며 계는 '돈'을 연상시키게 되었다. 계의 영리활동 내지 식리활동은 언제부터 일반화 되었 을까? 고려와 조선에 이르는 동안 계에는 영리추구의 목적과 활동이 매우 적었다. 적어도, 영리추구나 식리활동을 주된 목적으로 하는 계는 찾아보기 어려운 정도 였다. 공동사업이나, 예의 또는 의리를 전승하고, 친목을 도모하며, 좋은 풍속을 권하며, 상호부조, 노동력의 교환을 도모하였다. 노동력의 교환 역시 영리추구의 활동으로 분류할 수는 없다. 그것은 오히려 상부상조 내지 공제의 기능으로 분류 해야 타당한 활동이었다. 계의 활동내역을 기록한 계첩에서 일부 영리, 혹은 식리 (殖利)활동이 관찰되기도 하지만, 이는 절대적으로 조직을 구성한 상태에서 조직 의 유지와 친목을 위한 활동이라는 성격이 강했다. 이자를 획득하는 활동을 하는 경우에도, 계의 본래 목적이 전도되지 않는 범위 내에서 추구하려는 경향이 관찰 되었다. 심지어 기금이나 돈이 남을지라도 그것을 남에게 대부하지 못하도록 규 정하는 경우도 존재했다. 19세기 말과 20세기 초에 들어와 영리추구를 주목적으 로 하는 계가 출현하기 시작하였다.

김필동(1989: 117)의 연구는 매우 중요하고 흥미로운 결과를 제시하고 있다. 현존하는 계첩을 150개 분석한 그는 계의 활동을 시대별로 분석하여 〈표 16-1〉

---

13 또는 화수계(花樹契)라는 명칭도 쓰였다.

14 이 경우에는 문생계(門生契)라 불렸다.

| 표 16-1 | 계의 영리활동 정도 및 시대별 흐름 | | | | |

구 분	단순 식리	식리가 주목적	식리활동 없음	불명확	합 계
16세기	1 7.7		1 7.7	11 84.6	13 100.0
17세기	3 11.1		13 48.1	11 40.7	27 100.0
18세기	10 52.6		4 21.1	5 26.3	19 100.0
19세기 초~중	23 79.3		2 6.9	4 13.8	29 100.0
19세기 말~ 20세기 초	21 61.8	1 2.9	4 11.8	8 23.5	34 100.0
김한목 자료	14 73.7		2 10.5	3 15.8	19 100.0
미 상	5 55.6		2 22.2	2 22.2	9 100.0
합 계	77 51.3	1 0.7	28 18.7	44 29.3	150 100.0

출처: 김필동, 1989: 117.

와 같은 결과를 도출하였다.

〈표 16-1〉에서 볼 수 있듯, 영리활동이 17세기까지는 거의 나타나지 않았다. 일부 영리활동이 있는 경우도 계의 유지를 위한 비용의 관리 수준을 넘지 않았다. 그러다 18세기에 단순한 영리활동이 증가하기 시작하여, 19세기 말과 20세기 초에 이르러 식리를 주목적으로 하는 계도 출현하게 되었다. 계에 대한 연구를 집대성한 바 있던 김삼수(1964: 17)에 의하면, 6·25전쟁을 전후해서 사설고리계(私設高利契)가 성행하였는데, 개발연대 동안 이러한 사금융 형태로 변질된 계는 지속되었다. 천 년을 넘는 계의 전통과 본질에서 벗어난 사설고리계의 횡행은 당시의 사회경제적 상황과 무관하지 않다. 경제적 불확실성, 악성 인플레이션, 여성의 가정경제권 주도 등이 나타나는 가운데 거대자본 혹은 공적 금융과 연결되지 않은 부분에서 계가 우후죽순처럼 생겨났다. 이러한 사설고리계는, 적어도 도시지역의 경우, 1972년 8월 3일 정부에 의한 사채양성화 조치를 계기로 서서히 소

멸의 길을 걷게 되었다.

일제 강점기의 위축을 지나, 6·25 이후의 사설고리계의 횡행을 경험하는 사이 계가 전통적으로 지녀왔던 자치적이고 협업적인 성격 그리고 풍류적 전통이 대거 실종되었다. 예컨대, 자치와 협업의 일부로 존재해 왔던 향약계(鄕約契), 부조계(扶助契) 농계(農契), 보계(洑契), 송계(松契), 도로계(道路契), 교량계(橋梁契) 등이 자취를 감추었고 풍류적 교유를 위한 시계(詩契), 의신계(義信契), 회갑계(回甲契) 등도 사라지게 되었다(김삼수, 1964: 19).

1478년 시작되어 537년 동안 이어져 온 안동의 우향계는 2015년 현재에도 계의 정신을 스스로 확인하고 있다. '인간의 행복은 도덕과 경제가 균형 있게 발전하는 데서 이루어지는 것인데 … 지금 세상에는 경제만 있고 도덕은 없는 세상이 되어가고 있음을 개탄'[15](友鄕稧, 2006: 14)하는 것으로, 계에 대한 이익추구 일변도의 고착된 오해를 부정하고 있다.

Ⅲ. 안동과 강릉지역의 계회

1. 안동 우향계(友鄕稧)의 537년 역사

우향계는 1478년(성종9) 안동 권씨 문중 세 명,[16] 흥해 배씨 문중 네 명, 고성 이씨 한 명, 영양 남씨 문중 네 명, 안강 노씨 한 명 등 열세 명의 안동지역 덕망가들이 모여 결성하였다. 이후 537년 동안 지속되어 왔으니, 민간의 자치조직으로 매우 오랜 기간 존속하여 오늘에 이르는 계 중의 하나다. 처음 우향계는 덕업을 권하고 허물을 바로잡으며, 친목을 도모하기 위하여 만들어졌다. 구성원의 인품과 수계후의 제반 규범이 조선조 문사들의 귀감과 부러움의 대상이 되었으며(우향계, 2006: 13) 학문과 수양에 부단히 힘썼고, 지역의 분위기 곧 향풍(鄕風)을 바

---

15 유창훈 안동향교 전교가 우향각 건립 실기에 쓴 축사.

16 안동 권씨 권자겸(權自謙) 공, 흥해 배씨 배효건(裵孝騫) 공, 고성 이씨 이증(李增) 공, 영양 남씨 남경신(南敬身) 공, 안강 노씨 노맹신(盧孟信) 공, 흥해 배씨 배효눌(裵孝訥) 공, 영양 남씨 남치공(南致恭) 공, 안동 권씨 권곤(權琨) 공, 영양 남씨 남치정(南致晶) 공, 영양 남씨 남경인(南敬仁) 공, 흥해 배씨 배주(裵裯) 공, 흥해 배씨 배정(裵禎) 공, 안동 권씨 권숙형(權淑衡) 공 등이다.

르고 따뜻하게 하는데 앞장섰다.

단순히 친목만을 도모하기 위해 만들어진 계의 형태는 아니었기 때문에,[17] 성인들의 제사와 유교 경전을 외우기도 하였다. 四佳 서거정 선생이 우향계를 부러워하여 우향계 노래를 지어 우향계축에 첨기하고, 추노당풍(鄒魯唐風)[18] '풍속제일칭안동(風俗第一稱安東)'이라 극찬한 바 있다(우향계, 2006: 5).

계가 처음 구성될 때의 명칭은 우향계로 시작하였는데, 1500년에는 진솔회, 1702년부터는 세호계, 1865년부터는 수호계, 2005년부터 다시 우향계로 명칭이 변경되어 왔다.[19] 이 기간 중 임진왜란과 일제강점기, 6·25 동란에는 계회가 중단되기도 했다. 이 때 문부(文簿), 시집(詩集), 문적(文蹟), 서찰(書札), 시도기(時到記) 등이 분실되었다. 그러나, 우향계안과 우향계축, 계회시첩(詩帖), 세수계회원록, 근혜문부, 시도기 일부는 보존되어 오늘에 이르고 있다.

애초의 다섯 문중의 하나였던 안강 노씨(安康盧氏)가 수계 후 다른 곳으로 이사하여 연락이 끊겼고, 우향계는 네 문중만이 차례로 책임을 지어 모여왔다. 그러다, 2001년 안강 노씨 후손이 족보에 기록된 우향계 관련 내용을 보고 서로 확인하여 2002년부터 다시 다섯 문중이 모이게 되었다.

2001년 11월 1일 우향계안이 경상북도 유형문화재 제327호로 지정되었다. 다섯 문중이 윤번으로 계회를 주관하고, 제기와 비품 그리고 계안을 보관하는 장소로 2006년 우향각을 건립하였다.

현재 계안에 등재된 인원을 살펴보면 창립 계원의 후손인 안동 권씨·흥해 배씨·고성 이씨·영양 남씨 등 4개 성씨는 본손과 외손을 합해 527인이 등재되어 전체에서 93%를 차지하며 기타 성씨는 40인으로 전체에서 7%를 차지한다. 계를 운영하는 사람은 크게 각 문중의 대표라고 할 수 있는 유사들로 구성이 되며 도의사는 유사들 중에서 당해 제사를 치르는 순서가 된 가문에서 임무를 수행하거나 높은 관직이나 공인으로 임무수행을 했던 경험이 있을 경우 임명한다. 최근까지 우향계는 1년에 한 번 모여 우향각에서 제사를 지내고 계회를 갖는데, 매년 음력 3월 18일 모인다. 2014년에는 60여 명이 참여하였으며, 해마다 60~100명 정도

---

17 2014년 11월 우향계 이석희 옹 면담 결과.

18 공자와 맹자의 고향이라는 뜻으로 칭송한 말이다.

19 2015년 1월 29일 우향계 이석희 옹 면담 결과.

의 계원이 모여 제를 모시고 회를 갖는다. 제사를 지내는 것에 대해서는 재정적인 부담이 있기 때문에 윤번제로 하여 순서가 돌아오는 가문에서 제사에 들어가는 비용을 전적으로 부담한다.

조선시대를 지나오는 동안 우향계는 각 가문들이 스스로를 단속한다는 측면과 지방행정, 다시 말해 지방관을 견제한다는 측면이 있었다. 우향계원들이 계원이 되거나 계회를 하는 행우를 수계(受契)라 표현하는데, 이는 도리(道理)와 인의, 예절 등을 함께 나누고 함양한다는 의미에서다. 이제는 계회를 모인다는 것이 선조들에 대한 제사를 지내고 친목을 도모하며, 예의를 익히는 정도에 그치고 있다. 여기에는 5개 문중의 자손들이 주로 참석하는데, 계원의 자격은 이 문중의 자손들에게 주어진다. 계원이 아닌 사람들은 제사와 계회에 참여할 수는 있지만, 계원으로 가입하기는 어렵다.[20] 계원 중에서도 상대적으로 젊은 층은 대도시에서 직장생활을 하거나 생업에 분주하여 참여가 낮은 편이고, 계모임 중에는 다양한 인맥 관계 중에 혼맥이라는 것도 만들어지고 있다. 모임을 통해서 서로 혼인관계, 사돈관계 등이 만들어져서 안동지역에서 계모임에 참석한 사람들이 사돈과 친척관계가 형성되는 것을 볼 수 있다.

2. 안동 임계계

임계계는 1613년 9월에 처음 안동 고을에서 결성되었다. 안동에 거주하는 유림 중에서 1612년(임자년)과 1613년(계축년) 환갑을 맞은 61세와 62세 주민들이 결성한 동갑계이다.[21] 이들은 임자생, 계축생으로 한 살 터울 이내의 연령대였으며 지역에서 진사 이상 벼슬을 하던 열한 명[22]이었다. 여기에 11명은 임계계의 정회원이었던 셈이고, 연령이 7~8세 연하였으나 안동에서 문과 급제를 해서 지방관이었던 사람 세 명[23]을 초빙해 별자(별도)라 칭하였다. 첫 회부터 모였던 열네 명

---

20 2015년 1월 29일 우향계 권영근 씨 면담 결과.
21 2014년 10월 18일 임계계 김동성 씨 면담 결과.
22 열한 명의 전직 혹은 현직 벼슬과 이름은 아래와 같다. 전 예조좌랑 권위, 참봉 박흡, 유학 최첩, 전 찰방 김윤사, 전 현감 안담수, 유학 하우성, 판사 손경홍, 유학 이호, 충순위 조승선, 전 현감 허응길, 전 순능참봉 권행가 등이다(壬癸稧會, 2008: 21).
23 별자 세 명은 대구부사 김윤안, 승문원부정자 김시주, 권지성균관학유 신홍립 등 세 명이었다(壬癸稧會, 2008: 384).

이 임계계의 효시가 되었고, 지금까지 그 자손들이 계회를 유지하고 있다.

시기적으로 1613년은 임진왜란(1592~1598) 후 다섯 해째 되는 해였는데, 난리로 말미암아 타지로 흩어져 활동하던 사람들이 벼슬을 내려놓고 안동으로 내려와 고향문중을 지키며 살기 시작하던 때였다. 이들은 문중의 중요성과 고향의 위중함을 느끼고, 향풍을 이으며 전승해야 할 필요성을 느꼈을 가능성이 크다.

계의 이름이 바뀐 적은 없다. 계회는 6·25 전쟁 기간을 제외하고는 계속 이어져 왔다. 모임은 도의를 권하고, 친목을 도모하며, 시를 짓고, 향풍을 세우는 일들에 관심을 가졌는데 모임이 있을 때는 술과 안주, 음식거리를 각자 지참해서 가져왔다. 유사는 전부 통문을 보내서 모임의 내용과 필요한 것들을 알렸고, 아무 연락 없이 불참하면 나름대로의 벌이 가해지기도 했다.

> 이게 전부 그 때 당시에 '계회'를 어떻게 한다는 여러 가지 기록이예요. 계원들이 모이면 그냥 헤어지는 게 아닙니다. 만나면 서로 돌아가면서 시를 한 수씩 짓습니다. 책자에 보면 매호, 송음, 곡강, 송탄이란 호를 썼던 어른들이 쓴 시가 있어요. 계회하는 광경을 계회도로 그려 남기기도 하도. 최초에 광흥사에서 모였을 때, 요즘처럼 술집이나 음식점이 아니었지. 전부 말을 타고 11문중이 간다하면, 어른은 당연히 말을 타고 말잡이가 하나있을 것 아니야? 술하고 음식을 문중이 각자 가지고 가는데, 집에서 담는 술이 있잖아. 문중 술 솜씨도 나누면서, 그런 인력이 따라가는 걸 다 따지면 한 집에 7~8명은 되었지. 그러면 7~80명이 모인거지.[24]

> 옛날에는 전화도 없었고 전부 통문으로 보냈지. 걷고 말 타고 다기며 계회 모이니까 참석 하소 그런 거지. 필요한 경비도 2원, 2원 돈을 모았지. 이걸 전부 찾아보니 을축년 9월 15일에 모였다는 기록이 있는데 … 어느 문중에서 누가 얼마를 냈고 어떤 때는 보면 뭐 그 후 돈이 조금 더 늘어 30원 낸 문중도 있고. 10원 낸 문중도 있고 … 어떤 때는 보면 쌀로도 했더라고. 쌀로 몇 말, 1두 4승, 한 말 너 되란 뜻이야. 여기 보면 돈으로 한 건 요 때, 이 때는 쌀로 했고. 쌀이 그 때는 돈인데, 처음에는 1말 그 다음엔 2말로 하다가 그 다음엔 3두 서 말로 하다가. 살아가면서 형편이 나아지니께. 내년엔 2말쓱 하자 이래가지고 전부 다 (참여했어).

---

24 2014년 10월 18일 임계계 김동성 씨 면담 결과. 이 면담은 필자가 담당하는 대학원 수업의 일부로 수강생들이 진행하였다. 임계계의 김동성 씨에 대한 면담은 대학원 행정학과 권용훈 원생, 안민우 원생이 담당하였다.

계를 하나하나 보면 어디어디 다녔다는. 금강산도 가고 덕수궁이나 창경궁 그리고 명
승지도 갔지. 해마다 유사를 정해가지고. 어느 문중이 올해는 주관을 하고. 윤번제로
돌아가면서. 11년에 한 번씩 돌아갑니다. 지금까지 400년이 넘도록 계속 했어. 여기 문
중에도 하시는데. 이 집 문중에도 우리하고 같이 돌아가면서 유사, 계장, 총무가 있고.
친목유대를 후손들까지 이어오는 겁니다. 지방에서 살아가자면 또, 단체조직의 영향력도
있는 것 아니야? 친목도 중요하지만. 11문중이 안동유림을 많이 출입을 하는 유림단체
로 볼 수도 있어. 유림은 유학을 하는 선비라는 말이야. 유학의 선비정신을 가진 11문중
의 선비들이.

임계계는 매년 음력 4월 10일이 정일이다. 정일에 제사를 열한 문중이 모여
지내는데, 이 문중이 정회원이고 준회원 세 문중이 있어 모두 열네 문중에서 참
여한다. 계원이 아니더라도 안동과 경북북부 지역의 유림단체나 문중에 초청장을
보내기도 한다. 제사와 계회를 여는 건 열한 문중이 돌아가며 윤번제로 주관을
한다.[25] 계에는 보통 해마다 50여 명이 모이는데, 덕업(德業)과 미풍(美風)을 계승
하고 있다. 조상에 대한 제례를 올리고, 문중 간 화합을 도모하고, 시를 짓고, 점
심을 나누어 먹는다. 임계계회 기적비(紀蹟碑)를 세운 2008년 6월 14일에는 700여
명이 모이기도 했으며, 최근에도 계는 활기차게 움직이고 있다.[26]

종종 도유사, 유사, 운영위원 등 15~20명이 모여 계의 운영에 관해 의논을
한다. 2014년 연말의 경우 15명이 모임을 가졌다. 모임에서는 올해의 계회를 어
떻게 할 것인지, 임시 일이 있으면 대응하고, 다른 계회에서 초청이 오면 누구를
보낼 것인지 정하며, 축하할 일이 있으면 어떻게 할지를 정한다. 계의 일상적인
조직으로는 한국의 현대 결사체에 일반적인 총무의 역할을 하는 유사가 여러 명
있는데, 유사 중 으뜸가는 유사를 도유사라 한다. 총책임자 도유사를 정점으로 총
무격인 유사가 있으며, 각 문중에서 운영위원을 선출해서 대표하도록 한다. 현대
의 조직에 맞도록 감사를 두고도 있다. 계의 규약은 처음 계회에서 만들어졌고,
그 후 조금씩 변경되었다. 2005년 새로이 규약을 개정했는데, 최초의 회칙을 기본
원칙으로 하고 새로이 부칙을 추가하거나 빼는 형식을 취한다.

---

25 첫 회 1613년 별자로 참석하기 시작한 세 문중은 윤번제에서 제외된다.
26 2015년 1월 30일 김동성 씨 면담 결과.

자체문중에서 운영위원이라고 있어. 풍산의 곡강 문중에도 운영위원이 있단 말이야. 그 분이 자체 문중에다가 올해는 누구누구가 임계회 참석을 하자. 우리 문중에서는 내가 또 돌아가면서 문중 내에서도. 문중 이야기를 이래 해보면 문중의 주손이 대표를 하는데, 주손인데도 관심이 없는 사람이 있다고. 문중에서 자체 개별 문중에서 보면 운영위원이나 이런 게 짜여있어. 가고 싶다고 또 가는 것도 아니고. 많은 학문이나 인격이 갖추어진 사람. 쉽게 이야기해서 문중 대표로 창피를 당하면 안 돼. 박사학위 가져도 한문을 모르면 어색하지. 한문도 읽고 붓글씨 재질도 갖추어진 사람을 문중에서 뽑아서. 아무것도 모르면 …

저기의 도유사는 권영근 씨가 맡고, 이 계는 내가 7년 동안 계속 이어오고 있는데, 재정도 이게 돈을 임계계회 기적비(紀蹟碑)를 세울 때 각 문중에서 5백만 원을 거두다 보니 총 5천만 원을 모았어. 고유제 행사비용 다 제하고도 지금 계금이 2천여만 원 이상 적립이 되어 있어요. 1년에 모일 때는 주관 문중이 쉽게 말하면 행사비용을 전부 다 내요. 제사비용, 식대 이런 게 부담이 되니 매년 그렇게 모일 때마다 각자에게 만원을 거둬. 그 중에 5천원은 당신 문중에서 보태서 쓰고. 나머지는 적립을 해. 유사가 계금으로 적립을 해요. 1년에 한번만 돈을 내는 거지.

안동지역에서 계는 마을의 자치에 부합하고 기여하는 부분이 컸으며, 그러한 전통은 최근까지 일부 이어져 오고 있다.[27] 과거에는 계의 이러한 성격이 훨씬 강하였으며, 심지어 지방관도 관여하지 않고, 함부로 침범할 수 없는 영역이었다. 솟대에 대한 임계 계원의 기억이 계에 대한 기억과 겹쳐지고 있다.

구담마을[28] 같으면 강력사건이 일어날 수 없고, 일어나도 자체에서 전부 다 문중이 해결해요. 경찰이 하는 게 아니고 문중자체에서 해결을 해버린다고. 지금도 그렇기 때문에 … 자체에서 해결을 못하고 경찰들이 와서 조사를 하면, 그게 굉장히 자존심 상한다고. 그 문중이 자존심 상한다고. 소문 없이 자체에서 해결을 하고. 그게 또 문중 내에서 발생하면, 싸움이나 분쟁이 생기면 수치라 생각하고 자체로 해결해요.

(조선시대에) 보통 타지방에는 정5품의 부사가 왔는데, 안동에는 정3품이 왔어. 한 단계 더 높은 사람들이 오는데, 부사가 오면 안동 유림단체하고 각 문중을 돌아 찾아보

---

27 2015년 2월 3일 임계계 김동성 씨 면담 결과.
28 안동지역의 한 마을 이름.

고 인사를 했어. 지금도 그 풍습이 있어. 구담에는 어느 어른이 제일 좌장인가 대표를 찾아오지. 풍천면장이 부임하면 풍천면장에 부임해 왔으니까 하고. 어릴 때만해도 그 때 자유당 시절이라 경찰서장이면 막강했는데, 경찰서장이나 법원장이 바뀌잖아, 그러면 각 문중에 까만 지프차를 타고 하루씩 쭉 돌았다고. 이게 쉽게 말하면 유계인데. 유계에 참석하는 지역민심이나 건의사항을 종합적인 토론을 통해 받아가서 자기 업무에 자료로 쓴다고.

솟대는 일반적으로 액운을 쫓고, 원래 그게 기러기인데 길조라 이거지. 동네 입구에도 세우는데. 충청도 쪽에는 많아. 안동 쪽에는 그렇게 … 지금은 거의 없고. 다른 동네는 전라도나 충청도는 있어. 아직 솟대가 있다니까. 모양으로 … 나는 풍산에 살았는데, 여기 가면 골목 중심지에다 솟대를 딱 세워놓으면 예를 들어 안동부사가 왔다, 그렇더라도 그 동네 일어난 일을 부사가 재판을 못 하는 거라. 솟대가 걸려있는 동네는 그 동네 자치권이 보장된 거야. 솟대의 원뜻은 그런 거라도. 솟대가 딱 서있는 동네에는 치외법권 지대였어. 그 동네 자체 자치권을 준거지. 문장이라고 제일 연세 많은 분. 문장어른 입회하에서 전부 자체 해결을 하고. 예를 들어, 감찰사가 온다 해도 여기는 치외법권이야. 솟대가 서 있는 데는. 요즘 아프리카의 부족장이 관리하는 그런 식으로 솟대가 그런 역할을 하는 거라.

3. 강원도 강릉시 대동계

강원도 강릉시 성산면의 위촌리 지역을 토대로 1577년에 대동계가 구성되었다.[29] 계가 구체적으로 규약을 제정한 것은 약 370년 전이나, 그 이전의 향약계

---

29 강릉지역에서 가장 오래된 계는 1466년(세조 12년) 결성된 금란반월회(金蘭半月會)다. 금란(金蘭)의 뜻은 '두 사람이 마음을 함께 하면 그 날카로움이 쇠붙이를 끊고, 마음을 같이 하는 말은 그 향기가 난초와 같다'는 뜻이다. 반월(半月)은 계원이 15명이었기 때문에 한 달의 반을 취한다는 뜻이었다. 강릉지역 뜻 있는 선비 15명이 최응현을 스승으로 모시고 금란반월회를 조직하였다. 이들은 길흉경조(吉凶慶弔), 양신강호(良辰講好), 과오면책(過惡面責), 오령속금(忤令贖金), 고행삭적(故行削籍) 등 맹약5장을 만들고 16명 계원의 출생지, 이름, 호를 금란반월회문(會文)에 기록하였다. 이 회문은 현재 오죽헌 시립박물관에 보관되어 있다. 금란반월회의 모임은 전통적으로 1년에 네 번 이어왔다. 홍양회(봄), 녹양회(여름), 활국회(가을), 백설회(겨울) 등 분기별로 모이되, 계원들의 기일이 없는 날로 정하였다. 조선시대 금란반월회는 1453년(단종 1)에서 1477년(성종 8) 사이 12명의 생원과 진사시 과거합격자를 내었다. 지역사회와 행정에 실질적 영향을 미치고, 강릉지역에 수기치인(修己治人)의 규범과 윤리를 적용시킨 하나의 주체였다고 할 수 있다. 전통적으로 계의 수장은 계수라 칭했는데, 나이순으로 선출해 왔다. 현재의 계수는 97세 최복규 옹이고, 활동 중인 계원은 28명이다. 계원의 자격은 장자 상속의 원칙에 의하는데, 한 집에 한 명씩 가입할 수 있다. 대가 끊어지는 경우 동생 혹은 작은 집으로 승계되며, 계원들의 승인을 얻어

전통을 계승한 것이기 때문에 1577년까지 역사를 소급하고 있다. 대동계에서 주관하는 합동도배식이 매해 정월 초이튿날에 열린다. 도배(徒拜)는 '한꺼번에 절을 하는 것'으로 위촌리의 경우 마을 어른들에게 마을 구성원이 한꺼번에 절을 올리는 것이다. 위촌리의 대동계와 합동도배식은 주변 지역에까지 전파되어 현재는 30여 개 마을에서 합동도배식이 열린다.

대동계가 구성되기 전 위촌리를 포함한 성산면 내에 향약계(서원향약)가 존재했고, 그 규약은 마을의 법칙으로 작용하였다. 초기부터 대동계의 계원이 되기 위해서는 성씨를 따졌는데, 좋은 성씨라 하더라도 행실이 좋지 않으면 계원으로 받아들이지 않았다. 계원 자격은 후세로 승계되었는데, 자손들 중 장자에 계원자격이 자동 승계되지만, 만일 장자가 거부하면 차자에게 승계 되었다. 현재에는 성씨를 따지는 문화는 없어졌지만, 승계 전통은 살아있다. 장자 승계는 입계비가 2만 원, 차자 승계는 3만 원, 신입 계원은 5만 원을 받는다. 계원이 아닌 사람 중 입계하기 위해서는 좋은 사람이고 신뢰할 만한 사람이라는 사실을 증명할 증인을 세워야 한다.

현재 대동계원은 촌장과 부촌장을 포함하여 총 67명이 명부에 올라있다. 명부에서 사망하거나 이사한 사람을 제하면 52명이 계원이다.[30] 계원 가운데는 공무원 등이 되어 외지로 나가 사는 사람도 있으며, 이들의 계원 자격은 유지되고, 사망 시 직손에 의해 계원 자격도 전승된다. 계원 가운데 수장은 촌장이며, 계원 중 가장 나이 많은 사람으로 한다. 촌장이 사망하면 그 다음으로 나이 많은 사람이 맡게 되는데, 2012년 96세로 고정환 옹이 사망하기까지 촌장을 맡고 있었고, 그 분이 사망하자 92세의 조규상 옹이 맡게 되었다.[31]

촌장은 사무를 직접 처리하지 않는 명예직으로 대동계의 사무는 총무가 담당한다. 대동계의 회의록은 향약계의 형태로 시작할 때부터 작성되었는데, 화재로 소실되고 현재는 18대 촌장이 회의록을 만든 후부터 보관되어온 자료가 남아있다. 약 170년 전의 회의록부터 보관되어 있는 셈이다.

야 가입이 완료된다. 계모임은 조선 시대 건립된 강릉시 경포동의 금란정에서 갖는데, 옛 적에는 성리학적 향촌질서를 세우고 계원 간에 생활을 나누는 정도가 깊었으며, 시를 짓는 문화적 유희 활동도 있었다. 그러나, 지금은 친목에 그치는 수준이다.

30 계원은 모두 남자다. 남자가 계원이지만, 이들이 못오는 경우 모친이나 부인이 참석하고 있다.

31 2015년 2월 3일 대동계 이석봉 총무 면담 결과.

대동계는 약 370년 전에 규약을 만들었는데, 이 규약집은 화재로 소실되었다. 그 규약의 내용을 기억하는 노인들의 구술로 과거의 규약을 재생하여 1992년 현재의 규약집으로 남게 되었다. 규약은 촌장의 선출이나 임기 그리고 역할 등 대동계 내의 전체적인 규칙을 정해놓고 있으며 자세한 내용은 대동계 문집에 나와 있다. 규약에는 구성원의 기본 도리와 행실에 대한 부분도 있다. 현대적인 법이 국가에 의해 만들어지기 전에는 계의 규약이 곧 법규였다. 지금도 대동계는 마을의 공식적인 행정보다 상위의 구성체로 자리잡고 있다. 마을 이장은 당연히 계원 중에서 나오게 되어있다. 과거에는 계원 중 행실이 매우 좋지 않아 동네에 큰 해악을 야기하는 경우에는 그를 불러 훈화, 매질을 할 수도 있었고, 추방을 시킬 수도 있었다. 마을의 법칙이었던 셈이다.

계의 모임은 매년 12월 총회를 정기적으로 열어 사안에 대해 논의를 하며, 급작스러운 사안이 발생할 경우에는 임시 총회를 열어 의논으로 문제를 해결한다. 총회에는 200명 정도의 많은 인원이 참여하는데, 2014년의 경우 150명이 참가하였다. 제사를 지내고, 안건을 협의하며, 음식을 나눈다. 총회 때마다 만 원에서 이만 원 정도의 회비를 참가자에게 각출하여 사용한다. 이러한 회비는 지속적으로 받아 왔는데, 몇 년 동안 받지 않기로 하다가 계원을 확인하기 위해 다시 받기로 하였다.

계가 구성된 이후 합동도배식이 전통으로 생겨나게 되었다. 합동도배식은 약 400년 전부터 이어져 온 것으로, 대동계에서 주관한다. 합동도배식이 시작되기 이전 마을에서는 정월 초하루부터 정월 대보름(음력 1월 15일)까지 약 15일간 마을 구성원들이 마을어른의 집을 방문하여 세배를 하였다. 그러다, 여러 날 동안 세배를 다니는 게 농사 준비에 차질을 주기 때문에, 마을에서 하루 동안 한꺼번에 서로 세배를 함으로써 합동세배의 전통이 시작되었다. 대동계원 중 타지에 사는 사람도 있지만, 정기총회와 합동도배식에 참여하여 계원으로서의 역할을 하기도 한다.

합동도배식에서 세배는 먼저 촌장님께 절을 하고, 다음으로 부촌장님께 절을 하고, 연배가 높은 분과 적은 사람으로 대략 나누어 맞절을 한다. 이렇게 총 세번 절을 한 후 부녀회라든지 기타 모임에서 촌장님께 절을 하는 것이 대략적인 절차이다. 세배를 하면 세뱃돈을 나누어 주며, 새참비에 쓰도록 한다. 40년 전까지 합동도배식은 촌장 댁에서 음식을 준비하는 등 촌장 댁을 중심으로 진행되었지만, 이후 대동계의 합동도배식이 정부의 지원을 받아 전승관[32]이라는 공간이 생기면서 장소가 고정되었다. 합동도배식에 대해 현재는 자치단체가 재정적 보조를 해주어 필요 경비가 이것으로 충당되고 행사가 확대되었다. 지금은 합동도배식에 여러 가지 공연이 이루어지며 시장과 국회의원 그리고 면장이 참석하며 언론사의 취재가 이어지는 마을 최대의 축제가 되었다.

위촌리에서는 대동계에 관련된 업무를 체계적으로 처리하기 위해 대동계를 명칭으로 하고 계원을 회원으로 하여 대동계라는 법인을 2014년 설립하고 회장도 선출하였다. 대동계에서 촌장은 최고 어른으로 자리를 지키고, 실제 업무는 회장을 중심으로 처리된다. 대동계와 합동도배식을 전승해가기 위해, 이를 마을 축제만으로 제약하지 말고 하나의 문화로 만들려는 의지가 표출되고 있다. 이를 위해, 역설적으로 주민들은 합동도배식을 면(面)[33]에서 직접 맡아 주최를 하도록 청원을 넣은 바 있다.[34] [35] 주민자치와 공동체의 전통으로 전승되기 위해서는 관(官)이 아니라 주민 주도의 전통을 이어가는 것이 바람직하다고 하겠다. 아직 합동도배식은 주민이 주최하고 있다.

대동계와 합동도배식이 있는 마을 사람들의 구심력과 자부심은 크다.[36] 위촌1리와 위촌2리 지역화합이 잘 되도록 하며, 주민들의 의사소통의 장이 되어 상호간 연대의 띠로 작용하며, 계와 도배식이 지역자원으로 주목을 받고 있다. 아이들의 예절도 바르며, 주민 간에는 저절로 오해와 불신이 줄어들어 화합이 이루어진다고 주민들은 자평한다. 위촌리의 가구와 주민은 계속적으로 늘고 있는 추세다.[37]

---

32 전승관은 2005년 10월 1일 준공되었다. 땅은 마을에서 사고 전승관 건립비용은 자치단체의 보조로 지어졌다.

33 강릉시 성산면.

34 이 같은 제안을 한 배경은 젊은 세대들이 관심을 적극적으로 보이지 않고 있기 때문이다. 다른 한편으로, 면이 주도하면 보다 넓은 문화제로 승화시킬 수 있을 것이라는 기대가 자리잡고 있다.

35 위촌리가 속한 강릉시 성산면에는 면과 시에 의해 주관되는 제례가 있다. 무후제라는 것이 그것이다. 아들이 없는 연로한 어른 8명이 과거 재산을 면에 기증하고, 자신들의 사후 제사를 부탁하여 면에서 제사를 지내왔다. 그 때 다 같이 여덟 분의 제사를 지내는데, 이제 재산은 시로 귀속되었다. 제사에는 이장과 면장 등이 참석한다.

36 "위촌리가 유명합니다. 허난설, 이율곡 이분들이 강릉서 낳는데 이게 위촌 물이 흘러가는 곳에서 인재가 나왔습니다"는 인식을 보여주었다. 2015년 2월 3일 대동계 이석봉 총무 면담 결과.

37 2015년 2월 3일 대동계 이석봉 총무 면담 결과.

Ⅳ. 맺 는 말

계의 의미를 묻는 사람들에게 그것은 우선적으로 자발적 결사체로 해석될 수 있다. 자발적 결사체의 가치를 논증한 저작은 다양하다. 예컨대, 1831년 미국을 방문한 프랑스의 토크빌은 〈미국의 민주주의〉(1835년)에서 결사체의 활동을 미국 민주주의의 핵심으로 지목한 바 있다. 결사체를 기반으로 지역적 자치제도가 운영되었고, 이를 바탕으로 민주주의가 작동한다는 결론이었다. 이후 결사체의 가치는 푸트남(R. Putnam)에 의해 조명되었다. 자발적 결사체에 의해 사회자본이 싹튼다는 요지였다.

계는 지역공동체를 연구하는 곳에서도 간과될 수 없는 엄중성을 갖는다. 그것은 주민들이 자발적으로 구성한 결사체였고, 느슨한 개념으로 규정한다면 공동체의 일종이기도 했다. 국가의 관여와 개입 없이 주민들이 자발적으로, 그리고 절대다수가 영리추구 활동이 아닌 상호부조와 의례 같은 공동의 목적을 위해 설립되어 기능하였다. 이런 의미에서 계를 자발적 결사체로 규정한다면, 계는 지역공동체를 구성했던 중요한 요소 중의 하나였다. 이와 달리 공동체의 개념을 넓게 잡아서, 고려나 조선시대의 사람들이 일상의 삶 속에서 소속감을 느끼며 상호 호혜적 활동을 했던 집단으로 규정한다면 계는 공동체의 일종이었다.

앞으로 계에 대한 연구는 독자적인 시각으로 다양하게 이루어질 수도 있다. 계의 발생, 사회경제적 배경, 작동원리, 변천과정, 일제 강점기의 변화 등이 모두 연구의 대상이다. 이 글은 계에 대한 연구 자체를 심화시키기보다는 주민의 자발적 결사체로서 계의 역사와 현재적 전승을 조명하고자 하는 데 목적을 두었다. 역사와 맥락이 단절된 사회에서 500년에 이르는 계의 역사, 그리고 그 역사의 전승은 자치뿐 아니라 사회과학의 역사성을 회복할 수 있는 좋은 소재이기 때문이다.[38]

---

38 해방 이후 그러했듯 한국사회에 변화는 '밖'으로부터만 와야 하는 것인가? 한국사회의 정체성, 정체성이 아니면 역사성이 없이도 우리는 사회과학을 할 수 있는 것일까? 학문의 수입, 나아가서 현상의 수입과 도치, 이론의 전도현상으로 빚어지는 혼란과 갈등을 우리는 어떻게 극복할 수 있을 것인가? 역사와 전통을 상실하고 '뿌리뽑힌 자'의 삶을 살게 된 우리는 사회적 합의를 이루고 건강한 삶을 열어갈 수 있을 것인가? 이러한 의구를 완전히 해소할 수는 없다 할지라도, 문제의식에 대한 하나의 대답으로 계의 역사성은 가치를 갖는다.

참고문헌

■ 강성철·김판석·이종수·최근열. (2005). 새 인사행정론. 서울: 대영문화사.

■ 강성철·이기영·이종식·김도엽. (2006). 부산의 지속가능성 분석: "부산의제21"을 중심으로. 지방정부연구, 10(1): 241~265.

■ 강수택. (2014). 연대주의란 무엇인가? 김창진 편. 협동과 연대의 인문학. 고양: 가을의 아침.

■ 강순주·이보배·김진영·이종수. (2014). 아파트 단지 내 커뮤니티 운영 요소와 유형별 활성화 방안. 한국주거학회논문집, 25(2): 109~121.

■ 강용기. (2014). 현대지방자치론. 서울: 대영문화사.

■ 강인호. (2006). 지방자치단체 기관구성형태의 다양화를 위한 시론적 연구－City Manager System 도입을 중심으로. 영·호남 춘계공동학술대회 자료집: 61~69.

■ 강인호. (2008). 지방의회구성형태의 다양화: 시 전문경영인제도(Council－manager form)와 지방의회. 한국인사행정학회 추계학술대회 논문집: 111~127.

■ 강종헌. (2008). 전남 동부 지역 음식점들에 대한 관광객 선호도 평가. 한국조리학회지, 14(1): 1~10.

■ 강택구. (2009). 지방인사위원회 제도의 효과성 제고 방안－전북 기초지방자치단체의 사례를 중심으로. 법과 정책연구, 9(2): 697~722.

■ 고희탁. (2011). 정치학에서의 공공성론. 연세대학교 법학연구원 학술회의 자료집, 2011년 5월 27일.

■ 곽현근. (2007). 지방정치 참여의 영향요인에 관한 다수준 분석: 동네의 사회경제적 지위에 따른 동네효과를 중심으로. 한국행정학보, 41(4): 229~260.

■ 곽현근. (2008). 현대 지역공동체의 의의와 형성전략. 이종수 (편). 한국사회와 공동체. 서울: 다산출판사.

■ 권순복. (2004). 주민소송제 도입과 주요논점－지방분권 대토론회를 중심으로. 자치행정, 6월호.

■ 김기홍. (2014). 마을의 재발견. 올림.

■ 김병국. (2007). 지방자치단체 인사위원회제도 개선방안. 지방행정연구, 21(4): 29~58.

■ 김병국·김영희. (2005). 지방자치단체의 인사공정성 강화방안. 한국인사행정학회보,

4(2): 41~63.

- 김병준. (2011). 지방자치론. 서울: 법문사.

- 김삼수. (1964). 韓國社會經濟史硏究. 서울: 박영사.

- 김상준. (2007). 원칙이자 과정으로서의 공공성: 존 롤스 〈정의론〉을 넘어서. 시민사회와 NGO, 5(1).

- 김상태. (2003). 일본의 주민소송에 관한 연구. 한양법학, 14: 291~313.

- 김석태. (2008). 지역간 정의와 분권 및 분산 정책간 선택: 정책 실무자의 인식을 중심으로. 지방정부연구, 12(1): 177~196.

- 김선미·김소영. (2010). 살기 좋은 마을의 거점에 대한 사례연구: 마을도서관과 아파트입주자대표회의의 가족친화적 활동을 중심으로. 한국가족자원경영학회지, 14(1): 73~96.

- 김선욱. (2008). 공동체주의와 공공성. 서울: 철학과 현실사.

- 김성훈. (2008). 식재료의 안정적 공급방안. 농어업특위 제3분과위원회 발표자료집, 2008년 11월 28일.

- 김세훈·현진권·이준형·김정수·이기호·양현미. (2008). 공공성. 파주: 미메시스.

- 김영기. (2006). 한국의 주민소환제-양면의 칼, 어떻게 쓸 것인가. 서울: 대영문화사.

- 김원용. (2012). 하동 행복지수 개발방안 연구. 하동군.

- 김인숙·최옥범·유현희·신미경. (2007). 전주 지역 성인의 향토 음식에 대한 인식. 동아시아식생활학회지, 17(6): 765~779.

- 김정훈. (2010). 재정분권과 경제성장의 연계성 연구. 서울: 한국제세연구원.

- 김종덕. (2009). 먹을거리 위기와 로컬푸드. 서울: 이후.

- 김찬동. (2014). 주민자치의 제도설계. 한국지방자치학회보, 26(1): 117~138.

- 김창진. (2015). 퀘벡모델. 고양: 가을의아침.

- 김태용·오승석·진기남·안희정. (2000). 삶의 질에 대한 만족도 수준과 결정요인에 관한 연구. 한국지방자치학회보, 12(2): 135~155.

- 김필동. (1989). 朝鮮時代 契의 構造的 特性과 그 變動에 관한 硏究. 서울대학교 대학원 사회학과 박사학위 논문.

- 김헌민·조성남·진기남. (2013). 살고싶은 도시 요건의 중요도와 만족도에 대한 도시별 비교연구. 한국지방자치학회보, 25(2): 191~208.

- 김 현. (1980). 문학과 유토피아. 문학과 지성사.

- 김현호. (2010). 우리나라 지역축제의 현황과 개선과제. e-KRILA Focus, 36, 2010.

11. 15.

■ 류중석·송미령·이성은·이왕건·이재준. (2007). 균형발전 정책교본. 국가균형발전위원회 연구 보고서.

■ 박경돈·박민정. (2010). 지방자치단체 담장허물기 사업의 정책효과 분석. 지방정부연구, 14(1): 203~223.

■ 박길성. (2013). 사회는 갈등을 만들고 갈등은 사회를 만든다. 고려대학교 출판부.

■ 박대식·마상진. (2007). 도시와 농촌 주민의 삶의 질 지수화 방안 연구. 농촌경제, 30(4): 31~55.

■ 박덕병. (2005). 미국의 Local Food System과 공동체 지원농업(CSA)의 현황과 전망. 농촌사회, 15(1): 133~174.

■ 박승규·김선기·윤종현. (2008). 살기좋은 지역만들기 사업의 발전적 개편방안. 한국지방행정연구원 보고서.

■ 박인수. (2007). 주민자치 확대 법제와 문제점. 공법학연구, 8(1): 3~27.

■ 박재욱. (2002). 지방민주주의와 민선단체장의 위상과 권한 – 소위 "지방민주주의 위기론"에 관한 최근의 쟁점을 중심으로. 한국정책학회 기획세미나 논문집: 19~40.

■ 박종훈. (1998). 공동체주의적 자유주의와 자유주의적 공동체주의. 윤리연구, 40: 213~241.

■ 박헌준. (2009). 사회적 기업의 성공요인과 활성화 방안. 행정포커스, 80(2): 24~28.

■ 박호성. (2009). 공동체론. 효형출판.

■ 백완기. (2007). 한국행정과 공공성. 한국사회와 행정연구, 18(2): 1~22.

■ 선정원. (2004). 주민소송의 도입과 그 과제. 행정법연구, 11: 203~221.

■ 손병석. (2006). 정치윤리와 공공성. 철학연구, (29): 75~103.

■ 송건섭. (2007). 지역수준별 주민복지와 삶의 질 영향요인 분석. 지방정부연구, 11(3): 35~52.

■ 송건섭·권용현. (2008). 광역도시권의 「삶의 질」 구성요인에 관한 연구. 한국지방자치학회보, 20(4): 87~107.

■ 송태수. (2003). 지역사회 내 생활환경의 만족도 차이에 관한 연구: 성남시를 중심으로. 한국지역개발학회지, 15(2): 63~78.

■ 스티글리츠, 조지프. (2008). 인간의 얼굴을 한 세계화. 홍민경 역. 21세기북스.

■ 신봉근. (2002). 지방자치와 주민소송에 관한 연구. 지방자치연구, 10: 145~161.

■ 아키라, 다무라. (2008). 마을 만들기와 도시경관. 정준호 김선직 역, 서울: 형설출판사.

■ 안문석. (1999). 공공성의 상실: 정보지식기반 사회에서 과학기술기반의 붕괴를 우려한다. 사회비평, 제21호.

■ 안영훈. (2006). 지방자치단체의 기관구성 다양화 방안. 서울: 한국지방행정연구원.

■ 안영훈. (2007). 지방의회 운영체제 다양화 방안에 관한 연구. 서울: 한국지방행정연구원.

■ 안치순. (2009). 살기 좋은 지역사회 만들기를 위한 거대한 담론과 작은 실천−공동체 자본주의와 사회적 기업. 한국행정과 정책연구, 7(2): 157~182.

■ 오용준. (2013). 공동주택단지 공동체 활성화사업의 효과분석−충청남도의 살기 좋은 아파트 만들기 사업을 사례로. 한국지역개발학회지, 25(2): 161~178.

■ 윤난지. (2011). 추상미술과 유토피아. 한길아트.

■ 윤병선. (2008). 세계 농식품 체계하에서 지역먹거리운동의 의의. 환경사회학연구, 12(2): 89~115.

■ 윤수재·이민호·채종헌 편. (2008). 새로운 시대의 공공성 연구. 파주: 法文社.

■ 이관행. (2010). 다양한 지방자치단체의 기관구성 방안에 관한 연구. 강원법학, 30: 237~269.

■ 이근식. (2009). 상생적 자유주의. 서울: 돌베개.

■ 이기우. (2008). 주민소환제도의 개선과제. 한국지방자치학회 하계학술대회 자료집: 921~936.

■ 이민창. (2008). 우리나라 자원봉사 연구의 경향분석. 지방정부연구, 12(1): 151~175.

■ 이상엽. (2002). 지방행정 부패를 방지하기 위한 주민참여 활성화 방안. 한국비교정부학보, 6(1): 19~48.

■ 이선규. (2013). 주희의 공 개념과 지역자발주의의 출현. 韓國政治研究, 22(1): 135~161.

■ 이소영. (2009). 꿈 꾸는 상인들의 마을만들기. READ&CHANGE.

■ 이승훈. (2002). 한국사회의 '시민됨' 형성 과정: 자발 결사체 참여경험을 중심으로. 연세대학교 대학원 박사학위 논문.

■ 이시재. (2008). 일본산촌 지역활성화 연구. 한국민속학, 48: 71~108.

■ 이신행. (2006). 풀뿌리 정치와 사회적 정당성. 서울: 법문사.

■ 이용우. (2003). 참여민주주의의 확대와 효과적인 주민소송제도. 지방행정, 11월호: 116~126.

■ 이원일·김상구·김도엽. (2000). 도시성장지표로서의 삶의 질 분석. 한국지방자치학회

보, 12(1): 199~219.

■ 이정훈. (2006). 살기 좋은 국토 공간 만들기를 위한 지역특화 브랜드 창출 방안. 도시문제, 41(451): 33~44.

■ 이종수. (2002). 지방정부이론. 서울: 박영사.

■ 이종수. (2006). 정부혁신과 인사행정. 서울: 다산출판사.

■ 이종수. (2007). 살기 좋은 지역 및 살기 좋은 지역만들기 개념정립. 지역균형발전지원본부 연구 보고서.

■ 이종수·나태준·양재진·이삼열·장용석. (2008). 지방자치단체의 고용정책 및 일자리 창출 시책 평가와 모델개발. 한국경영자총협회 연구보고서.

■ 이종수. (2008a). 공공성과 지역공동체. 살기 좋은 지역공동체학회 학술대회 자료집, 2008년 2월 15일, 서울대학교 Engineer House.

■ 이종수 편. (2008b). 한국사회와 공동체. 서울: 다산출판사.

■ 이종수. (2010). 6.2지방선거평가와 정당공천제의 실태와 개선방안. 사회통합위원회·한국지방자치학회 공동주최 토론회 자료집: 1~12.

■ 이종수. (2011). 지역사회 내의 공정성 제고와 지방정부의 역할. 지방행정연구, 25(1): 15~34.

■ 이종수. (2011a). 핀드혼 공동체. 도시문제, 통권 510, KOBA.

■ 이종수. (2011b). 미국의 '아미쉬' 공동체. 도시문제, 2011년 2월호.

■ 이종수. (2011c). 프랑스의 플럼 빌리지. 도시문제, 2011년 3월호.

■ 이종수. (2015). 주거공동체에 대한 애착과 신뢰의 영향요인 분석: 친밀권역의 회복을 위한 시각. 한국주거학회논문집, 26(1): 53~60.

■ 이준형. (2008). 공공성의 법학적 이해. 김세훈 외 편. 공공성. 파주: 미메시스.

■ 이중환. (1751). 擇里志.

■ 이택광. (2007). 근대 그림 속을 거닐다. 아트북스.

■ 임경수. (2007). 지역유형에 따른 살기 좋은 지역만들기 전략. 지방행정, 56(639): 26~35.

■ 임승빈. (2010). 지방자치론. 서울: 법문사.

■ 임의영. (2003). 공공성의 개념, 위기, 활성화 조건. 정부학연구, 9(1): 23~50.

■ 임철규. (2009). 왜 유토피아인가. 서울: 한길사.

■ 임현진·이재역·박광민·설동훈. (1997). 신체적·심리적 안전과 삶의 질－경험적 분석. 한국인구학, 20(10): 161~199.

■ 장용석. (2010). 국가주의와 개인주의: 갈등사회를 넘어 열린사회로. 연세대학교 국가관리연구원 2010년 연례학술회의 자료집.

■ 전기성. (2008). 조례는 법률의 씨앗이다. 서울: 대영문화사.

■ 전미선·이종수. (2014). 성과급은 내재적 동기에 어떤 영향을 미치는가? 한국인사행정학회보, 13(1): 161~176.

■ 전상경. (2006). 재정분권화와 연성예산제약 및 지방재정규율. 지방정부연구, 10(1): 325~341.

■ 전영상·현근. (2009). 주민소환제도의 운영실태와 효과성 분석. 정책분석평가학회보, 19(1): 137~169.

■ 전지훈·정문기. (2013). 문화경쟁력과 창의성이 도시경제에 미치는 영향분석: 수도권 지역을 중심으로. 한국지방자치학회보, 25(2): 159~189.

■ 전창곤. (2006). 우리나라 농산물 공동브랜드화의 실태와 일본의 공동브랜드화 연구. 식품유통연구, 23(1): 53~77.

■ 정명은. (2011). 한국 지방정부 개방성의 결정요인에 관한 연구. 연세대학교 대학원 박사학위 논문.

■ 정여일·황수철. (1999). 외식산업정책 수립을 위한 기초연구. 농정연구포럼.

■ 정연정. (2007). 주민소환제 도입과 발전 방안－해외 사례의 제도적 시사점을 중심으로. 지역정책연구, 18(2): 1~20.

■ 정영호·고숙자. (2015). 사회갈등지수 국제비교 및 경제성장에 미치는 영향. 보건복지포럼, 2015년 3월호: 44~55.

■ 정용덕. (2001). 현대국가의 행정학. 서울: 법문사.

■ 정용덕. (2007). 시민사회의 발전과 역할. 행정포커스. 71(5).

■ 정용화. (1999). 유교와 인권: 유길준의 '인민의 권리'론. 한국정치학회보, 33(4): 63~81.

■ 정정화. (2000). 지방정부 인사권한 분권화의 영향요인－실·국장 책임인사운영제 비교분석. 한국행정학보, 34(3): 227~242.

■ 정준모. (2014) '나'를 만나 보이지 않는 것 너머를 보다. 福武 總一郎·安藤 忠雄. 直島 瀨戶內アートの楽園. 박누리 역. 예술의 섬 나오시마. 서울: 마로니에북스.

■ 정하영. (2005). 한, 중 공공성 문화비교: 조직론의 관점에서. 행정논총, 43(1): 33~69.

■ 조경련·김영기. (2008). 우리나라 주민소환제 운용에 관한 연구. 지방정부연구, 12(1): 197~220.

■ 조대업. (2014). 생활정치 패러다임과 공공성의 재구성. 현상과 인식, 38(4): 131~155.

■ 조선일. (2004). 기초자치단체 인사위원회제도 운영에 관한 실증적 연구: 전남지역을 중심으로. 한국행정학보, 38(3): 139~160.

■ 조용범·정진우·윤태환·김소미·박경태·최현미·김경묘. (2007). 부산 지역 향토 음식의 활성화 방안에 관한 연구. 한국조리학회지, 13(4): 19~30.

■ 조혜영. (2014). 산업입지정책의 전개과정과 향후 과제. 지역정책, 1(2): 60~84.

■ 주관수. (2008). 도시정비에서 도시재생으로: 재개발의 패러다임 전환을 위하여. Huri Focus, 제27호.

■ 준이치, 사이토. (2009). 민주적 공공성: 하버마스와 아렌트를 넘어서. 윤대석·류수연·윤미란 역. 서울: 이음.

■ 참여연대. (2000). 납세자소송에관한특별법제정청원 별첨자료.

■ 최병두. (2006). 살기좋은 도시를 위한 지역공동체 복원 방안. 국토지리학회지, 40(4): 513~528.

■ 최병호·이근재·문시진. (2012). 지방분권 전, 후 시기의 공공자본의 생산성과 공간적 배분 효율성 비교. 지방행정연구, 26(1): 81~106.

■ 최상철. (2014). 한국의 지역정책사 소고: 1960 – 1980(Ⅰ). 지역정책, 1(2): 1~16.

■ 최석만. (2000). 공(公)과 사(私): 유교와 서구 근대사상의 생활영역 비교. 동양사회사상. 제5집.

■ 최 열. (2003). 주택규모 만족도 결정요인 분석. 부산광역시 정책연구실, 기획연구 03 – 2.

■ 최영출·최외출. (2008). 국가경쟁력과 지방분권과의 인과관계분석. 도시행정학보, 21(2): 203~225.

■ 최우용. (2004). 일본 주민소송법제의 내용과 판례의 경향-우리 주민소송제의 도입 방안과 관련하여. 동아법학, 34: 169~191.

■ 최우용. (2006). 우리 지방자치단체의 바람직한 기관구성을 위한 비교법적 고찰. 공법학연구, 7(5): 277~301.

■ 최원근. (2011). 지방 꽃 피다: 살기 좋은 자연환경, 살고 싶은 복지마을 충남 서천군. 지방행정, 60: 34~37.

■ 최준호. (2001). 광역자치단체와 위성 기초자치단체의 삶의 질에 대한 비교 연구-대구광역시와 경산시를 중심으로. 한국지방자치학회보, 13(4): 133~150.

■ 하버마스, 위르겐. (2004). 공론장의 구조변동: 부르주아 사회의 범주에 관한 연구. 한승

완 역. 서울: 나남.

■ 하버마스, 위르겐. (2007). 사실성과 타당성. 한상진·박영도 역. 서울: 나남.

■ 하승수. (2006). 주민소환제의 내용과 활용가능성. 도시와 빈곤, 81: 38~45.

■ 한국정치학회. (2007). 지속가능한 지역균형발전을 위한 국가-지역 거버넌스의 구축방안. 연구보고서.

■ 행정안전부(게시자료). (2010). 주민참여제도(주민소환, 주민투표, 주민소송) 설명자료.

■ 행정자치부. (2006). 살기 좋은 지역만들기 지원계획. Happy Korea Project.

■ 홍완수·이종수·박대섭. (2012). 로컬푸드 운동과 외식산업의 협력적 발전방안. 호텔경영학연구, 21(6): 329~343.

■ 홍준현·하혜수·최영출. (2006). 지방분권 수준 측정을 위한 지방분권 지표의 개발과 적용. 지방정부연구, 10(2): 7~30.

■ 황수철·양병우. (2003). 한국 푸드시스템의 과제: 식품 안전문제를 중심으로. 2003년 한국농업경제학회 하계 학술대회 발표 자료집.

■ 황아란. (1997). 외국 지방자치제도와 기관구성. 서울: 한국지방행정연구원.

■ 현진권. (2008). 공공성에 대한 경제학적 해석. 김세훈 외 편. 공공성. 파주: 미메시스.

■ 福武 總一郎 and 安藤 忠雄. (2013). 直島 瀬戶內アートの楽園. 박누리 역. 예술의 섬 나오시마. 서울: 마로니에북스.

■ 友鄕楔. (2006). 友鄕契軸 및 友鄕閣 實記.

■ 壬癸楔會. (2008). 壬癸楔會誌.

■ 齋藤純一. (2000). 公共性. 東京: 岩波書店.

■ Abrams, M.H. (1973). *Natural Supernaturalism: Tradition and Revolution in Romantic Literature*. New York: Norton.

■ Adorno, T. W. (2005). *Opinion Research and Publicness(Meinungsforschung und Offentlichkeit)*. translated by Andrew J. Perrin and Lars Jarkko, *Sociological Theory*, 23(1): 116~123.

■ Akai, Nobuo, and Masayo Sakata. (2002). Fiscal decentralization contributes to economic growth: evidence from state-level cross-section data for the United States. *Journal of Urban Economics*, 52(1): 93~108.

■ Aksu, Esref. (2002). *Democratizing Global Governance*. London: Palgrave

Macmillan.

■ Alberto, Arce and Marsden Terry. (1993). The social construction of international food: a new research agenda. *Economic Geography*, 69: 293~311.

■ Allen, Patricia, and Hinriches Clare. (2007). Buying into 'buy local': engagement of Unites States local food initiatives. Damian Maye, Lewis Holloway and Moya Kneafsey. eds., *Alternative Food Geographies*: 255~271.

■ Appleyard, Donald. (1980). Livable Streets–Protected Neighborhoods? *The Annals of the American Academy of Political and Social Science*, 451(1): 106~117.

■ Arefi, Mahyar, and Menelaos Triantafillou. (2005). Reflections on the pedagogy of place in planning and urban design. *Journal of planning education and research*, 25(1): 75~88.

■ Arendt, Hannah. (1958). *The Human Condition, Chicago*. The University of Chicago Press. 이진우 태정호 역. (1996). 인간의 조건. 한길사.

■ Armstrong, Karen. (2006). *The Great Transformation: The Beginning of Our Religious Traditions*. New York: Anchor Books.

■ Arnstein, Sherry R. (1969). Ladder of Citizen Participation. *Journal of the American Institute of planners*, 35(4): 216~224.

■ Askins, Kye, and Rachel Pain. (2011). Contact zones: participation, materiality, and the messiness of interaction. *Environment and Planning D: Society and Space*, 29(5): 803~821.

■ Axelrod, Robert. (2006). *The Evolution of Cooperation: revised edition*. New York: Basic Books.

■ Bacon, Francis. (2002). *The New Atlantis*. 김종갑 역. 새로운 아클란티스. 서울: 에코 리브르.

■ Bagdonis, Jessica M, Hinrichs C. Clare and Schafft Kai A. (2009). The emergence and framing of farm–to–school initiatives: civic engagement, health and local agriculture. *Agriculture And Human Values*, 26(1–2): 107~119.

■ Banks, Jo and Marsden Terry. (2000). Integrating agri–environment policy, farming systems and rural development. *Sociologia Ruralis*, 40(4): 466~480.

■ Baskaran, Thushyanthan, and Lars P. Feld. (2009). Fiscal Decentralization and Economic Growth in OECD Countries: Is There a Relationship? *CESIfo Working*

Paper. No. 2721.

- Bauman, Zygmunt. (2011). C*ollateral Damage: Social Inequalities in a Global Age*. Cambridge: Polity.

- Beatley, Timoth. (2013). *Green Urbanism: learning from European Cities*. 이시철 역. 그린 어바니즘. 서울: 아카넷.

- Benn, Stanley and Gerald Gaus. (1983). The Public and the Private: Concepts and Action, Stanley Been and Gerald Gaus eds., *Public and Private in Social Life*. New York: St. Martin's Press.

- Bevir, Mark. ed., (2006). *Encyclopedia of governance*. Sage Publications.

- Bolton, Roger. (1992). 'Place Prosperity vs People Prosperity' Revisited: An Old Issue with a New Angle. *Urban Studies*, 29(2): 185~203.

- Bonaiuto, Marino, Ferdinando Fornara, and Mirilia Bonnes. (2006). Perceived residential environment quality in middle-and low-extension Italian Cities. *Revoe Européene de Psychologie Applicué*e, 56: 23~34.

- Boyer, Rick. and David. Savageau. (1985). *Places Rated Almanac*. Chicago: Rand McNally.

- Brown, Donna Marie. (2013). Young People, Anti-social Behaviour and Public Space: The Role of Community Wardens in Policing the 'ASBO Generation'. *Urban Studies*, 50(3): 538~555.

- Brown, Elizabeth, Sandrine Dury and Michelle Holdsworth. (2009). Motivations of consumers that use local, organic fruit and vegetable box schemes in central England and southern France. *Appetite*, 53(2): 183~188.

- Buchanan, James M. and Geoffrey Brennan. (1980). *The power to tax: analytical foundations of a fiscal constitution*. Cambridge: Cambridge University Press.

- Bugg, Laura Beth. (2012). Collaborative Planning in a Complex Local Context: The Case of an Islamic School in Sydney, Australia. *Journal of Planning Education and Research*, 33(2): 204~214.

- Buttel, F. (1994). Agricultural change, rural society and the state in the late twentieth century. 13-31. in Symes David. and Jansen Anton. eds., *Agricultural restructuring and rural change in Europe*. Wageningen Agricultural University. Wageningen.

- Cairns, Alan and Cynthia Williams. eds., (1985) *Constitutionalism, Citizenship and*

Society in Canada. University of Toronto Press: 183~229.

■ Callenbach, Ernest. (1975). *Ecotopia*. New York: Bantam Books.

■ Campanella, Thomas. (2012). *La Città del Sole*. 임명방 역. 태양의 나라. 서울: 아가서.

■ Charney, Madeleine. (2009). Foodroutes network and the local food movement. *Journal of Agricultural & Food Information*, 10(3): 173~181.

■ Choi, Y.B. & Min, B.I. (2008). Determinants of Disparity between Housing Satisfaction and Sale Price of Apartment. *The Korean Journal of Local Government Studies*, 12(1): 323~349.

■ Christensen, Jø. (2006). Predicament of Publicness: An Inquiry Into the Conceptual Ambiguity of Public Administration. *Public Administration*, 84(4).

■ Cohen, Jean and Andrew Arato. (1992). *Civil Society and Political Theory*. Cambridge, Mass.: The MIT Press.

■ Craig, Albert M. (2005). *Public spheres, private lives in modern Japan, 1600–1950*. Harvard University Asia Center.

■ Curtis, K.R., M.W. Cowee, M. Havercamp, R. Morris, and H. Gatzke. (2008). Marketing local foods to gourmet restaurants: a multi–method assessment. *Journal of Extension*, 46(6): 1~8.

■ Dahl, Robert. (1982). *Dilemmas of Pluralist Democracy: Autonomy vs. Control*. New Haven: Yale University Press.

■ DCMS. (2006). *Creative Industries Statistical Estimates Statistical Bulletin*. London. UK: Department of Culture. Media and Sport.

■ Dilas–Rocherieux, Yolène. (2007). 미래의 기억. 유토피아. 김휘석 역. 서해문집.

■ Delanty, Gerald. (1997). Models of Citizenship: Defining European Identity and Citizenship. *Citizenship Studies*, 1(3): 288~291.

■ Deleuze, Gilles, and Félix Guattari. (1987). *A Thousand Plateaus: Capitalism and Schizophrenia*. Minneapolis: University of Minnesota Press.

■ Douglass, Mike. (2002). From Global Intercity Competition to Cooperation for Livable Cities and Economic Resilience in Pacific Asia. *Environment and Urbanization*, 14(1): 53~68.

■ Drucker, Peter. (2000). *The Community of Future*. 이재규 역. 미래의 공동체. 21세기 북스.

- Dryzek, J. S. (2000). *Deliberative Democracy and Beyond.* Oxford: Oxford University Press.
- Evans, Peter. (2002). *Livable Cities?: Urban Struggles for Livelihood and Sustainability.* Berkeley: University of California Press.
- EIU. (2012). *Best Cities Ranking and Report–A Special Report.* Economist Intelligence Unit.
- Faltermayer, Edmund K. (1968). *Redoing America: a Nationwide Report on How to Make Our Cities and Suburbs Livable.* New York: Collier Books.
- Fine, Ben. (1994). Towards a political economy of food. *Review of International Political Economy,* I(3): 519~545.
- Fine, Ben. (1995). *From political economy to consumption.* London: Routledge.
- Florida, Richard. (2002). *The Rise of the Creative Class: And How it's transforming work, leisure, community and everyday life.* New York: Perseus Book Group.
- Florida, Richard. (2005). *Cities and the Creative Class.* London: Routledge.
- Fung, Archon, and Erik Olin Wright. (2003). *Deepening democracy: Institutional innovations in Empowered Participatory Governance.* London: Verso.
- Gandhi, Arun. (2001). 마하트마 간디의 교훈, Peter Drucker. ed., *The Community of the Future.* 이재규 역. 미래의 공동체. 21세기북스.
- Geller, Alyson L. (2003). Smart Growth: a Prescription for Livable Cities. *American Journal of Public Health*, 93(9): 1410~1415.
- Gerundo, Thomas P. (2002). *An Examination of Housing Satisfaction among Mental Health Consumers in Meriden, Connecticut.* unpublished Master's thesis. Southern Connecticut State University.
- Godin, Seth. (2005). *Purple Cow.* 안진환 역. 보랏빛 소가 온다. 서울: 도서출판 재인.
- Godwin, Wiliam. (1793). A*n Enquiry Concerning Political Justice, and Its Influence on General Virtue and Happiness.* London.
- Gold, Lorna. (2010). *New Financial Horizons: The Emergence of an Economy of Communion.* New York: New City Press.
- Goodman, David. (1999). Agro–Food Studies in the 'Age of Ecology': Nature, corporeality, bio–politics. *Sociologia Ruralis*, 39(1): 17~38.
- Gottschal, Jonathan. (2012). *The Storytelling Animal: How Stories Make Us Human,*

노승영 옮김. 스토리텔링 애니멀. 민음사.

■ Gutman, Amy. (1994). Communitarian Critics of Liberalism. Markate Daly. ed., *Communitarianism*. Belmont, Cal.: Wadsworth Publishing Company.

■ Ha, S.K. (2009). Social Capital Across Different Housing Tenure and Community Revitalization in Seoul. *Housing Studies Review*, 17(4): 77~94.

■ Habermas, Jurgen. (1992). *Structural Transformation of the Public Sphere*. MIT Press.

■ Halweil, Brian. (2006). *Eat Here*. Worldwatch Institute. Washington, D.C.

■ Hanssen, Gro Sandkjaer and Eva Irene Falleth. (2014). Market-Oriented Urban Planning-Constraining Citizen Participation. *Local Government Studies*, 40(3): 403~428.

■ Haque, M. Shamsul. (2001). The Diminishing Publicness of Public Service under the Current Mode of Governance. *Public Administration Review*, 61(1): 65~82.

■ Held, David. (2007). The Changing Contours of Political Community: Rethinking Democracy in the Context of Globalization, Michael Saward. ed., *Democracy: Critical Concepts in Political Science* 4. London: Routledge.

■ Henriksen, Ida Marie and Aksel Tjora. (2014). Interaction Pretext: Experiences of Community in the Urban Neighbourhood. *Urban Studies*, 51(10): 2111~2124.

■ Hesmondhalgh, David. (2002). *The Cultural Industries*. Sage.

■ Hesselbein, Frances, Marshall Goldsmith, Richard Beckhard and Richard F. Schubert. (1998). *The Community of the Future*. Jossey-Bass, Inc. Publishers.

■ Hidalgo, M. Carmen and Bernardo Hernandez. (2001). Place Attachment: conceptual and empirical questions. *Journal of Environmental Psychology*, 21(3): 273~281.

■ Howard, Ebenezer(1965). *Garden Cities of To-Morrow*, edited by F.J. Osborn and introduced by Lewis Mumford, London: The MIT Press.

■ Howkins, John. (2001). *The Creative Economy*. Penguin.

■ Hur, Misun, and Hazel Morrow-Jones. (2008). Factors that Infuluence Residents' Satisfaction with Neighborhoods. *Environment and Behavior*, 40: 619~635.

■ Iimi, Atsushi. (2004). Decentralization and Economic Growth Revisited: An Empirical Note, *JBIC Working Paper*, No. 7.

■ Jachtenfuchs, M. and B. Kohler-Koch. (2004). Governance and Institutional

Development. A. Wiener and T. Diez. eds., *European Integration Theory*. Oxford: Oxford University Press.

■ Jamelske, Eric. (2009). *A Survey for Local Food Purchasing by Eau Claire Restaurants*. Chippewa Valley Center for Economic Research and Development, University of Wisconsin.

■ Jameson, Fredric. (1984). *Marxism and Form*. Princeton: Princeton University Press.

■ John, M. S. and Jos Chathukulam. (2003). Measuring Decentralisation: the Case of Kerala. *Public Administration Development*, 23(4): 347~360.

■ Keane, John. (1988). *Democracy and Civil Society*. London: Verso.

■ Kleinhans, Reinout, Hugo Priemus and Godfried Engbersen. (2007). Understanding Social Capital in Recently Restructured Urban Neighbourhoods: Two Case Studies in Rotterdam. *Urban Studies*, May 44: 1069~1091.

■ Kloppenburg, J., J. Hendrickson and G. W. Stevenson. (1996). Coming in to the foodshed. *Agriculture and Human Values*, 13(3): 33~42.

■ Kymlicka, Will. (2002). *Contemporary Political Philosophy*. 장동진 역. 현대 정치철학의 이해. 서울: 동명사.

■ Laski, H. (1989). The Problem of Administrative Areas, Paul Q. Hirst. ed., *The Pluralist Theory of the State*. London: Routledge.

■ Lelord, François. (2013). 꾸뻬씨의 행복여행. 오유란 역. 오래된미래.

■ Leriche, Frederic and Sylvie Daviet. (2010). Cultural Economy: An Opportunity to Boost Employment and Regional Development. *Regional Studies*, 44(7): 807~811.

■ Lewicka, Maria. (2011). Place Attachment: How Far Have We Come in the Last 40 Years? *Journal of Environmental Psychology*, 31(3): 207~230.

■ Lippi, Andrea. (2011). Evaluating the 'Quasi Federalist' Programme of Decentralisation in Italy since the 1990s: A Side-effect Approach. *Local Government Studies*, 37(5): 495~516.

■ Lockie, Stewart, and Kitto Simon. (2000). Beyond the farm gate: production-consumption networks and agri-food research. *Sociologia Ruralis*, 40(1): 3~19.

■ Lohfink, Gehard. (1996). *Wie Hat Jejus Gemeinde Gewollt?* 정한교 역. 예수는 어떤 공동체를 원했나? 분도출판사.

■ MacIntyre, Alasdair. (1997). *After Virtue*. 이진우 역. 덕의 상실. 서울: 문예출판사.

■ Mannheim, Karl. (1954). *Ideology and Utopia*. Louis Wirth and Edward Shils trans. London: Routledge and Kegan Paul Ltd.

■ Marcuse, Herbert and Karl Popper. (1976). *Revolution or Reform?* Michael Aylward and A.T. Ferguson trans. Chicago: Precedent Publishing Inc.

■ Markus, Hazel Rose and Alana Conner. (2013). *Clash: 8 Cultural Conflicts That Make Us Who We Are*. Hudson Street Press.

■ Mason, Andrew. (1993). Liberalism and the Value of Community. *Canadian Journal of Philosophy*, 23(2): 215~239.

■ Mathew, David. (1984). The Public in Practice and Theory. *Public Administration Review*, 44(special issue): 120~125.

■ Middleton, Alan, Alan Murie and Rick Groves. (2005). Social capital and neighborhoods that work. *Urban Studies*, 42(10): 1711~1738.

■ Mill, John Stuart. (1861). *Considerations on Representative Government*. London: Parker, Son & Bourn.

■ Moulton, Stephanie. (2009). Putting Together the Publicness Puzzle: A Framework for Realized Publicness. *Public Administration Review*, Sep/Oct2009, 69(5).

■ More, Thomas. (2003). *Utopia*. trans. by Paul Turner. 황문수 역. 유토피아. 범우사.

■ Morris, William. (1995). *News from Nowhere*. Cambridge: Cambridge University Press.

■ Moynihan, Donald P. (2003). Normative and Instrumental Perspectives on Public Participation Citizen Summits in Washington, DC. *The American Review of Public Administration*, 33(2): 164~188.

■ Mulhall, Stephen and Adam Swift. (1994). *Liberals and Communitarians*. Oxford: Blackwell.

■ Mumford, Lewis. (1954). The Neighbourhood and the Neighbourhood Unit. *The Town Planning Review*, 24(4).

■ Mumford, Lewis. (1973). *Utopia, the City and the Machine*, Frank E. Manuel. ed., *Utopias and Utopian Thought*. London: Souvenir, Press.

■ Nisbet, Robert. (1969). *The Quest for Community*. Oxford: Oxford University Press.

■ Nisbet, Robert. (1970). *Social Bond: An Introduction to the Study of Society*. New York: Alfred A. Knopf.

■ Nozick, Robert. (2003). *Anarch, State and Utopia.* 남경희 역. 아나키에서 유토피아로. 서울: 문학과 지성사.

■ Oates, Wallace E. (1993). Fiscal Decentralization and Economic Development. *National Tax Journal,* 46(2): 237~243.

■ OECD. (2006). *Competitive Cities in the Global Economy.*

■ Offe, Claus. (2000). Civil Society and Social Order: Demarcating and Combining Market, State, and Community. *European Journal of Sociology,* 41(1): 71~94.

■ Ostrom, Elinor. (1990). *Governing the Commons: The Evolution of Institutions for Collective Action.* Cambridge: Cambridge University Press.

■ Ovidius. (1994). *Metamorphoses.* 이윤기 역. 변신이야기. 서울: 민음사.

■ Pandey, Sanjay K. (2010). Cutback Management and the Paradox of Publicness. *Public Administration Review,* Jul/Aug2010, 70(4).

■ Park, S.R. (2014). *Place Attachment, Sense of Community and Housing Satisfaction of Natives and Immigrants on the Urban Redevelopments.* Unpublished mater's thesis, Yonsei University, Seoul.

■ Peck, Jamie. (2005). Struggling with the creative class. *International Journal of Urban and Regional Affairs,* 29(4): 740~770.

■ Peck, M. Scott. (1987). *The different drum: community−making and peace.* New York: Simon and Schuster.

■ Perry, Clarence. (2000). *The Neighbourhood Unit.* London: Routledge.

■ Pesch, Udo. (2008). The Publicness of Public Administration. *Administration & Society,* 40(2): 170~193.

■ Piper, Nicola and Jean Grugel. (2008). *Critical Perspectives on Global Governance.* London: Routledge.

■ Plato. (1993). *Republic.* Robin Waterfield, trans. Oxford: Oxford University Press.

■ Porter, Michael E. (1991). Towards a Dynamic Theory of Strategy. *Strategic Management Journal,* 12(Winter Special Issue): 95~117.

■ Poster, Mark. (1994). *Cyber Democracy: Internet and the Public Sphere.* http://hnet.uci.edu/mposter/writings.

■ Pretty, J. N. (1995). Participatory learning for sustainable agriculture. *World development,* 23(8): 1247~1263.

■ Putnam, Robert D. (2000). *Bowling Alone: The Collapse and Revival of American Community*. New York: Touchstone.

■ Rawls, John. (1971). *A Theory of Justice*. Cambridge, Mass.: Harvard University Press.

■ Renting, H., T. K. Marsden and J. Banks. (2003). Understanding alternative food networks: exploring the role of short food supply chains in rural development. *Environment and Planning A*, 35(3): 393~411.

■ Richardson, Harry W. (1979). Aggregate Efficiency and Interregional Equity. H. Folmer and J. Oosterhaven. eds., *Spatial Inequalities and Regional Development*: 161~184.

■ Rios, Michael and Joshua Watkins. (2015). Beyond "Place": Translocal Placemaking of the Hmong Diaspora. *Journal of Planning Education and Research*, 35(1).

■ Roosevelt, Margot. (2006). The lure of the 100-mile diet. *Time Magazine*. Sunday. June 11. 2006.

■ Saage, Richard. (1991). *Politische Utopien der Neuzeit*. Wissenshaftliche Buchgesellschaft, Darmstadt.

■ Saaty, Thomas L. (1986). Absolute and Relative Measurement with the AHP. The Most Livable Cities in the United States. *Socio-Economic Planning*, 20(6): 327~331.

■ Sandel, Michael J. ed., (1984). *Liberalism and Its Critics*. Oxford: Basil Blackwell.

■ Sandel, Michael J. (2008). *Liberalism and Unencumbered Self*. 다산 기념 철학강좌 9, 공동체주의와 공공성. 철학과 현실사.

■ Sandel, Michael J. (2010). *Justice*. 이창신 역. 정의란 무엇인가. 김영사.

■ Sandel, Michael J. (2012). *What Money Can't Buy: The Moral Limits of Markets*. Farrar Straus Giroux.

■ Schneider, Aaron. (2003). Decentralization: Conceptualization and Measurement. *Studies in Comparative International Development*, 38(3): 32~56.

■ Shibley, Robert G., Lynda H. Schneekloth, and Bradshaw Hovey. (2003). Constituting the Public Realm of a Region: Placemaking in the Bi-National Niagaras. *Journal of Architectural Education*, 57(1): 28~42.

■ Shinkai, S., Nishi K and Ito S. (2009). The "Chisan-Chiso" movements in Japan. A paper presented at the 4th International Symposium on Agro-Food Industry

Development.

■ Simon, H. A. (1948). *Administrative Behavior. A study of decision–making processes in administrative organization.* New York: Free Press.

■ Simonds, John Ormsbee. (1994). *Garden Cities 21: Creating a Livable Urban Environment.* New York: McGraw–Hill.

■ Smith, Constance and Anne Freedman. (1972). *Voluntary Associations: Perspectives on the Literature.* Cambridge, Mass.: Harvard University Press.

■ Smith, Jan Pieter and Rutger Hoekstra. (2011). Measuring Sustainable Development and Societal Progress. *Statistics Netherlands*, 1~106.

■ Southworth, Michael. (1985). Shaping the City Image. *Journal of Planning Education and Research*, 5(1): 52~59.

■ Spragens, Thomas A., Jr. (1995). *Communitarian Liberalism, Amitai Etzioni. ed., New Communitarian Thinking : Persons, Virtues, Institutions and Communities.* Charlotteeville: University Press of Virginia.

■ Stark, Franz. ed., (1971). *Revolution oder Reform?–Herbert Marcuse and Karl Popper.* München: Kösel.

■ Sutch, Peter. (2001). *Ethics, Justice and International Relations: Constructing an International Community.* Routledge.

■ Tayor, Charles. (1985). Alternative Futures: Legitimacy, Identity and Alienation in Late Twentieth Century Canada. Alan Cairns and Cynthia Williams. eds., *Constitutionalism, Citizenship and Society in Canada.* Toronto: University of Toronto Press: 183~229.

■ Tayor, Charles. (1995). Liberal Politics and the Public Sphere. Amitai Etzioni ed., *New Communitarian Thinking: Persons, Virtues, Institutions and Communities.* The University Press of Virginia: 183~217.

■ Thießen, Ulrich. (2003). Fiscal Decentralization and Economic Growth in High–Income OECD Countries. *Fiscal Studies*, 24(3).

■ Thomas, Keith. (1972). *Religion and the Decline of Magic.* New York: Charles Scribner's Sons.

■ Thoreau, David Henry. (2004). *Walden*, 김성 역. 월든. 서울: 책만드는 집.

■ Tocqueville, Alexis. (1968). *Democracy in America.* London: Fontana.

■ Turner, Bryan S. (1986). *Equality.* London: Ellis Horwood Limited & Tavistock Publications.

■ Walzer, Michael. (1986). Justice Here and Now. Frank S. Lucash. ed., *Justice and Equality Here and Now.* Ithaca: Cornell University Press.

■ Walzer, Michael. (1992). Justice and Abstraction. Stephen Mulhall and Adam Swift. eds., *Liberals and Communitarians.* Oxford: Blackwell: 127~164.

■ Walzer, Michael. (1995). Critique of Liberalism. Amitai Etzioni. ed., *New Communitarian Thinking: Persons, Virtues, Institutions and Communities.* The University Press of Virginia: 52~70.

■ Warren, Rick. (2003). *The Purpose-Driven Life.* Zondervan Publishing Company.

■ Weber, Max (1946). *From Max Weber: Essays in Sociology,* trans. and eds., H. H. Gerth and C. Wright Mills. New York: Oxford University Press.

■ Whatmore, S. and L. Thornee. (1997). Nourishing Networks: Alternative Geographies of Food. Goodman D and Watts M. eds., *Globalising Food: agrarian questions and global restructuring.* London: Routledge.

■ Wheatley, Margaret and Myron Kellner Rogers. (2000). 공동체의 역설과 약속, Peter Drucker. *The Community of Future.* 이재규 역, 미래의 공동체, 21세기북스.

■ Wilde, Oscar. (1891). *The Soul of Man under Socialism.* an essay written by Oscar Wilde in 1891.

■ Wilkinson, L. (1989). The Future for Community Development. J.A. Arseason and J. W. Robinson. eds., *Community Development in Perspective.* Iowa State University Press.

■ Winnick, L. (1966). Place Prosperity vs. People Prosperity: Welfare considerations in the geographic redistributions of economic activity. In Real Estate Research Program, University of California, LA, Essays in Urban Land Economics in Honor of the Sixty-fifth Birthday of Leo Grebler, 273~283. Los Angels, CA: Real Estate Research Program.

■ Wolfe, Alan. (1995). The Quest for Community. Amitai Etzioni. ed., *New Communitarian Thinking: Persons, Virtues, Institutions and Communities.* The University Press of Virginia: 126~140.

■ Wolfe, Alan. (1997). Public and Private in Theory and Practice: Some Implications of an Uncertain Boundary, Jeff Weintraub and Krishan Kumer. eds., *Public and Private in Thought and Practice*. Chicago: The University of Chicago Press: 188~ 190.

■ World Bank. (2000). *Entering the 21st Century*. World Development Report, 1999/2000.

■ World Value Survey. http://worldvaluesurvey.org

■ Worsley, Peter. (1970). *The Trumpet Shall Sound*. London: Paladin Press.

■ Zhang, Zhenlong and Yongwen Huang. (2012). The Livability and Characteristics of Rural Villages in the Context of Urban–Rural Integration Development: A Case of Jiang Yi Village, Guangdong Province, China. *International Association for China Planning Conference*, 1~6.

인명색인

Arendt   70
Aristotle   52
Armstrong   12
Arnstein   119
Axelrod   191

Bacon   24
Barmby   44
Bauman   34
Benn and Gaus   67
Berkhout   82
Buchanan and Brennan   82

Cohen and Arato   74

Dahl   75
Delaney   58
Deming   132
Douglass   242
Drucker   72

Florida   133
Fung and Wright   116

Godin   212
Gold, Lorna   100

Habermas   34, 71, 72
Halweil   219, 221
Hanifan, L. J.   82
Hardin   7, 8
Herschman   174

Hesselbein   22
Howard, E.   157, 158
Howkins   186

Jarvis, Howard   124
Jaspers   12

Kleinhans   193, 194, 198

Louis, C. S.   119

MacIntyre   46
Mannheim   19
Marcuse   41
Marx, Karl   98
Mathew   70, 80
More   156
Moynihan   130
Mumford   21

Newmand   71

Oates   82
Ostrom   8, 9
Ovidius   18

Peck   11, 185
Perroux   174
Perry   158
Piketty   105
Plato   79
Porter   184

Pretty   120
Putnam   46, 194

Rawls   77

Sandel, Michael   44, 48, 52,
    61, 98, 105
Schneider   84, 87
Seers   173

Tayor, Charles   51, 79
Thomas   38
Thoreau   6
Tocqueville   46

Walzer, Michael   46, 48, 69,
    79
Weber   42
Wheatley and Rogers   5
Winnick   173, 176

강수택   112
강용기   125
김병대   125
김삼수   263
김상준   70
김종덕   219
김필동   262, 265
김헌민   246
김현   29

사항색인

저자 약력

연세대학교 행정학과를 졸업하고, British Council Study Fellow로 선발되어 영국의 Sheffield University에서 박사학위를 받았다. 이후 미국의 Yale대학 Law School 풀브라이트 교환 교수, 일본 立敎大學 초빙 연구원으로 미국과 일본의 지방자치 및 정부개혁에 대해 비교론적 탐구를 하였다. 현재 연세대학교 행정학과 교수로 있으며, 헌법재판소 제도개선위원, 행정자치부 자문위원, 국민권익위원회 자체평가위원으로 활동하고 있다.

공동체
-유토피아에서 마을만들기까지-

초판발행   2015년 6월 10일
중판발행   2022년 4월 15일

지은이   이종수
펴낸이   안종만·안상준

편 집   배우리
기획/마케팅   조성호
표지디자인   김문정
제 작   우인도·고철민

펴낸곳   (주) 박영사
            서울특별시 금천구 가산디지털2로 53, 210호(가산동, 한라시그마밸리)
            등록 1959. 3. 11. 제300-1959-1호(倫)

전 화   02)733-6771
f a x   02)736-4818
e-mail   pys@pybook.co.kr
homepage   www.pybook.co.kr
ISBN   979-11-303-0195-2   93350

정 가   20,000원